应用型本科高校"十四五"规划经济管理类专业数字化精品教材

编委会

顾　问

潘　敏

主任委员

张捍萍

副主任委员

黄其新　　王　超　　汪朝阳

委　员（以姓氏拼音为序）

何　静　李　燕　刘　勋

肖华东　邹　蔚

THEORY AND PRACTICE OF INTERNATIONAL FINANCIAL MANAGEMENT

国际财务管理理论与实务

主 编 ◎ 李巧巧　魏玉平
副主编 ◎ 汤 蕙　彭凤麟　张 璐

华中科技大学出版社
http://www.hustp.com
中国·武汉

内 容 简 介

本书立足于应用型大学本科教育的特点,力求在完整、系统地阐述国际财务管理基本概念、基本方法的前提下,突出应用特色,以提高学生的实务能力和创新能力。全书共分11章,主要包括国际财务管理概论、环境与国际财务管理、汇率预测、外汇风险管理、国际融资管理、国际投资管理、国际营运资本管理、国际转移价格、国际税收、国际企业财务治理与国际并购以及国际财务报告分析。各章附有学习目标、本章导读、导入案例、本章小结、思考与练习等模块,还有图文、视频形式的拓展资源及在线答题等内容,以利于学生自学和训练。

本书可以作为高校财务会计类各专业教材,也可以作为企业管理人员的自学参考书。

图书在版编目(CIP)数据

国际财务管理理论与实务/李巧巧,魏玉平主编. —武汉:华中科技大学出版社,2022.4
ISBN 978-7-5680-6364-7

Ⅰ.①国⋯ Ⅱ.①李⋯ ②魏⋯ Ⅲ.①国际财务管理-高等学校-教材 Ⅳ.①F811.2

中国版本图书馆 CIP 数据核字(2022)第 059042 号

国际财务管理理论与实务
Guoji Caiwu Guanli Lilun yu Shiwu

李巧巧　魏玉平　主编

策划编辑:周晓方　宋　焱	
责任编辑:贺翠翠	
封面设计:廖亚萍	
责任校对:张汇娟	
责任监印:周治超	
出版发行:华中科技大学出版社(中国·武汉)	电话:(027)81321913
武汉市东湖新技术开发区华工科技园	邮编:430223
录　　排:华中科技大学惠友文印中心	
印　　刷:武汉市籍缘印刷厂	
开　　本:787mm×1092mm　1/16	
印　　张:20.75　插页:2	
字　　数:497千字	
版　　次:2022年4月第1版第1次印刷	
定　　价:59.90元	

本书若有印装质量问题,请向出版社营销中心调换
全国免费服务热线:400-6679-118　竭诚为您服务
版权所有　侵权必究

总 序

在"ABCDE+2I+5G"(人工智能、区块链、云计算、数据科学、边缘计算+互联网和物联网+5G)等新科技的推动下,企业发展的外部环境日益数字化和智能化,企业数字化转型加速推进,互联网、大数据、人工智能与业务深度融合,商业模式、盈利模式的颠覆式创新不断涌现,企业组织平台化、生态化与网络化,行业将被生态覆盖,产品将被场景取代。面对新科技的迅猛发展和商业环境的巨大变化,江汉大学商学院根据江汉大学建设高水平城市大学的定位,大力推进新商科建设,努力建设符合学校办学定位的江汉大学新商科学科、教学、教材、管理、思想政治工作人才培养体系。

教材具有育人功能,在人才培养体系中具有十分重要的地位和作用。教育部《关于加快建设高水平本科教育全面提高人才培养能力的意见》提出,要充分发挥教材的育人功能,加强教材研究,创新教材呈现方式和话语体系,实现理论体系向教材体系转化、教材体系向教学体系转化、教学体系向学生知识体系和价值体系转化,使教材更加体现科学性、前沿性,进一步增强教材针对性和时效性。教育部《关于深化本科教育教学改革全面提高人才培养质量的意见》指出,鼓励支持高水平专家学者编写既符合国家需要又体现个人学术专长的高水平教材。《高等学校课程思政建设指导纲要》指出,高校课程思政要落实到课程目标设计、教学大纲修订、教材编审选用、教案课件编写各方面。《深化新时代教育评价改革总体方案》指出,完善教材质量监控和评价机制,实施教材建设国家奖励制度。

为了深入贯彻习近平总书记关于教育的重要论述,认真落实上述文件精神,也为了推进江汉大学新商科人才培养体系建设,江汉大学商学院与华中科技大学出版社开展战略合作,规划编著应用型本科高校"十四五"规划经济管理类数字化精品系列教材。江汉大学商学院组织骨干教师在进行新商科课程体系和教学内容改革的基础上,结合自己的研究成果,分工编著了本套教材。本套教材涵盖大数据管理与应用、工商管理、物流管理、金融学、国际经济与贸易、会计学和旅游管理7个专业的20门核心课程教材,具体包括《大数据概论》《运营管理》《国家税收》《品牌管理:战略、方法与实务》《现代物流管理》《供应链管理理论与案例》《国际贸易实务》《房地产金融与投资》《保险学基础与应用》《证券投资学精讲》《成本会计学》《管理会计学:理论、实务与案例》《国际财务管理理论与实务》《大数据时代的会计信息化》《管理会计信息化:架构、运维与整合》《旅游市场营销:项目与方法》《旅游学原理、方法与实训》《调酒项目策划与实践》《茶文化与茶艺:方法与操作》《旅游企业公共关系理论、方法与案例》。

  本套教材的编著力求凸显如下特色与创新之处。第一,针对性和时效性。本套教材配有数字化和立体化的题库、课件PPT、知识活页以及课程期末模拟卷教辅资源,力求实现理论体系向教材体系转化、教材体系向教学体系转化、教学体系向学生知识体系和价值体系转化,使教材更加体现科学性、前沿性,进一步增强教材针对性和时效性。第二,应用性和实务性。本套教材在介绍基本理论的同时,配有贴近实际的案例和实务训练,突出应用导向和实务特色。第三,融合思政元素和突出育人功能。本套教材为了推进课程思政建设,力求将课程思政元素融入教学内容,突出教材的育人功能。

  本套教材符合城市大学新商科人才培养体系建设对数字化精品教材的需求,将对江汉大学新商科人才培养体系建设起到推动作用,同时可以满足包括城市大学在内的地方高校在新商科建设中对数字化精品教材的需求。

  本套教材是在江汉大学商学院从事教学的骨干教师团队对教学实践和研究成果进行总结的基础上编著的,体现了新商科人才培养体系建设的需要,反映了学科动态和新技术的影响和应用。在本套教材编著过程中,我们参阅了国内外学者的大量研究成果和实践成果,并尽可能在参考文献和版权声明中列出,在此对研究者和实践者表示衷心感谢。

  编著一套教材是一项艰巨的工作。尽管我们付出了很大的努力,但书中难免存在不当和疏漏之处,欢迎读者批评指正,以便在修订、再版时改正。

丛书编委会
2022年3月2日

前 言

国际财务管理是现代财务管理的一个新领域,是按照国际惯例和国际经济法的有关条款,根据国际企业财务收支的特点,组织国际企业的国际财务活动、处理国际财务关系的一项经济管理活动。随着我国"一带一路"倡议的实施和企业国际化进程的不断推进,我国企业国际财务管理活动越来越多,国际财务管理问题也越来越突出,如国际融资过程中的会计信息质量和信息披露问题,国际投资过程中的风险管理问题,应对国际贸易纠纷的财务管理问题,等等。我国国际企业财务管理的实践需要培养既掌握国内财务管理又熟悉国际财务管理,既具有较强应用能力又具有国际视野的财务管理人才。

国际财务管理理论与实务是财务会计、财务管理等相关专业的核心课程,应充分反映国际财务管理人才培养要求。本书在系统介绍国际财务管理内容和方法的同时,强调国际视野,突出应用特色。各章附有导入案例,以利于调动学生学习兴趣,加深对国际财务管理理论与实务的了解;各章均安排了学习目标、本章导读、本章小结、思考与练习等模块,还有图文、视频形式的拓展资源及在线答题等内容,以便于学生自学和训练。本书可作为高校财务会计类各专业的教材,也可作为企业管理人员的自学参考书。教学参考学时为48学时,教师可以根据需要增减学时。

本书由江汉大学商学院会计学系部分教师合作编写。江汉大学商学院李巧巧教授、魏玉平副教授担任主编,汤蕙副教授、彭凤麟副教授、张璐副教授担任副主编。参加编写人员的具体分工是:第一、七章由李巧巧执笔;第二章由张璐执笔;第三、五章由魏玉平执笔;第四、八章由李巧巧、魏玉平执笔;第六、十章由汤蕙执笔;第九、十一章由彭凤麟执笔。全书由李巧巧和魏玉平负责统稿,魏玉平在前期组织和后期校稿中做了大量工作。

在编写过程中,我们参阅了国内外学者的大量研究成果,限于篇幅未能一一列出,敬请谅解。本书得到江汉大学湖北省人文社科重点研究基地·武汉城市圈制造业发展研究中心、湖北省重点学科·管理科学与工程学科、湖北省荆楚卓越人才(会计学)协同育人计划和湖北省一流建设专业·江汉大学会计学的支持,本书也得到了湖北省教育厅人文社会科学研究指导性项目:金融支持武汉城市圈中小企业优化升级研究——基于"双创"的视角(项目编号:18G037)的支持,在此一并表示感谢!尽管我们付出了很大的努力,但书中难免存在不当和疏漏之处,欢迎读者批评指正,以便在修订、再版时改正。

编 者

于武汉三角湖

目 录

第一章 国际财务管理概论 … 1
- 第一节 国际财务管理的概念 … 2
- 第二节 国际财务管理的特点 … 4
- 第三节 国际财务管理的内容 … 7
- 第四节 国际财务管理的形成和发展 … 10

第二章 环境与国际财务管理 … 15
- 第一节 国际财务管理环境概述 … 16
- 第二节 国际财务管理的政治环境 … 19
- 第三节 国际财务管理的治理环境 … 23
- 第四节 国际财务管理的经济环境 … 25
- 第五节 国际财务管理的金融环境 … 28

第三章 汇率预测 … 35
- 第一节 汇率预测概述 … 36
- 第二节 汇率理论与汇率决定 … 50
- 第三节 汇率制度与汇率预测 … 51
- 第四节 汇率预测的方法 … 61

第四章 外汇风险管理 … 70
- 第一节 外汇风险管理概述 … 71
- 第二节 交易风险的衡量与管理 … 81
- 第三节 会计折算风险的衡量与管理 … 104
- 第四节 经济风险的衡量与管理 … 114

第五章 国际融资管理 … 122
- 第一节 国际融资管理概述 … 123
- 第二节 国际信贷融资 … 130
- 第三节 国际证券融资 … 141
- 第四节 国际融资的资本成本与跨国公司的资本结构决策 … 167

第六章　国际投资管理　　178
   第一节　国际投资概述　　179
   第二节　国际直接投资概论　　181
   第三节　国际证券组合投资　　187
   第四节　国际直接投资的资本预算　　190
   第五节　国家风险管理　　199

第七章　国际营运资本管理　　205
   第一节　国际营运资本管理概述　　206
   第二节　国际营运资本存量管理　　210
   第三节　国际营运资本流量管理　　233

第八章　国际转移价格　　246
   第一节　国际转移价格概述　　247
   第二节　国际转移价格的目标与功能　　250
   第三节　国际转移价格的制定方法　　254

第九章　国际税收　　267
   第一节　国际税收概述　　268
   第二节　跨国公司国际税收管理　　279
   第三节　国际税收协定　　286

第十章　国际企业财务治理与国际并购　　292
   第一节　国际企业财务治理　　293
   第二节　国际并购与国际控制权市场　　299

第十一章　国际财务报告分析　　306
   第一节　国际财务报告分析概述　　307
   第二节　国际财务报告分析过程　　310
   第三节　国际财务报告准则　　319

参考文献　　323

第一章　国际财务管理概论

◇ **学习目标**

1. **知识目标**：理解国际财务管理的概念、特点和研究内容。
2. **能力目标**：熟悉国际化战略带来的财务管理的新问题，学会用全面、长远的眼光分析跨国经营所面临的挑战。
3. **情感目标**：通过学习，认识到祖国日益强大、经济实力日益雄厚、跨国经营越来越普遍，以此激发学生爱国热情，同时增加学好这门课的动力。

◇ **本章导读**

国际财务管理是现代财务管理向国际领域延伸并发展起来的一门新兴学科。它主要研究国际经济环境中国际企业从事跨国性生产经营活动所面临的财务管理问题。本章主要讨论国际财务管理的基本概念、基本特点、基本内容，简要回顾国际财务管理的形成和发展过程，以便读者正确理解和把握国际财务管理的内涵。

◇ **导入案例**

海尔集团的国际化战略

海尔集团创立于1984年，是全球领先的美好生活解决方案服务商。目前，海尔集团拥有3家上市公司，在全球布局了10＋N创新生态体系、28个工业园、122个制造中心和24万个销售网络，深入全球160个国家和地区，服务全球超10亿用户家庭。

海尔集团1984—1991年实施名牌战略，1992—1998年实施多元化战略，1998—2005年转入国际化战略阶段，将产品批量销往全球主要经济区域市场，建立自己的海外经销商网络与售后服务网络。从2006年开始，海尔集团进入第四个发展战略创新阶段：全球化品牌战略阶段。

1999年4月30日，海尔在美国南卡州建立了美国海尔工厂，迈出了开拓国际市场的关键一步。

2000年,海尔在伊朗建立的洗衣机厂正式投产,开始了海尔在伊朗的发展篇章。

2000年,海尔与英国PZ集团签订合资协议,在尼日利亚成立合资工厂,进行联合品牌Haier-Thermocool冰箱、冷柜、空调的组装以及销售。目前,海尔尼日利亚公司年营业额超过1亿美元。海尔产品远销阿尔及利亚、摩洛哥、肯尼亚、坦桑尼亚、苏丹、科特迪瓦、加蓬、刚果等国家。

2001年6月19日,海尔集团并购意大利迈尼盖蒂冰箱工厂,这是中国白色家电企业首次实现跨国并购。在法国里昂和荷兰阿姆斯特丹的设计中心以及在意大利米兰的营销中心,使海尔在欧洲真正实现了"三位一体"的本土化经营。

在东南亚,海尔分别在马来西亚、印度尼西亚、孟加拉国、越南等国建立工厂,在新加坡建立贸易公司,在东南亚地区市场的拓展已迈上快车道。

2006年,海尔与巴基斯坦鲁巴集团合资建设中巴海尔—鲁巴经济区。

2007年4月,海尔收购了原属于日本三洋的泰国冰箱厂,在泰国建立了"三位一体"的本土化运营模式。

2007年8月9日,海尔集团在印度收购了一家产能35万台的冰箱厂,宣布启动在印度的第一座制造基地,这是海尔集团在印度实施本土化战略的一部分。

企业的国际化战略使其经营跨越国界甚至遍及全球,因此会带来哪些新的财务管理问题呢?

■ 资料来源:海尔集团官方网站。

第一节 国际财务管理的概念

一、对国际财务管理的认识与理解

国际财务管理是现代财务管理的一个新领域。20世纪50年代,各国之间产品与技术的交换、对外投资等活动的开展,产生了国际资金运动,西方国家开始把国际财务管理作为专题加以研究。20世纪70年代,美元贬值,国际游资充裕而且利率水平低,国际过剩资本纷纷寻找出路,使得国际财务管理成为热门话题,国际财务管理开始成为英美国家财务管理教科书中的重要内容。20世纪80年代以后,进出口贸易筹资、外汇风险管理、国际转移价格问题、国际投资分析及跨国公司财务业绩评估等,成为财务管理研究的热点,西方国家的许多大学开设国际财务管理课程,出版国际财务管理教科书,从而催生了一门新的现代财务学分支——国际财务管理。

1. 国际财务管理与国际金融

英文"finance"一般译为财政、财务、理财、金融、资金融通。在西方一些发达国家,财务与金融是没有进行严格区分的。所以,国际财务与国际金融的英文均为"international finance"。国际金融是从宏观角度来分析国际货币关系,主要研究国际收支平衡、外汇、汇率制度和外汇管制、国际资本流动、国际货币体系及国际金融市场等。而国际财务管理是从微观角度,即以企业为主体来研究从国外筹集资金、向国外投资、企业外汇收支结算和外汇风险管理,以及跨国公司内部资金管理等。因此,它们在研究和管理的角度、范围和内容等方面还是存在区别的。

国际金融是国际财务管理的金融环境,国际企业的财务管理人员应密切注意国际金融市场的情况,正确地进行国际财务决策,保证企业在最优的金融条件下从国外取得资金,并有效地进行投资,正确地进行外汇收支结算和外汇风险管理,以获得最大收益。从这个意义上说,国际财务管理人员必须通晓国际金融知识,要想成为国际财务管理专家,首先应该是国际金融专家。

此外,国际财务管理还与国际贸易、国际信贷、国际投资、国际税收和国际结算等有密切联系,是一门与这些相关学科既有区别又有联系的边缘学科。

2. 国际财务管理与跨国公司财务管理

国际财务管理是研究和解决国际企业财务管理问题的,是组织国际企业的财务活动、处理国际企业财务关系的一项经济管理活动。

跨国公司财务管理是国际财务管理研究的重要方面,但不是其全部。因为,有许多企业虽不是跨国公司,但有国际经营业务和财务活动,不应置于我们的视野之外。国际企业是相对国内企业而言的,泛指一切超越国界从事生产经营活动的企业,包括跨国公司、外贸公司、合资企业等一切有涉外经营活动的企业。可以说,国际企业是从事国际经营活动的经济实体的统称。一个国际企业可能不是跨国公司,但跨国公司都属于国际企业。跨国公司是国际企业发展的较高阶段,是国际化程度较高的一种企业组织形式,也是国际企业的典型代表。

有人认为,国际财务管理主要研究跨国公司在组织财务活动、处理财务关系中所遇到的问题。这一观点带有局限性。将研究范围限制于跨国公司范围内,不能全面概括国际财务管理的丰富内容。当然,跨国公司的国际财务活动和财务关系较其他企业组织形式而言更加全面、复杂,为国际财务管理积累了丰富经验,是国际财务管理研究的重要方面。

二、国际财务管理的定义

迄今为止,人们尚未对国际财务管理形成统一的认识。国内外财务学者关于国际财务管理的定义的表述还存在不同的看法。我们同意这样的观点:国际财务管理是财务管理的一个新领域,是按照国际惯例和国际经济法的有关条款,根据国际企业财务收支的特点,组织国际企业的财务活动、处理财务关系的一项经济管理活动。

第二节 国际财务管理的特点

国际财务管理活动是国内财务管理活动的扩展,所以,一般企业财务管理的基本原理和方法,也适用于国际企业。但国际企业的业务涉及多国甚至遍布全球,财务管理要面对不同的社会文化、政治及经济环境,常受到国际形势改变而引起的利率、汇率、商品价格波动以及多国政府的法规制度限制等各种因素影响,因此,国际财务管理比国内财务管理更为复杂,与国内财务管理相比,国际财务管理有如下特点。

一、国际企业的财务管理环境更为复杂

一般来说,国内财务管理主要面对国内环境,企业对国内环境是比较熟悉、容易掌握和较易于适应与控制的,而国际企业面向国际市场,其经营和财务活动涉及其他国家,而各国的政治、经济、法律、社会和文化教育等环境都有很大差异,所以国际财务管理环境更加复杂、多样和多变,而且难以适应和控制。特别表现在:①各国的经济发展情况不同,使用的货币不同,外汇管制、银行信贷、证券市场等都有很大差异。1973年,布雷顿森林体系完全崩溃,各国开始实行浮动汇率制度,给国际企业带来了非常复杂的金融环境。②各国的政治环境差异很大,各国社会制度不同,思想政治观念不同,现行政体、政党体系,以及政府政策的内容、稳定性和延续性等各不相同,而它们对国际企业的影响较大。当然,在一个多变甚至恶劣的政治环境中开展经营活动,并非意味着没有成功的可能,关键在于把握其政治的脉搏,制定出相应的对策。③国际财务管理行为涉及不同的国家、地区,自然要受到各国法律的直接影响,特别是税收政策和外汇管制会对企业财务管理产生很大影响。

二、国际企业的风险来源多样化

当今世界是竞争的世界,世界各国的经济竞争日益加剧。国际企业的经营和财务与世界各国发生联系、互相影响,参与国际竞争自然会面临新的风险。

国际企业除了面临国内企业所具有的风险以外,还面临着国际政治、经济环境中的各种风险,主要有外汇风险、政治风险和法律风险。

(1) 外汇风险。外汇风险是指因货币汇率变动引起企业资金发生损失的可能。例如,我国某公司2017年5月出口一批商品,货款1 000万美元,成交时汇率为1美元=6.457 8元人民币,折合人民币6 457.8万元。半年后收到货款,此时人民币升值,汇率变为1美元=6.321 1元人民币,货款折合人民币6 321.1万元。由于汇率变化,使该公司在这笔交易中损失136.7万元人民币。这种由于汇率变动给企业带来的收入、支出或现金流的不确定性就是企业的外汇风险,它不仅存在于企业商品交易外汇收支过程中,而且存在于国际融资、国际投资以及国际资金转移等各个方面。

(2) 政治风险。政治风险是由于政治方面的原因导致企业财产发生损失的可能,包括东道国民族主义倾向导致子公司财产被没收或征用,暴动、恐怖活动或战争引起子公司的财产损失等。

(3) 法律风险。法律风险主要是指东道国财政、经济法律的变动对企业获利能力的影响,如税收的歧视待遇、重复课税等。

一般来讲,政治风险和法律风险是企业无法左右的,但可以进行预测、分析,以趋利避害。外汇风险是可以通过风险管理进行控制和加以利用的。

近年来,随着跨国公司的迅猛发展和不断壮大,越来越多的跨国公司正在向"国籍不明"或"超国家"方向发展。世界上一些大型跨国公司的总营业收入甚至远远超过很多国家的国内生产总值(GDP)。跨国公司的规模越来越大,使得政府与企业间的关系正在发生根本性的变化,即国家与企业的关系逐渐从"国家管企业"的立法守法关系演变为讨价还价的"谈判关系"。由于大型跨国公司有强大的抗衡实力,所以其风险在降低。

三、国际企业拥有更多的经济机会

国际企业的经营范围和财务活动涉及许多国家,广阔的国际舞台使国际财务管理在加大风险的同时,也获得了更多的选择空间和获利机会。各国的政治、经济情况不同,货币有软硬,利率、税率有高低,外汇和贸易管制松紧有别,复杂多变的国际市场为国际企业经营和财务管理增添了许多选择的途径,带来了更多的获利机会。

例如,可以从原材料价格较低的国家进口原材料,生产产品到价格较高的国家销售;可以到劳动力和原材料价格低廉的国家建厂,就地生产和销售,以获取更多的利润;可以利用国内外众多的资金市场,从利率较低的国家筹集资金,向利润率较高的国家投资;等等。

总之,国际企业可以在全球范围内配置资源,获得更多的投资机遇、融资机遇、市场机遇以及由此带来的潜在利益,还可利用整个公司体系内部各单位的统筹调配获得新的财务利益机会。

四、国际财务管理目标的实现具有特殊性

国际财务管理是现代财务管理在国际业务领域的延伸、拓展和创新。现代财务管理目标——企业价值最大化,同样也是国际财务管理的基本目标。然而,由于各种因素的影响,国际财务管理目标的实现有其特殊性。

第一,随着业务范围的扩大,选择余地的增加,各种机会的增多,实现国际财务管理目标的途径更多、空间更大。

第二,由于所有者与经营者之间的委托-代理关系更复杂,层次增加,代理链条不断延长,受到各国不同文化、习惯和语言的影响,信息传递更困难,控制成本增加,控制效率降低,委托-代理问题更突出,企业价值最大化既定目标的顺利实现会受到影响。

第三,因为国际企业不仅涉及其在母国的社会责任,还涉及其在各东道国以及国际上的责任,要在更大的范围内履行更多的社会责任,需要企业更好地协调处理履行社会责任与追求企业价值最大化的关系。

五、国际财务管理的内容和方法更加复杂

国际企业的财务管理活动与国际财务管理环境密切相关,在进行财务管理活动中充分考虑跨越国界带来的汇率因素、利率因素、通货膨胀因素、社会文化因素以及政治风险因素等对财务决策的影响,并将这些因素及其影响整合到财务管理方法和管理工具中,就构成了国际财务管理研究的内容和方法。这样,与国内财务管理相比较,国际财务管理的内容和方法更加繁多、复杂。其中,外汇管理与财务管理活动密切结合是国际财务管理的内容和方法复杂化的突出表现。

第三节 国际财务管理的内容

一、国际财务管理环境

从系统论的角度来看,环境是指被研究系统之外的,对被研究系统有一定影响作用的一切系统的总和。任何事物总是与一定的环境相联系而产生、存在和发展的,财务管理也不例外。之所以在不同时间、不同国家或地区,财务管理存在差异,归根到底是由于财务管理的环境不同。了解、分析和研究企业生存的环境特征,是经营者成功地组织企业经营活动的前提。由于国际经营环境的内容更复杂、构成因素更多、变化更频繁、不可控程度更高,与仅在国内开展业务的内向型企业相比,跨国经营企业的环境研究更显重要。对国际财务管理环境进行研究是国际财务管理的重要内容。

二、汇率预测

汇率是重要的宏观经济变量,对宏观经济政策的制定、国际企业的财务管理和个人决策都有重要影响。汇率预测是指对货币间比价关系的波动范围及变化趋势做出判断与推测。为了进行外汇风险管理和国际预算,国际企业需要进行汇率预测。但是汇率的决定是复杂的,汇率的预测是困难的。汇率制度不同,汇率的决定机制和预测有很大差异。在浮动汇率制度下,汇率受多种因素的影响并剧烈波动。因此,汇率预测成为现代国际企业财务管理的重要内容。汇率预测的方法一般可分为基本预测法、技术预测法、市场预测法和合成性预测法。这些方法各有优缺点,在实践中应该引起注意,并综合应用。

三、外汇风险管理

外汇风险是因汇率波动造成经济行为主体未来经营结果的不确定性。外汇风险是跨国经营风险的基本特征之一。

外汇风险管理是管理者通过风险识别与风险衡量,采取方法进行风险控制,达到预防、规避、转移或消除外汇风险的目的,从而减少或避免可能的经济损失,实现在风险一定条件下的收益最大化或收益一定条件下的风险最小化。外汇风险管理是国际财务管理的最基本的内容之一,是国际财务管理和国内财务管理的根本区别所在,是研究国际财务管理其他内容的基础。

外汇风险有交易风险、会计折算风险、经济风险三类,外汇风险管理重点研究这三类风险的衡量与管理方法。

四、国际融资管理

国际融资是资金需求者通过一定的渠道和方式从国外的资金供给者获得资金,并给资金供给者适当回报的经济活动。它是国际企业重要的财务活动。

目前,国际融资渠道主要有国际金融机构资金、各国政府资金、欧洲货币资金,以及各国国内经济、团体组织资金和民间资金。国际融资的主要方式有国际股权融资、国际债券融资、国际信贷融资、国际租赁融资、国际贸易融资和国际项目融资等。

国际融资和国内融资相比,在融资渠道、方式、资本成本计算和资本结构决策等方面有许多不同。国际融资的渠道更加广泛,融资的形式更多,面临外汇风险和国家风险等。因此,国际融资管理更加复杂和困难。国际融资管理是国际财务管理的重要内容。

五、国际投资管理

国际投资是跨国公司等国际投资主体,将其拥有的货币资本或产业资本,通过跨国流动和营运,以实现价值增值的经济行为。国际投资的基本要素与国内投资有共同性,但是,国际投资的实际运作比国内投资更为复杂。国际投资有国际直接投资和国际间接投资两种基本形式。

评价国际直接投资项目可采取调整净现值法。国际投资项目的现金流量构成比国内投资项目更为复杂,调整净现值法按不同类别的现金流量分别进行折现,而不是对所有的现金流量统一进行折现,因此,其具有较大的包容性,能够更好地适应跨国投资项目经济评价的具体需要。

进行国际证券组合投资,不仅可以抵消证券间的部分非系统风险,还可以降低对于某一特定国家而言的系统风险。由于不同国家间证券收益相关性通常较同一国家内证券收益相关性低,所以国际证券组合投资可以取得比国内证券投资较高的收益或承担较小的风险。

六、国际营运资本管理

国际营运资本管理是国际财务管理的另一个重要方面。合理安排、调度企业的营运资本,是避免外汇风险、实现财务管理目标的重要手段。国际营运资本管理包括营运资本的存量管理和流量管理两个部分。

国际企业营运资本的存量管理着眼于各种类型资金的处置,目的是使现金余额、应收账款和存货处于最佳的持有水平。国际企业营运资本的流量管理着眼于资金从一地向另一地的转移,研究如何利用内部资金转移机制实现资金合理的配置,根据多变的财务管理环境,合理调度资金,确定最佳的安置地点和最佳的持有币种,使营运资本按照最合适的流量、流向和时机进行运转,以避免各种可能面临的风险,最大限度地提高国际企业的整体效益。

七、国际转移价格研究

国际转移价格是跨国公司管理当局为实现总体经营战略目标,谋求跨国公司集团利益最大化,而在公司内部各关联企业或子公司之间制定的相互购销产品、提供劳务、转让无形资产和提供资金时,确定的内部"交易"价格。

国际企业利用转移价格可以达到调节利润、优化资源配置、规避风险和战略导向等目的,各东道国政府和母公司所在国为了维护本国经济利益,增加财政收入,纷纷推出一些措施以加强对国际企业转移价格的有效管理。

八、国际税收

国际税收是指两个或两个以上国家政府,在对跨国纳税人行使各自征税权力而形成的征纳关系中所发生的国家之间对税收的分配关系。国际税收管理是指跨国公司为利用国与国之间的税收分配和税收协调关系进行统一的纳税筹划的一种管理活动。国际企业税收管理的目标是合理降低国际企业的总税负,使纳税额最小化。当然它需要通过一系列的方法和手段才能实现。国际税收管理的主要内容包括国际重复征税的减免和国际纳税筹划。

九、国际企业财务治理与国际并购

财务治理是一组联系各相关利益主体的正式和非正式关系的制度安排和结构关系网络,也是企业财务决策高效运行的基础。

母公司在国际企业的财务治理中处于核心地位。母子公司间财务治理是跨国集团财务治理的重点和关键环节,其中的核心问题是集权与分权问题。

国际并购也称跨国并购,是指企业跨越国界所进行的企业并购行为,包括国际收购和兼并两个方面。国际并购的风险包括财务风险、文化整合风险和国家风险等。

公司控制权是指通过占有公司较大比例的股份依法享有对公司经营决策、日常管理以及财务决策等的权利。公司控制权市场是指不同的利益主体通过各种手段获得具有控制权地位的股权或委托表决权,以获得对公司控制而相互竞争的市场。公司控制权结构与公司治理制度息息相关,公司治理制度的巨大差异产生了截然不同的公司控制权市场。

十、国际财务报告分析

随着商业活动的日益全球化,财务报告作为竞争分析、信贷决策和企业谈判的基础比以往显得更为重要。竞争的日益加剧引起了跨国公司对国际财务报告分析和评价的进一步需求。对跨国公司而言,国际会计报告分析的重要性显得日益突出。

国际财务报告分析框架的四个分析阶段包括企业战略分析、会计分析、财务分析和前景分析。

国际财务报告分析存在一些障碍,主要包括各国应用的会计标准存在差异、应用的语言及计量的货币和计量属性存在差异、会计信息披露质量上存在障碍。

目前,国际财务报告分析与评价的障碍在减少。资本市场的全球化,信息技术的高速发展,各国政府、证券交易所以及公司投资者和交易活动竞争的加剧,都激励公司自愿改善外部财务报告实务。

第四节 国际财务管理的形成和发展

在世界经济一体化的大潮中,企业国际化风起云涌。当企业的经营走出国门,企业的财务活动也必然随之超越国界,由此产生了国际财务管理这一新的领域。国际财务管理是现代财务管理发展过程中的一个高级阶段,是伴随着国际企业的出现而出现,并随着国际企业和国际金融市场的不断发展而不断完善的。

一、促进国际财务管理形成和发展的基本因素

国际财务管理的形成和发展,主要得益于以下几个方面。

1. 跨国公司的迅猛发展是国际财务管理形成和发展的现实基础

跨国公司最早出现于 19 世纪中期,根据约翰·邓宁的考察,第一家在英国投资的美国企业是硫化橡胶厂,于 1856 年在爱丁堡建立,当时开办这家工厂的考虑是,在英国生产比在美国国内扩大生产规模能赚取更高的利润。第二次世界大战后,特别是 20 世纪 70 年代以来跨国公司获得迅速发展。目前,跨国公司遍及世界各地。跨国公司的异军突起,改变了公司财务管理的重心和视野,也推动了财务管理技术的更新与升级,极大地促进了国际财务管理的形成和发展。

2. 财务管理基本原理的国际传播是国际财务管理形成和发展的历史因素

财务管理的历史就是一部国际化的历史。人们普遍认为,财务管理于 19 世纪末产生于美国,并迅速传入西欧。英国把财务管理的原理传入了印度及其他英联邦国家。第二次世界大战以后,亚洲的日本、韩国、中国台湾和香港地区吸收了欧美财务管理的方法,极大地促进了这些国家和地区的财务管理的发展。

与此同时,苏联在吸收欧美财务管理基本原理的基础上,结合社会主义国家财务活动的特点,建立了社会主义国家的财务管理体系,并将其迅速传入东欧和中国等社会主义国家和地区,推动了社会主义国家财务管理的形成和发展。受上述传播的影响,财务管理的一些基本原理在各国大致相同。例如,财务分析中的比率分析原理,财务计划中的平衡原理,财务控制中的分权原理以及财务决策中的风险原理、时间价值原理都基本一致。

近年来,市场经济在地理空间上扩展,形成国际性经济体制。尽管不同国家的市场经济类型、发展速度不同,但经济全球化发展趋势中出现的市场经济的全球化却极大地促进了产生于英美的财务管理体系进一步在全球传播,这些以市场经济为基础的财务管理理论与方法逐渐被各国接受、采纳并不断创新、发展。

可以说,财务管理的基本原理和方法是国际性遗产,属于全人类。当然,在不同的国家和不同的时期,由于社会制度、政治、经济等多种因素的影响,财务管理在发展过程中还保留有某一特定国家的政治、经济和民族的色彩,在各国之间还存在一定差异,国际财务管理的发展将有助于这种差异的协调,并将促进各国财务管理的原理和方法不断吸收和融合,使财务管理进一步走向国际化。

3. 经济全球化是国际财务管理形成和发展的重要因素

经济全球化是指世界经济活动超越国界,通过对外贸易、资本流动、技术转移、提供服务而形成的全球范围内相互依存、相互联系的有机经济整体。经济全球化是当代世界经济的重要特征之一。经济全球化的过程早已开始,尤其是进入 20 世纪 90 年代以后,世界经济全球化的进程大大加快。在经济全球化的进程中,各国之间的经济关系日益紧密,世界范围的经济高度融合且相互依赖,并且带来了贸易全球化、生产全球化、金融全球化和科技全球化。经济全球化带来了国际企业、国际贸易和国际金融市场的巨大发展,也使得国际企业、国际贸易,以及国际资本的筹措、配置和全球流动不断对国际财务管理提出新问题,要求国际财务管理提供外汇风险管理、国际投融资技术、国际营运资本控制等方面的新理论与新方法,从而促进国际财务管理的形成和发展。

4. 金融市场的不断完善和国际化拓展是国际财务管理形成和发展的推动力量

第二次世界大战以来,由于科技革命的影响,生产国际化提高到一个新的阶段,生产国际化又推动了资本国际化,国际资金借贷日益频繁,国际资本流动达到空前规模,极大地促进了国际金融市场的发展。

随着国际金融市场全球化,在开放的国际化金融市场,其融资活动不受任何国家国内银行法规的管制,非居民的投资者和借款人可以任意选择投资和借款地点,市场上借贷者的国籍则包括了世界上所有的国家。而且国际融资手段多样化,国际金融市场上的融资手段出现全球性创新,如股票和债券的种类不断增加、衍生金融工具大量涌现、复合式金融工具层出不穷。

这些国际金融市场的新发展,为国际企业迅速筹集资金和合理运用资金提供了方便条件,同时也对国际财务管理提出了更高的要求。金融市场的国际化和汇率的不断变动,极大地促进了国际财务管理的形成和发展,使其在短期内成为一门新兴的学科。

二、国际财务管理形成和发展的历程

尽管随着国际贸易的产生就有了国际财务管理的需求与实践,但国际财务管理成为一项独立的管理活动,从财务管理学中分离出来,成为现代财务学的一个分支还是近几十年的事情。要了解国际财务管理形成和发展的历程,须先了解企业财务管理发展的主要历程。

企业财务管理大约起源于 15 世纪末 16 世纪初。当时商业股份经济的发展客观上要求企业合理预测资本需要量,有效筹集资本。直到 19 世纪末 20 世纪初,股份公司的发展引起了资本需求量的扩大,筹资的渠道和方式发生了重大变化,企业筹资活动得到进一步强化,财务管理开始从企业管理中分离出来,成为独立的管理职能。当时公司财务管理的职能主要是预计资金需要量和筹措公司所需资金,融资是当时公司财务管理理论研究的根本任务。因此,这一时期称为融资财务管理时期或筹资财务管理时期。

1929 年,世界性经济危机爆发,为保护投资人利益,西方各国政府加强了证券市场的法制管理。财务管理需要研究和解释各种法律法规,指导企业按照法律法规的要求,组建和合并公司,发行证券以筹集资本。西方财务学家将这一时期称为守法财务管理时期或法规描述时期(descriptive legalistic period)。20 世纪 50 年代以后,面对激烈的市场竞争和买方市场趋势的出现,财务经理的主要任务是解决资金利用效率问题,公司内部的财务决策上升为最重要的问题,西方财务学家将这一时期称为内部决策时期(internal decision-making period)或资产财务管理时期。20世纪60年代中期以后,财务管理的重点转移到投资问题上,因此,这一时期称为投资财务管理时期。

20世纪70年代末,企业财务管理进入深化发展的新时期,并朝着国际化、精确化、电算化、网络化方向发展。20世纪70年代末和80年代初期,西方世界普遍遭遇了旷日持久的通货膨胀。严重的通货膨胀给财务管理带来了一系列前所未有的问题,因此,这一时期财务管理的任务主要是应对通货膨胀。通货膨胀财务管理一度成为热点问题。

20世纪80年代中后期以来,进出口贸易筹资、外汇风险管理、国际转移价格问题、国际投资分析、跨国公司财务业绩评价等,成为财务管理研究的热点,并由此产生了一门新的财务学分支——国际财务管理。

与企业经营国际化进程相匹配,国际企业的发展主要经历了产品出口阶段、国外生产阶段、跨国公司阶段和跨国资本经营阶段。与此相对应,国际财务管理的发展经历了国际结算管理阶段、对外直接投资阶段、全球运营控制阶段和跨国资本经营阶段。

国际财务管理发展的各阶段,是不断积累国际财务管理实践经验,不断创新管理理论和方法的相互联系、相互作用的各阶段,是人为的划分。正是由于这种不间断的经验积累、内容与方法创新,才演化出目前的国际财务管理知识体系。

知识活页

二维码1-1

拓展阅读:中国外储六年来首次跌破3万亿关口意味着什么?

本章小结

国际财务管理是财务管理的一个新领域,是按照国际惯例和国际经济法的有关条款,根据国际企业财务收支的特点,组织国际企业的财务活动、处理财务关系的一项经济管理活动。

与国内财务管理相比,国际财务管理的特点是国际企业面对更为复杂的财务管理环境,面临多样化的风险来源和拥有更多的经济机会,同时国际财务管理目标的实现具有特殊性,国际财务管理的内容和方法更加复杂。国际财务管理的内容包括国际财务管理环境研究、汇率预测、外汇风险管理、国际融资管理、国际投资管理、国际营运资本管理、国际转移价格研究、国际税收、国际企业财务治理与国际并购以及国际财务报告分析等。国际财务管理的形成和发展,主要得益于跨国公司的迅猛发展、财务管理基本原理的国际传播、经济全球化以及金融市场的不断完善和国际化拓展。

思考与练习

一、查阅资料题

通过网络、报刊等途径了解世界主要外汇市场的基本情况和运作方式。

二、思考题

1. 请你结合实际分析国际财务管理形成和发展的基本动因。
2. 根据你的理解谈谈国际财务管理与国内财务管理相比,有哪些特点,表现在哪些方面。

三、拓展思考题

请描述一下你对国际财务管理的认识。

在线答题

二维码1-2
第一章
自测题

第二章 环境与国际财务管理

◇ **学习目标**

1. **知识目标**：了解国际财务管理环境的概况；理解国际治理环境的内涵；掌握国际政治环境和国际经济环境的内容。
2. **能力目标**：了解国际财务管理在不同国际治理环境中的应用。
3. **情感目标**：培养学生在不同国际治理环境下开展国际财务管理的人文关怀，符合当地风俗习惯。

◇ **本章导读**

国际财务管理，顾名思义研究的是国际环境下的财务管理问题，全面了解环境与国际财务管理这一内容对于理解本书的其他内容具有十分重要的意义。在经济全球化日益加深的今天，各国之间的经济合作、政治交往、文化交流等日益密切，本章将对国际企业的国际财务管理环境进行全面的阐述。

◇ **导入案例**

经济环境是企业面临的主要挑战吗？

2018年11月8日，普华永道发布了2018年全球家族企业调研中国报告——《价值观和理念打造中国家族企业竞争优势》。该调研于2018年4月至8月进行，来自53个国家的2 953个家族企业接受调研，包括52家中国内地家族企业及56家中国香港家族企业。在谈及家族企业面临的挑战时，77%中国内地家族企业的领导者认为，为保持领先而进行创新成为他们面临的主要挑战，这种担忧大大超出了他们感受到的其他挑战。其他主要挑战来自经济环境（58%）和企业缺乏专业化（52%）。香港方面，64%受访家族企业将经济环境视为企业面临的最大挑战，同时，他们视本地竞争（55%）以及创新需求（55%）为其他主要挑战。

思考：请问你觉得经济环境是企业面临的主要挑战吗？

■ 资料来源：《普华永道：2018年全球家族企业调研——中国报告》。

第一节　国际财务管理环境概述

"环境"一词本来是自然科学中常用的术语，全国科学技术名词审定委员会针对其在自然科学不同领域的定义有："影响人类生存和发展的各种天然的和经过人工改造的自然因素的总体"和"在某一给定时刻系统所遭受的所有外界条件及其影响的综合"等。根据这一定义，可知"环境"主要是指影响事物发展的外部条件。为了形象和方便，人们将"环境"一词逐步引入了社会科学领域，投资环境、城市环境、市场环境、经济环境、文化环境、政治环境等一系列专用名词被创造出来，并被人们广泛应用，且日渐被赋予了独特的内涵。

一、国际财务管理环境的定义及特征

国际财务管理环境是指国际企业开展财务管理活动的外部条件。区别于国内财务管理环境，这里所指的外部条件主要是国际经济、政治、法律、文化等环境和所在国的政治、经济、法律、文化等环境对国际企业开展财务管理活动的作用与影响。从国际财务管理环境的组成来看，其定义可分为狭义和广义的。狭义的国际财务管理环境，主要指经济体制、经济政策、经济发展水平、金融市场等因素构成的经济环境。广义的国际财务管理环境除包括经济环境外，还有政治、法律、社会文化等对国际财务管理有可能发生影响的各类环境。本章对国际财务管理环境的讨论以其广义定义为出发点。

国际财务管理环境主要有如下特征。

第一，国际财务管理环境具有非常广阔的空间范围。在经济全球化日益深化的今天，国际企业越来越多，这些企业在世界多个国家都设有分支机构，有些企业还在多个较大的国家和地区开办工厂，如微软、宝洁、海尔、华为等大型跨国公司，其业务经营遍布世界各地。对这类企业来说，国际业务占据了其业务总量的一大部分。因此，国际财务管理环境的空间范围就变得非常广阔。

第二，国际财务管理环境易受相关事件的影响，呈现复杂多变的局面。相对于国内财务

管理环境而言，国际财务管理环境更容易受到国际政治、经济、军事形势的影响，如吸引外资的政策改变、政治动荡、政权更迭等；也容易受到所在国国内及国际有影响力大国国内政治、经济、军事形势的影响，如欧洲债务危机、中美贸易战等。种种因素导致国际企业面临的财务管理环境的变化更加频繁，也更加难以预测。因此，这对国际企业的财务管理能力提出了更高的要求，也迫使财务管理者要提高应对复杂多变的国际局面的能力。

第三，国际财务管理环境表现出巨大的差异性。相对于世界范围而言，在一国内部无论是政治体制、经济体制、法律制度，还是社会文化等各方面，在地域间的差异都比较小，因此国内企业在财务管理上与环境出现强烈矛盾和冲突的概率较小。然而，对国际企业而言，世界各国在政治体制、经济体制、法律制度、社会文化等环境上存在巨大的差异性，企业在进行财务管理时要充分考虑所在国财务管理环境的特殊性，要时刻注意这些国家的政治局势、经济政策、经济走向、法律规定等因素的变化。

第四，国际财务管理环境具有风险与机遇共存的特性。对国际企业来说，无论是资金来源还是融资方式，都呈现出多样化的特点，这使得国际企业在融资时可以有更多的选择，既可以要求母公司投入资金，又可以利用所在国的资金，也可以从其他企业或国家引进资金，还可以向国际金融机构和国际金融市场融资。与此同时，国际财务管理环境中各国汇率、利率、经济政策等因素的不确定性大大高于一国内部，使得国际财务管理面临较高的风险。因此，国际财务管理者应具备必要的捕捉机会和规避风险的意识，以便避免不利影响，取得最大收益。

二、国际财务管理环境的分类

为了对国际财务管理环境进行更深入细致的研究，可以从不同角度出发，将国际财务管理环境划分为以下类别。

（一）宏观财务管理环境、中观财务管理环境和微观财务管理环境

国际财务管理环境按范围来分，可分为宏观财务管理环境、中观财务管理环境和微观财务管理环境。

宏观财务管理环境是指对国际财务管理有重要影响的宏观方面的各种国际性因素。国际商品市场、国际金融市场、国际企业、区域性集团、国际组织等逐渐构成了多层次、多方位的宏观财务管理环境。中观财务管理环境是指对财务管理有重要影响的中观方面的各种国家性因素。企业所属国或地区的政治经济形势、经济发展水平、各种相关政策、金融市场状况等构成了中观财务管理环境。微观财务管理环境是指对财务管理有重要影响的微观方面的各种内部因素。企业组织形式、生产状况、企业的产品销售、市场状况、企业的资源供应情况等构成了微观财务管理环境。

（二）自然环境和社会环境

国际财务管理环境按属性可分为自然环境和社会环境。

国际财务管理的自然环境，是指国际财务管理活动中涉及的各种自然资源或自然条件的总和，如对投资或经营产生重大影响的所在国是否具有在国际上有优势的水资源及矿产资源等。国际财务管理的社会环境，是指人类所创造出的物质财富与精神财富的总和，是人类有意识构建的经济基础和上层建筑的整体，如社会文化、政治体制、经济体制、国家机构、法律制度等。国际财务管理本身就是社会活动的一种，因此社会环境对财务管理的影响要比自然环境大得多，因而也是本章的重点内容。

（三）软环境和硬环境

按环境的物理形态或表现形态来划分，国际财务管理环境可分为软环境和硬环境。软环境是指那些处于不可见状态，具有一定的人为特征且极易受其他因素影响的非物质条件，如法律、政策、合作对象的经营管理水平、宏观经济、技术熟练程度、文化素质高低等方面。硬环境是指相对固定、稳定且可见的环境。硬环境对国际财务管理的约束是刚性的，主要表现为物质财富的条件，如所在国的交通运输、邮电通信设施、能源供应条件、市政工程建设、公用事业建设、环境保护、社会生活服务、旅游设施和土地的充裕性及价格高低等。

（四）静态环境和动态环境

按环境的变化情况来划分，国际财务管理环境可分为静态环境和动态环境。

静态环境是指影响国际财务管理的各种因素处于相对静止、稳定的状态，是国际财务管理环境中相对容易预见、变化不大的部分，对国际财务管理的影响也是相对稳定的。比如，地理环境、法律制度等。动态环境是指影响国际财务管理的各种因素处于不断变化的状态，是国际财务管理环境中相对不容易预见、变化性大的部分，对国际财务管理的影响程度是不断发展变化的。因此，国际财务管理者对这类环境因素要时刻关注，着重研究、分析，随时采取相应对策。比如，商品的供求状况、汇率、利率等。

（五）开放性环境和封闭性环境

国际财务管理环境按交流程度划分，可分为开放性环境和封闭性环境。

开放性环境是指国际企业在进行财务管理时可以较为自由地在所在国之间、所在国与母国之间、所在国与国际市场之间进行交流，国际经济大循环环境的形成便是开放性环境形成的标志，而世界经济一体化、全球化进程的加快进一步推动了开放性环境的发展。封闭性环境是指国际企业在进行财务管理时不能随意地在所在国之间、所在国与母国之间、所在国与国际市场之间进行交流,财务管理活动的范围和力度受到种种限制,如国际市场未形成的区域、闭关锁国的存在等都属于封闭性环境。

第二节 国际财务管理的政治环境

政治环境主要是指一个国家的国家政权、政治制度、政治体制、方针政策等方面。政治环境对国际企业经营状况的影响是直接的,是难以预测的,也是不可逆转的。在国际财务管理中一个不可否认的关键性事实是:任何一个独立的国家都百分之百地拥有允许或禁止国外企业在其政治边界内开展业务的正当权利,也即在某一国家开展业务的批准权掌握在该国政府手中。

一、母国国内的政治环境

为了本国利益,国际企业的母国通常会采取各种措施来扶植和保护本国国际企业,提高本国企业在国际上的竞争力。制定扶植和保护国际企业的相关政策对于发展中国家来说尤为重要,毕竟发展中国家的大多数国际企业在经验、资金、实力等方面落后于发达国家的国际企业。要想在竞争日趋激烈、形势瞬息万变的国际市场中占有一席之地,单靠国际企业自身是难以完成的,很多发展中国家的国际企业都是在国家、地方政府的大力支持下才顺利进入国际市场的,有些国家甚至举全国之力来扶植和保护本国国际企业。发展中国家的这些做法也是发达国家的经验和一些立志促进本国经济朝国际化发展的发展中国家的实践所证明了的。目前,母国对本国国际企业提供的扶植和保护政策主要表现在以下几个方面。

(一)税收优惠政策

税收政策虽然属于经济领域,但实际上税收优惠政策被各国附加了较多政治因素,是各国政府在扶植和保护本国国际企业中使用得最普遍、最多的一项政策。税收优惠政策一般通过税收抵免、税收抵减或延迟缴税等方法来实现,采用税收优惠政策可以降低国际企业的产品成本、增强产品竞争力、增加企业现金流入量等。中国在 1995 年、2005 年、2007 年、2009 年、2010 年、2018 年和 2021 年等年份对出口退税政策进行调整,出口退税已经成为中国鼓励出口、优化出口环境的有力政策工具。

作为国际企业的财务管理者,要深入了解母国的各种税收优惠政策,充分利用税收优惠政策,并时刻关注税收优惠政策的变化,适时调整企业的投资经营策略,尽可能降低政策变化所带来的风险和损失。

（二）财政、信贷优惠政策

为扶植和保护本国的国际企业，促进企业在国际市场上占有一席之地，许多国家都在财政、信贷政策中给予本国国际企业相当大的支持力度，为企业解决资金问题。比如，对国际企业出口的某种商品给予现金补贴或财政上的优惠待遇；对本国出口厂商、外国进口厂商或进口方银行提供贷款；对于本国出口厂商或商业银行向外国进口厂商或银行提供的贷款，由国家设立的专门机构出面担保，当外国债务人拒绝付款时，这个国家机构即按照承保的数额予以补偿；等等。这类政策对国际企业拓宽资金渠道、得到低成本的资金有明显的作用。

（三）提供商务信息

在当前这一信息化社会中，对国际企业来说，及时获取国际市场动向的信息尤为重要。为扶植和保护本国的国际企业，许多国家都设立了官方或官方与民间混合的商业情报机构，在海外设立商业情报网，专门负责向本国的国际企业提供国际市场的商务信息。比如，英国设立的出口情报服务处，其情报由英国220个驻外商务机构提供，然后由计算机分析处理，分成500种商品和200个国家或地区市场情报资料，供本国国际企业参考；日本的贸易振兴会，即为日本政府出资设立的一个从事海外市场调查，并向企业提供信息服务的机构；等等。这类政策不仅能大大降低企业信息搜寻的成本，而且能够帮助企业降低海外投资的风险。

（四）外交政策助力

在国与国之间的政治联系、经济联系等日益紧密的背景下，许多国家通过与其他国家的政治会晤、领导人互访、贸易谈判、经济合作等机会，积极为本国国际企业争取各种优惠待遇和有利的投资条件；有些国家通过向发展中国家提供对外援助以促进对这些国家的出口，甚至在提供对外援助时附加有利于本国国际企业的条件；有的国家政府为了保护本国国际企业的利益而对其他有关国家施加政治和军事压力；等等。这类政策能够减少本国国际企业在海外投资和经营可能受到的不利限制，为其奠定良好的投资和经营环境。

二、所在国国内的政治环境

所在国国内的政治环境，主要是指影响国际企业财务管理的所在国的政治制度和政治体制、政府的政策态度、政治稳定性、政府的对外关系和地方政府的相关政策等。

（一）政治制度和政治体制

政治制度是指在特定社会中,统治阶级通过组织政权以实现其政治统治的原则和方式的总和,其实质是对各种政治关系所做的一系列规定,如封建制度、资本主义制度、社会主义制度等。政治体制一般指一个国家政府的组织结构和管理体制及相关法律和制度,简称政体。我国目前实行的是社会主义制度,是工人阶级领导的、以工农联盟为基础的人民民主专政的政治体制,人民代表大会制度是国家的根本政治制度。

各国政治制度和政治体制的不同具体表现在政治和行政管理体制、经济管理体制、政府部门的结构、行政效率、地方政府权限等方面。因此,不同的政治制度和政治体制可能会对国际企业的投资经济带来一定程度的风险,但任何政治制度和政治体制的国家又都可能存在着对投资有吸引力的环境条件。

（二）政府的政策态度

各国都有各自的国家利益和国家目标,各国政府可能会对国际企业采取不同的政策态度,即使是同一届政府也可能因经济形势等实际情况的变化而改变对待国际企业的政策态度。有些国家认为完全自由的竞争环境有利于本国企业的成长,因此对国外企业和本国企业未采取差异化政策,不干涉国外企业;有些国家认为国外企业的激励竞争会阻碍本国企业的发展,甚至会左右本国居民的文化价值观念,因此采取禁止或严厉限制的政策;有些国家则认为过于宽松或紧缩的环境都不利于本国企业的发展,适度的竞争反而能够带动本国企业的发展,提高其生产和管理水平,因此采取鼓励与限制和干预相结合的政策,虽针对国外企业出台了许多限制条件,但同时也提供许多税收、外汇等方面的便利条件;等等。由此可见,所在国政府对国际企业的政策态度直接影响国际企业的经营和财务管理决策。因此,国际企业的财务管理者要随时关注所在国政府的政策态度,对投资、经营决策进行适当的调整。

（三）政治稳定性

政治稳定是指没有全局性的政治动荡和社会骚乱,政权不发生突发性质变,公民不使用非法手段来参与政治或夺取权力,政府也不采用暴力或强制手段压制公民的政治行为,具体包括主权稳定、政权稳定、社会稳定、政治生活秩序稳定及连续稳定的政策等。拥有良好的政治稳定性是维持和促进经济发展的重要保障,将给本国区域内的所有企业提供一个良好的政治环境,有利于企业投资、经营等业务活动的展开。对国际企业来说,所在国政治稳定可以减少其国际财务管理的影响因素和变量,增强其财务决策的有效性和准确性。

（四）政府的对外关系

对外关系是指一个国家与其他国家或地区的关系,包括政治、经济贸易、军事、科学技术及文化等方面的关系。这些关系通过一系列的对外活动体现,这种活动又以国家的对外政策为指导。为了自身的存在和发展,每一个国家都十分重视对外关系和对外政策。

国际企业要对其母国和所在国之间、所在国和所在国之间的对外关系现状和发展前景进行深入的了解和分析,尽早预测两国之间对外关系的发展方向,依据对外关系的变化调整财务决策。

（五）地方政府的相关政策

地方政府是指管理一个国家行政区事务的政府组织的总称,通常对应于中央政府(在联邦制国家,即称"联邦政府")的称谓。因此,一国的政治环境不仅包括中央政府的政权、政策等,还包括地方政府的相关政策。对国际企业来说,有时地方政府对国际企业的影响和作用甚至要大于中央政府。

◇ **知识活页**

拓展阅读：地方政府的影响和作用

二维码 2-1

国际企业在一国进行投资经营时,也要对其所在地区的地方政府的相关政策予以关注,避免出现与地方政府的政策相矛盾、相冲突的状况,要充分利用地方政府的各项优惠政策,要分析对比一国内不同地方政府在政策上的差异性,选择最优的地区进行投资经营。

三、国际组织

国际组织亦称国际团体或国际机构,是具有国际性行为特征的组织,是三个或三个以上国家(或其他国际法主体)为实现共同的政治经济目的,依据其缔结的条约或其他正式法律文件建立的有一定规章制度的常设性机构。目前,主要的国际组织包括联合国、世界贸易组织、国际货币基金组织、石油输出国组织、欧盟、经济合作与发展组织等。国际组织的覆盖面极其广泛,它对国际财务管理的影响是多方面的。国际财务管理者在进行财务决策时,要关注国际组织的最新发展和政策变化,这样才能在日益复杂多变的国际政治环境中立于不败之地,才能降低风险、提高收益。

第三节 国际财务管理的治理环境

除了上述提到的政治环境,国际企业在进行国际财务管理时,还面临着法律环境和社会文化环境所带来的影响。在世界各国的法律法规日益健全的背景下,国内法和国际法等法律对国际企业起到硬约束的作用,是国际企业在一国进行投资、经营和财务管理时必须遵守的。而社会文化环境对国际企业起到软约束的作用。鉴于这两类环境之间的共同点,本章将法律环境称为法律治理环境,将社会文化环境称为社会文化治理环境,二者统称为国际企业的治理环境。

一、法律治理环境

国际企业的法律治理环境是指与国际企业财务管理活动有关的所有法律因素的总和,不仅包括不同国家的法律制度的类型与内容,还包括国际法的各项规定及内容。

◇ 知识活页

拓展阅读:国内法和国际法概述

二维码 2-2

即使有国内法和国际法的双重约束,国际企业的法律治理环境仍存在一些未尽事宜。迄今为止,世界上并不存在一个处理不同国家非政府组织之间纠纷的法律机构,即没有专门的法律机构来处理国际企业经常发生的商事纠纷。而各类国际组织也没有强制力来约束非政府组织的行为。当国际企业间发生商事纠纷时,即便有相关的国际法为依据,解决纠纷的仍旧是相关国家的法律机构,解决纠纷所依据的也仍旧是相关国家的法律。因此,国际企业间出现法律争端时的司法管辖权就成为悬而未决的问题。目前,在实际应用中,国际企业间的商事纠纷在司法管辖权的选择上一般采用领土原则、国籍原则和合同约定三种方式。国籍的认定有时存在差异,为了避免发生纠纷时因对司法管辖权理解上的差异引起诉讼难题,解决这一问题的最根本方法是国际企业在签订合同时,最好包含一条有关司法管辖权的条款。比如,"双方一致同意:本协议签订于中国北京,本协议的任何问题,均受中华人民共和国的法律的约束"。

二、社会文化治理环境

人类在自然发展中逐步形成了不同的民族、不同的国家,从而引起世界各国的社会文化环境存在较大差异。即使在同一个国家,也存在不同的社会文化。这种历史悠久的社会文化差异对国际企业的投资、经营和财务管理也有较大的影响和约束,这种影响和约束是潜在的。

社会文化治理环境涵盖的内容非常广泛,教育、科学、文学、艺术、理想、信念、道德、习俗等都属于社会文化治理环境,都对国际企业的财务管理活动有一定的影响,其中对国际企业的财务管理影响较大的因素主要有以下几个方面。

(一)教育、科技等客观文化环境

教育机构和培训人员的数量较多、质量较高的国家,教育内容和质量较高的国家,重视管理人才和人才培训工作的国家,能够为国际企业提供高素质的专业人才;经济学、数学、统计学、现代管理学、会计学等诸多学科领域的发展,都在一定程度上促进了财务管理理论的发展;新闻出版和电视广播的迅猛发展,为国际企业第一时间获取相关信息提供了便利条件,也为国际企业塑造企业形象、进行企业文化等方面的宣传提供了有效渠道。因此,国际企业在一国进行投资、经营和财务管理时,要对该国的教育水平、科技水平和新闻媒体等的发展状况详细了解,以便更好地利用教育、科技等客观文化环境。

(二)宗教、语言等传统文化环境

目前世界上并存着基督教、伊斯兰教和佛教三大宗教,其他小的宗教派别和分支还有几十种,宗教信仰对人们生活的很多方面都存在很大影响,有时因宗教信仰而激发的矛盾是不可调和的,国际企业在投资经营时一定要特别注意不同宗教信仰的国家和居民在价值观念、消费习惯等方面的禁忌。

随着英语这一国际语言的普及,国际企业进行跨国投资经营的阻碍也在减少。但是,受教育水平的限制,很多发展中国家的英语普及程度仍较低,而发展中国家的投资机会相比之下是比较多的,国际企业在所在国进行产品宣传、销售时,相关标语中语言文字的使用要符合所在国的传统习惯。风俗习惯是人们在生活中逐渐形成、有意无意遵从的风尚、礼节、习性。它往往潜移默化地约束着人们的行为。另外,地理区域差异、民族差异、风俗习惯有别、审美情趣不一都会导致对同一商品的看法大相径庭。所以,对国际企业来说,要深入了解有关国家、地区的风俗习惯,从而确定投资产品市场的大小。

（三）世界观、价值观等主观文化环境

由于各国世界观、价值观、社会心理等主观文化环境的不同，国际企业在财务目标和战略、员工的使用和考核、财务组织结构、财务决策控制采用集权制还是分权制等方面的选择上必须根据当地的文化环境来进行。比如，在具有长期取向、注重将来的国家，企业目标中财务指标的重要性相对滞后，它们更看重企业长远的回报和长远利益的增长，社会更希望企业能够考虑保障雇员的利益，注重雇员的培训和稳定雇用关系；在具有短期取向、注重现在利益的国家，企业的管理者必须关心季度利润等短期财务指标，在企业遇到经营困境时，通过迅速裁员达到维持当期利润水平的做法并不会引起社会的强烈反对；在以美国为代表的个人主义色彩较浓厚的国家，个人的报酬和晋升主要取决于包括财务业绩在内的业绩考核，非常强调公平和平等，因此国际企业对员工的业绩评价必须与工作存在明确的相关性；在以日本为代表的集体主义国家，年龄、该成员在组织或集体中的身份或地位等个人背景在考核中比成就更为重要，因此国际企业在对员工考核时要避免上级对下级的直接考核，要依据年龄和资历使其得到相应的报酬和晋升；在权力化相对平均的国家，财务管理决策由各级财务管理人员共同进行；在权力化高度集中的国家，企业多层级的结构和各层内部较少的下属单位使上级财务管理人员能够充分了解下属的所有活动，决策高度集中，上级财务管理人员具有高度的权威，下级则要严格按照层级关系进行落实；等等。

第四节 国际财务管理的经济环境

对国际企业而言，经济体制、经济发展水平、经济政策、金融体系和税收制度等都对其进行财务管理具有重要影响。总的来看，一国经济环境包含的内容众多，本节只就经济环境中的经济体制、经济周期、经济政策、经济发展水平等因素及其影响进行分析介绍，外汇市场、国际货币、国际收支等金融环境因内容较多、影响较大，将在本章第五节专门阐述。

一、经济体制

经济体制是指在一定区域内（通常为一个国家）制定并执行经济决策的各种机制的总和，通常是一国国民经济的管理制度及运行方式。企业在进行国际财务管理时要具体情况具体分析。在计划经济体制国家和公有制占主导地位的国家，政府对企业的干预较多，企业

的融资渠道、资金使用方式、利润分配顺序等都在政府的管制范围内,这些管制措施对国际企业会产生直接或间接的影响,国际企业的财务管理内容和财务决策方案都会受到限制。在市场经济体制国家和私有制占主导地位的国家,政府对企业的干预较少,企业在融资渠道、资金使用方式和经营等方面有相当大的自主权和灵活性,国际企业财务管理的内容和可以使用的手段也非常丰富。

二、经济周期

经济周期会对一国或一个地区的产品需求规模和投资需求规模产生重要的影响。在经济周期的繁荣阶段,产品市场需求量增加,企业的销售和投资需求旺盛,企业为扩大生产就要增加投资,以增添机器设备、存货和劳动力,这就要求国际企业在该国的财务管理主要以提高收入、增加投资为中心,要求财务管理者能迅速地筹集所需资金。在经济周期的衰退和萧条阶段,产品市场萎缩,企业销售减少,投资需求减少,有时资金紧张,有时又出现资金闲置,从而可能导致财务困难,这就要求国际企业在该国的财务管理活动以维持基本的运营、避免财务危机为主。

三、经济政策

经济政策是各国政府为了实现充分就业、价格稳定、经济增长、国际收支平衡等目标,为增进经济福利而制定的解决经济问题的指导原则和措施。经济政策包含的内容非常广泛,财政政策、货币政策、收入政策、产业政策、区域发展政策等都属于经济政策的范畴。而其中的任何一个方面都会对国际财务管理环境产生较大的影响,甚至导致国际财务管理环境根本性的变化。国际企业在进行财务管理时,要认真研究所在国的各项经济政策、政策间的联系以及政策的连续性和走向,这样才能充分有效地利用经济政策,实现资金的合理利用,避免因经济政策的变化而出现较大的损失,实现财务管理的预期目标。

四、经济发展水平

经济发展水平是衡量一国经济发达程度的重要指标,也在一定程度上决定了一国的经济结构、市场结构、产业结构、消费水平等多项内容。国际企业在进行财务管理时,对能够反映一国经济发展水平的各项指标要反复对比分析,从而准确判断一国的经济发展水平。不仅如此,国际企业还要对处于相同经济发展水平的国家的经济结构、产业结构、市场规模、消费水平等关键内容进行更进一步的深入调查研究,从而在做出投资决策、制定经营方针、选择财务方案等决定时能够更有针对性,能够尽可能地降低风险、增加报酬。

五、对外开放程度

衡量一个国家对外开放程度的通行指标是对外贸易比率。近些年,对外融资比率、贸易体制、贸易政策、对外资产比率、对外债务比率等都被作为衡量一国对外开放程度的指标。对国际企业来说,正确运用这些指标来衡量和判断一国的对外开放程度是至关重要的。较高的对外开放度对国际企业的投资经营是非常有利的,否则国际企业对该国的市场只能可望而不可即。

六、经济与物价的稳定

一个国家的经济和物价情况可以通过通货膨胀、利率水平、资本市场等方面加以反映,这些方面也会对国际财务管理产生直接的影响。比如,当一国物价不稳定,出现通货膨胀时,会导致企业在所在国市场上销售产品的价格大幅上涨(销售收益虚增),购进原材料、劳动力的价格大幅提高(生产成本提高),从而导致国际企业现金流量的大幅波动,造成在该国生产的子公司实物资产重置成本增加、货币性资产贬值等。这些方面都给国际企业评价子公司的财务业绩造成困难,给国际企业的筹资带来压力,筹资策略可能会因此而发生变化。

七、市场规模

市场规模是指目标产品或行业的整体规模,具体包括目标产品或行业在一定时间的产量、产值等。市场规模主要体现在两个方面,即市场的广度与深度。市场的广度主要由一国的国内生产总值来衡量,依据国内生产总值达到的水平可以判断一国相关产品的消费能力和市场规模,可以为国际企业的投资决策和生产经营决策提供参考。市场的深度是指产品组合中各产品线包含的产品项目的数量。每条产品线所包含的项目愈多,产品组合愈深。国际企业在进入一国市场时,要对该国市场的广度和深度进行深入的了解和研究,包括各细分市场,以选择最优的进入方式、最佳的产品组合和最适当的财务管理目标。

八、税收制度

世界各国政府在税收制度的制定上都享有绝对的自主权,各国在税收种类、税率、优惠政策等方面都存在着极大的差异，而企业都是以税后收益来确定投资收益。因此，所有企业对税收制度的内容和变化都非常敏感。相比于国内企业，国际企业可以在世界范围内利用不同的税收制度，有更多的途径和选择进行税收筹划，最大限度地减少税收支付。因此，研究各国的税收制度对国际企业而言就更加有意义。

第五节　国际财务管理的金融环境

金融全球化对于资本在世界范围内的自由流动起到了重要的促进作用，促使国际资本得到最优配置，同时提供了更多、更好的投资机会。但是，金融全球化也使世界各国的国内金融市场联系更加紧密，一国发生利率或汇率的波动或金融动荡，会迅速传递蔓延到其他国家，增加了国际企业的金融风险。国际企业进行财务管理要了解各国金融市场、金融机构、外汇市场、国际收支等方面的差异。

一、金融市场

金融市场是指从事各种金融业务活动的场所，其中国际金融市场指从事国际资金借贷、外汇买卖、黄金交易及国际债券与股票的发行和交易等金融活动的场所和领域。国内金融市场指经营活动只涉及本国货币，包括地方性金融交易。国际金融市场中业务范围的广泛性、业务交易的无间断性等特征使国际企业面临更多的、不确定性的风险，而国内金融市场受政府债务水平、政府债务结构、政府金融管制、金融政策变更等多重因素影响。因此，国际企业在进行财务管理时，要详细了解和时刻把握国际金融市场的动态，关注所在国的财政政策、债务情况、金融工具等各类金融市场信息。

二、金融机构

金融机构是调节资金余缺，对集中起来的资金重新分配的经济组织，也是专门从事货币信用活动的中介组织。各国的金融机构在业务范围上有所不同。比如，日本金融机构的基本特征在于各民间金融机构在业务上有严格的分工界限，长短期金融业务相分离、服务对象有明确的分工。而德国金融机构从建立初期就受经济发展阶段的影响，银行从开始就经营长短期金融业务，形成了"全能银行制度"。因此，国际财务管理人员若想最有效地筹集资金、投放资金，必须对各国的金融机构进行深入了解，根据各国的融资政策及自身的融资需求,有选择地利用各种金融机构为企业服务。

三、金融工具

金融工具是指同时增加一个企业的金融资产和另一个企业的金融负债或权益工具的合同。由于货币资金不能直接进行交易,需要借助金融工具来进行交易,金融工具就成为金融市场上进行交易的载体。金融工具包括基本工具(如应收款项、应付款项和权益证券)和衍生工具(如金融期权、期货和远期合约,利率掉期及货币掉期)。不同的金融工具在融资方式、融资期限、融资条件等方面都存在一定的差异,比如,商业票据、股票等金融工具属于直接融资工具,银行承兑汇票、银行债券等属于间接融资工具。

四、国际货币体系

目前的国际货币体系以美元为主体,呈现以浮动汇率制为主的多种汇率制兼容的混合汇率制,是一个相对松散、无固定约束的货币体系。汇率机制、利率机制、信贷机制通过国家金融市场的媒介作用、商业银行的活动,并与国际货币基金组织的信贷干预、有关国家外汇储备的变动、政府债务和投资以及政策协调等相结合,共同构成对国际收支的调节机制。这一国际货币体系更多地依靠市场机制的作用,给予了国际财务管理者更多的机会,但也使国际金融环境的不确定性进一步增强。

五、国际收支

一国国际收支出现失衡的原因有很多,通货膨胀会导致进口商品出现价格上的优势,产生经常账户上的逆差;利率差异会导致资金流入利率高的国家,发生资本账户的顺差或逆差;汇率变化会导致进口商品出现价格优势(本币升值)或出口商品出现价格优势(本币贬值),从而出现经常账户及资本账户的逆差或顺差;一国政府出台的限制或鼓励政策也会引起经常账户或资本账户出现顺差或逆差。当一国出现国际收支不平衡时,各国政府都会对国际收支失衡采取调节措施。因此,国际企业的财务管理者在关注国际收支平衡表的各项目平衡情况时,还必须对引起这些项目失衡的原因进行深入分析,并特别关注政府可能或已经做出的调节措施,及时采取应对措施,进而做出正确合理的财务决策。

◆ 知识活页

拓展阅读：国际收支概述

二维码 2-3

六、外汇市场、外汇风险和外汇汇率

要想实现好的财务管理效果，国际企业就要了解清楚影响外汇市场的各类因素和外汇市场的各项国际惯例，选择合适的外汇市场、交易方式；明晰外汇风险的管理方法，针对交易风险可以采用远期外汇合同市场保值和货币市场保值等方法，针对会计折算风险可以采用资产负债表套期保值和远期外汇市场保值的方法，针对经济风险可以采用经营多元化和融资多元化等方法；明晰外汇汇率制度、变动情况，随时关注业务所在国的汇率变化情况和变化趋势。

七、利率水平

利率水平是指一定时期全社会利率的平均总水平，反映一定时期全社会资金的供求状况。货币供求、通货膨胀、再贴现率、国家经济政策等因素都会对一国的利率水平产生影响。利率同上述因素之间存在着相互影响的关系，当出现通货膨胀时，当地对投资的需求量增加，投资者对资金的预期收益提高，导致当地利率上升；在货币供给一定时，货币需求增加将导致利率上升；再贴现率提高时，等于相应提高了商业银行的借贷资金成本，市场利率会因此提高；而当汇率处于升值预期时，如果政府提高利率，将可能引起通货膨胀等问题的出现；在开放经济中，如果放松外汇管制，在资金自由流动的条件下，若国内利率高于国际市场利率，就会引起货币资金流入国内；等等。由此可知，利率水平的变化直接影响国际企业的资本成本和资本结构，国际企业可能因此需要考虑改变筹资的地点，或改变企业内部子公司之间的资金转移方式。因此，国际企业在进行财务管理时，既要关注货币供求、经济政策等因素对一国利率水平的影响，也要关注一国政府利用利率这一调控工具来调整经济发展、经济结构时所释放出来的信号，还要关注国际市场利率等国际因素对国内市场利率的影响。

◇ 本章小结

相比于国内财务管理,国际财务管理与其产生区别的根本原因在于二者面临的环境上的差异。国际财务管理环境是指国际企业开展财务管理活动的外部条件,包括国际经济、政治、法律、文化等方面。各类财务管理环境使国际企业的财务管理面临更多的机遇和选择,也带来更大的不确定性和风险。因此,国际企业需要随时关注各类财务管理环境的变化,及时调整财务策略。

◇ 思考与练习

一、简答题

1. 国际财务管理环境的特征是什么?
2. 母国对本国的国际企业提供的支持政策一般体现在哪几个方面?
3. 国家间的文化差异会对国际财务管理的哪些方面产生影响?
4. 金融环境对国际财务管理环境的影响表现在哪些方面?

二、思考题

1. 调查中国政府对本国国际企业的政策态度和支持措施,分析中国企业在走出国门时面临的因本国政府政策引起的机会和困难。
2. 国际企业应该如何利用法律治理环境来提高投资经营效益?
3. 国际组织如何影响国际企业的财务管理?请查找具体案例来深入分析。

三、案例分析题

1. 美国次贷危机、欧洲债务危机和中美贸易摩擦

2008年前后的美国次贷危机最终引发了世界金融危机,在个别国家甚至发展成经济危机,使整个世界的经济增长进入缓慢停滞的阶段。在世界经济形势初步好转时,欧洲债务危机又使世界经济陷入新的困难境地。在这种国际经济环境下,许多外向性较高的国家遭遇严重的经济危机,国际企业遇到了前所未有的困难,许多企业因此破产或重组。2018年3月开始的中美贸易摩擦,对中美两国的进出口企业、贸易环境产生巨大影响,并对世界经济环境产生多方面的影响。

要求:国际经济环境的变化会对国际企业的财务管理带来巨大的影响,请对上述三个事件所带来的影响进行深入分析。

2. 中国中铁和中国铁建的投资

2008年10月22日,中国中铁股份有限公司(简称中国中铁)和中国铁建股份有限公司(简称中国铁建)H股双双跌停。两公司在2008年10月23日在香港联交所发布公告。中国中铁公告称,截至2008年9月30日,中国中铁H股募集资金除已使用9.07亿元外,其余额折合人民币172.38亿元均存放在中银香港募集资金专户上,H股剩余募集资金的净亏损人民币19.39亿元,折合每股0.09元。

公告表示,2008年上半年,澳元对美元汇率持续走高,加之公司正在实施的澳大利亚项目需要大量澳元,为提高外汇存款收益,减少因人民币对所有外币升值给公司带来的外汇汇兑损失,通过结构性存款方式累计完成了15亿美元左右的结构性存款,截至2008年9月30日,相应结构性存款均已到期。此外,公告还称,公司H股募集资金及其他外汇资金没有做金融衍生产品。

中国铁建的公告称,公司2008年7月到9月汇兑损失3.2亿元,财务费用总额为2.74亿元。截至2008年9月30日,公司约有外汇存款折合人民币188.87亿元,其中美元和港币存款共计折合人民币138.49亿元,澳元存款折合人民币15.38亿元,欧元存款折合人民币0.19亿元,日元存款折合人民币0.57亿元,其他外汇存款(主要为阿尔及利亚、沙特阿拉伯、尼日利亚、利比亚等国货币)折合人民币34.24亿元。公司也澄清,2008年7—9月没有进行任何金融衍生品投资。

要求:参考上述案例,谈一谈金融环境如何影响企业的投资,请查找正反两个案例来进一步说明。

3. 中国矿业的投资之路

2009年,中国对澳大利亚的矿业投资超过百亿美元,中国企业对澳大利亚的矿业投资占矿业总投资的60%以上。

1)中国矿业在澳大利亚的投资案例

中国矿业在澳大利亚的成功投资项目主要有:2008年9月,中国新汶矿业集团出资15亿澳元,从Linc Energy公司收购Teresa煤矿开采许可;2008年11月,鞍钢集团有限公司(简称鞍钢)出资1.62亿澳元投资增持金达必公司股份,成为第一大股东;2008年12月,首钢集团有限公司出资约1.625亿澳元收购Mt Gibson铁矿公司约2.70亿股的股票,成为第一大股东;2009年6月,中国五矿集团有限公司(简称中国五矿)斥资14亿美元收购了墨尔本铜矿及矿商OZ矿业公司的大部分资产;2009年8月,山东兖州煤业股份有限公司以约32亿美元收购澳大利亚煤炭生产商菲力克斯资源有限公司;2010年2月,四川汉龙集团旗下在澳大利亚的汉龙矿业投资有限公司出资2亿美元收购澳大利亚钼矿有限公司51%的股份,成为其控股股东;等等。

与此同时,中国矿业在澳大利亚的投资并购之路并非一帆风顺。比如,2009年2月12日,中国铝业集团有限公司(简称中铝集团)与澳英矿企力拓集团签署了合作与执行协议,以总计195亿美元战略入股力拓集团。2009年6月5日,力拓集团放弃中铝集团注资195亿美元的交易,宣布了配股152亿美元与必和必拓公司组建铁矿石合资公司的融资计划。随后,中国五矿、湖南华菱钢铁集团有限责任公司(简称华菱集团)等企业投资澳大利亚的每一案例,都曾受到延期处理。虽然迫于各方压力,华菱集团收购FMG和中国五矿收购案终获批准,但都被附加苛刻条件。中国五矿用12.06亿美元收购澳大利亚矿产公司的资产,澳方强加的并购约束条件是:中国五矿须做出一系列"合法强制性承诺",包括承诺独立经营这些矿山,继续以澳为总部,由澳方人员主要管理,全部产品价格须根据公平原则由澳销售人员参照国际标准制定等。在鞍钢投资案裁决中,澳大利亚政府坚持让鞍钢允许Gindalbie在中国国内的一项投资活动里维持澳方50%的参股权,而且不允许单方对此安排做出改变。

2）澳大利亚的矿业投资环境

澳大利亚的政治体系下，联邦政府、州政府（澳大利亚分为六个州）和地方政府各有分工。州政府拥有辖区内矿、石油等资源的管理权。但是当联邦政府与州政府在外商投资决议方面发生重大意见冲突时，决定权仍在联邦政府。例如，对于矿业项目，中国国有（国有股份占15%以上）企业必须拿到联邦政府的投资许可，才能和州政府谈勘探权的转让和延续。2009年，澳大利亚独立参议员尼克·色诺芬和反对党国家党领袖巴纳比·乔伊斯私人出资打出广告，呼吁政府制止中铝集团收购，理由是如果中铝集团成功则意味着"中国政府对澳大利亚资源的占有"。事涉"国家利益"，执政党也无法不考虑反对党的主张。而地方政府则更关心经济，对中国矿业企业表示欢迎。比如，塔斯马尼亚当地政府派代表到墨尔本欢迎中国五矿的到来，并表示希望更多的中国公司能够与当地矿业企业达成交易协议。

澳大利亚议员 Michael Johnson 曾说："矿业收购的特别之处在于，资源或者能源是个非常敏感的问题。中国公司往往有政府背景，比如中铝集团，人们认为它不是百分之百的公众公司，它是中国政府的公众脸孔，或者说中国政府的商业脸孔。澳大利亚可能每个人都清楚这一点，只不过有人赞成，有人不赞成而已，不赞成的人认为接受这项交易，意味着一个国家将在十分敏感的领域对另一个国家的经济产生影响。"

2009年以来，澳大利亚监管当局逐步开始着手对各种收购交易施加更为严格的限制条件。他们规定，只有在矿业企业同意将其旗下一处矿业交由 OZ 矿业公司打理，并做出其他一些让步，包括收购后确保澳大利亚方的控股，才能与收购方达成交易协议。例如，澳政府规定中国中钢集团有限公司（简称中钢集团）对 Murchison 金属有限公司的控股不能超过49.5%。

澳大利亚塔斯马尼亚西部的一家从事矿业企业外包的公司经理马克·赛多瑞表示："只要收购方对我们的员工一视同仁，我不介意收购方到底是中国、日本、俄罗斯还是其他国家。"

澳大利亚的居民对于外资收购却持怀疑态度。比如，在塔斯马尼亚商业区经营超市的菲利普·埃文斯认为，其他国家获得企业的控股权使他感觉十分别扭，他担心这些海外公司都会纷纷涌入市场掠夺本国的自然财富。

2009年9月，我国武汉钢铁集团有限公司旗下的澳大利亚子公司欲收购澳大利亚Plains 公司 Hawks Nest 铁矿石项目50%股权，由于该项目位于澳大利亚伍默拉军事禁区附近，澳大利亚国防部还是以威胁安全为由提出反对意见。

2009年9月，澳大利亚开始实行新的投资管理条例，外来私人投资者的投资如在2.19亿澳元以下、持股比例在15%以下，可免于该国外国投资审核委员会的审批。

2011年10月12日，澳大利亚国会众议院通过了联邦政府提出的碳排放税议案。按照碳排放税实施方案，这一政策于2012年7月1日开始生效，向全国500家企业征收碳排放税，每吨征收23澳元。

2011年11月23日，历经一年半的博弈，澳大利亚矿产资源税接近尘埃落定。澳大利亚议会下议院通过政府提议的矿产资源租赁税法案。资源税针对铁矿和煤矿，税率为30%，比最早的提议下调10个百分点。此议案于2012年提交上议院投票通过，并于2012年7月1

日开始实施。

即使顺利完成收购,中国的矿业投资者仍要跨越五个障碍:人力成本、环保、土著、基础设施、后续投资。澳洲人力成本高,类似中国交通协管的工作年收入往往不低于10万澳元。在中钢集团中西部矿区的工人宿舍,每个工人都有小单间,配备空调、电视、冰箱,建这样一个房间需要花费10万澳元,吃、住全部免费,还要有健身房和洗衣房等配套。矿区施工,混凝土价格居然比钢结构还贵,因为混凝土需要用到大量人工。环保是隐性风险,矿区往往位于环境敏感地区,环评(环境影响评估的简称)在收购之后、开采之前,没人能精确计算随着勘探开发会遇到哪些环保瓶颈。中钢集团的中西部矿区,大量分布着特有蜘蛛。按照规定,蜘蛛窝周边200米之内不能动工,可这样的洞在某一区域满山遍野都是。对澳洲土著人来说,土地是祖先的遗物。澳洲政府非常尊重土著文化,法律认同某些土著居民在欧洲人到达之前在土地上建立起的所有权体系。企业需要自己同所投资区域内的土著谈判,政府不能干预。矿业投资者除了要保护文化遗址,安排土著就业外,还要按照采矿量给予一定补偿。中钢集团曾与27个部落长老签署协议,即使有一个不签字,后续工作也无法开展。在澳洲,基础设施是矿业投资最大的挑战之一,许多矿山开采计划就此胎死腹中。中国企业密集的西澳大利亚州中西部地区,基础设施薄弱。由于预期基础设施建设延后,多家中国公司或延长了出矿日期,或减小了扩产规模。"国家收购的时候大力支持,但收购之后往往忘了我们。矿业投资前期投入巨大,建设资金要翻好几倍。"一位中资企业负责人说,未来3年之内他们的矿山都在纯投入阶段,只能靠中国总部支持,压力颇大。

要求:

(1)分析中国矿业在澳大利亚投资中的各种环境因素及其所起的作用。

(2)所在国政府的政策将如何影响中国矿业的海外投资?

(3)如何看待澳大利亚政府在税收政策上的变化?

◇ **在线答题**

二维码 2-4
第二章
自测题

第三章 汇率预测

◇ **学习目标**

1. **知识目标**：了解汇率预测的基础知识，汇率预测的选择、实施和监控，汇率预测要确定的问题；理解汇率预测的必要性、可行性和汇率结果的评价。了解汇率理论与汇率决定；掌握不同汇率制度下的汇率预测；理解汇率预测的方法。
2. **能力目标**：对汇率有一定的理解能力，能参与国际企业的汇率预测工作。
3. **情感目标**：对人民币汇率形成机制改革有深刻的认识和理解，能对人民币汇率预测的重要性和必要性有深入的理解。

◇ **本章导读**

国际企业内部可以设立专门的机构进行汇率预测，也可以选择购买外部机构提供的预测服务，或者将两者结合起来。要进行汇率预测，应首先明确汇率的决定。汇率制度不同，汇率的决定机制和预测有很大差异。实践中，要注意多种汇率预测方法的综合使用。随着"一带一路"倡议的实施，中国企业的国际经济活动越来越广泛。本章将对汇率的基础知识、汇率理论与汇率决定、汇率预测等方面展开论述。

◇ **导入案例**

一个商业经理的故事

詹红利是一家做进口红酒生意的中国贸易公司的总经理。现在这家公司欠其澳大利亚供应商 100 000 澳元的债务，而这笔钱在当前 4.7 汇率水平（人民币/澳元）下值人民币 470 000 元。这笔债务在三个月后到期。詹红利正在考虑是否买下这笔澳元的远期合约以锁定三个月后需要支付的澳元数。这样，就可以规避澳元的汇率变动风险。

一般说来，如果预期澳元对人民币升值，就会做出上述决策。举个例子，假如澳元升值，汇率变成 4.8，那么这笔钱就值人民币 480 000 元。更确切地说，这种决策是当到期时的即期汇率比当前远期汇率高时，才会做出这样的决策。因此，决策必须在对特定时间点上的即期汇率及时预测的基础上做出。为了得到这样的预测，詹红利应该有以下几个可能的选择方案：第一个方案是詹红利有可能会依靠她对三个月后即期汇率水平的直觉和判断来做出决策；第二个方案是可通过阅读财经类杂志，或者收集汇率预测机构发布的预测信息来获得对汇率的预测；第三个方案是采取雇用的经济学家所做的预测；第四个方案是从公司预订的专业预测公司的预测员手中获得预测信息。在上述四种情况中，某个特定的数量预测可能会、也可能不会综合直觉判断；又或可能有很多的数量预测会把直觉综合进去。一旦赖以制定决策的预测被确定，那么决策也就随之确定。决策的结果（套期或不套期）视应付项目到期时的实际汇率而定。

詹红利遇到的问题仅仅是众多需要汇率预测的商业经理所面对的种种问题中的一个例子。其他跟商业决策有关的问题也有可能出现，如即期投机、非抛补套利、长期证券组合投资、交易敞口套期、开放经济中的套期风险、短期融资、外国直接投资等。所有这些问题涉及的决策都全部或部分依赖于汇率预测。因而这些决策都应该在汇率预测的基础上做出。

该案例所述故事的主人公詹红利遇到的问题是什么？其他跟商业决策有关的问题还有哪些？为什么汇率预测是上述商业决策的基础？学习本章和以后相关章节后，读者会明白这些问题的。

■ 资料来源：改编自穆萨. 汇率预测：技术与应用. 刘君，等译. 北京：经济管理出版社，2004.

第一节　汇率预测概述[①]

汇率是重要的宏观经济变量，对宏观经济政策的制定、国际企业的财务管理和个人决策都有重要影响。在浮动汇率制度下，汇率受多种因素的影响并剧烈波动。为了进行外汇风险管理和国际预算，国际企业需要进行汇率预测。但是，从汇率预测人员的现实表现来看，预测不准确是经常发生的事情。虽然汇率能否预测在理论界存在争论，但有一点是肯定的，

---

① 本部分参考了穆萨所著《汇率预测：技术与应用》的相关内容。

那就是面对巨大的汇率风险,通过正式的汇率预测进行决策比仅靠掷硬币决策感到安全。另外,由于外汇市场不是完全有效的,汇率预测赚取收益就有了理论基础。汇率预测已是一门非常热门的职业,国际企业内部可以雇用专业人员进行汇率预测,也可以选择外部专门机构进行汇率预测,甚至可以两者兼而有之。不管是内部预测还是外部预测,都要付出代价,因此,国际企业要保证汇率预测的实施,并对预测效果进行监督。

一、汇率预测的基础知识

本部分将介绍汇率预测的一些基础知识,具体包括预测与预期、汇率预测的形式、短期汇率预测与长期汇率预测、汇率预测的过程和计算机软件。

(一)预测与预期

货币价值虽然受外汇市场当时状况以及供求关系的影响,但也取决于人们对未来外汇市场走势的预期或者说是预测。因为货币是金融资产,汇率是两种金融资产的相对价值。资产的价格受当期市场状况的影响程度比较小,主要取决于人们是否愿意持有目前资产的数量,而这种意愿又是由对这些资产未来价值的预期所决定的。基于此,下面介绍一下预期与预测的联系。

在汇率预测中,我们交换地使用着预期与预测两个词。明确这两个词的含义及联系对理解汇率决定及预测是十分必要的,甚至在某种程度上理解预期是理解汇率决定理论的基础。预测是指预先推测或测定。预期是指从事经济活动的人,在进行某种经济活动之前,对未来经济形势及其变化(主要是市场供求关系和价格)做出的估计和判断。它们之间的联系是,预测是形成预期的一个规范的方法。这里的"规范"是指预测是基于某些数据分析程序做出,而非基于直觉和判断做出。

(二)汇率预测的形式

汇率预测一般有下列三种形式。

第一种形式是事件时间进度预测,即要预测事件的时间进度。这种预测主要与固定汇率有关,它能对固定汇率条件下货币的升值、贬值做出较为精确的预测,如对欧洲货币组织汇率安排时间进度的预测。

第二种形式是事件结果预测。这种汇率预测形式关注的是调整过程中实际发生的事件:哪种货币要贬值,哪种货币要升值,它们变动多少。

第三种形式是时间序列预测。假设 S 是即期汇率,t 是当前时间,则即期汇率的时间序列是 $S_1, S_2, \cdots, S_t, S_{t+1}, \cdots, S_{t+n}$。假如在 t 时,我们想预测 $t+n$ 时的汇率(也就是我们想预测 S_{t+n} 的值)。在 t 时,S_{t+n} 是随机变量,因此可以用条件均值进行 S_{t+n} 点预测,也可以在

S_{t+n} 正态分布假设下用区间预测。

（三）短期汇率预测与长期汇率预测

汇率预测可能是短期预测也可能是长期预测。短期经营需要短期汇率预测，例如货币的投资和融资决策。而外国直接投资就需要长期汇率预测，如在国外建立子公司或分公司。有时，预测被划分成以下种类：

(1)即时预测，即预测不到一个月内发生的事情；
(2)短期预测，即预测一至三个月内发生的事情；
(3)中期预测，即预测三个月至两年内发生的事情；
(4)长期预测，即预测两年以后发生的事情。

例如对于外汇市场上的日常交易来说，即时预测就是必需的。

（四）汇率预测的过程

汇率预测的过程涉及以下四个步骤。

(1)搜集数据。搜集高质量的、连贯的有关汇率的时间序列数据和影响汇率的有关因素（解释变量）的数据是进行单变量时间序列和多变量时间序列汇率预测的前提。

(2)精炼数据。精炼数据包括确定合适的样本期间和解释变量，如果数据序列是从不同资源中搜集的，还要检验数据的一致性。例如，现有体制下建立一个汇率预测模型的合适样本期间开始于1973年汇率允许自由浮动后，另外，如果关于利率和价格（解释变量）的数据是从不同数据提供者处搜集到的，那么还得确定不同数据提供者对变量的定义标准是相同的。

(3)建立模型。建立模型包括模型的表达、估计和有效性检验。有几种因素会影响模型的选择，其中包括不是专业人员的决策制定者（如经理）对模型的认可。实际上，预测者是决策制定者的参谋人员，当然决策制定者对模型的认可是选择模型过程中起重要作用的因素。

(4)产生预测。一旦模型建立起来了，预测也就产生了。通常，预测的准确性都要通过最近时间已知的实际数据来检验。这时，事前预测就可以被用来制定决策。

（五）计算机软件

计量模型预测汇率需要用计算机软件或专门的软件包。第一种是一般的统计和经济计量软件，包括回归分析和其他一些用来构建模型所需的软件，如 EViews、SAS、Stata 和 SPSS 等。第二种是专用的预测软件，如 Risk、Braincell、Crystal Ball 和 SmartForecsat 等。

二、汇率预测的必要性

汇率预测是指对货币间比价关系的波动范围及变化趋势做出判断与推测。有些经济学家认为,从理论上说预测汇率是困难的,甚至是不可能的。实际上,预测者的工作记录成绩也不是很显著,甚至还可能相当糟糕。那么我们为什么又需要和要求正式的汇率预测呢?我们为什么不仅仅通过掷硬币来决定以节省花在预测上的时间和金钱呢?答案是简单的:无论我们喜欢与否,一般来说,企业的决策制定,尤其在跨国公司中需要预测汇率。

一个很明显的事实是,在需要汇率预测的情形下风险是如此之大,以致我们必定会对仅靠掷硬币决策而感到不安。如果让一个财务经理靠掷硬币去决定几十亿美元的买卖,他会有何感觉?我们猜他肯定是非常不安。企业制定决策对汇率预测的需要是无限的。政府在经济政策的执行中经常也会遇到相同的问题。

面对频繁剧烈的汇率波动,国际企业需要对汇率进行预测以达到两个目的:一是满足外汇风险管理决策的需要,二是满足制订企业经营计划的需要。

(一)汇率预测是外汇风险管理决策的需要

外汇风险是国际企业面临的重要国际风险之一,外汇风险管理也是国际企业财务管理的重要内容。不管是跨国公司还是从事国际业务的企业,都面临外汇风险管理的问题。下面以戴尔公司和有管理的浮动汇率制度下的中国企业为例说明外汇风险管理的重要性。

戴尔公司是世界上知名的生产计算机的跨国公司,其计算机组装厂除了在美国的好几个地方外,也分布于爱尔兰、马来西亚、中国和巴西等地,其营运和客户服务中心分布在好几个国家,公司的产品在100多个国家销售。戴尔的产品可以在爱尔兰生产,在丹麦销售,这样收到丹麦克朗的货款。戴尔在丹麦的利润受到丹麦克朗兑美元汇率的影响。同样,在年底,戴尔在其美国的总部需要合并财务报表,丹麦克朗兑美元的汇率会影响该年度的财务业绩。因此,戴尔公司需要对外汇风险进行管理。

2005年的"7·21汇改"打开了中国由钉住汇率制转为浮动汇率制的新篇章。人民币汇率浮动的弹性越来越大,人民币汇率风险也越来越大,因此,从事国际业务的中国企业也日益需要进行外汇风险管理。为及时了解企业规避汇率风险的方式和运用避险工具的情况,中国人民银行于2005年7月21日"汇改"后对辽宁、天津、北京、山东、江苏、上海、浙江、福建、广东和湖北共10个省市的323家企业进行了抽样调查。调查结果显示,人民币汇率体制改革后,企业汇率避险意识普遍增强,避险工具的运用有所增加,避险方式呈现多样化,企业对汇率波动的适应性有所增强,显示出应对汇率风险的较大潜力。[①] 改革开放以来的40多年里,人民币实际上一直是钉住美元的。比如,从1994年到2005年,人民币对美元一直

---

① 见中国人民银行货币政策司2016年发布的《企业规避风险情况调查》。

在 8.28 元人民币/美元左右。2005 年的"7·21 汇改"后,人民币开始渐进升值,但其实还是钉住美元的,准确说是"爬行钉住"。到了 2008 年 10 月,全球金融危机爆发后,人民币对美元停止升值,重新钉住在 6.83 元人民币/美元左右的水平上,直到 2010 年 6 月 19 日重启升值,回到"爬行钉住"状态。从 1994 年启动汇率改革,到 2016 年 7 月人民币"脱钩"美元,经历了漫长的 22 年。在固定汇率下,企业不用担心汇率问题。把美元当作假想的本币,需要的时候换成人民币就行了。爬行钉住的情况也并不复杂,无非对"爬行"的规律有个了解,调整行为即可,有条件的企业还可以套利。现在,人民币"脱钩"美元了,"有管理的浮动汇率制度"有了实质意义。实质意义上的有管理的浮动汇率制度,对所有的企业提出了新的挑战。此外,2015 年 11 月 30 日,国际货币基金组织(IMF)决定将人民币纳入特别提款权(SDR)货币篮子。人民币纳入特别提款权货币篮子将推进人民币国际化进程,而人民币国际化进程加快将助力中国企业走出去,降低对外经贸合作中的汇率风险和成本,推动国家"一带一路"倡议的实施。

面对外汇风险,中国国际企业有两种方案可供选择:方案一,预计外汇风险太小或风险管理成本大于收益,不需要进行风险管理;方案二,进行外汇风险管理。不管选择哪一种方案,都以汇率预测为依据。若预测汇率波动的人民币(本币)价值很小,可以不进行风险管理;若预测汇率波动的人民币(本币)价值较大,可根据预测汇率波动的方向和幅度选择风险管理的方法。

准确的汇率预测可以帮助国际企业在外汇风险管理方面做出正确的决策,采取可靠的措施和适当的方法。下面分别说明汇率预测在国际企业外汇风险管理中的作用。

1. 汇率预测在企业外汇交易风险管理决策中的作用

交易风险是由于汇率波动而引起的应收资产与应付债务价值变化的风险。国际贸易企业之间也往往给予对方商业信用,若本国企业在进出口贸易中用外币计价,就面临应收账款贬值的风险和应付账款升值的风险。

1)汇率预测在应收账款风险管理决策中的作用

在出口贸易中,对于外币应收账款,应预测汇率变动,做出外汇风险管理决策。如果外币应收账款在付款日兑换本币的即期汇率上升(本币贬值),甚至高于到期日的远期汇率,对这笔应收账款可不采取管理措施;如果预测到期日外币兑换本币的汇率下跌(本币升值),就应采取借入外汇,签订外汇远期合同、外汇期货合同或外汇期权合同等保值措施。由此可见,准确的汇率预测是要不要采取风险管理措施和采取什么样的风险管理措施决策的前提。下面以美国三叉戟公司为例说明汇率预测在外汇风险管理中的作用。

【实例 3-1】 美国三叉戟公司根据预测汇率进行应收账款风险管理

玛利亚·贡扎雷兹是三叉戟公司的首席财务官。她刚结束了一轮销售谈判,谈判内容是将电信设备以 1 000 000 英镑的价格销售给英国雷真斯公司(Regency)。这对三叉戟公司当前的业务而言是一笔大单交易。这笔交易在三月份交货,在三个月后的六月份付款。玛利亚已经搜集到以下金融市场信息,以分析货币风险问题。

即期汇率:1.764 0 美元/英镑;

三个月远期汇率:1.754 0 美元/英镑;

三叉戟公司的资本成本率:12.0%;

英国三个月借款利率:10.0%(2.5%/季度);

英国三个月投资利率:8.0%(2.0%/季度);

美国三个月借款利率:8.0%(2.0%/季度);

美国三个月投资利率:8.0%(2.0%/季度)。

场外(银行)市场上 1 000 000 英镑六月份卖出期权,执行价格为 1.75 美元/英镑(几乎为平价),期权费收取标准为 1.5%;

三叉戟公司的外汇顾问公司预测三个月即期汇率将为 1.76 美元/英镑。

三叉戟公司的风险管理师有下列四种选择。

①不管理风险。

②签订以 1.754 0 美元/英镑卖出三个月期 1 000 000 英镑的外汇远期合约。

③借入 975 610 英镑[1 000 000 英镑/(1+0.025)]投资,然后收到 1 000 000 英镑货款后归还贷款。

④买入以 1.75 美元/英镑卖出的看跌期权,支付 26 460 美元的期权费。

那么,玛利亚和三叉戟公司是否应当采取外汇风险管理措施或采取什么样的措施呢,关键是看外汇顾问公司对三个月即期汇率的预测及准确程度。此例中三叉戟公司的外汇顾问公司预测三个月即期汇率将为 1.76 美元/英镑。若汇率预测的可信度很高,三叉戟公司可以不采取风险管理措施。因为若预测准确,三个月后即期汇率比较接近 1.76 美元/英镑,三叉戟公司可以 1.76 美元/英镑将 1 000 000 英镑货款兑换为约 1 760 000 美元,而采取风险管理措施预期得到的净美元都低于 1 760 000 美元。当然,若预测不准,依预测汇率进行风险管理决策也可能给三叉戟公司带来损失,但出现的概率一般情况下是比较小的。

2)汇率预测在应付账款风险管理决策中的作用

在进口贸易中,对于外币应付账款,应预测汇率变动,也应做出外汇风险管理决策。如果外币应付账款在付款日兑换本币的即期汇率下跌(本币升值),甚至低于到期日的远期汇率,对这笔应付账款可不采取管理措施;如果预测到期日外币兑换本币的汇率上升(本币贬值),就应采取借入外汇,签订外汇远期合同、外汇期货合同或外汇期权合同等保值措施。同样,不管采取哪种措施,都需要对汇率进行准确预测。

2. 汇率预测在外汇经济风险管理决策中的作用

外汇经济风险是指由于外汇汇率发生波动而引起国际企业未来收益变化的一种潜在风险。汇率预测的准确程度将直接影响国际企业在融资、投资、生产、销售、定价等方面的战略决策。

1)汇率预测在融资外汇风险管理决策中的作用

(1) 短期融资。

企业在筹集短期资金时,需要在借入本币还是外币之间做出选择,选择的目标是使融资成本最小化。本币的融资成本主要用利率来衡量,而外币的融资成本除了要考虑利率因素外,还应考虑外汇汇率变动。当外币借款按照预测汇率折算的本币利息比本币借款利息少,就应当选择外币借款。这样的短期融资决策只有在汇率预测的基础上才能做出。在多种外币短期融资决策中,如果企业能够准确地预测借款偿还时的汇率,就可借入预期贬值的货币,从而降低融资成本。

(2) 长期融资。

在国际债券融资中,企业面临的一项决策是债券的面值货币的选择。如果企业预测某一种货币将贬值,它就可以发行以该货币为面值的债券。如果将来的即期汇率按预测的方向变动,债券到期时,企业就可以偿付较少的本币。我们可通过发行有 n 年期限的零利息单债券来考查一下长期融资决策。假设债券发行价值是 k 个单位的本币(用 A 表示),那么到期时须支付的数量就是 $k(1+i_A)^n$。另一种可供选择的办法是通过发行外币债券来融资。如果发行一个相等价值的外币(用 B 表示)债券,那么到期时支付的数量为 $K\left(\dfrac{E_{s_{t+n}}}{S_t}\right)(1+i_B)^n$($\dfrac{E_{s_{t+n}}}{S_t}$ 表示 $t \sim t+n$ 期间的汇率预期变化)。t 时,做出发行 B 货币债券融资决策满足的条件是:

$$K\left(\dfrac{E_{s_{t+n}}}{S_t}\right)(1+i_B)^n < k(1+i_A)^n$$

因此,决策准则要求有对债券到期时汇率的预测。假如债券每年都要支付利息,那么决策准则还要求有对在 $t \sim t+n$ 期间的每个支付期汇率的预测。

2) 汇率预测在投资外汇风险管理决策中的作用

(1) 短期投资。

与短期融资决策相反,企业在短期投资时,除了应选择高利率货币外,还应选择趋于升值的货币。例如,某公司将临时性资金盈余投资在美国短期债券上,如果债券到期时美元升值,该公司就可获得较多的本币收入。

(2) 长期投资。

企业在国外进行长期投资,为了正确地做出投资决策,必须进行财务可行性研究,预测投资项目的现金流量,而现金流量往往会受汇率变动的影响,因为以外币表示现金流量最终必须转换成以母公司所在国货币表示的现金流量。显然,正确的汇率预测有利于对国外长期投资现金流量的估计,从而提高投资项目财务可行性研究的准确性。

(3) 直接投资。

通过运用如净现值(NPV)和内部收益率(IRR)的标准来评价国外直接投资项目必然涉及将预期的现金流量从外币转化为本币。由于汇率的因素,经常出现以下情形:一个项目以外币的形式是有利可图的,而以本币的形式情况就不一样。一般来说,当某项目的 NPV 是正的或者 IRR 大于市场利率,这个项目才是可被接受的。在两个相互排斥的项目中做出选择的决策需要考虑 IRR 的值。在此种情形下,只有带来更高的 NPV 或 IRR 的项目才是可取的。为了计算国外直接投资项目的 NPV 和 IRR 的值,汇率预测也是必需的。

3) 汇率预测在生产、销售管理决策中的作用

为了降低成本,提高效益,国际企业尤其是跨国公司会在全球范围内配置资源,组织生产和销售。而在全球生产、销售管理决策中,汇率是需要考虑的重要因素。因此,预测汇率变动趋势是国际企业生产、销售管理决策的重要基础。下面以丰田公司为例予以说明。

【实例 3-2】 欧洲丰田汽车工程与制造公司(TMEM)根据欧元汇率调整生产布局

丰田公司是日本的头号汽车制造商,也是全世界单位销售量排名第三的汽车制造商,但在欧洲大陆的销量仅排名第八。为了扩大欧洲市场的销量,丰田公司向欧洲市场推出了一款新型车——雅力士,并于 2000 年取得了销量超过 180 000 辆的不俗业绩。尽管雅力士是专门为欧洲市场设计的,但是之前做出的决策是决定在日本生产该汽车,在欧洲大陆销售的多数汽车的成本构成为日元。1999 年以来,由于欧元走软,用欧元表示的成本显著上升,导致 TMEM 连续两年亏损。丰田公司的管理层并没有坐视不管。2001 年,丰田公司在法国瓦朗谢讷开设了组装厂。截至 2002 年 1 月,尽管瓦朗谢讷生产的汽车占欧洲销售总额的份额仍然相对较小,但丰田公司继续扩充其生产能力,使瓦朗谢讷的组装厂 2004 年可以供应 25%的欧洲销量。雅力士的组装厂于 2002 年迁往瓦朗谢讷。但是,瓦朗谢讷是一家组装厂,其所组装的汽车中很多昂贵的附加值内容仍然来自日本或英国。

这个案例说明,丰田公司由于没有预测到欧元将走软的趋势,而没有将雅力士的生产基地建在欧洲,从而导致 TMEM 的持续亏损。这从反面说明了汇率预测对国际企业生产、销售管理决策的重要性。

4) 汇率预测在定价决策中的作用

国外市场上销售的产品的定价会受到汇率预期变化的影响。一个产品的外币价格等于其本币价格除以汇率。一个企业可以以外币的形式定价,此种情形下以本币表示的收入则要依赖于汇率。如果外币贬值,以外币表示的价格可能会上升至一个水平以致影响某个出口企业的国外市场份额。因此,确定价格必须考虑汇率预期的变化。

读者可以扫描二维码了解汇率波动和原材料成本变化对宝格丽价格的影响。

知识活页

二维码 3-1

拓展阅读:宝格丽或将涨价 10% 因汇率波动和原材料成本

3. 汇率预测在会计折算风险管理决策中的作用

会计折算风险是指由于汇率变化而引起资产负债表中某些外汇项目金额变动的风险。

国际企业拥有以外币表示的资产、负债、利润和费用等项目。然而,因为本国投资者和其他利益相关者关心本币的价值,以外币表示的资产负债表和损益表中的项目就必须转换成一定的本币价值。特别是跨国公司海外子公司的财务报表在与母公司财务报表合并前必须将当地货币转换为本国货币。因此,会计折算风险也是国际企业面临的重要风险。

在进行会计报表折算时,主要有流动性与非流动性项目法、货币性与非货币性项目法、时态法(暂时法)和现行汇率法等。不管使用哪种方法,总有一些项目须按未来折算日汇率折算,从而存在会计折算风险。面对会计折算风险,可以通过资产负债表对冲①使净折算风险为零,但这种方法只有在时态法下才可能使用。除这种极端的方法以外,还可以采取资金调整②、签订远期合约、风险对冲等方法。使用前两种方法进行会计折算风险管理,必须先对当地货币和本国货币的汇率做出预测。

(二)汇率预测是制订企业经营计划的需要

跨国经营的企业由于有外币的收支,因而必须依据对未来汇率的预测,把外币收支折合为本币收支,才能制订出企业未来一定时期的综合经营计划,并安排预算。企业的经营计划、预算是综合评价企业经营业绩的重要标准。下面以远东集团的全面预算管理为例说明汇率预测对制订企业经营计划的意义。

【实例 3-3】 远东集团的全面预算管理

远东集团是中国台湾地区一个横跨纺织、石化、水泥、金融、百货、观光及运输的大型企业集团。远东集团初期以纺织业为主,而后逐渐向外扩充,发展成为一个经营绩效卓越,实力相当雄厚的多元化企业集团。远东集团在世界各地建立了生产和销售网络,经营领域涉及人类衣、食、住、行、游的各个方面。

作为世界知名的跨国公司,远东集团是如何进行战略与风险管理的呢?首先,为了准确地定位和确定发展战略,远东集团每半年要召开一次策略会议,研究世界各地发生的变化,确定企业所处的地位,然后制定和调整战略;其次,远东集团总部设立了研究院,对利率、汇率、原材料价格和产品价格进行预测,并确定最低的预算利率、原材料价格和汇率。然后在预测基础上,制定经营预算、财务预算和资本预算,并根据全面预算进行控制、考核。

要准确地预测汇率,的确十分困难,但许多公司仍花费一定的人力、物力对汇率进行预测。跨国公司为了防止汇率变动所造成的损失,往往重金聘请金融财务专家,设立专门的研究机构,从事经济趋势和汇价变动的预测工作。跨国公司根据对外汇行情的预测,来决定资金的调拨、存货的购进和售出、应收款和应付款的收支时机等。不仅如此,跨国公司还利用其情报灵通和资金雄厚的有利条件,从事外汇买卖的投机活动,从中牟取高利。例如,美国的福特汽车公司聘用一些专家,对汇价变动进行经常性预测工作,及时提供汇率变动信息,使这家公司获得了成倍的利润。许多事实说明,公司如果系统地进行汇率预测,就可以使公司管理人员对汇

---

① 合并资产负债表上的风险外币资产与风险外币负债金额相等。
② 资金调整包括调整母公司或子公司的预计现金流量的数量或币种(或两者都改变)来减少当地货币的会计折算风险。

率的变化有基本方向性的认识和了解,提高企业对外汇和经济环境的警觉性,使企业财务和其他经营策略能有更好的反应和适应能力,从而提高外汇风险管理决策的正确性。

汇率的短期预测(时间跨度不超过一年)比长期预测更为普遍,预测的时间跨度越长,预测结果的准确性越差。

企业还可以从外部专门的汇率预测机构购买汇率预测信息。目前,在许多国家提供汇率预测业务的既有一些专业预测公司,也有一些大银行。各专业预测公司或银行的预测方法、收费标准、预测货币种类、预测时间长度等均存在差异。读者可以扫描二维码了解汇率与商业经营的故事。

◇ **知识活页**

拓展阅读:汇率与商业经营

二维码3-2

三、汇率预测的可行性

虽然汇率预测是困难的,但随着经济理论、数量经济学与时间序列分析及数学领域的高质量研究,人们预测汇率的能力将会得到提高。

只要汇率预测者至少符合下列标准之一,汇率预测可产生持续效果。汇率预测者必须:使用合适的预测模型;能比其他投资者更早、持续地获悉信息;能够利用失衡状态下的微小且暂时的偏差;能够预测政府干预外汇市场的方式。

四、汇率预测的选择、实施和监控

(一)汇率预测的选择

国际企业经常要做出的一种决定是,从公司内部选择一个或几个预测员进行预测,还是从外部订制一项或几项预测服务来获得预测。这个问题最终可以归结为对这两个选择的成本-收益的比较。

1)从公司内部选择一个或几个预测员进行预测

一些公司可能不需要外部预测人员,因为其拥有复杂的外汇部门,那里有从金融机构招募来的专业人员。如果公司认为内部人员不能完成的任务,外部预测人员同样无能为力,这就更加是自然而然的事情了。

另一些公司可能找不到令人满意的外部预测人员,此种情况下由内部得出预测可能会更好,特别是当后者具有成本上的优势时更是如此。至少内部预测人员还能做一些其他事情,并且总能对有关预测和经济分析的种种需要随时做出反应。但是有时候可能会发现订制预测服务的同时,雇用一个预测员是很有用的。如果我们的目的是达成某种一致性预测,情况的确是这样。内部预测人员同时可以监督预测服务的记录,并对是继续还是中止订制服务向管理层提出某种建议。

2)从外部订制一项或几项预测服务来获得预测

订制预测服务看起来可能比雇用预测人员相对简单和便宜。因为预测服务机构拥有很多顾客,它们能够享有规模经济的好处,所以其预测服务能够以很低的成本来提供。这一点对于那些觉得自己经营预测机构或外汇部门过于昂贵的小公司来说,很有吸引力。此外,从事预测服务的人员专职从事汇率预测,积累了在别处找不到的非同寻常的专门技术。在竞争性市场上,他们被迫不断地改进预测技术,并且提供更好的服务。订制预测服务之所以具有吸引力还有另外一个原因,就是外部预测人员比一心想取悦老板的内部预测人员更有可能提供独立和客观的建议。虽然多数的大型公司能够用自己的员工来获得由外部预测人员提供的服务,但与外部预测人员提供的服务相比,内部预测很容易出现偏差,并且失去客观性。

然而,同样有一些原因来解释为什么订制预测服务不是那么具有吸引力。例如,服务产品的方法、形式和频率可能不适合顾客的需要。服务产品的方法事关预测服务是应用基本面模型还是技术模型;服务产品的形式是指预测该选择点预测还是区间预测,短期预测还是长期预测,等等;服务产品的频率是指收到预测的频率。这些听起来可能不应该成为问题,因为一个公司当然应该选择适合自己需要的预测服务。但是,如果最适合的预测服务缺乏令人满意的预测记录,这就确实会成为一个问题。

有时候人们认为如果公司遵从了错误的建议会引起巨大损失,而外部预测人员对他们提供的建议却不承担任何责任。其实,不管是内部预测人员还是外部预测人员,如果他们提供了不准确的预测,自身都会承担某种损失:内部预测人员可能会丢掉工作,而外部预测人员可能会失去一个甚至更多的顾客。

(二)汇率预测的实施

获得预测的目的是将其付诸实践并作为决策过程的一项前期准备。预测不实施,它们就不会被用于这一目的。预测人员希望他们的预测能够得到实施,这和预测的准确性同样重要。

舒尔茨给预测的实施做了如下定义:当预测改变决策过程时,预测才算得到了实施。当预测不仅改变而且改进了决策过程时,即为成功实施。所以,这个定义是以改进的决策制定和进而改进的组织效力为基础的。盖斯特茨和埃斯肯伯克(1987)对预测的实施做了不同的定义:一旦基本条件满足,决策者实质上接受了预测并且运用它,那么预测就是实施了。实施的程度能从零或者可忽略不计的使用到成为决策过程的决定性因素。

（三）汇率预测的监控

为了衡量预测的成本-收益，对预测进行监控是很重要的。这一论点不论对于通过订制预测服务得来的外部预测，还是对于通过建立预测部门得来的内部预测，都是成立的。在这两种情况下对预测进行监控都是为了回答下列两个问题。

(1) 到目前为止的预测准确吗？这个问题可以通过应用相关衡量标准对预测进行评估来回答。

(2) 遵从这些预测有利可图吗？正如我们所看到的，预测准确（按照某种确定的定义）并不必然带来能获利的经营活动。要回答这个问题，我们可以设想一下，如果事先遵从了预测或者相反的情况，其结果会是怎样。

监控外部预测人员的目的是得出对一段时期预测服务的评价，从而决定是续订预测服务还是寻找新的预测人员。由于各种原因，公司经常改换它们订制的预测服务。然而，客观地讲，如果公司感觉订制的预测服务曾经并且正在为提高公司业务的获利能力做出贡献，公司往往会继续订制；否则，订制也就该终止了。监控内部预测的目的就不尽相同了。如果监控是由预测人员以外的其他人来执行，那么目标和监控外部预测人员没什么两样，也就是要确信预测人员通过提供正确的建议所做的贡献最起码要超过自己的薪水。如果监控是由预测人员自己来执行，那么其目的也就变成了改进预测的准确性。这种情况下的监控就成了预测过程的一部分。通过考虑预测过程的各个阶段，对预测的监控可能会被归纳到预测过程中。这些阶段如下所列。

第一步，搜集和检查信息。

第二步，选择预测方法。

第三步，使用样本期间进行预测（可能在样本之内，也可能在样本之外）。

如果预测的准确性是不可接受的，那么就要重新检查数据，同时选择另外的预测方法；如果准确性是可以接受的，那么这个模型就可以用来进行事先预测。

第四步，对预测的准确性进行监控。

如果准确性是可以接受的，那么就不必进行改动；如果准确性是不能接受的，那么就要对数据再次检查，使用扩展的样本期间，同时可能还要选用其他模型。这意味着监控是指在模型被选定后检查事先预测的准确性。这是第二次衡量准确性的活动。首次衡量准确性的活动（第三步）是使用最初的样本期间进行的，目的是初步选择预测模型。

五、汇率预测结果的评价

（一）预测精确度和方向的评价

评价汇率预测结果涉及预测的精确度和方向问题。预测精确度是衡量预测汇率和实际汇率之间误差的绝对值大小;预测方向衡量的是预测汇率和实际汇率变化方向是否一致,若一致则说明预测方向正确,不一致说明预测方向不正确。

假设当前的人民币/美元的汇率是6.30。有两个预测者A和B,分别被要求对3个月后的汇率做出预测。预测者A认为未来人民币会走强,所以预测3个月后的汇率是6.10。相反,预测者B认为美元会略微升值,所以预测的汇率是6.35。3个月后,汇率的实际值是6.25,哪一个预测者的预测更准确呢,A还是B?

如果根据预测误差的绝对值,那么B应该更好一些,因为B的预测误差的绝对值为0.10,而A的预测误差的绝对值是0.15。所以,B在预测汇率变动大小方面更准确。注意,汇率的实际变动值为-0.05(6.25-6.30);根据A的预测,变动值应该为-0.20(6.10-6.30);根据B的预测,变动值应该为0.05(6.35-6.30)。然而,当B预测汇率会上升(美元升值)时,实际的汇率却下跌(美元贬值)了。这是B预测的方向性错误,但是A没有犯方向性错误。A预测人民币会升值,事实上人民币就是升值了,尽管汇率上升的幅度没有A预测的那么大。

这时就出现了关于预测幅度和方向的相对重要性问题。答案是,这取决于利用预测的目的。例如,对于投机决策而言,重要的是汇率变动的方向。因此,如果某种货币预测会升值,那么投机者就会持该货币的多头,而如果它被预测将贬值,那么投机者就会持有该种货币的空头。考虑这样一种情形,此时的所有预测都是为了进行投机决策而做出的。那么,A的预测就会使投机者持有人民币的多头,从而带来正确的决策。读者可以通过如下实例了解精确预测和获利预测的区别。

【实例3-4】 精确预测和获利预测的区别

假设当前美元兑日元的汇率为1美元兑110日元。预测90天后的即期汇率为1美元兑102日元;90天的远期汇率为1美元兑109日元。根据汇率风险管理决策原则,应该买进日元远期。如果买进价值100万美元的日元远期并且实际的汇率为1美元兑108日元,此项决策将会产生9 259美元的利润[(109 000 000日元-108 000 000日元)÷108日元/美元]。相反,若预测的日元价值为1美元兑111日元,则卖出日元远期会损失9 259美元。因此,精确预测,偏差不到3%(3/108),带来了损失;并不精确的预测,偏差超过5%(6/108),却带来了能够获利的决策。

然而,当需要对一项新投资做出决策或制定重新定价策略时,预测模型最重要的是其精确性。而在汇率风险管理决策中,预测方向正确是更好的。

正如我们已经看到的,若结果是建立在未来将要发生的、不确定的事实之上,那么预测对于决策是非常重要的。究竟应投资应付票据还是应收票据,这取决于对汇率的预测。而其最终结果如何则取决于预测的精确度。预测的精确度非常重要,预测误差可能会导致灾难性的后果。

(二)精确度的测量与监控

不论预测是内部做出的,还是从外面买回来的,或是两者兼具,都需要对预测进行正式的检验和评估。如果预测是内部做出的,那么对预测精度的评估就是对预测人员工作情况的评估。如果预测是从外面买回来的,就应该对购买预测的行为进行成本-收益分析。如果订购的预测服务不止一项,或者公司内外的人员同时进行预测,那么通过合成不同的预测以达到一个大家一致认可的预测结果。在这种情况下,模型的预测精确度对于判断其优劣次序是很重要的。另外,合成预测的基础是各个预测的权重,而权重是由不同预测的精确度决定的。所以,出于众多的原因,我们需要对预测的精确度进行测量。

精确度测量与监控的方法有几何方法和定量测度方法。几何方法有控制图表法和预测实现图法;定量测度方法有平均绝对误差、均方误差、决定系数①、相关系数②、Theil 不等系数③、方向精度和混淆率④、假设检验的测度方法等。

六、汇率预测要确定的问题

(1)要预测的货币及汇率。在汇率预测过程中首先要确定预测的货币,通常是重要的货币或与企业经济活动关系密切的货币。确定货币后,预测两种货币之间的比价关系,即双边汇率。我们通常要预测的就是双边汇率。

(2)预测的时间跨度。预测的时间跨度度量的是做出预测的时刻距取样本时的时间长短。从某一时刻 t 开始,在从 $t+1$ 到 $t+n$ 的时间内就可以进行样本外预测。如果存在两个相互竞争的预测模型,我们就必须在相似的时间跨度上判断二者的相对预测精度,或者说预测误差要被调整到可以反映预测跨度的差异。随着预测跨度变长,模型的预测能力就会下降。根据预测跨度的不同,预测可以分为短期预测、中期预测和长期预测。举例而言,对汇率的预测可以是两周跨度内的每天预测,3 个月跨度内的每周预测,1 年跨度内的每月预测,3 年跨度内的每季度预测,甚至是 10 年跨度内的每年预测。

(3)预测的密度。预测的密度是指每隔多长时间需要进行汇率预测。预测的密度可以是周、月、季度、年等。预测密度越高,预测的时间跨度越短。

(4)预测结果的表达形式。不同的汇率决策,所需要的汇率预测结果不同。预测结果的表达形式可以是变动方向、点估计、区间估计和概率分布等。

(5)谁负责准备预测及如何预测。谁负责准备预测及如何预测是指选择汇率预测的提供者及预测方法,具体而言,即是选择内部预测还是外部预测,是用基础预测法、技术预测法、市场预测法还是合成预测法。

(6)预测结果交给谁。预测结果通常是给汇率决策当局供决策使用。

---

① 决定系数等于1减去预测误差的平方和除以汇率与其平均值之间差异的平方,测度两个平方和之间的关系。
② 相关系数用于测度汇率实际值与预测值之间的相关关系。
③ Theil 不等系数用于测度一个模型相当于随机漫步模型的预测能力,它是由随机漫步的均方根误差值除以该模型的均方根误差值计算而来的。
④ 方向精度是测度汇率变动方向预测正确性程度,混淆率是对汇率变动方向预测不正确性程度的测度。

第二节 汇率理论与汇率决定

汇率决定是复杂的。表 3-1 所示为货币本位制、国际货币体系及汇率决定理论的演变和发展历程。可以说在金本位制的固定汇率制下,汇率的决定是比较简单清楚的,那就是铸币平价。金本位制崩溃后,纸币本位逐渐代替金本位,各种货币间的兑换失去了客观的物质标准(含金量),浮动汇率制成为主要的汇率制度,使货币兑换失去了人为规定的管理标准或人为规定的管理标准难以经受各种冲击而遭受破坏,汇率决定变得十分复杂。面对复杂的汇率决定问题,几乎主要的经济学家都被吸引到汇率决定的研究领域。基于不同的时代背景和前提假设,经济学家从不同角度提出了各种汇率决定理论,形成了标准的宏观经济结构汇率理论。概括起来主要有三种理论,分别是平价条件、国际收支法和资产市场分析法。在这里读者务必注意如下几个问题:第一,这三种理论不是竞争性理论,而是互补性理论,在汇率预测时要根据背景和预测需要综合使用三种理论,才有可能做出更加准确的预测。第二,除了理解基本理论以外,了解国际政治经济的复杂性、社会与经济基础结构,以及随机政治、经济与社会事件等影响汇率市场的机理也同等重要。第三,布雷顿森林体系崩溃以后,剧烈波动的外汇市场价格使标准的宏观经济结构汇率理论失去了解释力,人们对汇率问题的研究重心再一次转移,转向对市场效率的研究,这成为汇率理论进一步发展的分析起点。但是,目前所有的研究只部分解释汇率波动的原因,而不能成为汇率预测的理论。因此,尽管实证检验发现,标准的宏观经济结构汇率理论失去了解释力,但这一理论目前仍然是汇率决定的主要理论,其所揭示的汇率决定机制仍然是汇率预测的理论依据,我们目前能做的就是使模型更加合理。

表 3-1 汇率决定理论演变和发展历程①

年份	货币本位制	国际货币体系	汇率决定理论
1880 年以前	商品本位	未形成	未形成
1880—1914 年	贵金属本位	国际金本位体系 (固定汇率制)	铸币平价理论 (黄金输送点)
1915—1943 年	金本位向纸币 本位过渡	国际金本位体系崩溃, 新体系尚未建立(固定汇率制)	购买力平价说 利率平价说 汇兑心理说
1944—1973 年	金汇兑本位	布雷顿森林体系 (固定汇率制)	蒙代尔-弗莱明模型

---

① 崔孟修. 现代西方汇率决定理论研究[M]. 北京:中国金融出版社,2002.

续表

年份	货币本位制	国际货币体系	汇率决定理论	
1973 年以后	纸币本位（黄金非货币化）	牙买加体系（汇率制度多样化）	浮动汇率制	资产市场分析方法 — 弹性价格货币分析法
				资产市场分析方法 — 黏性货币价格分析法
				资产市场分析方法 — 资产组合分析法
				新闻分析法
				投机泡沫理论
				混沌分析方法
				新开放经济宏观经济学
			可调整的固定汇率制	实际汇率决定的跨时期分析方法
				重组最优化分析方法
			管理浮动汇率制	汇率目标区理论

汇率决定理论是阶段性发展的。吕江林、王磊认为,西方汇率决定理论的发展大致可分为传统汇率决定理论、现代汇率决定理论和均衡汇率理论三个阶段。从经济学分析方法上看,这三个阶段大致分别对应名义汇率局部均衡的分析方法、名义汇率一般均衡的分析方法和实际汇率一般均衡的分析方法。① 具体了解汇率决定理论的发展脉络参见吕江林、王磊的《西方汇率决定理论的发展脉络评述》一文。

◇ **知识活页**

二维码 3-3

拓展阅读:《西方汇率决定理论的发展脉络评述》

第三节　汇率制度与汇率预测②

在明确汇率决定理论后,还要明确汇率制度不同,汇率的决定机制也不同。汇率制度是

---

① 吕江林,王磊.西方汇率决定理论的发展脉络评述[J].江西社会科学,2009(7):86-89.
② 本部分参考了夏乐书、李琳:《国际财务管理》,东北财经大学出版社,2020 年版的有关内容。

一国货币当局对本国货币汇率变化基本方式所做的安排。第二次世界大战后,主要发达国家所建立起来的汇率制度经历了两个阶段,即1945—1973年的布雷顿森林体系下的固定汇率制度和1973年春以后建立起来的牙买加体系下的以浮动汇率制度为主的多种汇率制度。国际汇率制度出现了多样化的局面,许多介于固定汇率制和浮动汇率制之间的汇率制度形式应运而生,其中包括固定钉住制、爬行钉住制、汇率目标区制、联系汇率制、有管理的浮动制等。自20世纪80年代以后,选择具有更加灵活性的汇率制度的国家或地区不断增加。根据国际货币基金组织《汇兑安排和汇兑限制年报(2017)》,汇率安排类型及其国家或地区数具体如下:无单独法定货币制(13)、货币局制(11)、传统钉住制(43)、稳定安排制(24)、爬行钉住制(3)、类似爬行安排制(10)、有范围限制的钉住汇率制(1)、其他管理安排制(18)、浮动制(38)、自由浮动制(31)。不同汇率制度的汇率变化的安排与规定不同,汇率的决定机制和预测方法则不同。浮动汇率制度下,本国货币与外国货币的比价不加以固定,也不规定汇率波动的界限,而由外汇市场根据供求状况的变化自发决定;固定汇率制度下,两国货币的比价基本固定,并把两国货币的比价的波动幅度控制在一定的范围内。

一般来说,在固定汇率制度下,汇率预测主要集中在政府的决策机制上,因为在某一时间货币升值或贬值的决定都带有政治目的。在浮动汇率制度下,政府干预是偶然的甚至是不存在的,汇率预测可以根据汇率理论进行,但不能保证成功。下面分别介绍不同汇率制度下的汇率预测。

一、自由浮动汇率制度下的汇率预测

如果外汇市场是充分发达和完全开放的,完全没有政府的干预,汇率完全自由浮动,则有购买力平价说、费雪效应、国际费雪效应、利率平价说和无偏差理论可以用于解释汇率的变化。从这一系列的汇率理论中,可以认识到通货膨胀率、利率、即期汇率和远期汇率等变量的相互关系,从而预测浮动汇率的变动趋势和幅度。

通货膨胀率、利率、当前即期汇率和远期汇率与预测未来即期汇率的理论关系可用图3-1来表示(图中的数字是假设的)。

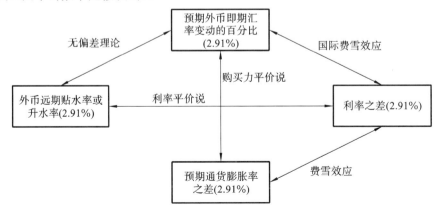

图3-1 即期汇率、远期汇率、通货膨胀率和利率之间的五大理论关系图

对图 3-1 中的各种理论分别说明如下。

（一）购买力平价说(purchasing power parity)

1. 一价定律

购买力平价说认为，如果国际商品市场和金融市场是有效的，那么相同商品在国际上的价格应该都一样。如果 A 国的甲商品比 B 国的便宜，那么 B 国的商人就会到 A 国购买甲商品，运回 B 国出售，获得利润。根据一价定律，同种同质贸易品和金融资产在世界范围内的价格是相同的，否则就存在套利活动。

【例 3-1】 A 元与 B 元的现行汇率为 1 A 元＝6 B 元，A 国甲商品的价格为 1 000 A 元，折合 6 000 B 元，B 国甲商品价格为 7 500 B 元，折合 1 250 A 元。B 国商人到 A 国购买甲商品，运回 B 国出售可获利 1 500 B 元(7 500 B 元－6 000 B 元)。为了简化举例，省略了运费和销售费用等支出。B 国许多商人不断地进行上述交易，就会使 A 国甲商品的价格上升，B 国甲商品的价格下降，也可能使 A 元升值。以上交易会持续到 A 国甲商品的价格与 B 国甲商品的价格相同为止。这就是一价定律。例如，A 国甲商品的价格由 1 000 A 元升为 1 050 A 元，B 国甲商品的价格由 7 500 B 元降为 6 600 B 元，汇率变为 1A 元＝6.285 7 B 元。此时，B 国商人从 A 国购买甲商品运回 B 国出售已无利可图(6 600 B 元－1 050 A 元×6.285 7 B 元/A 元＝0)，形成了购买力平价。

2. 购买力平价说的内涵

购买力平价说是在第一次世界大战后，各国相继放弃金本位制，实行纸币流通制而提出的汇率理论。20 世纪 70 年代以来，由于世界各国都存在不同程度的通货膨胀，于是购买力平价说在汇率决定理论中便显示出重要地位，并对各国的汇率政策产生了重大的影响，被认为是汇率长期预测的重要基础。购买力平价分为绝对购买力平价和相对购买力平价两种情况。

1) 绝对购买力平价

绝对购买力平价理论认为，一国货币对另一国货币的汇率，主要是由两国货币分别在两国的购买力决定的；两国货币购买力之比，决定两国货币的交换比率，也就是汇率。

2) 相对购买力平价

相对购买力平价理论认为，各国通货膨胀率的变化直接影响各国货币购买力的变化，而货币购买力变化又必然影响外汇汇率的变化。汇率的变动与同一时期内两国物价水平的变动相关。可用下列公式表示：

$$\frac{S_t}{S_0} = \frac{1+P_B}{1+P_A} \qquad (3-1)$$

其中，S_0 和 S_t 分别表示 0 时和 t 时的汇率，P_A 和 P_B 分别表示 A、B 两国 0 时至 t 时的通货膨胀率，则 0 时至 t 时期间汇率的预计变化率为：

$$\Delta = \frac{S_t - S_0}{S_0} \tag{3-2}$$

将式(3-1)进行化简，得：

$$\Delta = \frac{P_B - P_A}{1 + P_A} \tag{3-3}$$

在 P_A 较小的情况下，式(3-3)的分母项可近似看作 1，即得购买力平价的近似公式：

$$\Delta = P_B - P_A \tag{3-4}$$

式(3-4)表明，汇率的预计变化率等于两国通货膨胀率之差。

【例 3-2】 A、B 两国货币的汇率原来是 1A 元＝6B 元，商品价格在 A 国为 1 000A 元，在 B 国为 6 000B 元。假如两国都发生了通货膨胀，通货膨胀率为：A 国 3％，B 国 6％。两国货币的购买力都下降了，但下降的程度不一致，试根据相对购买力平价预测两国货币的汇率。

解：将有关数据代入式(3-3)，可得：

$$\Delta = \frac{6\% - 3\%}{1 + 3\%} = 2.91\%$$

从上式计算可以看出，A 元通货膨胀率比 B 元通货膨胀率低 2.91％，因而 A 元对 B 元将升值 2.91％。

购买力平价说能很好地解释汇率的变动，各国的中央银行经常按照这一理论制定新的汇率平价，许多公司也常用这一方法对未来的汇率进行预测，从而决定诸如企业应该拥有何种货币的长期负债，以及应在哪些国家投资建厂等问题。

(二) 费雪效应(Fisher effect)

费雪效应是美国经济学家欧文·费雪提出的。费雪认为名义利率充分反映投资者对通货膨胀的集体预期，这样做可以使他们由通货膨胀效应造成的实际投资的损失得到补偿。这种现象被称为费雪效应。费雪效应揭示的是每一个国家的名义利率(i)、实际利率(r)[①]和通货膨胀率(P)之间存在如下关系：

$$(1+i) = (1+r)(1+P)$$

简化可得：

$$i = r + P + rP$$

通常 rP 数值很小，在实际操作中可忽略不计，进一步化简为：

$$i = r + P$$

费雪效应认为各国的实际利率(以 r_w 表示)趋于一致。之所以如此，是因为如果某国的实际利率高于其他国家，那么其他国家的资本就会流入这个国家，在政府不干涉的情况下，

---

① 实际利率，即无物价变动条件下的利率。

这种套利活动就持续进行,直到各国的实际利率相等为止。尽管学术界对国际费雪效应的实证研究结果各异,但普遍的观点是主要工业国家的实际利率长期看大约是3%。两个国家的通货膨胀率相差越大,它们的名义利率相差就越大。

这也说明把钱存入高利率国家的银行中,就意味着把钱存到一个高预期通货膨胀率国家的银行中了。

A、B两国的名义利率、实际利率和通货膨胀率的关系分别表示如下:

$$1+i_A = (1+r_w)(1+P_A) \quad (3\text{-}5)$$

$$1+i_B = (1+r_w)(1+P_B) \quad (3\text{-}6)$$

从式(3-5)和式(3-6)可得:

$$1+r_w = \frac{1+i_A}{1+P_A} = \frac{1+i_B}{1+P_B}$$

即

$$\frac{1+i_B}{1+i_A} = \frac{1+P_B}{1+P_A} \quad (3\text{-}7)$$

费雪效应有时可以简化为以下形式[参见式(3-4)和式(3-11)]:

$$i_B - i_A = P_B - P_A \quad (3\text{-}8)$$

即两国名义利率之差等于两国通货膨胀率之差。

【例3-3】 如果一位投资者希望获得的实际利率为3%,预计A国和B国的通货膨胀率分别为3%和6%,用费雪效应求A、B两国的名义利率及其与通货膨胀率的平价关系。

解:依式(3-5)和式(3-6),可得:

$$i_A = (1+r_w)(1+P_A) - 1$$
$$= (1+3\%)(1+3\%) - 1$$
$$= 1.060\ 9 - 1$$
$$= 6.09\%$$

$$i_B = (1+r_w)(1+P_B) - 1$$
$$= (1+3\%)(1+6\%) - 1$$
$$= 1.091\ 8 - 1$$
$$= 9.18\%$$

由 $\frac{1+i_B}{1+i_A} = \frac{1+P_B}{1+P_A}$,得:

$$\frac{1+9.18\%}{1+6.09\%} = \frac{1+6\%}{1+3\%} = 1.029\ 1$$

(三)国际费雪效应(international Fisher effect)

购买力平价说建立了汇率和通货膨胀率之间的关系($\frac{S_t}{S_0} = \frac{1+P_B}{1+P_A}$),而费雪效应表达了名义利率和通货膨胀率之间的关系($\frac{1+P_B}{1+P_A} = \frac{1+i_B}{1+i_A}$),把这两种关系联系起来可得:

$$\frac{S_t}{S_0} = \frac{1+i_B}{1+i_A} \tag{3-9}$$

化简式(3-9)得：

$$\Delta = \frac{i_B - i_A}{1+i_A} \tag{3-10}$$

在 i_A 较小的情况下，式(3-10)的分母项可近似看作1，就可以得到近似的国际费雪效应公式：

$$\Delta = \frac{S_t - S_0}{S_0} = i_B - i_A \tag{3-11}$$

【例3-4】 依例3-3的数据，利用国际费雪效应预测汇率的变化。

解：将例3-3中的数据代入式(3-10)，可得：

$$\Delta = \frac{i_B - i_A}{1+i_A} = \frac{9.18\% - 6.09\%}{1+6.09\%} = 2.91\%$$

上述公式和计算说明，浮动的即期汇率会随着两国的利率差别而改变；改变的幅度和利率的差别一样，但改变的方向刚好相反。例3-3中，A国名义利率比B国名义利率低2.91%，在市场平衡的情况下，A元对B元升值2.91%。这主要是因为持有A元的投资者受到B国高利率的吸引，把A元兑换成B元在B国投资，在投资后期，都会把B元本利兑换为A元，在市场上会引起A元对B元升值。

（四）利率平价说(interest rate parity)

不同国家利率差异，必然引起利息套汇，许多套汇者不断地进行利息套汇，会出现利率平价。这里我们没有对投资者的风险偏好做出假设，因为投资者可以利用远期外汇市场进行远期利率风险管理，也就是说这里的利率平价是指抛补利率平价。下面是抛补利率平价的规范表述。

S_0（每单位A币的B币价值）为即期汇率，S_F 为远期汇率，A国和B国的利率为 i_A 和 i_B，那么期初将1A元投资于A国，期末可得 $(1+i_A)$ A元，将1A元投资于B国，期末可得 $S_0(1+i_B)/S_F$ A元，由于套利活动的存在，一价定律也适用于金融资产，这一投资的报酬应当相等，即

$$1+i_A = S_0(1+i_B)/S_F$$

整理得：

$$\frac{S_0}{S_F} = \frac{1+i_A}{1+i_B}$$

或

$$\frac{S_F}{S_0} = \frac{1+i_B}{1+i_A}$$

上式表明在市场平衡的情况下，远期汇率和即期汇率的比率和两国的名义利率比例相同。

从上式可得：

$$S_F = S_0 \frac{1+i_B}{1+i_A} \tag{3-12}$$

$$\Delta = \frac{S_F - S_0}{S_0} = \frac{i_B - i_A}{1 + i_A} \tag{3-13}$$

在 i_A 较小的情况下，式(3-13)的分母项可近似看作 1，即得利率平价的近似公式：

$$\Delta = \frac{S_F - S_0}{S_0} = i_B - i_A$$

下面举一个抛补利率平价利息套汇的例子：设 A 国利率为 3%，B 国利率为 6.5%。1月1日的即期汇率为 1A 元＝6.05B 元，远期汇率(1年期)为 1A 元＝6.20B 元。1月1日某套汇者在 A 国借 100 万 A 元，按当日即期汇率兑换 605 万 B 元，到 B 国投资，期限 1 年。12月31日，投资本金和利息为 605 万 B 元×(1+6.5%)＝644.325 万 B 元，按 1 月 1 日远期汇率兑换约为 103.932 万 A 元。12 月 31 日，套汇者归还借款本金和利息 100 万 A 元×(1+3%)＝103 万 A 元，套汇者获利 103.932 万 A 元－103 万 A 元＝0.932 万 A 元。

上述利息套汇可用计算式表示如下：

100 万 A 元×(1+3%)＜100 万 A 元×6.05 B 元/A 元×(1+6.5%)÷6.20 B 元/A 元

化简得：

$$\frac{(1+3\%)}{(1+6.5\%)} < \frac{6.05}{6.20}$$

上式的右边大于左边，说明套汇者在 A 国借款到 B 国投资而获利。

许多套汇者不断地套汇，会出现利率平价，即市场平衡，因为套汇会引起以下变化。①1 月初投资，A 国资金流入 B 国时，都要用 A 元兑换 B 元，会引起 B 元升值(A 元贬值)，例如由 1A 元＝6.05B 元变为 1A 元＝6B 元。②A 国资金流入 B 国，一方面使 A 国资金供应量减少，会引起 A 国利率上浮，例如由 3% 变为 3.15%；另一方面使 B 国资金供应量增加，会引起 B 国利率下降，例如由 6.5% 变为 6.15%。③12 月 31 日套汇者将投资本利 B 元汇回 A 国，都要将 B 元兑换为 A 元，会引起 B 元贬值，例如由 1A 元＝6B 元变为 1A 元＝6.174 5B 元，这时形成下列等式：

$$\frac{(1+3.15\%)}{(1+6.15\%)} = \frac{6}{6.174\ 5}$$

上式右边等于左边，表明利率平价已经出现，此时，套汇已经无利可图，抛补利率平价出现。

【例 3-5】 A 国的利率为 3.15%，B 国的利率为 6.15%，即期汇率为 1A 元＝6B 元，代入式(3-12)，即可求出远期汇率：

$$1 \text{ A 元} = 6 \text{ B 元} \times \frac{1+6.15\%}{1+3.15\%} = 6.1745 \text{ B 元}$$

将两国的名义利率代入式(3-13)得：

$$\Delta = \frac{6.15\% - 3.15\%}{1+3.15\%} = 2.91\%$$

A 元对 B 元的远期汇率变化(A 元升值)也是 2.91%。

（五）无偏差理论（unbiased forward theory）

无偏差理论说明远期汇率与未来即期汇率之间的关系。将国际费雪效应与利率平价说联系起来，可得：

$$\frac{S_t}{S_0} = \frac{1+i_B}{1+i_A} = \frac{S_F}{S_0}$$

由上式得 $S_F = S_t$，即当前的远期汇率应该等于未来即期汇率。

另一种表达式为：

$$\frac{S_F - S_0}{S_0} = \frac{S_t - S_0}{S_0}$$

即外汇远期升水或贴水等于预计的外汇升值或贬值。无偏差理论说明，在没有干扰的情况下，当前的远期汇率应等于将来的即期汇率。就是说，根据远期汇率可以无偏差地预测到期时的即期汇率。例如，当前的远期汇率（1 年期）为 1A 元＝6.174 5B 元，由此可预测未来（1 年到期时）的即期汇率也是 1A 元＝6.174 5B 元。虽然未来的即期汇率与当前的远期汇率可能有所不同（表示根据后者并不能完全正确预测前者），但究竟如何不同，目前不能预知，而且该理论认为预测的误差高估或低估的频率和数量基本相等，误差之和等于零，故称为无偏差理论。

为了进一步明确上述各项汇率理论的相互关系，现将各项计算公式列示如下（见表 3-2）。

表 3-2 各项计算公式

购买力平价说	费雪效应	国际费雪效应	利率平价说	无偏差理论
$\frac{S_t}{S_0} = \frac{1+P_B}{1+P_A}$	$\frac{1+i_B}{1+i_A} = \frac{1+P_B}{1+P_A}$	$\frac{S_t}{S_0} = \frac{1+i_B}{1+i_A}$	$\frac{S_F}{S_0} = \frac{1+i_B}{1+i_A}$	$S_F = S_t$

这五种均衡关系（通货膨胀率、利率与即期汇率和远期汇率的关系）是外汇市场充分发达和完全开放情况下外汇汇率变化的规律。这些经济关系全由市场调节作用完成，外汇可自由买卖的程度决定了这些关系可应用的程度。建立在这种均衡前提下的经济关系以及由此做出的预测只能作为进行外汇风险管理和企业制订经营计划的一种预测基础，应用时还必须考虑其他各种因素的影响。

【实例 3-5】 利用购买实力平价说预测南非兰特的未来即期汇率

预计美国和南非的年平均通货膨胀率分别为 4% 和 9%。假设目前南非兰特的即期汇率为 1 南非兰特＝0.141 2 美元，预计一年后的即期汇率是多少？

根据 $S_t = S_0 \frac{1+P_B}{1+P_A}$，预计一年后的即期汇率为 1 南非兰特＝0.148 0 美元（0.141 2 × $\frac{1+9\%}{1+4\%}$）。

二、有管理的浮动汇率或固定汇率制度下的汇率预测

在实行有管理的浮动汇率或固定汇率制度的情况下,由于有政府不同程度的干预,汇率不能完全自由浮动,前述市场的五种均衡关系不会经常、完全出现,因此完全自由浮动汇率制度下能预测汇率的经济理论和预测方法不能完全、直接地应用于有管理的浮动汇率或固定汇率的预测。但各国通货膨胀率差异和利率差异等因素对汇率的影响还是客观存在的,政府在干预汇率时,还必须考虑这些因素对汇率变动的影响。许多国家对汇率调整实行严格保密,甚至为了政治方面的原因尽可能不调整外汇汇率。在这种情况下,预测汇率变动是很困难的。因此,如果要对有管理的浮动汇率或固定汇率进行预测,就是要通过分析影响汇率的各种因素来预测政府的汇率管理行为。根据传统经典的汇率理论,影响政府倾向的因素如下。

(一)影响政府倾向的指标

1. 影响政府倾向的经济指标

由于有管理的浮动汇率或固定汇率受政府的干预或管制,因而汇率预测工作只能从某些经济指标来了解政府对于汇率政策的倾向,需要分析研究的经济指标主要有以下几项。

1)国际收支状况

一国的国际收支对汇率有显著的影响,反之亦然,这取决于该国的汇率制度。在固定汇率制度下,政府担负着确保国际收支平衡的责任。如果经常账户与资本账户之和不接近于零,政府就应该购买或出售官方外汇储备,对外汇市场进行干预。如果经常账户与资本账户之和大于零,那么世界市场上就存在对本币的超额需求。为了维持固定汇率,政府必须干预外汇市场,出售本币,购买外币或黄金,以使国际收支差额降到接近于零的水平。如果经常账户与资本账户之和小于零,那么世界市场上就存在对本币的超额供给。政府必须用外汇储备或黄金买入本币,进行干预。显然,政府维持足够的外汇储备余额,使其能进行有效干预是很重要的。如果一国外汇储备不足,就无法购回本币,从而使本币被迫贬值。

2)货币供应量

对有管理的浮动汇率或固定汇率进行预测的专家都希望能找出一些带领汇率变化的经济指标,而货币供应量是相当重要的一种。一般地,经济学家都认为当国家货币供应数量超过了实际经济的需要时,通货膨胀便会出现。外汇预测专家也都认为这是影响通货膨胀的因素之一。所以,货币供应量被用来度量价格的变化,作为汇率按照购买力平价说(通货膨胀率影响即期汇率)而改变的参考。

3)利率差异

其他因素保持不变,A国的利率相对于B国的利率上升将引起两国的投资者把B元标

价的资产转换为 A 元标价的资产,以获取 A 元高利率收益。这种转换将导致 A 元升值。注意,这里讨论的利率是指实际利率,即名义利率减去通货膨胀率。名义利率高的货币不一定升值,因为还要看通货膨胀率。

4)外汇储备的变化

在有管理的浮动汇率或固定汇率制度下,国家须拥有一定数量的外汇储备,以备随时干预外汇市场,将汇率维持在对本国有利的适当水平。长期的国际收支逆差将导致外汇储备下降,要求本国货币贬值的压力随之增加。但是,如果国家的外汇储备相当充裕,就可以忍受较长时间的国际收支逆差,而不必使本国的货币贬值。

5)外汇黑市汇率

在实行外汇管制的国家,如果官方汇率与市场均衡汇率出现差异,就可能引发不按官方汇率进行外汇交易的外汇黑市交易。由于外汇黑市交易的非法性,黑市汇率不是完全由市场的供求关系决定的,黑市交易是有风险的,因此,黑市汇率不能作为无外汇管制时的市场均衡汇率。一般认为,市场均衡汇率在官方汇率和黑市汇率之间的某一位置。如果政府决定改变汇率,黑市汇率可以指明官方汇率改变的方向,官方汇率应朝着接近黑市汇率的方向移动,但不应期望它与黑市汇率相同。

【实例 3-6】 津巴布韦元追上黑市

1983 年,津巴布韦元(ZWD)与美国是平价。1999 年,其官方汇率固定在每美元兑换 38 津巴布韦元。然而,在 1999—2006 年,黑市外汇汇率开始飙升,国家通过对各种货币的贬值做出反应。2006 年 7 月,黑市估计汇率达每美元 300 000 津巴布韦元,最终恶性通货膨胀率高达 1 200%。2006 年 8 月 1 日,津巴布韦央行对津巴布韦元进行了重新定价,重新估值的新汇率固定在每美元兑换 250 津巴布韦元,重新估值的津巴布韦元从旧货币面值上去掉 3 个零,即 1 新津巴布韦元值 1 000 旧津巴布韦元。按照旧货币的价格计算,这意味着津巴布韦官方已经接受了每美元兑换 250 000 旧津巴布韦元的汇率。

2. 影响政府倾向的政治方面的因素

影响政府倾向的政治方面的因素主要有政府本身的稳定程度和政府政策(包括对外关系、贸易和投资以及外汇政策)的效果。假如政府政策只管治标而不治本,那么有管理的浮动汇率或固定汇率改变的可能性便提高了。如果政府的反通货膨胀政策导致经济收缩,改进外汇收支平衡的政策不能改善本国的出口条件,这可能是本国货币贬值的先兆。

有管理的浮动汇率或固定汇率的改变还受政府收支情况的影响,如政府收入的主要来源是否稳定、政府是否开源节流等。如果政府过量支出(如超过本身能力的外援、参加战争等),一定会动摇市场人士对其货币的信心,本国货币贬值的可能性就会升高。

(二)有管理的浮动汇率或固定汇率制度下汇率预测的程序

在有管理的浮动汇率或固定汇率制度下,预测者应集中考察有关政府遵循其所对外发布的承诺能力,这种预测包括如下五个方面的程序。

(1)根据各种指标对均衡汇率做出测算,将测算结果与任何自由外汇市场或黑市的市场汇率和远期升贴水进行比较,这些指标可以测量一个国家的货币同均衡汇率之间的差距。

(2)对国家目标国际收支状况做出预测。

(3)对中央银行的外汇储备水平做出估计。外汇储备水平越高,货币当局实施宏观调控的能力越强,贬值的压力越小;反之,调控能力越弱,贬值压力越大。

(4)预测政府可能采取的外汇管制政策。

(5)预测管制可能产生的后果。

第四节 汇率预测的方法[①]

汇率预测的方法一般可分为基本预测法、技术预测法、市场预测法和合成性预测法。

一、基本预测法(fundamental forecasting method)

基本预测法又称因素分析预测法,是根据经济变量(因素)与汇率之间的基本关系来预测未来汇率的方法。它是预测汇率最常用的方法。基本预测法首先要分析影响汇率变动的主要因素,然后建立模型对这些变量及其对未来汇率的影响进行解释,再通过模型进行预测。

(一)影响汇率变动的基本因素

影响汇率变动的基本因素包括两项:第一,货币所代表的价值量的变化。以 A、B 两国的货币来说,假设 A 国货币每元代表的价值量为 60,B 国货币每元代表的价值量为 10,则这两种货币的汇率为 1 A 元=6 B 元。以后由于某些原因,A 元和 B 元所代表的价值量发生变化,则这两种货币的汇率就会发生相应的变化。第二,货币供求状况的变化。如果在外汇市场上,A 元需求大于供给,而 B 元供给超过需求,则 A 元会升值,B 元会贬值。

影响货币所代表价值量的多少和货币供求状况的具体因素又是多方面的,既有经济因素,又有政治因素和心理因素等。一般分析国际收支状况、通货膨胀率差异、利率差异、财政政策和财政收支状况、各国中央银行的市场干预、市场预期心理、国际政治形势的变化等

---

① 本部分参考了艾玛·A.穆萨著《汇率预测:技术与应用》一书的相关内容。

因素。

（二）预测方法

基本预测法就是要分析以上各种因素对汇率变动的影响，估计汇率变动的趋势和幅度。具体分为以下两种方法。

1. 专家分析预测法

就某种意义而言，所有的预测都是判断性的。专家分析预测法就是集合少数了解情况的专家，运用集体智慧，对未来一定期间汇率的变动情况做出判断。

一个通常使用正规模型来预测汇率的经济学家，也可能在临时场合（如在参加会议现场）使用判断性预测。在其他情形下，如数据难以得到、测度难题和其他原因都可能使这位经济学家求助于判断性预测。

关于判断性预测在商业决策中的运用是没有疑义的。事实上，一些专家的建议经常是在判断性预测的基础上做出的，但这并不意味着预测者可以随便预测。相反，预测者需要尽一切可能去搜集相关信息，然后努力做出理性的预测。然而搜集相关信息的过程是计算机无法代劳的，只能由预测者在头脑中理性思考的基础上完成。因此，预测不可能以完全精确的方式做出，而是通过预测者的思考所判断的"概率平衡"的方式做出。这就是为什么判断性预测会被认为缺少客观性。最可能的情况是，相对于判断性预测，某项预测服务的客户通常会对正规的预测更加印象深刻，这点至少在预测汇率前如此。因此，在通常情况下，尤其是外部预测大多使用计量模型预测法，以给客户客观和科学的感觉。

2. 计量模型预测法

计算模型预测法是把影响汇率变动的一些基本因素列入数学模型，据以测算汇率变动的方向和幅度。具体的方法有单变量时间序列预测技术和多变量时间序列预测模型。

1）单变量时间序列预测技术

单变量时间序列预测技术是根据汇率变量的历史数据建立方法和模型。这个方法潜在的含义是其他变量的影响是被汇率的实际变化行为体现和反映。单变量时间序列预测技术仅处理只有一个时间序列的情形，该时间序列中所包含的汇率观测值只用来预测特定时间内的汇率。

2）多变量时间序列预测模型

多变量时间序列预测模型涉及一个以上的时间序列，包括单方程经济模型、单方程结构时间序列模型和多方程经济模型。下面举例说明单方程经济模型的运用：

$$S_t = b_0 + b_1 x_{1t}$$
$$= b_2 x_{2t} + \cdots + b_n x_{nt}$$

式中：S_t——某两种货币 t 时汇率变动百分比；
      b_0——常量；
      b_n——回归系数；
      x_{nt}——影响汇率的各种因素。

【例3-6】 某跨国公司要预测 A 元与 B 元在 t 时的汇率，据调查，影响这两种货币汇率变动的主要因素是：①A、B 两国通货膨胀率差异（P_t）；②A、B 两国利率差异（i_t），其回归方程如下：

$$S_t = b_0 + b_1 P_t + b_2 i_t$$

式中：b_1——汇率对 P_t 变化的敏感率；
      b_2——汇率对 i_t 变化的敏感率。

根据一组 S_t、P_t 和 i_t 的历史数据，通过回归分析，确定：$b_0 = 0.002$，$b_1 = -0.6$，$b_2 = 0.7$，这说明在其他条件不变的情况下，P_t 每变动 1%，汇率就向相反方向变动 0.6%；i_t 每变动 1%，汇率就同方向变动 0.7%。据统计，最近 A、B 两国的 P 为 3%，i_t 为 6%，根据以上数据可计算出 $S_t = 0.002 + (-0.6 \times 3\%) + (0.7 \times 6\%) = 2.6\%$。在 6 个月后，A 元相对 B 元将升值 2.6%。

上述汇率预测模型存在一定局限性，主要因为选准和预测影响汇率的基本因素都是比较困难的，另外还有一些因素因不能数量化而不能列入模型；列入模型的各因素发生作用的时机很难确定，各因素可能不在同一时间发生作用；根据历史数据求出的回归系数不一定适合未来的情况。这些都会影响汇率预测的准确性。

二、技术预测法（technical forecasting method）

技术预测法又称图表分析预测法，是以图表作为主要依据，利用汇率的历史数据来预测未来汇率的方法。

（一）技术预测法的前提

（1）市场行情说明一切。各种各样的事件（政治、经济和其他事件）都会对市场价格（包括外汇市场的汇率）的形成产生影响。反过来，市场价格也就反映着所有事件的状况。

（2）价格按趋势变动。通常认为价格的变动具有历史的连续性，而不是独立的和无规则的。

（3）历史不断地重现其自身。由此，人们可以在这个重复中不断地深化对客观事物的认识。

（二）技术预测法绘制和运用的图表

1. 柱状图

柱状图是图表分析法最基本的图，如图 3-2 所示。其横轴表示时间，纵轴表示汇价。汇率的绘制是由最高价、最低价（用垂直竖线连接）和收盘价（用一条横线标在竖线上）组成。柱状图主要用于考虑时间因素的趋势信号分析。

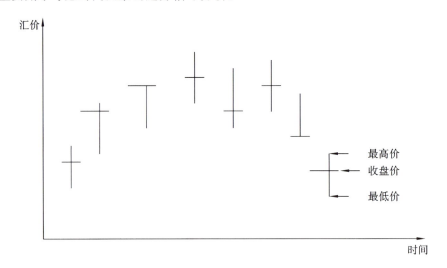

图 3-2　柱状图

2. 线形图

线形图是只在图上绘出每日的收盘价（横轴表示时间，纵轴表示汇价），并用折线连接相邻的两点，形成高低起伏的线条。这主要用于汇价趋势信号分析。

3. 移动平均图

假设移动平均的跨越期为 5 天，如把前 4 个交易日的收盘价之和与当日收盘价相加，再除以 5，便得到 5 天移动平均值。注意移动平均的跨越期越长，曲线越平滑，反映趋势的效果越好，但比实际值的滞后越明显；跨越期越短，与实际值越接近，但反映趋势不理想。在图中一般绘制两条移动平均线，一条跨越期较短，一条跨越期较长。

4. 日本 K 线图

日本 K 线图又称蜡烛图。每条 K 线代表一段时间(一小时、一天、一周等)的交易行为,它显示了汇率的最高价、最低价、开盘价和收盘价。K 线的主体部分(粗的部分)代表了这段时间开盘价和收盘价之间的范围。如果收盘价高于开盘价,那么这部分是红的(空的,图中用白色表示)。相反,如果收盘价低于开盘价,那么这部分是绿的(实的,图中用黑色表示)。主体部分上下两条短线称为影线,代表这段时间的最高价和最低价。又长又红的主体部分说明是牛市,因为市场在上升很大的一段后在接近最高价水平收市;又长又绿的主体部分说明是熊市,因为市场在下跌很大的一段后在接近最低价水平收市。但市场收盘价和开盘价相同时,主体既不是红的,也不是绿的,这种情况称为空胜线。因为绘制这种图不仅要收盘价,还需要开盘价,所以在那些通常无法得到开盘价的市场是不能运用这种图来标记汇率的。

根据开盘价、收盘价、最高价和最低价之间的不同关系,K 线图有着各种不同的形状。图 3-3 显示了其中的一些图。

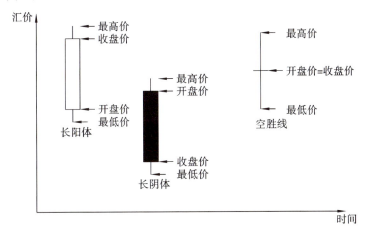

图 3-3 日本 K 线图

技术预测法主要借助统计分析进行预测。预测人员可以通过计算机程序探测汇率变动的趋势。如果能够发现汇率变动的某些趋势,并确定这些趋势以后还会重复,那么对预测未来的汇率变动将大有帮助。

技术预测法主要用于预测近期的汇率变动走势,因而投机者往往偏爱这种方法,并利用其预测结果进行外汇投机。企业主要关心的是利用汇率预测来确定经营策略,进行外汇风险管理决策,因此,对企业来说,技术预测法并不是一种主要的预测方法。

◇ 知识活页

二维码 3-4

拓展阅读:Richard 外汇市场行情分析

三、市场预测法(market-based forecasting method)

市场预测法是利用外汇市场当前的即期汇率和远期汇率,对未来汇率进行预测的方法。基于市场预测,是因为预测依据(即期汇率和远期汇率)是由即期和远期外汇市场提供的。

(一)根据当前的即期汇率预测

举例来说,如果预期欧元近期会对美元升值,那么外汇投机者现在就会大量买进欧元,期待欧元升值后再卖出,这种买进会使欧元很快升值。相反,如果预期欧元近期会对美元贬值,那么外汇投机者就会大量卖出欧元,期待欧元贬值后再以较低的价格买进,这种卖出会促使欧元很快贬值。因此,根据当前的即期汇率和对外汇市场的预期就可以预测未来即期汇率。

(二)根据当前的远期汇率预测

举例来说,假设当前欧元30天远期汇率为1欧元=1.25美元,投机者普遍预期30天后欧元的即期汇率为1欧元=1.30美元,在这种情况下,投机者就会进行远期外汇交易,按远期汇率(1欧元=1.25美元)用美元购买欧元,然后在30天后按即期汇率(1欧元=1.30美元)将欧元卖出,收回美元。如果预测是正确的,则投机者每欧元可赚0.05美元。由于许多投机者都大量买进远期欧元,会引起远期汇率上升,当远期汇率上升达到1欧元=1.30美元时会终止,因为按此汇率买进欧元,再按预期未来即期汇率(1欧元=1.30美元)卖出已无利可图。

此例说明远期汇率应向市场普遍预期的未来即期汇率变动。从此种意义上讲,远期汇率可用于市场预测,因为它反映市场对远期期末即期汇率的预测。

四、合成性预测法(mixed forecasting method)

由于各种汇率预测法各有优缺点,许多公司便综合运用各种汇率预测方法,这被称为合成性预测法。合成性预测法运用不同预测方法得出某一外汇汇率的不同预测值,给不同的方法分配权数,对于更可靠的方法给予较高的权数。这样,公司预测的外汇汇率便是各种预测值的加权平均数。

合成性预测就是通过多样化来减少预测错误和误差,并且通过合成不同的观点以利用集体智慧。这些不同的预测是由经济模型导出的判断性预测或者正规预测,其目的在于得到一个被众人认可的预测。因此,多样化在合成性预测中是最为重要的方面。

合成性预测及隐藏在其背后的原理同样可以解释,为什么很多公司会同时选择采用不同技术的多家预测服务。这些预测得出后,它们会被汇总、合成,以得到一个能够被一致通过的预测。这也是那些金融媒体得到一致预测的方法。当团体效应可能会改变预测结果时,德尔菲法(Delphi method)可以被用来得到一致预测。这一方法可以被用于同属一个公司的经理人员和分析人员获得一致通过的判断性预测。假设一个公司打算进行一笔外币应付项目的套期交易,而最终是否进行交易的结论依赖于对相关货币汇率变动情况的预测。最初,每一个参与者都会被要求对汇率做出预测,然后以书面形式回答自己的预测结果和做出如此预测的原因。然后,具体负责这项工作的人员会汇总这些预测和相关评论,并把它们反馈给所有参与者。这样,参与者就可以看到别人的看法,继而有两种回应:要么坚持并且捍卫自己原先的观点;要么根据其他参与者的意见修正自己的预测。这一过程会持续进行下去,直到确认很多观点都已经被充分发展,并且每一个观点都被认真考虑过了。到了这一阶段,所有的参与者会被邀请参加一个会议,来讨论他们的观点。最后,就可以得到一个清晰的一致通过的预测了。

◇ 本章小结

预测是形成预期的规范化形式。汇率预测是指对货币间比价关系的波动范围及变化趋势做出判断与推测。国际企业在进行国际经营、国际筹资、国际投资决策和国际预算过程中都需要汇率预测。汇率预测有事件时间进度预测、事件结果预测和时间序列预测三种形式,有短期和长期预测等多种需求。汇率可以进行内部预测,也可以选择购买外部预测机构提供的服务,但都要实施与监控。汇率制度不同,汇率的决定与预测也就不同。一般说来,在固定汇率制度下,汇率预测主要集中在政府的决策机制上,因为在某一时间货币升值或贬值的决定都带有政治目的。在浮动汇率制度下,政府干预是偶然的甚至是不存在的,这时,汇率预测可以根据汇率理论进行,但不能保证成功。汇率预测的方法一般可分为基本预测法、技术预测法、市场预测法和合成性预测法。这些方法各有优缺点,在实践中应该引起注意,并综合应用。

◇ 思考与练习

一、思考题

1. 为什么要进行外汇汇率预测?汇率预测可行吗?
2. 什么是汇率预测的基本预测法?一般应分析哪些因素?
3. 什么是汇率预测的技术预测法、市场预测法和合成性预测法?它们各有什么特点?
4. 预测有管理的浮动汇率或固定汇率的变动应考虑哪些因素?有哪些步骤?

二、练习题

1. 假设 A、B 两国货币现在的即期汇率为 1A 元=6B 元,预测通货膨胀率 A 国为 5%,B 国为 8%。要求:预测这两种货币的汇率将是多少?

2. 预测 A 国的通货膨胀率为 5%,实际利率为 6%,B 国的通货膨胀率为 8%,实际利率为 6%。现在的即期汇率为 1A 元＝6B 元。要求:根据利率平价说测算远期汇率。

3. 已知美国的利率为 8%,日本的利率为 6%,即期汇率为 1 美元＝80 日元。要求:计算远期汇率 1 美元等于多少日元。

4. 已知美国的通货膨胀率为 5%,即期汇率为 1 美元＝0.6 英镑,远期汇率为 1 美元＝0.611 13 英镑。要求:计算英国的通货膨胀率。

三、案例分析题

汇率预测在 ABC 电子有限公司国际投资决策中的应用

ABC 电子有限公司是一家专业化生产电子部件的美国公司。该公司通过在苏格兰的分公司向欧洲提供它的产品。1993 年底,该分公司向母公司建议,同位于阿伯丁的一家苏格兰电子公司组建一个为期 10 年的联合企业以扩大经营。

分公司所做的可行性研究表明,联合企业将带来有利的商业机会。可行性研究显示这一项目的利润将极为丰厚。项目的成本是 1 000 000 英镑,但据估计在未来 10 年内它会带来每年 200 000 英镑的净利润,并且最后会收回 1 500 000 英镑的清算价值。按照 10% 的折现率计算,该项目的净现值是 807 288 英镑。尽管从分公司的角度来看,该项目是十分有利的,但母公司却可能会有不同的观点。导致这种差别的最重要因素就是,分公司和母公司之间两种基础货币(英镑和美元)的汇率。

为从母公司的角度来评估这个项目的价值,公司的首席经济学家对美元和英镑(USD/GBP)在 1994—2003 年的汇率进行了一些预测。这个经济学家利用跨越 1974 年第一季度到 1993 年第四季度的数据样本来估计下面的 PPP 模型:

$$\Delta S_t = \alpha + \beta \Delta P_t^A + \gamma \Delta P_t^B$$

其中,ΔS_t 是汇率的百分比改变量,ΔP_t^A 是美国的通货膨胀率,ΔP_t^B 是英国的通货膨胀率。估计的结果为下面的方程:

$$\Delta S_t = -3.068\ 1 + 1.256\ 2\Delta P_t^A - 0.603\ 96\Delta P_t^B$$

该方程表明,美国的通货膨胀率对汇率的影响程度要大于英国。随后,该经济学家为两国货币在预测期的通货膨胀走势建立了四种情形。他认为美国的通货膨胀率将稳定在 3% 的水平,英国的通货膨胀率相对较高。对预测期内英国通货膨胀率的四种情形分别是 5%、6%、7% 和 8%,各自出现的概率为 0.1、0.2、0.3、0.4。对第一种情形而言,美国的通货膨胀率为 3%,英国为 5%。根据估计所得到的 PPP 方程,汇率将以每年 2.34% 速度下降(英镑将贬值)。表 3-3 对这四种情况做了总结。

表 3-3 四种情形

情形	概率	美国的通货膨胀率(%)	英国的通货膨胀率(%)	汇率
1	0.1	3	5	-2.34
2	0.2	3	6	-2.94
3	0.3	3	7	-3.55
4	0.4	3	8	-4.14

经济学家接着估计四种情形下的现金流量值和净现值。这些结果记录在表 3-4 中。该

项目的净现值在第一种情况下的 1 537 969 美元和第四种情况下的 1 268 324 美元之间波动。这样一来,英镑兑美元的预期贬值,使得这一项目从母公司角度来看,其吸引力大大降低。项目的预期净现值,按加权平均值计算为 1 355 859 美元。

表 3-4 四种情形下的汇率和美元现金流

年份	情形 1		情形 2		情形 3		情形 4	
	汇率	现金流	汇率	现金流	汇率	现金流	汇率	现金流
1994	1.446 6	289 320	1.437 7	28 754	1.428 6	285 720	1.419 8	283 960
1995	1.412 7	282 550	1.395 4	279 086	1.377 9	275 576	1.361 0	272 204
1996	1.379 7	275 938	1.354 4	270 881	1.329 0	265 794	1.304 7	260 934
1997	1.347 4	269 481	1.314 6	262 917	1.281 8	256 385	1.250 7	250 132
1998	1.315 9	263 175	1.275 9	255 188	1.236 3	247 257	1.198 9	239 777
1999	1.285 1	257 017	1.238 4	247 685	1.192 4	238 479	1.149 2	229 850
2000	1.255 0	251 003	1.202 0	240 403	1.150 1	230 013	1.101 7	220 334
2001	1.225 6	245 130	1.166 7	233 335	1.109 2	221 848	1.056 1	211 212
2002	1.197 0	239 393	1.132 4	226 475	1.066 9	213 972	1.021 3	202 486
2003	1.169 0	1 987 229	1.099 1	1 868 443	1.031 9	1 754 202	1.970 4	1 649 730

当母公司的高级管理层来审核这些数字时,他们认为该项目不能接受,因为在美国的另一个项目具有 1 450 000 美元的净现值。很明显,在这个例子里汇率造成了这种差异。如果预测显示英镑每年的贬值幅度不会超过第一种情形,即 2.34%,那么这个项目就会产生 1 537 969 美元的预期净现值。在这种情形下,项目也许就会被采纳。

资料来源:穆萨. 汇率预测:技术与应用. 刘君,等译. 北京:经济管理出版社,2004.

讨论:

(1) 为什么国际投资决策需要汇率预测?

(2) 为什么尽管从分公司的角度来看,该项目是十分有利的,但母公司可能会有不同的观点?

◇ 在线答题

二维码 3-5
第三章自
测题

第四章　外汇风险管理

◇ 学习目标

1. **知识目标**：了解外汇风险的概念与种类，掌握外汇风险管理的策略与方法。
2. **能力目标**：学会识别和测算交易风险、会计折算风险和经济风险，会用所学方法进行风险管理。
3. **情感目标**：通过学习，深刻认识到我们国家需要既懂国际金融又懂财务管理的专门人才，要努力学习专业知识，将来更好地服务祖国。

◇ 本章导读

国际企业经营跨越了国界，面临包括外汇风险在内的各种各样的风险。外汇风险也称汇率风险，是指因货币汇率变动造成的企业未来经营结果的不确定性。在浮动汇率制度下，汇率及汇率变动对企业经营产生重大影响，识别外汇风险、实施外汇风险管理成为现代企业财务管理的一项重要内容。本章主要介绍外汇与外汇管制、外汇汇率的种类与标价方法等内容，分别研究了交易风险、会计折算风险和经济风险的衡量与管理方法。

◇ 导入案例

"中航油"事件

中国航油（新加坡）股份有限公司（以下简称新加坡公司）是石油类跨国公司，是中国航空油料集团有限公司（以下简称中航油）的海外控股公司。

2003年下半年，新加坡公司开始交易石油期权，最初涉及200万桶石油，公司在交易中获利。2004年一季度，油价攀升导致公司潜亏580万美元。2004年二季度，随着油价持续升高，公司的账面亏损额增加到3 000万美元左右。2004年10月10日，面对严重资金周转问题的新加坡公司，首次向母公司呈报交易和账面亏损。此时，新加坡公司已耗尽近2 600万美元的营运资本和1.2亿美元的银团贷款，账面亏损高达1.8亿美元，另外已支付8 000万美元的额外保证金。2004年10月20日，母公司提前配售15%的股票，将所得的1.08亿美元资金贷款给新加坡公司。2004年10月26日和28日，新加坡公司因无法补加一些合同的保证金而遭强制平仓，蒙受1.32亿美元实际亏损。2004年11月8日到25日，新加坡公司的衍生商品合同继续被强制平仓，截至25日实际亏损达3.81亿美元。2004年12月1日，在亏损5.5亿美元后，新加坡公司宣布向法庭申请破产保护令。

从2003年下半年建仓至2004年11月，什么因素导致新加坡公司这么快出现如此巨额亏空？

据了解，新加坡公司此次巨额亏损主要来自卖出看涨期权。

据参与国外期权交易的人士介绍，卖出期权一般多为国外经纪商所为。当然，这些经纪商也会相应在期货市场上再做一个反向操作，用来对冲风险。而新加坡公司此次"卖出看涨期权"未做任何对冲操作来规避风险。"像中航油这种不做对冲的'赤膊'投资在国际市场上真的很少见。"

2007年2月6日，国务院国有资产监督管理委员会对中航油事件的相关责任人做出了最终定性——陈久霖作为主要当事人，违规从事场外石油指数期权交易，越权批准超限额交易并擅自决定对亏空期权交易挪盘和挪用备用信用证，隐瞒期权交易的真实潜亏情况及出售15%股权的法律风险并伪造文书，对新加坡公司因此造成的巨大经济损失负有直接责任……

其实，中国海外公司的市场运作一直受到严格的制度约束。2001年，中国证券监督管理委员会（以下简称中国证监会）、国家外汇管理局联合多个部委颁布了《国有企业境外期货套期保值管理办法》，规定中国公司在海外从事期货交易须获得中国证监会资格认定，且只能从事套期保值。

那么，企业如何规避外汇风险？又应该如何利用金融工具进行套期保值？

■ 资料来源：根据"2011年12月22日中航油事件"整理，参见 https://wenku.baidu.com/view/a9f16b84d4d8d15abe234ef2.html。

第一节　外汇风险管理概述

一、外汇管制与汇率制度

从静态的角度看，外汇是指一国持有的外国货币和以外币表示的用以进行国际结算的支付手段。

外汇汇率,也称外汇行市或汇价,是指一国货币兑换另一国货币的比率,即兑换率。

外汇管制在我国又称外汇管理,是指一国政府为平衡国际收支和维持本国货币汇率而对外汇进出实行的限制性措施。

外汇管制针对的活动涉及:外汇收付、外汇买卖、国际借贷、外汇转移和使用;本国货币汇率的决定;本国货币的可兑换性;本国货币和黄金、白银的跨国界流动;等等。

外汇管制法规生效的范围一般以本国领土为界限。

1. 外汇管制的分类

(1)根据外汇管制的具体措施,外汇管制可分为数量管制、成本管制和项目管制。数量管制是指国家外汇管理机构对外汇买卖的数量直接进行限制和分配,通过控制外汇总量达到限制进出口的目的。

成本管制(价格管制)是指国家外汇管理机构运用复汇率制,对不同性质的外汇交易规定不同的汇率或征收不同的外汇税,或利用外汇买卖成本的差异,调节进出口商品结构。

项目管制是指对产生外汇收支的企业的商业和金融活动本身(如进口、输出资本、利息和股息的汇出、利润的再投资以及外国人对本国有价证券的购买等)加以限制。其具体形式可以是完全禁止或设定限额的直接形式,也可以采取税收调节的间接形式。

(2)根据外汇管制的宽严程度,外汇管制可以分为严厉控制型管制、部分控制型管制、基本不实行外汇管制三种。严厉控制型管制是指无论是对贸易、非贸易收支,还是对资本项目的收付,都加以严格限制。其典型特征是外汇极端缺乏,经济不发达或对外贸易落后,如大多数发展中国家和实行计划经济的国家。

部分控制型管制是指对非居民的经常性外汇收支不加限制,允许自由兑换和汇出收入,但对资本项目的外汇收支有所保留。这一类型的外汇管制常为一些工业发达国家(如日本、法国、意大利等)以及开放度较高、经济状况良好的发展中国家所采用。

基本不实行外汇管制是指允许货币自由兑换,对经常项目、资本项目的外汇收付均无限制。属于这一类型的国家主要是工业发达国家(如英国、美国、德国等)和国际收支有顺差的石油输出国(如科威特、沙特阿拉伯等)。

另外,一个国家对不同国家货币的外汇管制宽严程度也可能有所不同。

2. 复汇率制

复汇率制是指一国货币与其他国家的货币存在两种或两种以上的汇率。当一国政府对外汇进行价格管制时,必然形成事实上的各种各样的复汇率。

3. 浮动汇率制度

浮动汇率制度是指汇率完全由市场的供求关系决定,政府不加任何干预的汇率制度。

完全任凭市场的供求关系自发地形成汇率,而不采取任何干预措施的国家很少或几乎没有。各国政府往往根据本国的具体情况,或明或暗地对外汇市场进行不同程度的干预。

鉴于各国对浮动汇率的管理方式和宽松程度不一样,浮动汇率制度又有如下几种分类。

(1)按政府是否干预,浮动汇率制度可以分为自由浮动汇率制度和管理浮动汇率制度。自由浮动汇率制度是指政府对本币汇率的浮动不进行任何干预,汇率完全由市场力量决定。基于汇率对本国经济利益的影响,目前还没有哪个国家政府能够真正采用自由浮动汇率制度,各国政府都会或多或少地进行干预。

管理浮动汇率制度是指汇率随市场供求波动,但政府通过运用各种手段采取有限的干预措施来干预外汇市场,影响外汇市场的供求关系,引导市场汇率向有利于本国利益的方向浮动,从而达到控制本币汇率的目的。

管理浮动汇率制度是目前一部分国家政府采用的汇率制度。我国目前实行以市场供求为基础、参考一篮子货币进行调节、有管理的浮动汇率制度。

(2)按汇率浮动方式不同,浮动汇率制度可分为单独浮动汇率制度、钉住浮动汇率制度和弹性浮动汇率制度。

单独浮动汇率制度是指一国货币不与其他货币发生固定的联系,汇率根据外汇市场的供求关系浮动。英国、美国、瑞士、瑞典、新西兰、加拿大、澳大利亚、日本等国家采用单独浮动汇率制度。

钉住浮动汇率制度是指一国货币与某一种外币、某一记账单位保持固定比例关系,随着该种外币或记账单位的浮动而浮动。被钉住的国家一般都是与本国经济联系较为紧密的国家。钉住浮动汇率制度按被钉住的货币不同,可分为钉住单一货币浮动汇率制度和钉住一篮子货币(合成货币)浮动汇率制度。

许多发展中国家钉住美元、英镑或欧元。我国以前采取钉住美元的汇率制度,现在已经从单一钉住美元过渡到参考一篮子货币进行调节。

有些国家为了避免本国货币受到一国货币的支配,采用与多种外国货币挂钩的制度,即钉住一篮子货币。典型的采用钉住浮动汇率制度的国家是实行统一欧元之前的欧洲货币体系的各个成员国,它们钉住的是一种记账单位——欧洲货币单位。

弹性浮动汇率制度是指为了避免实行钉住浮动汇率制度的呆板性和对本国的束缚,在本国货币与其他货币挂钩的基础上,根据自身需要使所钉住的货币在一定弹性幅度内上下浮动。实行弹性浮动汇率制度的有与美元挂钩的巴林、沙特阿拉伯等国家。

二、外汇汇率的标价方法

确定两种不同货币之间的比价,先要确定用哪个国家的货币作为标准。由于确定的标准不同,因此产生了几种不同的外汇汇率标价方法。

1. 直接标价法

直接标价法也称应付标价法或欧式标价法,是以一定单位(如1个单位)的外国货币折合成一定数量的本国货币的标价方法,即计算购买一定单位外币应付多少本币。在国际外汇市场上,包括中国在内的世界上绝大多数国家目前都采用直接标价法。例如,2018年10月13日中国银行部分人民币外汇牌价如表4-1所示。

表4-1 中国银行人民币外汇牌价(部分)

2018年10月13日

货币名称	货币符号	货币单位	汇率中间价	现钞买入价	现钞卖出价	现汇买入价	现汇卖出价
港币	HKD	100	88.22	87.51	88.57	88.21	88.57
美元	USD	100	691.2	685.48	694.03	691.1	694.03
欧元	EUR	100	800.45	772.8	805.07	797.59	803.47
日元	JPY	100	6.157 1	5.959 3	6.195 6	6.150 4	6.195 6
英镑	GBP	100	913.88	879.52	916.41	907.72	914.41

注:根据中国银行公布的外汇牌价整理。

资料来源:中国银行外汇牌价网页,http://www.currencydo.com/bank_zg/。

我们可以将汇率表示为:

USD100/CNY691.2; JPY100/CNY6.157 1; HKD100/CNY88.22

或

USD100＝CNY691.2; JPY100＝CNY6.157 1; HKD100＝CNY88.22

在直接标价法下,若一定单位的外币折合的本币数额多于前期,则说明外币币值上升或本币币值下跌,称为外汇汇率上升;反之,如果要用比原来较少的本币即能兑换到同一数额的外币,这说明外币币值下跌或本币币值上升,称为外汇汇率下跌。在直接标价法下,外币的价值与汇率的升跌成正比。

 2. 间接标价法

间接标价法也称美式标价法或应收标价法,是指以一定单位(如1个单位)的本国货币折合成一定数量的外国货币的标价方法。在国际外汇市场上,欧元、英镑、澳元等均使用间接标价法。如欧元兑美元汇率为1.380 5,即1欧元兑1.380 5美元。在间接标价法下,本国货币的数额保持不变,外国货币的数额随着本国货币币值的变化而变化。如果一定数额的本币能兑换的外币数额比前期少,就表明外币币值上升或本币币值下跌,即外汇汇率下跌;反之,如果一定数额的本币能兑换的外币数额比前期多,则说明外币币值下跌或本币币值上升,即外汇汇率上升。在间接标价法下,外汇的价值和汇率的升跌成反比。因此,间接标价法与直接标价法相反。

直接标价法和间接标价法所表示的汇率升跌的含义正好相反,所以在引用某种货币的汇率和说明其汇率高低升跌时,必须明确采用的是哪种标价方法。

3. 美元标价法

美元标价法又称纽约标价法,是指在纽约国际金融市场上,美元除对英镑用直接标价法外,对其他外国货币采用间接标价法的标价方法。美元标价法是美国在1978年9月1日制定并执行的,目前是国际金融市场上通行的标价方法。

例如,美元对英镑仍采用直接标价法：
$$GBP1=USD1.58$$
美元对除英镑以外的其他货币采用间接标价法：
$$USD1=CAD1.05$$
$$USD1=JPY80.46$$
$$USD1=CNY6.10$$

三、外汇汇率的种类

1. 固定汇率和浮动汇率

按国际货币制度的演变划分,汇率分为固定汇率和浮动汇率。

固定汇率是指由政府制定和公布,并只能在一定幅度内波动的汇率。

浮动汇率是指由市场供求关系决定的汇率,其涨落基本自由。一国货币市场原则上没有维持汇率水平的义务,但必要时可进行干预。

2. 基本汇率和套算汇率

按制定汇率的方法划分,汇率分为基本汇率和套算汇率。

基本汇率是指将本国货币与关键货币实际价值进行对比而制定的汇率。

各国在制定汇率时都要选择某一国货币作为主要对比对象,这种货币称为关键货币。由于美元是国际支付中使用较多的货币,一般各国都把美元当作制定汇率的主要对比对象,所以常常将对美元的汇率作为基本汇率。

套算汇率是指各国按照对美元的基本汇率套算出的直接反映与其他货币之间价值比率的汇率。

3. 买入汇率、卖出汇率、中间汇率和现钞汇率

从银行买卖外汇角度划分,汇率分为买入汇率、卖出汇率、中间汇率和现钞汇率。

买入汇率也称买入价,是指银行向同业或客户买入外汇时所使用的汇率。采用直接标价法时,外币折合本币数较少的那个汇率是买入价,采用间接标价法时则相反。

卖出汇率也称卖出价,是指银行向同业或客户卖出外汇时所使用的汇率。采用直接标价法时,外币折合本币数较多的那个汇率是卖出价,采用间接标价法时则相反。

买入价与卖出价之间有个差价,这个差价是银行买卖外汇的收益,一般为1‰~5‰。银行同业之间买卖外汇时使用的买入汇率和卖出汇率也称同业买卖汇率,实际上就是外汇市场买卖价。

中间汇率是指买入价与卖出价的平均数。西方国家在报道汇率消息时常用中间汇率,套算汇率也用有关货币的中间汇率套算得出。

现钞汇率是指买卖外汇现钞的兑换率。一般国家都规定,不允许外国货币在本国流通,只有将外币兑换成本国货币,才能够购买本国的商品和服务,因此产生现钞汇率。理论上讲,现钞汇率应当与外汇汇率相同,但因为需要把外币现钞运到各发行国去,而运送外币现钞需要花费一定的运费和保险费,所以,银行在收兑外币现钞时的汇率通常要低于外汇买入汇率,而银行卖出外币现钞时使用的汇率又要高于其他外汇卖出汇率。

4. 电汇汇率、信汇汇率和票汇汇率

按银行外汇付汇方式划分,汇率分为电汇汇率、信汇汇率和票汇汇率。

电汇汇率是经营外汇业务的本国银行在卖出外汇后,即以电报委托其国外分支机构或代理行付款给收款人所使用的一种汇率。由于电汇付款快,银行无法占用客户的资金头寸,且国家间的电报费用较高,所以电汇汇率一般较高。尽管如此,由于电汇调拨资金速度快,有利于加速国际资金周转,因此,电汇方式在外汇交易中占有很大的比重。

信汇汇率是银行开具付款委托书,用信函方式寄给付款地银行,再由该银行转付收款人所使用的一种汇率。由于付款委托书的邮递需要一定的时间,银行在这段时间内可以占用客户的资金头寸,因此,信汇汇率比电汇汇率低。

票汇汇率是指银行在卖出外汇时,开立一张由其国外分支机构或代理行付款的汇票交给汇款人,由其自带或寄往国外取款所使用的汇率。由于票汇从卖出外汇到支付外汇有一段间隔时间,银行可以在这段时间内占用客户的资金头寸,所以票汇汇率一般比电汇汇率低。票汇有短期票汇和长期票汇之分,二者的汇率也不同。使用长期票汇,银行能更长时间占用客户的资金头寸,所以长期票汇汇率又较短期票汇汇率低。

5. 即期汇率和远期汇率

按外汇交易交割期限划分,汇率分为即期汇率和远期汇率。

即期汇率也称现汇汇率,是指买卖外汇双方成交当天或在两个营业日内进行交割的汇率。

远期汇率是指由买卖双方签订合同、达成协议,据以在未来一定时期进行交割的汇率。在交割日,协议双方按预定的汇率、金额进行钱汇两清。远期外汇买卖是由于外汇购买者对外汇资金需要的时间不同,以及为了避免外汇汇率变动风险而进行的一种预约性交易。远期汇率与即期汇率之间是有差额的。这种差额称为远期差价。远期差价有升水、贴水、平价三种情况。升水表示远期汇率比即期汇率高,贴水表示远期汇率比即期汇率低,平价表示两者相等。

 ### 6. 官方汇率和市场汇率

按对外汇管理的宽严程度区分,汇率分为官方汇率和市场汇率。

官方汇率是指国家机构(中央银行或外汇管理当局)公布的汇率。官方汇率又可分为单一汇率和多重汇率。多重汇率是一国政府对本国货币规定的一种以上的对外汇率,是外汇管制的一种特殊形式,其目的在于调节进出口,限制资本的流入或流出,以改善国际收支状况。

市场汇率是指在自由外汇市场上买卖外汇的实际汇率。在外汇管制较松的国家,官方汇率往往只起中心汇率的作用,实际外汇交易则按市场汇率进行。

 ### 7. 开盘汇率和收盘汇率

按银行营业时间划分,汇率有开盘汇率和收盘汇率。

开盘汇率也称开盘价,是指外汇银行在一个营业日刚开始营业时进行外汇买卖使用的汇率。

收盘汇率也称收盘价,是指外汇银行在一个营业日的外汇交易终了时使用的汇率。

四、外汇风险的种类

外汇风险又称汇率风险,是指因汇率波动造成的经济行为主体未来经营结果的不确定性,尤其是蒙受损失或丧失所期待利益的可能性。

国际企业在资本的筹集和运用、资本撤回或利润汇回等过程中,面临货币兑换问题,汇率波动将直接或间接影响到企业投资的效益。另外,汇率波动会影响其所在国的经济环境和企业的相对竞争能力,从而对企业经营产生间接影响。同时,对不同企业来说,外汇风险是不同的。识别自身的外汇风险,并根据情况采取相应的风险管理措施,成为现代企业财务管理的一项重要内容。

外汇风险分为三类:交易风险、会计折算风险和经济风险。

1. 交易风险

交易风险也称交易结算风险,是指以外币计价的各类交易活动自发生到结算过程中,因汇率变动而引起的损益的不确定性。

交易风险具有或然性、不确定性和相对性三大特征。

交易风险的或然性是指交易风险可能发生也可能不发生,不具有必然性;交易风险的不确定性是指交易风险给持有外汇或有外汇需求的经济实体带来的可能是损失也可能是盈利,这取决于在汇率变动时经济实体是处于债权地位还是处于债务地位;交易风险的相对性是指交易风险给一方带来的是损失,给另一方带来的必然是盈利。

2. 会计折算风险

会计折算是指最初以外币度量的国外子公司、分公司或其他附属机构的资产、负债、收入、费用和损益,或存放在国外银行的存款等,按照一定的汇率进行折算,以母公司或总公司所在国的货币来表示,以便汇总编制整个公司的综合财务报告。会计折算风险也称折算风险、会计翻译风险或转换风险,是指汇率变动使折算后企业的资产、负债、收入、费用和损益增加或减少而形成利得或损失的可能性。它是在公司全球性的经营活动中,出于编制综合财务报告的需要而出现的风险。

3. 经济风险

经济风险是指由汇率的变动而引起的公司预期的现金流量净现值发生变动而造成损失的可能性。它是意料之外的汇率变动对企业的产销数量、价格、成本等产生影响,从而引起企业未来一定时期内收益增加或减少的一种潜在的风险。

不同类型的风险适用不同的风险衡量方法与管理方式。后面几节将针对各类风险分别研究其风险衡量方法与管理方式。

五、外汇风险管理的原则、过程与策略

外汇风险管理是指管理者通过风险识别与风险衡量,采取方法进行风险控制,达到预

防、规避、转移或消除外汇风险的目的,从而减少或避免可能的经济损失,实现在风险一定条件下的收益最大化或收益一定条件下的风险最小化。

1. 外汇风险管理的原则

1)利益协调原则

在外汇风险管理过程中,客观存在着企业的微观经济利益与国家整体利益的矛盾或冲突问题。企业通常尽可能减少或避免外汇风险损失,而将其转嫁到银行、保险公司甚至国家财政。在实际业务操作中,企业应将各方利益尽可能协调起来,共同防范风险损失。

2)分类管理原则

对于不同类型和不同传递机制的外汇风险,企业应该采取不同的管理方法来分类防范。

3)谨慎管理原则

在实际运用中,谨慎管理原则包括三个层次:①风险消失;②风险转嫁;③从风险中避损得利。在风险中获利是人们追求的理想目标,但外汇风险管理的目的是规避风险,减少或消除经营结果的不确定性。

2. 外汇风险管理的过程

1)识别风险

企业在实施外汇风险管理中,一是要了解究竟存在哪些外汇风险,是交易风险、会计折算风险,还是经济风险;二是要了解面临的诸多外汇风险中哪一种是主要的,哪一种是次要的,哪一种货币风险较大,哪一种货币风险较小;三是要了解外汇风险持续时间的长短等。

2)度量风险

企业要综合分析所获得的数据和汇率预测情况,计算风险暴露头寸和风险损益值,把握这些汇率风险将达到什么程度,会造成多少损失。汇率风险度量可以采用直接风险度量方法和间接风险度量方法,并且根据风险的特点,从不同的角度去度量,为规避风险提供准确的依据。

3)规避风险

企业要在识别和度量外汇风险的基础上采取措施进行外汇风险管理,避免产生较大的损失。外汇风险管理策略的确定需要在企业外汇风险管理战略的指导下进行。企业应该在科学的风险识别和有效的风险度量的基础上,结合企业自身的状况,如经营业务的规模、范围和发展阶段等,采取相应的外汇风险管理策略,进行有效管理。各种外汇风险管理策略只有适用条件不同,并没有优劣之分。企业在确定其外汇风险管理策略的基础上,再进一步选择其避险方法。

3. 外汇风险管理的策略

外汇风险管理的策略可以分为以下三类。

1）保守策略

保守策略是指在外汇风险管理中采取各种措施消除所有外汇敞口金额、固定预期收益或固定成本，以达到避险的目的。

财务管理者厌恶风险，尤其是在实力单薄、涉外经验不足、市场信息不灵敏、汇率波动幅度大等情况下，会倾向于选择保守策略。

采用保守策略进行财务决策时，企业会拒绝所有可能带来外汇风险的项目。此时，企业可能会因为拒绝这些项目丧失最优筹资结构、较好的投资机会，而限制发展，进而可能遭受难以估算的损失；企业也会对所有存在外汇风险的项目通过金融市场进行套期保值。此时，企业可以不支付汇率预测的费用，但是利用金融市场进行套期保值需要支付高额的交易费用，甚至可能会造成企业支付的交易费用超过可能遭受的损失。

2）冒险策略

冒险策略是指任由外汇敞口金额暴露在外汇风险之中，不采取任何措施进行风险控制。在汇率波幅不大，企业受险项目不多、受险程度不大或可能遭受的损失相对于承受能力来说不重要时，财务管理者倾向于选择冒险策略。

采用冒险策略的财务管理者乐于冒险，不采用任何外汇风险管理措施。他们认为，对风险进行管理的费用很可能超出可能遭受的损失，而且即使遭受了损失，将损失当期费用化，也不会影响企业的正常经营。

3）中间策略

中间策略是指在外汇风险管理中采取措施清除部分外汇敞口金额，保留部分受险金额，这样似乎留下部分赚钱的机会，当然也留下了部分赔钱的可能。这是大多数企业采用的外汇风险管理策略。采取此策略，企业在财务决策时的做法如下：一方面，尽量避免一部分外汇风险，此时要支出较少的管理费用；另一方面，根据汇率预测的结果——汇率变动的趋势、时间和幅度，估计承受的另一部风外汇风险，遵循成本-收益原则，在金融市场选择适当保值手段进行风险控制，此时要支付较多的交易费用。

◇ 知识活页

二维码 4-1

拓展阅读：浮动扩大有助人民币国际化 部分企业面临汇率风险

第二节 交易风险的衡量与管理

一、交易风险的衡量

1. 商品交易的外汇风险衡量

商品交易的外汇风险是企业在进行商品或服务进出口交易中,以外币计价的货款由成交日到结算日汇率变动带来的外汇风险。

【例 4-1】 某公司 1 月 27 日出口一批商品,货款 100 万美元,将于 4 月 26 日收到货款。成交日(1 月 27 日)汇率为 USD100=CNY660,货款 100 万美元折合人民币 660 万元。预测结算日(4 月 26 日)汇率为 USD100=CNY650,货款 100 万美元折合人民币 650 万元。由成交日到结算日汇率变动带来的外汇风险损失为 10 万元人民币(660 万元人民币-650 万元人民币)。

本例中计价与结算采用的货币相同(均为美元),另外还有一种可能是计价与结算没有采用相同的货币。比如用一种外币(如日元)计价,用另一种外币(如美元)结算,这就存在两种外币之间的外汇风险,以及本币与外币间的外汇风险。

【例 4-2】 中外合资企业 A,从日本进口一批材料,以日元计价为 30 000 万日元。货款 1 个月后 A 企业以美元支付。在成交时汇率为 USD1=JPY150,USD1=CNY5.8,这笔货款折合 200 万美元,即人民币 1 160 万元。如果 1 个月后付款时汇率变化为 USD1=JPY120,USD1=CNY8.6,则付清这笔货款需支付 250 万美元(30 000 万日元÷120 日元/美元),折合人民币 2 150 万元(250 万美元×8.6 人民币/美元)。此时,外汇风险损失 50 万美元(250 万美元-200 万美元),即 990 万元人民币(2 150 万元人民币-1 160 万元人民币)。它是美元与日元汇率变动风险和美元与人民币汇率变动风险的综合结果。

2. 外汇借款的风险衡量

不考虑借款利率时,外汇借款风险相当于延期付款的商品交易风险。然而,通常不能忽略利率,同时还要考虑到利率也会受汇率变动的影响。

【例 4-3】 某企业从银行取得借款 100 万美元,期限一年,年利率 10%,借款时汇率为

USD100=CNY680,还款时可能出现汇率不变、人民币贬值、人民币升值三种情况,试分别分析汇兑损益及借款成本率。

(1)汇率不变: USD100=CNY680

本金: USD100万元=CNY680万元

利息: USD10万元=CNY68万元

还款本利合计: USD110万元=CNY748万元

汇兑损益为0,借款成本率为10%。

(2)人民币贬值: USD100=CNY690

本金: USD100万元=CNY690万元

利息: USD10万元=CNY69万元

还款本利合计: USD110万元=CNY759万元

汇兑损益:亏损人民币11万元(759万元－748万元)。

借款成本率(以人民币计算)为[(759万元－680万元)/680万元]×100%=11.6%。

(3)人民币升值: USD100=CNY670

本金: USD100万元=CNY670万元

利息: USD10万元=CNY67万元

还款本利合计: USD110万元=CNY737万元

汇兑损益:盈利人民币11万元(748万元－737万元)。

借款成本率(以人民币计算)为[(737万元－680万元)/680万元]×100%=8.4%。

 3. 外汇买卖风险衡量

外汇买卖风险是指企业买入外汇,持有一段时间后将其卖出,由于从买入到卖出这一期间汇率发生变动,从而产生使企业发生损失的风险。

【例4-4】 某中外合资企业3月5日买入10万美元,半年后(9月5日)卖出。买入时汇率为USD100=CNY660,设人民币存款年利率为10%,美元存款年利率为6%,卖出时汇率为USD100=CNY650,试分析该项外汇买卖风险。

(1)3月5日汇率为USD100=CNY660,即用66万元人民币购入10万美元。

人民币存款年利率为10%,66万元人民币半年的存款利息为3.3万元人民币。所以,成本合计为人民币69.3万元。

(2)9月5日汇率为USD100=CNY650,美元存款年利率为6%,10万美元半年的存款利息为0.3万美元,本利和为10.3万美元。卖出10.3万美元,得到66.95万元人民币。风险损失为2.35万元人民币(69.3万元人民币－66.95万元人民币)。

 4. 远期外汇交易风险衡量

远期外汇交易风险是指在期汇交易中,合约的远期汇率与合约到期日的即期汇率不一致使交易的一方按远期汇率换得（或付出）的货币数额多于或少于按即期汇率换得（或付出）的货币数额而发生的风险。

【例4-5】 某企业6月10日与银行签订用1万美元购买日元的远期外汇交易合约，期限半年，远期汇率为USD1＝JPY140。12月10日合约到期时，用1万美元购买140万日元，而此时即期汇率为USD1＝JPY145。如果不签订远期外汇交易合约，在外汇市场上按即期汇率，1万美元可买入145万日元；进行远期外汇交易，反而少得（风险损失）5万日元。当然，如果即期汇率为USD1＝JPY135，则1万美元只能买入135万日元；进行远期外汇交易，可多得（风险收益）5万日元。

5. 公司对海外分支机构的投资、利润汇回和资本撤回的风险衡量

公司对海外分支机构的投资，一般要兑换成当地货币，满足当地经营的需要。在经营结束后，又要兑换成母国货币汇回，在这一期间汇率的变动，会使公司面临外汇风险。

【例4-6】 中国某公司投入人民币140万元，作为美国分公司的流动资本，投入时汇率为USD100＝CNY700，兑换成20万美元。两年后撤回资本，汇率为USD100＝CNY650，只能换回130万元人民币，损失10万元人民币。

另外，在海外分支机构产生的以当地货币形态而存在的利润，从利润产生到兑换成母国货币汇回时，由于汇率的变动，也会产生外汇风险。

从以上分析我们可以看到，单从一项交易的角度来衡量交易风险是比较容易的，但实际工作中，企业财务管理者必须站在整个企业的角度考虑全部交易风险的净影响结果，所以必须进行综合分析。

由于现金流入和现金流出可以相互抵消，因此真正承受外汇风险的是现金净流量，即货币暴露净头寸。所谓头寸，是指短期内随时可以动用的资金；货币暴露头寸是指一段时间内承受汇率波动风险的现金流入或现金流出。

一种外币的交易风险一般取决于两个因素：①该种外币货币暴露净头寸的大小；②该种外币汇率波动的幅度。

【例4-7】 某中国企业2021年6月1日出口了一批以美元计价的价值10万美元的商品，约定9月1日付款，同时这家企业借入20万美元，三个月后偿还。两笔交易相抵后，从6月1日到9月1日，这家中国企业美元暴露净头寸为10万美元的现金流出。

需要注意的是，只有时间上匹配的现金流量才能相抵。对国际企业而言，应集中管理外汇风险，这样许多子公司、分公司的现金流量可以相互抵消，从而避免重复支付管理费用，以达到总体的股东权益最大化。对于相同净头寸的货币暴露，汇率波动幅度大的外币承受的外汇风险也大。

二、交易风险的管理

企业外汇风险管理是指管理者通过风险识别与风险衡量，采取方法进行风险控制，达到

预防、规避、转移或消除外汇风险的目的。对于不同类型的外汇风险,应采取不同的外汇风险管理方法。

交易风险的管理是外汇风险管理的重点,相对于经济风险和会计折算风险而言,企业一般更多地关注交易风险,这也表现为交易风险的管理方法日趋多样化而且日益完善。

交易风险的管理方法可分为事先防范法和事后防范法两大类。事先防范法是指在签订交易合同时就采取措施防范外汇风险。事后防范法是指已经用软货币(soft currency)签订了出口合同或用硬货币(hard currency)签订了进口合同,无法在合同条款上加以弥补,只能通过外汇市场和货币市场采取一些方法防范外汇风险。

(一)交易风险的事先防范法

交易风险的事先防范法是指在进行交易决策时采取的避险方法。

1. 币种选择法

(1)选择本币计价结算。选择本币计价结算,根本不接触外币,也就消除了汇率变动的影响。此法简单易行,效果明显,但是受本币的国际地位以及贸易双方的习惯制约,常常要求本国的贸易商在商品的价格和信用期限方面做出让步。

(2)选择有利的计价货币。选择有利的计价货币是指对未来的现金流入项目选择硬货币,对未来的现金流出项目选择软货币计价结算。硬货币是指汇率稳定,且有升值趋势的货币;软货币是指汇率不稳定,且有贬值趋势的货币。

选择有利的计价货币从理论上讲可以事先规避风险。但是,实际操作中却存在着不确定性和制约因素。

首先,有利的计价货币具有不确定性。货币的"软""硬"只是相对的,是基于企业对未来汇率的预测,况且汇率变动存在很大的不确定性。特别是在中长期支付活动中,由于引起汇率变动的因素太多,如政治、经济、各国收支、进出口等,汇率的预测很困难,何为有利的计价货币很难确定。

其次,货币币种的选择并不是由一方的意愿来决定的,而是需要交易双方共同协商才能达成协议。币种的选择往往与贸易条件或利率高低等因素紧密相关,并受双方交易习惯的制约,况且选择有利的计价货币,事实上是把风险转嫁给了对方,把好处留给了自己。所以,选择哪种货币,要根据实际的交易情况和交易双方所处地位的强弱,权衡利弊、得失,才能做出适当的决定。

(3)选用一篮子货币计价结算。一篮子货币是指由多种货币分别按一定的比重构成的一组货币。由于一组货币中有的升值、有的贬值,这样升值与贬值带来的好处和损失相抵,币值不稳定带来的风险就可能会被消除。此法的缺点是货币的组成及货款的结算较复杂,而且也要受到贸易双方交易习惯的制约。

2. 适当调整商品价格法

适当调整商品价格是指当企业不得不在计价货币上做出让步,接受了不利的计价货币,承担了潜在的外汇风险时,为弥补可能的损失,采取的适当调整价格的方法。

(1)加价保值法。加价保值法主要用于出口交易中。它是指当出口商接受用软货币计价结算时,可以将部分汇价损失摊入出口商品价格中,以转嫁汇率风险的方法。

$$加价后的商品单价=原单价\times(1+货币贬值率)$$

【例 4-8】 我国某企业对加拿大公司出口一种商品,估计 3 个月后可收回货款。此商品以美元标价每台 1 000 美元。在订立合同时,即期汇率为 USD1=CAD1.2,3 个月远期汇率为 USD1=CAD1.3。预计这一期间的加元贬值率为 (1.3-1.2)/1.2=8.33%。当加拿大进口商要求用加元计价结算时,企业应如何报价才能避免遭受加元贬值带来的损失呢?

企业以美元为底价 USD1 000,按照即期汇率 USD1=CAD1.2 折算为 CAD1 200。加价后的商品单价=CAD1200×(1+8.33%)=CAD1 300。所以,应该报价 1 300 加元。

3 个月远期汇率为 USD1=CAD1.3,1 300 加元可兑换 1 000 美元,规避了加元贬值带来的损失。

(2)压价保值法。压价保值法主要用于商品进口交易中。它是指当进口商接受用硬货币计价结算成交时,将汇价损失从进口商品价格中剔除,以转嫁汇率风险的方法。

$$压价后的商品单价=原单价\times(1-货币升值率)$$

【例 4-9】 我国某公司从英国公司进口一批设备,此设备以英镑标价每台 1 000 英镑。信用期限为 3 个月。在订立合同时,即期汇率为 GBP1=CNY9,3 个月远期汇率为 GBP1=CNY10。预计这一期间的英镑升值率为 (1/9-1/10)/(1/9)=10%。当英国出口商要求用英镑计价结算时,企业应如何压价才能避免遭受英镑升值带来的损失呢?

企业以 9 000 元人民币为底价,从进口商品价格中剔除汇价损失。压价后的商品单价=GBP1 000(1-10%)=GBP900。所以,压价为 900 英镑。

3 个月远期汇率为 GBP1=CNY10,9 000 元人民币兑换 900 英镑支付货款,规避了因英镑升值带来的损失。

 3. 货币保值法

当交易双方为使用何种计价货币发生争执时,多数情况下可以在合同中加列货币保值条款。

(1)黄金保值条款。在订立合同时,加列黄金保值条款,即签订合同时将计价货币折算成黄金,货款结算时再将黄金折回计价货币。此法是按交易时的黄金市场价格将支付货币的金额折合为若干盎司的黄金,到实际支付日如果黄金市场价格上涨,则支付货币的金额相应增加,反之则减少。此法主要用于汇率固定时期,由于现在黄金非货币化,所以已不再采用。

(2)硬货币保值条款。在订立合同时,规定以硬货币计价,用软货币支付,载明两种货币当时的汇率。在执行合同过程中,如果支付货币贬值,则合同中金额要等比例地进行调整,按照支付日的支付货币的汇率计算,使实收的计价货币金额和签订合同时相等。这样,支付货币贬值带来的损失可以得到补偿。

【例4-10】 欧洲某跨国公司对香港出口的部分商品在港币计价成交合同中定了这样一条保值条款:港元兑美元的汇价上下浮动各达3%时,就按照港元兑美元的汇价变化幅度,相应调整港元价格;上下浮动不到3%时,价格不变。设某出口商品合同单价为10港元,当时的汇率为USD1=HKD5,单价折合为2美元。待港商支付货款(或开证)时,汇率为USD1=HKD6或USD1=HKD4时,价格将如何变动?

因为(6-5)/5=20%,(4-5)/5=-20%,上下浮动均超过了3%,所以要调整价格。当汇率为USD1=HKD6时,价格为HKD12;当汇率为USD1=HKD4时,价格为HKD8。从美元角度来看,无论港币兑美元是涨还是跌,只要超过3%,双方均不承担汇率风险。

(3)一篮子货币保值条款。签订合同时以某种货币计价,一篮子货币保值即将计价货币折成一篮子货币,支付货款时,将一篮子货币按此时即期汇率折成计价货币。

【例4-11】 某笔货款为500万美元的交易,签订合同时,规定用日元、英镑、美元、欧元组成的一篮子货币来保值。一篮子货币的构成是:美元30%、日元30%、英镑20%、欧元20%。签订合同时的汇率情况如下:USD1=JPY80;USD1=GBP0.65;USD1=EUR0.78。500万美元折成保值货币分别为:

美元: 500万美元×30%=150万美元
日元: 500万美元×30%×80日元/美元=12 000万日元
英镑: 500万美元×20%×0.65英镑/美元=65万英镑
欧元: 500万美元×20%×0.78欧元/美元=78万欧元

货款支付日汇率为:

USD1=JPY85, USD1=GBP0.7, USD1=EUR0.75

各保值货币折算的美元分别为:

12 000万日元÷85日元/美元=141.18万美元
65万英镑÷0.7英镑/美元=92.86万美元
78万欧元÷0.75欧元/美元=104万美元

美元合计为:

150万美元+141.18万美元+92.86万美元+104万美元=488.04万美元

在实际操作中,特别是在期限长、金额大的进出口贸易中,以一篮子货币保值的方法对规避汇率波动的风险很有效。

 4. 订立汇率风险分摊条款法

订立汇率风险分摊条款法是指当使用某一种计价货币预计有风险时,在合同中加列风险分摊条款,以共同承担风险。如注明计价货币汇率发生变动,即以汇率变动幅度的一半,重新调整货价,由双方分摊汇率变动带来的损失或利益。

调整后的货价＝原定货价＋(原定货价×汇率变动幅度)/2

5. 提前或推迟结汇法

提前或推迟结汇法的基本原理是:首先预测货币汇率的变动趋势,当预计计价货币将贬值时,要求提前收取款项或推迟支付款项;当预计计价货币将升值时,要求提前支付款项或推迟收取款项。操作要点如表 4-2 所示。

表 4-2 提前或推迟结汇法操作要点

贸易对象	预测外汇汇率上升 (本币贬值)	预测外汇汇率下跌 (本币升值)
出口商(收进外币)	推迟收汇	提前收汇
进口商(支付外币)	提前付汇	推迟付汇

假设我国某公司在美国、英国和德国设有分公司,在预计将来英镑对美元贬值,而欧元对美元升值时,怎样做可以减少公司整体的外汇损失?

根据提前或推迟结汇法的原理,英国、美国、德国三家分公司每笔收付货币与提前及推迟结汇的关系如表 4-3 所示

表 4-3 每笔收付货币与提前及推迟结汇的关系

计价货币	英国分公司(英镑)	美国分公司(美元)	德国分公司(欧元)
以英镑计价 (对英国收付)	—	推迟付汇 提前收汇	推迟付汇 提前收汇
以美元计价 (对美国收付)	提前付汇 推迟收汇	—	推迟付汇 提前收汇
以欧元计价 (对德国收付)	提前付汇 推迟收汇	提前付汇 推迟收汇	

通过分析,可得出结论:无论以何种货币计价,德国分公司(升值货币)是推迟付汇、提前收汇;英国分公司(贬值货币)是提前付汇、推迟收汇;美国分公司对德国分公司是提前付汇、推迟收汇,对英国分公司则相反,即推迟付汇、提前收汇。

跨国公司的母公司与在国外的子公司之间以及在国外的各子公司之间通常都有很多的资金调动、往来。这包括:经营性收支,如原材料、产品、零部件的应收应付款,设备利用的租赁费、技术使用费、服务管理费等;财务性收支,如借贷资金的利息、股东资本的股利、增加股东资本以及公司内部借贷本金和偿还本金等。这些收支都可以提前或推迟支付的时间。在跨国公司内部各单位之间,提前或推迟支付比较容易进行,因为各内部单位都是为了达到公司的同一目标,而且"再开票中心"可以很好地承担这项工作(关于"再开票中心"请参见第

七章内容)。

【例 4-12】 1994 年 12 月 19 日,墨西哥新任财长塞拉通过电台和电视宣布:墨西哥货币比索贬值 15%。此消息一传出,外国投资者疯狂抛售比索,抢购美元。比索由最初的 3.47 比索兑换 1 美元,20 日跌至 3.925 比索兑换 1 美元,21 日跌至 5 比索兑换 1 美元。跌幅高达 44%[(5－3.47)/3.47]。设有一美国跨国公司在墨西哥设有一子公司,按计划该子公司应于 1995 年 1 月向母公司支付劳务、利息和红利等款项 347 000 比索。1994 年 9 月,预计墨西哥比索会贬值,美国的母公司指令其墨西哥的子公司将上述款项提前于 1994 年 11 月支付给母公司,提前支付免受损失 30 600 美元[(347 000 比索÷3.47 比索/美元)－(347 000 比索÷5 比索/美元)]。同时,母公司还把墨西哥子公司扩大业务所需要的 1 000 000 美元贷款推迟到 12 月以后,此笔贷款比原计划多换 1 530 000 比索(1 000 000 美元×5 比索/美元－1 000 000 美元×3.47 比索/美元)。

以上介绍的风险管理方法,使用起来比较简单,管理费用也较低,同时也不需要支付较高的交易费用,因而应用较普遍。但是,它们均存在明显的局限性。

这些方法的基本原理是将风险转嫁给交易对方,而一项交易要想达成首先要保证风险和利益均衡,所以实际操作中不可能无限制地使用上述方法来管理交易风险。

(二)交易风险的事后防范法

交易风险的事后防范法是指在进行交易决策时承担了风险,然后在金融市场上利用金融工具进行风险管理的方法。

企业利用金融市场,使用有关套期保值工具进行交易风险管理的目的是使外汇暴露处于稳定状态,避免受到外汇波动的影响。

我们将使外汇暴露同汇率变动尽可能隔离开来,不让二者发生联系的防范措施称为套期保值。套期保值的英文"hedge",可又译为避险、对冲、套头交易。"hedge"英文原意是"围起来打猎",即猎物总是逃不了的意思;在外汇业务上,则表现为在已有一笔期汇或现汇交易的同时,卖(买)另一笔现汇或期汇,以此保持原值,不致遭受损失。

具体来看,管理短期交易风险可使用的风险管理方法有利用即期外汇交易防范风险法、利用远期外汇交易防范风险法、利用外汇择期交易防范风险法、利用外汇掉期交易防范风险法、利用外汇期货交易防范风险法、利用外汇期权交易防范风险法、利用借款和投资防范风险法。

1. 利用即期外汇交易防范风险法

利用即期外汇交易防范风险法是指通过外汇市场进行即期外汇交易,调整各种外汇存款的余额,将软货币存款卖出,以避免汇率变动带来风险的方法。

【例 4-13】 甲公司本月 20 日将支付德国某公司货款 100 万欧元,甲公司只有人民币存款,本月 3 日汇率为 EUR100=CNY980,按此汇率还清货款需要 980 万元人民币。预测近期欧元将升值,汇率将变为 EUR100=CNY990,按此汇率 20 日还清货款需要 990 万元人民币。

为了避免汇率风险损失,甲公司于 3 日在外汇市场以 980 万元人民币购买 100 万欧元,以备 20 日支付。

此方法的局限性体现在三个方面。①采取此方法必须当时有现款。②将货款提前兑换成结算货币,到时再支付,要求汇率变动预测正确;如果结算货币贬值,此方法失效,反而会带来损失。上例中,如果 20 日,欧元贬值,EUR100=CNY970,则 20 日只要以 970 万元人民币就能购买 100 万欧元,在即期外汇市场提前兑换反而损失 10 万元人民币。③此方法只能规避应付款项的风险,不能用于规避应收款项的风险。

2. 利用远期外汇交易防范风险法

远期外汇(期汇)是指按期汇合同买卖的外汇。利用远期外汇交易防范风险法是指国际企业为了避险,与办理远期外汇交易的外汇银行签订一份合同,约定将来某一时间按合同规定的远期汇率买卖外汇的方法。

国际企业通过与外汇银行签订远期外汇交易合同,锁定将来的外汇汇率水平,不仅能保证国际企业在进出口业务中避免外汇损失,而且对证券投资、外汇存款等以外币表示的资产,以及向国外借款等以外币表示的负债都有避险的作用。

【例 4-14】 中国某企业 3 月 1 日向美国公司出售商品一批,用美元计价,货款 1 000 万美元,信用期限为半年。3 月 1 日即期汇率为 USD1=CNY6.30,远期汇率(9 月 1 日)为 USD1=CNY6.25。企业预计美元将贬值,于是于 3 月 1 日与外汇银行签订远期外汇交易合同,约定 9 月 1 日以 1 000 万美元换取人民币 6 250 万元,将货款兑换成人民币。

9 月 1 日,如果即期汇率为 USD1=CNY6.23,说明如不进行远期外汇交易,1 000 万美元只能换取人民币 6 230 万元,远期外汇交易使企业多收了 20 万元人民币。但是如果即期汇率为 USD1=CNY6.26,若不签订远期外汇交易合同,1 000 万美元在即期外汇市场可换取人民币 6 260 万元,远期外汇交易使企业反而少收 10 万元人民币。所以,利用远期外汇交易能否获得收益和避免损失,关键在于汇率预测是否准确。

3. 利用外汇择期交易防范风险法

一般的远期外汇交易是规定一个交割日期,而外汇择期交易是在进行远期外汇交易时,允许按合约规定的汇率和在合约所规定的期限内的任何一天向银行结算,只是必须提前两个工作日通知银行。与一般的远期外汇买卖相比,这种外汇交易在交割日期上有了灵活性,适用于收付款日期不能确定的对外贸易防范风险。

4. 利用外汇掉期交易防范风险法

外汇掉期交易是指在买进或卖出即期外汇的同时,卖出或买进远期外汇的交易。通过这种交易方式,可以使企业外汇资产保值。

【例 4-15】 乙企业 2 月 1 日拥有 10 万英镑,暂时不拟动用。2 月 1 日的即期汇率为 GBP1＝USD1.8,远期汇率(60 天)为 GBP1＝USD1.6。从即期汇率来看,10 万英镑可兑换 18 万美元,但英镑将贬值,如果 60 天后的即期汇率变为 GBP1＝USD1.7,则 10 万英镑只可兑换 17 万美元。为了保值,乙企业在 2 月 1 日可同时进行以下两笔交易：

①即期交易(2 月 1 日)：卖出 10 万英镑,买入 18 万美元;

②远期交易(4 月 1 日)：卖出 18 万美元,买入 10.588 2 万英镑。

4 月 1 日拥有 10.588 2 万英镑,仍然相当于 18 万美元,达到了保值的目的。以上两笔交易,一笔为即期,另一笔为远期,金额一致,方向相反。

这里有两点需要说明：①采取此法的手续费就是保值的成本;②暂时不用的资金存款,也有利息,这里未考虑。

5. 利用外汇期货交易防范风险法

外汇期货交易是指在期货交易所内,交易双方通过公开竞价买卖在未来某一日期根据协议价格交割标准数量外汇的合约交易。

外汇期货合约是在专门的期货市场进行交易的。外汇期货市场(forward exchange market)是指按一定的规章制度买卖期货合约的有组织的市场。世界上第一个买卖外汇期货的有形市场是 1972 年 5 月 16 日成立的芝加哥国际货币市场(international monetary market,IMM)。随后西方主要发达国家相继建立了自己的外汇期货交易所,外汇期货合约的种类及交易量都发展得非常迅速。外汇期货市场的形成为规避外汇风险提供了一个很有效率的中心市场,使抱有不同经济目的的交易者都能基于他们自己对期货行市的认识,聚集在一起进行交易,转移外汇风险,实现套期保值。

1) 外汇期货市场的构成

外汇期货市场由期货交易所、场内经纪人与期货佣金商以及清算所构成。其各个组成部分的含义及主要特征分述如下。

(1) 期货交易所。期货交易所是具体买卖期货合约的场所。目前,世界各国的期货交易所一般都是非营利性的会员组织。只有取得交易所会员资格的人才能进入交易所场地内进行期货交易,而非会员则只能通过会员代理进行期货交易。期货交易所的管理机构通常由董事会、执行机构和各种委员会组成。期货交易所本身不参加期货交易,运营资金主要靠创立者的投资、会员费和收取的手续费。它的职能是：提供交易场地;制订标准的交易规则;负责监督和执行交易规则;制订标准的期货合同;解决交易纠纷。

(2) 场内经纪人与期货佣金商。场内交易人是指拥有会员资格,进入期货交易所内进行交易的人员。场内交易人有些专为自己的利益进行交易,称为专业投机商;更多的场内交易人是从交易所外接受交易指令,按场外客户的交易指令进行期货交易,称为场内经纪人。

期货佣金商是广大非会员参加期货交易的中介,其目的是从代理交易中收取佣金,其主要职能是：向客户提供完成交易指令的服务;记录客户盈亏,并代理期货合同的实际交割;处理客户的保证金;向客户提供决策信息及咨询业务。

外汇期货交易的进行主要是靠期货交易所内的场内经纪人和代替非会员的期货佣金商来完成的。

(3)清算所。清算所是负责对期货交易所内进行的期货合同进行交割、对冲和结算的独立机构。它是期货市场运行机制的核心。通过清算所,期货合同的转让、买卖及实际交割才得以实现,而且不需要通知交易对方,直接由它负责统一的结算、清算及办理交割手续,这就是清算所特殊的"取代功能"。清算所的一切操作能够顺利进行,是因为它拥有雄厚的财力,而且实行了保证金制度。保证金制度是一套严格的无负债的财务运行制度。

2)外汇期货交易的制度

(1)保证金制度。保证金制度是指参加外汇期货交易的各方必须交纳保证金。非会员客户必须在会员经纪公司开立保证金账户并交纳保证金。一份外汇期货合约要求的保证金数量与其交易货币的汇率波动范围有关,也与每日盈亏的概率分布有关。当交易货币汇率波动增大时,要求的保证金数量就可能上升。每一笔交易都有相应的最少保证金,这是清算所对其会员要求的最少量。经纪公司对客户收取的保证金不低于清算所规定的数额。

在美国,保证金分初始保证金和维持保证金。初始保证金是一个交易达成时必须交纳的保证金数量;维持保证金是指成交后如果发生亏损,保证金被允许降低到的最低程度。维持保证金一般是初始保证金的75%左右。亏损者应当及时补足保证金,避免当保证金账户余额低于维持保证金数额时,遭强制平仓。

(2)每日结算制度。外汇期货交易的最后完成需要通过结算,负责交易清算的是交易所的票据清算所。清算所的成员称为清算会员,在交易所进行的所有期货交易的结算都必须纳入统一的清算体系。清算原则是"无负债"原则,而且每天进行一次。首先,根据每种期货在交易日最后60秒所达到的最高价和最低价计算出平均价作为结算价;然后,将结算价和每笔交易的成交价进行比较,计算出当天交易中的盈亏。盈余者可以取出账面利润或增仓。亏损者必须在第二天交易开始前补足其保证金。

市场尚未交割的期货合约数量叫作未平仓合约数。未平仓合约数说明市场的活跃程度。如果持仓人在最后交易日结束前对冲了合约,即将当初买入的合约等量卖出,或将卖出的合约等量买入,则退出期货市场。如果到期日仍然持有期货合约,必须以设定的价格获得或交付目标外汇。

如果投资者在价格为 P_0 时买入一份期货合约,交易日结束时的结算价是 P_1,那么在交易日结束时将有一笔正/负的现金流量进入其期货账户,其数量是:

$$(P_1-P_0)\times 合约面值$$

P_2 是下一个交易日的结算价,则在下一个交易日,账户的现金流量是:

$$(P_2-P_1)\times 合约面值$$

如果是卖出一份期货合约,则现金流量与上式所示的相反。

【例4-16】 一份IMM的英镑期货合约,合约金额为62 500英镑,期货合约的协议价为USD1.540 0/GBP1,第一天和第二天的结算价如下:

第一天结算价(P_1):

USD1.530 0/GBP1

第二天结算价（P_2）：

USD1.551 0/GBP1

此合约中，相应的买入和卖出头寸的现金流量如表 4-4 所示。

表 4-4 买入和卖出头寸的现金流量

时间	买入方	卖出方
第一天	(USD1.530 0/GBP1－USD1.540 0/GBP1)×GBP62 500＝－USD625	＋USD625
第二天	(USD1.551 0/GBP1－USD1.530 0/GBP)×GBP62 500＝＋USD1 312.5	－USD1 312.5

从表 4-4 看到，第一天，买入方在每份合约上亏损 625 美元，卖出方获利 625 美元；第二天，买入方获利 1 312.5 美元，卖出方亏损 1 312.5 美元。每个交易日都会发生现金流量变化。盈利者可以取走盈利，亏损者应当补足保证金。

【例 4-17】 M 公司 2021 年 2 月 23 日（星期二）上午以 1.129 0 美元/欧元的价格买入 IMM 的欧元期货合约，合约金额为 125 000 欧元。设经纪人要求初始保证金为 6 500 美元，维持保证金为 4 800 美元，一个回合的佣金为 34 美元，期初保证金账户余额为 6 500 美元。星期二至星期四的结算价格分别为 1.135 8 美元/欧元、1.114 6 美元/欧元、1.115 8 美元/欧元。M 公司于星期五以 1.147 8 美元/欧元的价格卖出欧元期货平仓。计算 M 公司期货账户中每日损益、每日需要追加的保证金、保证金账户余额以及 M 公司星期五结束交易时此份期货合约的净收入，结果如表 4-5 所示。

表 4-5 M 公司欧元期货合约每日结算情况表

时间	行动	每日损益	每日需要追加的保证金	保证金账户余额
星期二上午	买入一份欧元期货合约，价格为 1.129 0 美元/欧元	—	—	6 500 美元
星期二收盘	合约按市价结算：1.135 8 美元/欧元	[(1.135 8－1.129 0)×125 000]美元＝850 美元	—	7 350 美元
星期三收盘	合约按市价结算：1.114 6 美元/欧元	[(1.114 6－1.135 8)×125 000]美元＝－2 650 美元	1 800 美元	6 500 美元
星期四收盘	合约按市价结算：1.115 8 美元/欧元	[(1.115 8－1.114 6)×125 000]美元＝150 美元	—	6 650 美元
星期五	合约按市价结算：以 1.147 8 美元/欧元的价格，卖出欧元期货平仓	[(1.147 8－1.115 8)×125 000]美元＝4 000 美元	—	10 650 美元
		支付一回合佣金 34 美元	—	10 616 美元
		此份合约净收益：2 316 美元	—	—

3)外汇期货交易的特点

外汇期货交易的特点有以下几个。

(1) 外汇期货合约的交易者把买卖委托书交给经纪公司或交易所成员公司,由它们传递到交易大厅,经过场内经纪人之间的"公开喊价"或电子计算机的自动撮合,决定外汇期货合约的价格。

(2) 买卖期货合约时,不需要实际付出买入合约面值所标明的外汇,只需支付保证金和佣金。合约生效后,按照当天收市的实际外汇期货市价作为结算价,进行当日盈亏的结算。如果结算价高于该期货合约交易时的成交价格则为买方盈利;反之,则买方亏损,卖方受益。

(3) 外汇期货价格实际上是预期的外汇现货市场价格,在投机者的参与下,外汇期货价格会向预期的外汇现货市场价格移动,两个价格具有趋同性。

(4) 外汇期货交易的数量是用合约数表示的。最少是一个合约,也可多达几十个合约、几百个合约。每个合约根据货币种类的不同都有固定的金额,如一个英镑合约为62 500英镑,一个日元合约为125 000 000日元,一个欧元合约为125 000欧元,一个加元合约为100 000加元。合约价格一般用一个外币等于多少美元来表示。

(5) 外汇期货合约的交割日期有严格的规定。合约的到期日一年中只有三月份、六月份、九月份和十二月份的第三个星期三。这样,一年中只有4个合约交割日,其他时间可以进行买卖,但不能交割,如果交割日银行不营业则顺延一天。

(6) 买了若干期货合约后,又不想要了,即可卖出同数量的相同合约,轧平头寸,即平仓。平仓是相对于建仓而言的,建仓是买(卖)一定数量的合约进入市场,而平仓就是再卖(买)同样数量的合约,将手中持有的合约对冲掉,从而退出市场。在所有的外汇期货合约中,只有很少一部分是将合约持有到交割日进行实际交割的,绝大部分合约都在交割日之前对冲平仓了。

外汇期货交易不仅能够增加外汇现货市场的流动性,提供某种外币未来预期价格的较准确的预期指标,而且还能起到套期保值和投机的作用。

在外汇期货交易所内,经纪人代表着两类交易者进行买卖活动:一类是套期保值者,他们利用外汇期货交易避免风险;另一类是投机者,他们利用外汇期货价格的变动赚取利润。这两类交易者共同维系着期货市场的生存与发展。

利用外汇期货交易套期保值常指在现汇市场上买进或卖出外汇的同时,在外汇期货市场上卖出或买进金额大致相同的期货合约。由于影响现汇市场和期货市场价格变动的因素是一样的,这种相反方向的买卖必然使在一个市场的亏损被另一个市场的盈利全部或部分抵消,最终达到套期保值的目的。

凡因国际贸易或对外有经济往来而拥有债权或债务者,都可利用外汇期货市场进行套期保值,减少或避免汇率变动造成较大损失。

【例4-18】 美国A公司的某一工厂急需资金,而该公司在加拿大的独资子公司有多余资金,A公司1月21日从加拿大子公司借60万加元,兑换为美元,交工厂使用。6月21日用美元购买加元还给子公司。预测这一期间美元将贬值,A公司为了减少或避免汇率变动可能造成的损失,通过现汇市场和期汇市场进行套期保值,交易情况如表4-6所示。

表 4-6 套期保值交易过程及结果

即期外汇交易	外汇期货交易
1月21日 A公司卖出 600 000 加元 汇率:USD0.952 0/CAD1 得 571 200 美元,交工厂使用 6月21日 A公司买入 600 000 加元 还给子公司 汇率:USD0.961 0/CAD1 支付 576 600 美元	1月21日买入6份6月到期的加元期货合同,每份 100 000 加元,共 600 000 加元 汇率:USD0.954 0/CAD1 应付 572 400 美元 6月21日卖出6份6月加元期货合同 汇率:USD0.963 5/CAD1 应收 578 100 美元 (佣金 400 美元)
损失:5 400 美元	盈利:5 300 美元

本例中,加元对美元的汇率上升很快,而套期保值使A公司在现汇市场上损失的5 400美元,由期汇市场上的盈利5 300美元做了补偿。如果出现相反情况,加元贬值,则现汇市场的盈利将抵补期汇市场的损失。

必须指出,尽管即期价格与期货价格的波动方向一致,但波动幅度不同,而且外汇期货交易有较高的佣金,加之期货合约金额的标准化使得实际操作中常常会遗留下无法抵补的头寸,所以利用期货交易套期保值不能完全消除外汇风险,只能减少风险。期货价格与即期价格之差叫作基差(swap),套期保值者不能完全消除的外汇风险被称为基差风险。基差风险来源于相关两种货币的利率差。通常,时间间隔越近,两者的价格越相近,当期货合约接近交付日时,基差趋近于零。在交付日期货价格与即期价格相等,如图4-1所示。

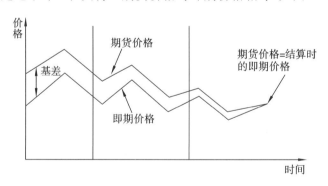

图 4-1 期货价格、即期价格与基差的关系

由此可见,利用外汇期货市场进行套期保值是一种对等的交易手段,是以放弃未来可能的盈利为代价来避免未来可能遭受的损失,从而确保现汇市场交易的确定性。选择保守策略进行风险管理可能对所有交易均采用套期保值。这不仅使公司负担大量的期货交易费用,还可能丧失汇率有利变动产生的利润。如果采用中间策略进行风险管理,只对预测汇率将有不利变动的交易进行套期保值,会使公司的风险管理更有效率。

4)外汇期货交易与远期外汇交易的区别

需要说明,外汇期货交易与远期外汇交易都是载明在将来某一特定日期,以事先约定的价格付款和交割某种特定数量外币的交易。但外汇期货交易与远期外汇交易不同,其区别主要表现在以下方面。

(1) 交易方式不同。外汇期货交易是在期货交易所以公开喊价的方式进行的。交易双方互不接触,各自以清算所为结算中间人,承担信用风险。期货合约对交易币种、交割日、交易单位及价位变动均有限制,交易币种有很大的局限性。而远期外汇交易是客户与银行达成的一种协议,无币种限制,对于交易金额和到期日,均由买卖双方自由决定。

(2) 合约的标准化程度不同。外汇期货合约的标准化程度很高,除价格外,在币种、金额、时间和交割等方面,交易所都有明确的规定。而远期外汇合约的一切均可以由交易双方自行商定。例如,外汇期货合约的金额是标准化的,外汇期货交易的金额只能是标准合约金额的倍数,而远期外汇合约的金额是可以与银行协商达成的任何金额。

(3) 对交易者的要求不同。只要按规定交纳保证金,任何投资者均可通过外汇期货经纪商从事外汇期货交易。而在远期外汇交易中,要求交易者要在银行建立良好的信誉,这些交易者大多为专业化的证券交易商或与银行有良好业务关系的大厂商。

(4) 保证金和佣金制度不同。外汇期货交易双方均须向结算中心交纳保证金,向经纪商交纳佣金,并通过期货交易所逐日清算,逐日计算盈亏,补交或退回多余的保证金。远期外汇交易是否交纳保证金,视银行与客户的关系而定,通常不需要交纳保证金,通过经纪商交易时才需要交纳佣金。

(5) 现金流量不同。外汇期货交易采取逐日清算制度,每日计算盈亏,在合约持有期间产生持续的现金流量;而远期外汇交易在合约到期前没有现金流量。

(6) 最终交割不同。外汇期货合约上虽标明了交割日,但在此交割日之前可以对冲来平仓,很少发生实际交割;而远期外汇交易,一般都在到期日进行实际交割。

6. 利用外汇期权交易防范风险法

外汇期权是在一定时期内按一定汇价买进或卖出一定数量外国货币的权利。外汇期权交易是指交易双方在规定的时间按商定的条件和一定的汇率,就将来是否购买或出售某种外汇的选择权进行买卖的交易。外汇期权交易是20世纪80年代的一种金融创新,是外汇风险管理的一种主要方法。

1) 外汇期权交易的分类

(1) 欧式期权和美式期权。

欧式期权是指在期权合约规定的到期日方可行使权利,期权的买方在合约到期日之前不能行使权利,过了期限,合约则自动作废。

美式期权是指期权的买方在期权合约规定的有效期内的任何时候都可以行使权利。美式期权的灵活性较大,因而费用价格也高一些。

(2) 看涨期权和看跌期权。

看涨期权(call option)是指期权的买方向期权的卖方支付一定数额的期权费后,即拥有在期权合约的有效期内,按事先约定的价格向期权卖方买入一定数量的期权合约规定的外汇的权利,但不负有必须买进的义务。而期权卖方有义务在期权规定的有效期内,应期权买方的要求,以事先约定的价格卖出期权合约规定的外汇。

看跌期权(put option)是指期权的买方向期权的卖方支付一定数额的期权费后,即拥有在期权合约的有效期内,按事先约定的价格向期权卖方卖出一定数量的期权合约规定的外汇的权利,但不负有必须卖出的义务。而期权卖方有义务在期权规定的有效期内,应期权买方的要求,以事先约定的价格买入期权合约规定的外汇。

(3) 外汇现货期权交易和外汇期货期权交易。

外汇现货期权交易是指期权买方有权在期权到期日或之前以协定汇价购入一定数量的某种外汇现货(称为买进选择权),或售出一定数量的某种外汇现货(称为卖出选择权)。

外汇期货期权交易是指期权买方有权在到期日或之前,以协定的汇价购入或售出一定数量的某种外汇期货。

2) 期权合约的构成要素

期权合约是一种标准化合约。所谓标准化合约,就是除了期权的价格是在市场上公开竞价形成的外,其他如执行价格、合约到期日、交易品种、交易金额、交易时间、交易地点等条款都是在合约中事先规定好的,具有普遍性和统一性。

期权合约主要有三项要素:期权费、执行价格和合约到期日。

(1) 期权费。期权费(premium)又称权利金、期权金,是期权的价格。期权费是期权的买方为获取期权合约所赋予的权利而必须支付给卖方的费用。对于期权的买方来说,期权费是其损失的最高限度。对于期权卖方来说,卖出期权即可得到一笔期权费收入,而不用立即交割。

(2) 执行价格。执行价格是指期权的买方行使权利时事先规定的买卖价格。执行价格确定后,在期权合约规定的期限内,无论价格怎样波动,只要期权的买方要求执行该期权,期权的卖方就必须以此价格履行义务。例如,期权买方买入了看涨期权,在期权合约的有效期内,若价格上涨,并且高于执行价格,则期权买方就有权利以较低的执行价格买入期权合约规定数量的特定商品,而期权卖方则必须无条件地以较低的执行价格履行卖出义务。

外汇期权的执行价格就是外汇期权的买方行使权利时事先规定的汇率。

(3) 合约到期日。合约到期日是指期权合约必须履行的最后日期。欧式期权规定只有在合约到期日方可执行期权。美式期权规定在合约到期日之前的任何一个交易日(含合约到期日)均可执行期权。

3) 期权交易的基本策略

前面我们知道,期权交易可以分为看涨期权和看跌期权两种类型,而期权交易者又可有买入期权或卖出期权两种操作,所以期权交易有四种基本策略:买进看涨期权、买进看跌期权、卖出看涨期权、卖出看跌期权。

(1) 买进看涨期权。若交易者买进看涨期权,之后市场价格果然上涨,且升至执行价格之上,则交易者可执行期权从而获利。从理论上说,价格可以无限上涨,所以买入看涨期权的盈利在理论上是无限大的。若到期一直未升到执行价格之上,则交易者可放弃期权,其最大损失为期权费。

(2) 买进看跌期权。若交易者买进看跌期权，之后市场价格果然下跌，且跌至执行价格之下，则交易者可执行期权从而获利。由于价格不可能跌到负数，所以买入看跌期权的最大盈利为执行价格减去期权费之差。若到期一直涨到执行价格之上，则交易者可放弃期权，其最大损失为期权费。

(3) 卖出看涨期权。若交易者卖出看涨期权，在到期日之前市场价格没能升至执行价格之上，则作为看涨期权的买方将会放弃期权，而看涨期权的卖方就会取得期权费的收入。反之，看涨期权的买方将会要求执行期权，期权的卖方将损失市场价格减去执行价格和期权费的差。需要注意，作为期权卖方，最大盈利为期权费。

(4) 卖出看跌期权。若交易者卖出看跌期权，在到期日之前市场价格没能跌至执行价格之下，则作为看跌期权的买方将会放弃期权，而看跌期权的卖方就会取得期权费的收入。反之，看跌期权的买方将会要求执行期权，期权的卖方将损失执行价格减去市场价格和期权费的差。需要注意，作为期权卖出方，最大盈利为期权费。

从以上分析我们可以看到，买进期权收益不确定，但损失可以锁定（最大损失为期权费）；而卖出期权虽然可以获得期权费，但损失无法确定。

4) 外汇期权交易的特点

(1) 不论是履行外汇期权交易的合约还是放弃履行外汇期权交易的合约，外汇期权买方支付的期权交易费都不能收回。

(2) 外汇期权交易的协定汇率都以美元为报价货币。

(3) 外汇期权交易一般采用标准化合同。

(4) 外汇期权交易的买卖双方的权利和义务是不对等的，即期权的买方拥有选择的权利；期权的卖方承担被选择的权利，不得拒绝对方的要求。

(5) 外汇期权交易的买卖双方的收益和风险是不对称的，对期权的买方而言，其成本是固定的，理论上讲收益是无限的；对期权的卖方而言，其最大收益是期权费，理论上讲损失是无限的。

【例4-19】 3月1日美国某企业预计6月1日将有一笔价值660 000港币的现金流入，3月1日的汇率为HKD1＝USD0.125 0。财务管理人员认为，港币有升值的可能，但又担心港币会贬值，于是以每港币0.02美元的价格购买3个月后以HKD1＝USD0.125 0的汇率出售660 000港币的期权。如果6月1日港币升值，该企业即放弃行使期权，在金融市场上将港币兑换成美元；如果港币贬值，企业行使期权，即以HKD1＝USD0.125 0的汇率出售660 000港币换回美元。

运用期权交易进行套期保值是否有利，取决于汇率变化的幅度，只要汇率变动带来的损益大于期权费，则运用期权交易进行套期保值较为有利。

7. 利用借款和投资防范风险法

利用借款和投资防范风险法是指在国际货币市场通过借款和投资的操作来防范风险。企业有短期外汇应收款或某种短期外汇收入，预测该种外币将贬值，可以用借款和投资方法来融通资金和防范外汇风险。借款渠道主要包括国外商业银行贷款、票据贴现、出口信贷和国际债券融资等。借款和投资方法的步骤如下。

(1) 借入外汇应收款的相同货币。借款期限应等于外汇应收款的期限,借款金额的确定有两种方法:一是借款金额加上利息正好等于外汇应收款数额;二是借款金额等于外汇应收款数额。

(2) 将借入外汇兑换为本币。将借款金额按借款时的即期汇率兑换为本国货币。

(3) 在本国投资。企业可购买国库券或其他短期债券,如果本企业利润水平高而且需要补充资金,也可以投资在企业内部。如果投资获利应缴纳所得税,应计算投资的税后利润。

(4) 用收回的外汇应收款偿还外汇借款。如果借款金额的确定采用第二种方法,还须另外计算应付利息,并按还款时的即期汇率用本币购买外汇进行支付。

【例 4-20】 我国甲公司于 3 月 1 日将一批商品卖给德国 C 公司,应收货款为 100 万欧元,C 公司将于 8 月 31 日付款,3 月 1 日的即期汇率为 1 欧元=10 元人民币(100 万欧元折合人民币 1 000 万元)。预测 8 月 31 日的即期汇率为 1 欧元=9 元人民币(100 万欧元折合人民币 900 万元)。甲公司为了避免汇率变动可能造成的损失,3 月 1 日向德国银行借款,年利率 8%,以当天的汇率兑换并汇回甲公司,在国内投资年利率 12%,所得税税率 25%。在德国的借款将于 8 月 31 日用本公司收到的到期货款归还。

(1) 当借款金额加上利息正好等于外汇应收款数额时,其计算过程如下。

① 3 月 1 日借款,借款金额为:

$$x(1+8\%/2)=100 \text{ 万欧元}$$

$$x=[100/(1+8\%/2)]\text{万欧元}=96.15 \text{ 万欧元}$$

② 3 月 1 日将欧元借款兑换为人民币:

$$96.15 \text{ 万欧元} \times 10 \text{ 元人民币/欧元}=961.5 \text{ 万元人民币}$$

③ 投资获利(扣除须缴纳的所得税):

$$961.5 \text{ 万元人民币} \times (12\%/2) \times (1-25\%)=43.27 \text{ 万元人民币}$$

8 月 31 日投资半年,可获得收入:

$$961.5 \text{ 万元人民币}+43.27 \text{ 万元人民币}=1 \text{ } 004.77 \text{ 万元人民币}$$

采用借款和投资所获收入 1 004.77 万元人民币与 8 月 31 日货款 100 万欧元按即期汇率 1 欧元=9 元人民币,折合人民币 900 万元相比,可多收入 104.77 万元人民币(1 004.77 万元人民币-900 万元人民币)。

当然,上述结论是建立在甲公司预测 8 月 31 日的即期汇率 1 欧元=9 元人民币的基础之上的。在这种条件下,甲公司通过借款和投资方法将收入锁定,不仅可以避免外汇风险损失,而且还能使收入增多。但如果 8 月 31 日的即期汇率不是 1 欧元=9 元人民币,而是 1 欧元兑换 8 元、10 元、11 元人民币,则会出现怎样的结果呢?计算对比分析见表 4-7。

表 4-7　不同即期汇率下借款和投资方法损益对比分析(万元人民币)

8月31日外汇市场的即期汇率	不采取措施实现的收入(欧元货款乘汇率)	采用借款和投资方法实现的收入	损益
1 欧元＝8 元人民币	800	1 004.77	＋204.77
1 欧元＝9 元人民币	900	1 004.77	＋104.77
1 欧元＝10 元人民币	1 000	1 004.77	＋4.77
1 欧元＝11 元人民币	1 100	1 004.77	－95.23

从表 4-7 中可以看出,如果欧元升值,虽然通过借款和投资方法可以将收入锁定,但不能使收入增多,相反可能会出现收入减少。

(2)当借款金额等于外汇应收款数额时,其计算过程如下。

①3月1日借款100万欧元,并兑换为人民币：

$$100 \text{ 万欧元} \times 10 \text{ 元人民币/欧元} = 1\,000 \text{ 万元人民币}$$

②投资获利：

$$1\,000 \text{ 万元人民币} \times (12\%/2) \times (1-25\%) = 45 \text{ 万元人民币}$$

③8月31日支付利息：

$$100 \text{ 万欧元} \times (8\%/2) \times 9 \text{ 元人民币/欧元} = 36 \text{ 万元人民币}$$

8月31日投资半年后,获得收入：

$$1\,000 \text{ 万元人民币} + 45 \text{ 万元人民币} - 36 \text{ 万元人民币} = 1\,009 \text{ 万元人民币}$$

多获收入：

$$1\,009 \text{ 万元人民币} - 900 \text{ 万元人民币} = 109 \text{ 万元人民币}$$

还有一种做法就是甲公司不向德国银行借款,而是将应收 C 公司的 100 万欧元的票据于3月1日在德国银行贴现,按当天的汇率兑换并汇回甲公司,在国内投资。另外,当企业有短期外汇应付款,预测该种外币将升值,也可采用借款和投资方法来防范外汇风险。

【例 4-21】 日本 A 公司 1 月 1 日从美国进口一批商品,货款 100 万美元,付款期半年。1月1日的即期汇率为 USD1＝JPY80.07,货款折合 8 007 万日元。预测 7 月 1 日即期汇率为 USD1＝JPY90。利用借款和投资方法使应付款与汇率变动割裂开来,设法在 7 月 1 日得到一笔美元收入,以此来支付货款。已知日本银行半年期借款的年利率为 8%,购买半年期美国国债,年利率 6%,可采取以下步骤。

①1月1日从日本银行借款,期限半年。借款金额为：

$$100 \text{ 万美元} \div (1+6\%/2) \times 80.07 \text{ 日元/美元} = 7\,773.79 \text{ 万日元}$$

由于借款的年利率为 8%,所以 7 月 1 日应偿还本金和利息为：

$$7\,773.79 \text{ 万日元} \times (1+8\%/2) = 8\,084.74 \text{ 万日元}$$

②1月1日将借款 7 773.79 万日元按即期汇率兑换为美元,即 7 773.79 万日元÷80.07 日元/美元＝97 万美元,并用 97 万美元购买美国半年期国债。

③7月1日美国半年期国债到期,本利和为 97 万美元×(1+6%/2)＝100 万美元,用此美元投资本利和支付美元货款。

这样，无论 7 月 1 日汇率如何波动，A 公司只需要偿还日元借款本利和 8 084.74 万日元。

通过以上例子我们可以看到，通过借款和投资方法防范汇率风险，其成本来自在三个不同市场上的操作，要搜集三个市场的信息并分析计算。小企业认为这种方法的成本较高，它们通常采用远期外汇交易法防范汇率风险。

三、交易风险管理方法的选择

通过上述学习我们知道，企业在交易活动中，防范外汇风险的方法有很多。在一项风险活动中，选择哪一种方法进行风险管理呢？这就要求我们进行交易风险管理方法的选择。选择风险管理方法应当经过计算，将不同方法的收入或支出加以比较，择优选用。

【例 4-22】 美国 A 公司 6 月份向英国出口一批商品，货款 500 000 英镑。三个月收回货款。假设当时市场的有关信息是：即期汇率 1 英镑＝1.610 0 美元；90 天远期汇率 1 英镑＝1.604 0 美元；美国国债年利率 6％；英国银行借款年利率 5％；A 公司资本成本率 10％。在美国某证券交易所，9 月份到期的英镑期权交易价为 1 英镑＝1.602 0 美元，期权交易费为每英镑 0.026 美元，每份期权合约标准金额为 31 250 美元，经纪成本为 20 美元/份。A 公司预测，90 天后的汇率及其概率如表 4-8 所示。

表 4-8 A 公司的预测汇率及其概率分布

汇率	1 英镑＝1.607 0 美元	1 英镑＝1.603 0 美元	1 英镑＝1.600 0 美元
概率	15％	75％	10％

A 公司对于英镑应收款的汇率风险，可采取下列各种措施。

1) 利用远期外汇交易防范风险

A 公司在 6 月份发出商品时，与银行签订出售 500 000 英镑应收款的远期合约。90 天后，A 公司用收回的英镑应收款来办理远期英镑合约的交割。向银行支付 500 000 英镑，从银行收到 802 000 美元（500 000 英镑×1.604 0 美元/英镑）。通过签订远期英镑交易合约，A 公司可以确定未来收到的美元金额，而不管将来即期汇率如何变动。

2) 利用外汇期权交易防范风险

(1) 期权交易成本估算。

每份期权合约标准金额为 31 250 英镑，应购买期权合约数：(500 000/31 250)份＝16 份。

每份期权合约的交易成本＝(31 250×0.026)美元＋20 美元＝832.5 美元。

每英镑期权成本＝(832.5/31 250)美元＝0.026 6 美元。

期权交易总成本＝(832.5×16)美元＝13 320 美元。

(2) 订立外汇期权合约。

A 公司在发货的同时，在交易所订立购进 16 份 90 天后到期的英镑看跌期权合约，支付期权费 13 320 美元。

(3)到期是否执行合约的选择。

90 天后,即英镑应收款收回时,A 公司所能收到的美元数额是由那时的即期汇率决定的。

如果 90 天后的即期汇率在期权交易价(1 英镑=1.602 0 美元)以上,A 公司可以不执行期权,直接到外汇市场按那时的即期汇率将收回的英镑应收款兑换为较多的美元。假如汇率为 1 英镑=1.603 0 美元或 1 英镑=1.607 0 美元,则 A 公司的净收入分别为:

$$(500\ 000\times 1.603\ 0)美元-13\ 320\ 美元=788\ 180\ 美元$$

或

$$(500\ 000\times 1.607\ 0)美元-13\ 320\ 美元=790\ 180\ 美元$$

如果 90 天后的即期汇率在期权交易价(1 英镑=1.602 0 美元)以下,比如汇率为 1 英镑=1.600 0 美元,则 A 公司应执行期权,按 1 英镑=1.602 0 美元,将收回的英镑应收款兑换成美元,此时净收入为:

$$(500\ 000\times 1.602\ 0)美元-13\ 320\ 美元=787\ 680\ 美元$$

在这种情况下,A 公司的 787 680 美元收入(也是最低收入),虽然低于进行远期外汇交易获得的美元收入,但 A 公司的美元收入却可能因汇率的上升而无限增加(如增至 790 180 美元或更多),而外汇远期交易的美元收入却被固定了。外汇期权交易使得 A 公司的美元收入因汇率的有利变动而无限增加,但不因汇率的不利变动而无限减少,受到最低限额保护(本例为 787 680 美元)。

(4)是否进行外汇期权交易的决策。

①外汇期权交易与远期外汇交易的选择。我们可以通过计算高临界点来确定。如果预计将来的即期汇率高于远期汇率,并能抵消期权费用,就应选择外汇期权交易来防范风险,因此高临界点为:

$$1.604\ 0+0.026\ 6=1.630\ 6$$

这就是说,如果预计未来即期汇率在 1 英镑=1.630 6 美元以上,A 公司应选择外汇期权交易来防范风险,因为外汇期权交易的收入高于远期外汇交易的收入;反之,如果将来即期汇率在 1 英镑=1.630 6 美元以下,A 公司则应选择远期外汇交易来防范风险。

②外汇期权交易与不采取防范风险措施的选择。可通过计算低临界点来确定。如果将来即期汇率降至外汇期权交易价之下,公司将执行合约,行使卖权,按期权交易价卖出应收款。低临界点为:

$$1.602\ 0-0.026\ 6=1.575\ 4$$

这就是说,如果预计未来即期汇率在 1 英镑=1.575 4 美元以下,A 公司就选择通过外汇期权交易防范风险,因为行使期权的收入大于不采取措施的收入;反之,如果预计将来即期汇率高于 1 英镑=1.575 4 美元,A 公司可选择不采取防范措施。

3)利用借款和投资方法防范风险

(1)借款。

在英国货币市场借英镑,期限 3 个月,借款金额加利息正好等于英镑应收款,年利率

5%。借款金额为：
$$500\ 000\ 英镑/[1+5\%×(3/12)]=493\ 827.16\ 英镑$$

（2）汇兑。

将英镑借款按当时即期汇率兑换为美元，并汇回 A 公司。
$$493\ 827.16\ 英镑×1.610\ 0\ 美元/英镑=795\ 061.73\ 美元$$

（3）投资。

①A 公司购买 90 天期美国国债，按 6% 的年利率获利息收入，本利和为：
$$795\ 061.73\ 美元×[1+6\%×(3/12)]=806\ 987.65\ 美元$$

②将借款投资于本公司内部（需要资金时），A 公司的资本成本率为 10%，本利和为：
$$795\ 061.73\ 美元×[1+10\%×(3/12)]=814\ 938.27\ 美元$$

如果公司需要资金，应该首先满足公司内部的需求。

（4）偿还借款。

90 天后，A 公司用收回的应收款 500 000 英镑偿还借款本金 493 827.16 英镑和利息 6 172.84 英镑。

本例中投资购买美国国债（年利率 6%），其收入 806 987.65 美元大于远期外汇交易的收入 802 000 美元。我们可以计算出 A 公司采用借款和投资方法与采用远期外汇合约方法所得收入相等的投资利率（i）：
$$795\ 061.73\ 美元×[1+(3/12)i]=802\ 000\ 美元$$

解得：$i=3.49\%$。

A 公司如果能以比 3.49% 高的年利率投资，应采用借款和投资方法，否则应采用远期外汇合约方法。

A 公司还可通过计算最低收益率（r）来决定是否采用借款和投资方法。本例中，预测 90 天后最大可能（概率为 75%）出现的汇率是 1 英镑＝1.603 0 美元，500 000 英镑×1.603 0 美元/英镑＝801 500 美元。我们可以计算出 A 公司采用借款和投资方法与不采取防范措施可能获得的最大预期收入相等的投资收益率（r）：
$$795\ 061.73\ 美元×(1+r)=801\ 500\ 美元$$

解得：$r=0.81\%$。

A 公司用 795 061.73 美元进行投资，只要能获取 0.81%（90 天）的收益，90 天后就能获得与不采取防范措施相同的预期收入。可见，只要投资利率大于 0.81%，公司就应选择借款和投资方法来防范风险。

4）不采取任何防范风险的措施

不采取防范措施是一种投机策略。90 天后，A 公司在即期外汇市场出售收回的应收款 500 000 英镑，换取美元，公司能获得美元数额取决于那时的即期汇率。根据 A 公司预测，可能获得的美元数额见表 4-9。

表 4-9　A 公司可获得的期望美元数额

90 天后可能汇率	概率	可能获得的美元数额/美元
1 英镑＝1.607 0 美元	15%	803 500
1 英镑＝1.603 0 美元	75%	801 500
1 英镑＝1.600 0 美元	10%	800 000

获得美元的期望值为：

803 500 美元×15%＋801 500 美元×75%＋800 000 美元×10%＝801 650 美元

此期望值低于远期外汇交易(802 000 美元)、借款和投资方法(806 987.65 美元)的收入,也不如外汇期权交易有保障(外汇期权交易最低收入为 787 680 美元)。上述期望值并不确定,存在着无限高于或低于此数的风险,一般风险回避者比风险爱好者更可能做出采取防范风险措施的决策。

将以上四种方案进行比较,选择收入最多者,本例以借款和投资方法的收入最多。当然,如果是进口业务,则选择支出最少者。

四、中长期外汇风险的管理方法

中长期外汇风险的特点是时间较长,有时可达五年左右。影响中长期汇率变动的因素更多,随着时间的推移预测结果的不确定性也不断增加,因此中长期外汇风险的管理更加困难。目前比较流行的中长期外汇风险的管理方法主要有以下几种。

1. 签订长期远期外汇合同

签订长期远期外汇合同是最近十几年才流行开来的方法。做法是一些大的国际银行定期对几种主要货币报价,期限可达五年。这种交易对那些签订了长期以固定价格进出口协议的公司特别有吸引力,但运用范围较小,只有信誉极高的公司才能与银行签订。

2. 货币互换交易

货币互换是指两家公司拥有相反的优势货币和货币需求,相互交换货币的交易。如一家美国企业在英国投资,预计五年内有大量的英镑收入,同时一家英国咨询公司为美国银行提供长期服务,五年内会收入大量的美元。这两家公司可以安排一项货币互换交易,五年内美元与英镑以协定价格互换,这样双方收入锁定了,避免了外汇风险。

3. 平行贷款

这里的平行贷款实际上也是一种互换交易。如一家美国跨国公司想为其设在英国的子公司提供长期融资,同时一家英国跨国公司也想为其设在美国的子公司长期融资,这样两家公司可以签订协议分别为对方的子公司提供长期贷款。平行贷款的借贷均使用居住国货币,从而避免了外汇风险。

第三节 会计折算风险的衡量与管理

一、会计折算风险的衡量

会计折算是指最初以外币度量的国外子公司、分公司或其他附属机构的资产、负债、收入、费用和损益,以及存放在国外银行的存款等,按照一定的汇率进行折算,以母公司或总公司所在国的货币来表示,以便汇总编制整个公司的综合财务报告。

会计折算风险是指企业在财务报告的会计处理中,将功能货币转换成记账货币时,因汇率变动导致折算后企业的资产、负债、收入、费用和损益增加或减少而形成账面上外汇损益的可能性。它是在公司全球性的经营活动中,为编制综合财务报告的需要而出现的风险。它包括资产负债表的风险和损益表的风险。这里功能货币是指国外子公司、分公司或其他附属机构日常业务中最常用的货币。记账货币是指在编制综合财务报告时使用的报告货币,通常为本国货币。

需要注意,会计折算风险与交易风险、经济风险不同,它是一种存量风险,为编制综合财务报告的目的而进行的折算不会对企业的现金流量产生影响。

【例 4-23】 中国 A 公司 2020 年初在美国花旗银行存入 100 万美元,当时汇率为 USD100=CNY660,A 公司财务报告中存款为 660 万元人民币。一年后编制年度财务报告时,汇率变为 USD100=CNY630,虽然 A 公司仍在美国花旗银行存款 100 万美元,但财务报告中存款却只有 630 万元人民币,损失 30 万元人民币。当然,该损失只是由会计折算引起的,并不表示公司实物损失或公司实际价值下降。

1. 影响会计折算风险的因素

影响会计折算风险的因素较多,主要包括以下方面。

(1)公司海外经营介入的程度或国外业务所占的比重,即国外业务参与程度。参与程度越深、比重越大,则会计折算风险越大。

(2)子公司、分公司或其他附属机构的记账货币与母公司记账货币之间的汇率波动性。国外子公司、分公司或其他附属机构一般使用当地货币,当地货币价值变动的剧烈程度影响会计折算风险的大小,汇率波动性越大,会计折算风险越大。

(3)会计折算风险暴露状况。风险暴露越多,会计折算风险就越大。

(4)使用的会计折算方法。外币会计报表折算方法有很多,采用不同的外币会计报表折算方法,也会对会计折算风险产生影响。

2. 外币会计报表折算方法与折算风险

会计折算时可供选择的汇率主要有历史汇率、现行汇率和平均汇率。

历史汇率是指子公司、分公司或其他附属机构在资产、负债、权益取得时的汇率。普通股股本始终使用历史汇率。

现行汇率是指折算日或编制合并报表时的市场汇率。

平均汇率是指报告期期初与期末的汇率平均值。

外币会计报表折算方法分为单一汇率法和多种汇率法。

单一汇率法也称现行汇率法,是指对外币会计报表的所有项目(除所有者权益项目外),以现行汇率这一单一汇率对会计报表各项目进行折算的方法。

多种汇率法是指根据不同的报表项目分别采用现行汇率、历史汇率和平均汇率等多种汇率,对外币会计报表中各有关项目进行折算的方法。多种汇率法一般有三种基本方法:流动性与非流动性项目法、货币性与非货币性项目法和时态法。

1)单一汇率法

采用单一汇率法进行外币会计报表折算时,除所有者权益项目以历史汇率进行折算外,资产负债表中的其他所有项目都按现行汇率折算,损益表中的其他所有项目都用报告期平均汇率进行折算。折算中产生的差额,计入当期损益或在所有者权益项目下单列"折算差额"或"留存收益"等项目反映,进行递延处理。

用单一汇率法对外币会计报表进行折算,实际上是将外币会计报表的所有项目都乘以一个常数,只是改变外币会计报表的表现形式,没有改变会计报表中各项目之间的比例关系。因此,它使折算简便易行,并能保持子公司外币会计报表原来的结构比例关系。另外,单一汇率法是将外国子公司、分公司或其他附属机构的所有资产和负债统统按照现行汇率折算,而不是一些项目采用现行汇率,另一些项目采用历史汇率,因此,有人认为从这个意义上讲,单一汇率法避免了对母公司合并报表的一些歪曲,从而降低了折算风险。

但是在汇率变动较大的情况下,此法反映外币会计报表折算后的报表金额与实际价值金额会相差甚远。在采用单一汇率法的国家中,对利润项目有的主张用平均汇率,有的主张用现行汇率,至今尚未形成一致意见。

另外,单一汇率法的不足之处还在于:①单一汇率法意味着被折算的外币会计报表各项目都承受着相同的汇率风险(所有的国外资产和负债均面临折算风险),但实际上企业资产、负债各项目所承受的汇率风险是不一样的。如固定资产和存货等以实物形态存在的资产不一定承受汇率风险,对这些项目均以现行汇率进行折算并没有体现各项目实际承受的汇率风险。②以现行汇率进行折算与目前普遍采用的历史成本计价原则不相符。

需要指出,单一汇率法是以子公司、分公司或其他附属机构的净资产为基准来衡量汇率变动的影响的。它真正的风险暴露部分是国外子公司、分公司或其他附属机构的净资产。

2) 流动性与非流动性项目法

流动性与非流动性项目法是指将资产负债表项目划分为流动性项目和非流动性项目,分别采用不同的汇率进行外币会计报表折算的方法。在资产负债表中,流动资产项目和流动负债项目使用现行汇率折算,其他资产和负债项目用历史汇率折算,所有者权益项目按历史汇率折算。损益表中,与非流动资产相关的收支项目(如折旧)使用历史汇率折算,其余的项目依据均衡发生假设,采用报告期平均汇率折算。

流动性与非流动性项目法遵循的依据是:只有在国外发生的短期项目或流动性项目才会有汇率风险,长期项目或非流动性项目按母公司的货币固定下来。使用这种折算方法有利于对子公司营运资金进行分析,在本币升值或外币贬值的情况下,如果外国子公司的营运资金为正数,母公司账上就会出现外汇折算损失;反之,则会出现外汇折算收益。

流动性与非流动性项目法的不足之处在于以下方面。

(1) 对流动性项目采用现行汇率折算,对非流动性项目采用历史汇率折算,缺乏足够的理论支持。

(2) 将存货与现金、应收账款一样均采用现行汇率折算,意味着存货与现金、应收账款项目一样承受汇率风险,没有反映存货的实际情况。

(3) 对于长期应收款、长期应付款、长期银行借款和应付债券等项目采用历史汇率折算,没有反映这些项目承受汇率风险的事实。

需要指出,用这种方法衡量其国外子公司的折算风险暴露部分是流动资产与流动负债的差额,即其营运资金。

3) 货币性与非货币性项目法

货币性与非货币性项目法是指将资产负债表项目划分为货币性项目和非货币性项目,分别采用不同汇率进行外币会计报表折算的方法。其中,货币性项目是指持有的货币以及将以固定金额或可确定金额收回的资产和负债,除此以外,则属于非货币性项目。

按照此法,在资产负债表中,对货币性项目采用现行汇率进行折算,由于货币性项目的价值随着市场汇率的变动而变动,因此这样折算是合理的。对于资产负债表中的非货币性项目和所有者权益项目,则采用历史汇率折算。在损益表中与非货币性项目相关的收支按历史汇率折算,其他项目按报告期平均汇率折算。实务中,流动性与非流动性项目法和货币性与非货币性项目法常常是结合进行使用的。

在货币性与非货币性项目法下,对货币性项目采用现行汇率折算和对非货币性项目采用历史汇率折算,反映了汇率变动对资产、负债各项目的不同影响,体现了货币性项目承受汇率风险这一事实。但不足之处在于,没有考虑非货币性项目的计量基础。在非货币性项目采用现行市价计量的情况下,采用历史汇率折算与市价计量基础是矛盾的。例如,存货采取成本与市价孰低法计量,当成本高于市价,存货采用市价计量时,却按照历史汇率折算,显然不合适。对此法进行改进,出现了时态法。

4) 时态法

时态法是对货币性与非货币性项目法的修正。它是指对货币性项目采用现行汇率折算,对于其他资产和负债项目则根据其性质分别按历史汇率和现行汇率折算。如果子公司所有项目都用历史成本计量,则时态法就等同货币性与非货币性项目法。但是如果某些非货币性资产如存货、厂房、设备等,按重置成本计量,就要用现行汇率进行折算。

时态法也称为时间度量法,是针对货币性与非货币性项目法的不足而提出来的,其理论依据是,外币会计报表的折算不应当改变会计报表所反映的经济事实,因此,在选择汇率时,只能改变计量单位,而不应当改变原有的计量属性。

按照时态法,外币会计报表的现金、应收项目和应付项目采用现行汇率折算;对于按历史成本反映的非货币性资产,采用历史汇率折算;对于按现行成本反映的非货币性资产,采用现行汇率折算;对于所有者权益中的项目,除未分配利润以外的其他项目也采用历史汇率折算,未分配利润项目则为轧算的平衡数。

当然,在会计实践中,几种折算方法也常常交叉使用。例如,日本考虑其企业具有很高的负债比率,为了避免巨额长期负债出现重大的折算损益,在关于外币折算的会计准则中,就结合了时态法和流动性与非流动性项目法两者的特点,在采用时态法的同时允许长期货币性负债按历史汇率折算。同时还规定,不把折算损益计入当年合并净收益,而是作为"折算调整额"列入合并资产负债表的一方,视其正负值归入资产方或负债方。这样做是为了使利润平稳化。

3. 外币会计报表折算差额及其会计处理

外币会计报表折算时,由于各项目采用不同汇率进行折算,从而产生了折算差额。折算差额的大小取决于所选用的折算方法、汇率变动的方向和程度、外币资产与外币负债的比例等因素。

外币会计报表折算差额与外币业务汇兑损益不完全相同。外币业务汇兑损益是在交易过程中产生的,或者是在期末采用现行汇率对外币项目进行折算产生的;而外币会计报表折算差额则是由将以外币表示的会计报表折算为以编报货币表示的会计报表而产生的。外币业务汇兑损益既可能是已实现的损益,也可能是未实现的损益;而外币会计报表折算差额则属于未实现的损益。

外币会计报表折算差额的会计处理主要有以下方法。

1)递延处理

递延处理是指将折算差额列入所有者权益项目,并单列项目反映。

递延处理的主要考虑是外币会计报表折算差额只是将以外币表示的资产、负债项目用另一种货币等值反映所产生的,本质上并不产生损益,如果将折算差额计入损益,将导致对企业盈利情况的误导。递延处理有利于保持会计报表有关项目原有的比例关系,便于进行财务比率分析。

但是,如果汇率是单向变动的,即某种货币持续升值或持续贬值,则采用递延处理方法会使折算损失或折算利得逐年累计起来,最终不仅不能使收益平稳化,反而会使收益反映严重不实。

2)计入当期损益

计入当期损益的做法是将折算差额列入损益表,计入当期损益。

计入当期损益的主要考虑是会计报表有关项目所承受的汇率风险是客观存在的,将折算差额计入当期损益,才能真实反映企业所承受的汇率风险。这样做的不足是将折算差额反映在损益中,实际是将未实现的损益计入当期损益,有可能引起对会计报表的误解。特别地,如果是折算收益,计入当期损益,实际上是将未实现的收益计入了当期收益,这不符合会计处理的谨慎性原则。

我国《企业会计准则第 19 号——外币折算》中规定,外币财务报表采用现行汇率法折算,产生的外币财务报表折算差额,在资产负债表中所有者权益项目下单独列示,即采取递延处理。

4. 会计折算风险的测量实例

【例 4-24】 我国甲公司在美国设立的子公司 2020 年 12 月 31 日用美元编制的资产负债表和损益表分别如表 4-10 和表 4-11 所示。2020 年 12 月 31 日即期汇率为 1 美元=6.3 元人民币;2020 年平均汇率为 1 美元=6.5 元人民币;2020 年股利支付日汇率为 1 美元=6.45元人民币;该公司股票发行日汇率为 1 美元=7.2 元人民币;固定资产购置日汇率为 1 美元=7.0 元人民币。根据 2019 年损益表知,2019 年 12 月 31 日的留存收益为 30 万美元,按现行汇率法折算为人民币 198 万元,按时态法折算为人民币 195 万元。

表 4-10 资产负债表(一)(万美元)

项目	金额	项目	金额
现金	20	应付账款	10
应收账款	50	短期借款	15
存货(按市价)	80	长期负债	25
固定资产	100	股本	180
		留存收益	20
		折算调整额	—
资产合计	250	负债及股东权益合计	250

表 4-11 损益表(一)(万美元)

项目	金额
销货收入	240
销货成本	150
折旧费	10
营业费用	10
税前利润	70
所得税	14
税后利润	56
留存收益(2019 年 12 月 31 日)	30
本年股利分配	66
留存利润(2020 年 12 月 31 日)	20

根据上述资料采用现行汇率法(折算差额递延处理)和时态法(折算差额计入当期损益)分别将子公司的报表美元折合为人民币金额,编制资产负债表(见表 4-12)、损益表(见表 4-13)。

表 4-12 资产负债表(二)

项目	美元金额/万美元	按现行汇率法折算		按时态法折算	
		汇率	人民币金额/万元	汇率	人民币金额/万元
现金	20	6.3	126	6.3	126
应收账款	50	6.3	315	6.3	315
存货(按市价)	80	6.3	504	6.3	504
固定资产	100	6.3	630	7.0	700
资产合计	250		1 575		1 645
应付账款	10	6.3	63	6.3	63
短期借款	15	6.3	94.5	6.3	94.5
长期负债	25	6.3	157.5	6.3	157.5
股本	180	7.2	1 296	7.2	1 296
留存收益	20		①136.3		③34
折算调整额	—		②−172.3		—
负债及股东权益合计	250		1 575		1 645

注:① 来自损益表(见表 4-13);

② 1 575 万元−63 万元−94.5 万元−157.5 万元−1 296 万元−136.3 万元=−172.3 万元;

③ 1 645 万元−63 万元−94.5 万元−157.5 万元−1 296 万元=34 万元。

表 4-13 损益表(二)

项目	美元金额/万美元	按现行汇率法折算		按时态法折算	
		汇率	人民币金额/万元	汇率	人民币金额/万元
销货收入	240	6.5	1 560	6.5	1 560
销货成本	150	6.5	975	6.5	975
折旧费	10	6.5	65	7.0	70
营业费用	10	6.5	65	6.5	65
折算损益	—	—		—	⑦－94.3
税前利润	70		455		⑥355.7
所得税	14	6.5	91	6.5	91
税后利润	56		364		⑤264.7
留存收益(2019年12月31日)	30		①198		④195
本年股利分配	66	6.45	425.7	6.45	425.7
留存收益(2020年12月31日)	20		②136.3		③34

注:① 来自 2019 年损益表(已知条件);

② 364 万元＋198 万元－425.7 万元＝136.3 万元;

③ 来自资产负债表(见表 4-12);

④ 来自 2019 年损益表(已知条件);

⑤ 34 万元＋425.7 万元－195 万元＝264.7 万元;

⑥ 264.7 万元＋91 万元＝355.7 万元;

⑦ 355.7 万元－[1 560－(975＋70＋65)]万元＝－94.3 万元。

通过表 4-12 所示资产负债表和表 4-13 所示损益表可以看到,按现行汇率法折算差额为－172.3 万元人民币,按时态法折算差额为－94.3 万元人民币。采用不同的折算方法,折算风险不同,本例差别为 78 万元人民币。

二、会计折算风险的管理

对会计折算风险进行管理,可以采用资产负债平衡法。此外,远期外汇交易合约法、货币市场借款和投资法等也可用于会计折算风险管理。

1. 资产负债平衡法

资产负债平衡法是将有风险的资产和有风险的负债做一平衡。当承受风险的资产和承受风险的负债相等时,风险可以抵消。

【例 4-25】 我国丙公司在美国的某一子公司 2021 年 9 月 30 日的资产负债数额如表 4-14 所示。要求分别用现行汇率法和货币性与非货币性项目法测定净风险暴露额。

表 4-14 丙公司在美国子公司的资产负债数额(万美元)

项目	资产负债数额	现行汇率法	货币性与非货币性项目法
资产:			
现金	360	360	360
应收账款	720	720	720
存货	540	540	
固定资产净值	720	720	
合计	2 340		
承受风险的资产		2 340	1 080
负债和股东权益:			
应付账款	180	180	180
应付票据	180	180	180
长期负债	480	480	480
股东权益	1 500		
合计	2 340		
承受风险的负债		840	840
净风险暴露		1 500	240

用现行汇率法和货币性与非货币性项目法测定的净风险暴露额分别为 1 500 万美元和 240 万美元。2021 年 9 月末的即期汇率为 1 美元＝6.4 元人民币。预测美元将贬值,因而将产生会计折算风险损失。丙公司为了避免其折算风险损失,有以下两种类型的资产负债平衡法可以应用。

1) 减少承受风险的美元资产

在美国的子公司可在美元负债不变的情况下,尽量减少美元资产。例如,将美元现金兑换成人民币;在使用货币性与非货币性项目法折算时可以用美元现金购买存货或固定资产;尽快收回美元应收款,并兑换成人民币或用于购买实物资产。

2) 增加承受风险的美元负债

在美国的子公司可在美元资产不变的条件下,尽量增加美元负债。美国的子公司首先借入美元,然后将美元转换成无风险资产。在不同折算方法下,增加美元负债的具体做法略有不同。

(1) 在现行汇率法下,在美国的子公司增加美元负债的方法是:① 使借入款项等于净风险暴露额,即 1 500 万美元。由于这一借款在公司财务报表上是同时增加现金(风险资产)和借款(风险负债),净风险暴露 1 500 万美元并没有被抵消,因此还必须进行第二步。② 把借入的美元兑换成人民币。这里又有两种方法可以运用:第一种是将借入的美元兑换成人民币,并持有人民币;第二种是将借入的美元作为股利或内部贷款转移到我国母公司,后者再将美元转换成人民币。

(2) 在货币性与非货币性项目法下,在美国的子公司应借入 240 万美元,同现行汇率法一样,可把借款用于兑换人民币。不同的是在货币性与非货币性项目法下,还可以把美元借款转为增加存货或固定资产。因为在用货币性与非货币性项目法折算时,这些资产不产生会计折算风险。

上述资产负债平衡法在实践中,常遇到因当地政府管制,或难以在当地举债,或难以将当地现金兑换成其他货币等障碍,而无法达成抵消风险的目的。

2. 远期外汇交易合约法

采用远期外汇交易合约法时,公司与银行签订卖出风险货币(如上例中为美元)的远期合约,如美元按预测的方向变动(贬值),在远期合约到期日,公司就可在更便宜的即期外汇市场上买进同一货币(美元),并用以办理远期卖出合约的交割。

接前例,我国母公司预测在12月末美元对人民币的汇率将下跌1.6%,即从1美元＝6.4元人民币,变为1美元＝6.3元人民币。

现行汇率法测定的折算风险损失为:

$$1\,500\,万美元 \times (6.4-6.3)元人民币/美元 = 150\,万元人民币$$

货币性与非货币性项目法测定的折算风险损失为:

$$240\,万美元 \times (6.4-6.3)元人民币/美元 = 24\,万元人民币$$

出售美元远期合约金额可按下列公式计算:

美元远期合约金额＝以人民币表示的预测折算风险损失/(远期汇率－预测未来即期汇率)

在本例中,公司管理者预测12月末的即期汇率为1美元＝6.3元人民币,而现在三个月的远期汇率报价为1美元＝6.36元人民币,签订远期合约的合同金额应按下式计算:

现行汇率法下的美元远期合约金额:

$$150\,万元人民币/(6.36-6.3)元人民币/美元 = 2\,500\,万美元$$

货币性与非货币性项目法下的美元远期合约金额:

$$24\,万元人民币/(6.36-6.3)元人民币/美元 = 400\,万美元$$

由于公司管理者预测美元将贬值,因此,采取现行汇率法折算时,签订三个月期,以1美元＝6.36元人民币出售2 500万美元的远期外汇合约。三个月后,在即期汇率降为1美元＝6.3元人民币时买进2 500万美元。这样,一买一卖,1美元可赚0.06元人民币,全部合约可赚2 500万美元×0.06元人民币/美元＝150万元人民币。

在采用货币性与非货币性项目法折算时,签订三个月期,以1美元＝6.36元人民币出售400万美元的远期外汇合约。三个月后,在即期汇率降为1美元＝6.3元人民币时买进美元,全部合约可赚400万美元×0.06元人民币/美元＝24万元人民币。

这样,用远期外汇交易合约赚得的盈利正好抵消折算风险损失,达到了保值的目的。但必须注意,未来即期汇率是预测的,利用远期外汇交易合约的盈利能否完全抵消折算风险损失,完全是由汇率预测的准确性决定的,所以说远期外汇交易合约保值带有很大的不确定性。

3. 货币市场借款和投资法

采用货币市场借款和投资法防范折算风险损失与前面所讲的采用这种方法防范交易风

险损失是相似的。只是在这里,保值的对象是净风险暴露的预计价值。如在上例中,以现行汇率法测定的净风险暴露额为1 500万美元,美国子公司或我国母公司就应在事先借款1 500万美元,具体操作步骤如下。

(1) 向银行借款1 500万美元,三个月利率4%,三个月后的本利和为1 500万美元×(1+4%)=1 560万美元。

(2) 将借款1 500万美元以现行汇率兑成人民币,即1 500万美元×6.4元人民币/美元=9 600万元人民币。

(3) 将9 600万元人民币投资于购买12月31日到期的债券,三个月利率3%,三个月后可得本利和为9 600万元人民币×(1+3%)=9 888万元人民币。

(4) 预计12月31日的即期汇率为1美元=6.3元人民币,应归还银行借款的本利和折合成人民币为1 560万美元×6.3元人民币/美元=9 828万元人民币。

(5) 以人民币投资所得归还银行借款尚能盈利9 888万元人民币-9 828万元人民币=60万元人民币。

采用货币市场借款和投资法保值,简便易行,但有很大的投机性。因为采取保值措施后究竟能否保值,是盈利还是损失,最终取决于到期的实际汇率。实际汇率是个未知数,因此,所得或所失也是一个未知数。在美元确实贬值时,企业将盈利,贬值越多,盈利越多;反之,如果美元升值,企业将遭受损失,升值愈大,损失也愈多。

在不同汇率变动下,采用现行汇率法折算,利用远期外汇交易合约法、货币市场借款和投资法保值的效果预测见表4-15。

表4-15 不同汇率变动下保值效果预测表(万元人民币)

12月31日 即期汇率	远期外汇交易 利得(或损失)(1)	货币市场借款和投资利得 (或损失)(2)	会计折算风险利得 (或损失)(3)
1美元=6.5元人民币	①-350	①-252	①150
1美元=6.4元人民币	②-100	②96	②0
1美元=6.3元人民币	③150	③60	③-150
1美元=6.2元人民币	④400	④216	④-300
1美元=6.1元人民币	⑤650	⑤372	⑤-450

第(1)栏数据计算过程:
① 2 500万美元×(6.36-6.5)元人民币/美元=-350万元人民币
② 2 500万美元×(6.36-6.4)元人民币/美元=-100万元人民币
③ 2 500万美元×(6.36-6.3)元人民币/美元=150万元人民币
④ 2 500万美元×(6.36-6.2)元人民币/美元=400万元人民币
⑤ 2 500万美元×(6.36-6.1)元人民币/美元=650万元人民币

第(2)栏数据计算过程:
① 9 888万美元-1 560×6.5元人民币/美元=-252万人民币
② 9 888万美元-1 560×6.4元人民币/美元=96万人民币

③9 888 万美元－1 560×6.3 元人民币/美元＝60 万人民币
④9 888 万美元－1 560×6.2 元人民币/美元＝216 万人民币
⑤9 888 万美元－1 560×6.1 元人民币/美元＝372 万人民币

第(3)栏数据计算过程：

①1 500 万美元×(6.5－6.4)元人民币/美元＝150 万元人民币
②1 500 万美元×(6.4－6.4)元人民币/美元＝0 万元人民币
③1 500 万美元×(6.3－6.4)元人民币/美元＝－150 万元人民币
④1 500 万美元×(6.2－6.4)元人民币/美元＝－300 万元人民币
⑤1 500 万美元×(6.1－6.4)元人民币/美元＝－450 万元人民币

关于会计折算风险的衡量管理，可以总结如下。

(1)会计折算风险是由于汇率变动，期末进行报表合并时，对不同币种计价的企业资产、负债、收入、费用和损益按本币折算后形成账面利得或损失的可能性。它与交易风险不同，不是外汇交割时的实际损益，而是一种存量风险，或者说会计折算风险只是一种计算上的名义风险，不会对企业的现金流量产生影响。

(2)虽然会计折算风险只影响报告收益，不影响实际的现金流量，但是我们应该看到，报告收益不稳定虽然并不代表企业实际经营成果不好，也不代表企业经营政策在不断变化，更不意味着企业未来现金流量不确定，但有可能对投资者、债权人等报告使用者产生误导作用，甚至可能会影响母公司股价。另外，如果子公司增长潜力有限，大部分收益将汇回，会计折算风险会转化为真实的营运风险。

(3)对会计折算风险的管理，可能会导致账面上的名义风险转化为实际风险。例如，财务管理人员为控制会计折算风险而采取某些套期保值措施，这些措施实施后，有可能真正影响企业的经济效益，甚至加大企业经济风险。

(4)是否需要采取措施对会计折算风险进行管理，是财务管理人员必须慎重考虑的问题。有关人士认为，对于国外分支机构的收益，在出现货币贬值时，很多情况下不需实际兑成母国货币。所以，不要进行管理。近年来，越来越多的公司偏重于交易风险的管理，较为忽视会计折算风险管理。实际上，财务管理人员应该对各种风险进行权衡，分析影响的利弊与大小，做出较优选择。

第四节 经济风险的衡量与管理

经济风险是指因汇率的变动而引起的公司预期的现金流量净现值发生变动而造成损失的可能性。它是由意料之外的汇率变动对企业的产销数量、价格、成本等产生影响，从而引起企业未来一定时期收益增加或减少的一种潜在的风险。其风险大小取决于汇率变动对产销数量、价格及成本的影响程度。

经济风险不仅测算困难,而且还带有一定的主观性。与交易风险和会计折算风险相比,经济风险对企业影响较大而且长远。交易风险和会计折算风险都是一次性的,而经济风险的影响是长期性的。因此,经济风险的衡量和管理更为重要。然而,要准确衡量公司所承受的经济风险是十分困难的,经济风险的分析很大程度上取决于公司的预测能力,预测的准确程度将直接影响该公司在融资、销售与生产方面的战略决策。

一、经济风险的衡量

要衡量经济风险,首先要预测汇率变动对企业的产销数量、价格、成本等产生的影响,进而预测企业未来一定时期现金流量的变化。

【例 4-26】 我国某公司在德国有一个独资的子公司——NK 公司,NK 公司利用当地原料、人工进行生产,产品一半内销,一半外销,所有销售收入均以欧元计价。应收账款为年销售收入的 1/4,存货为销售成本的 1/4,产品按直接成本计算。假设在一定范围内,NK 公司可以扩大或缩小其生产量而不致影响其单位产品直接成本和期间费用总额。厂房、设备等的折旧费为每年 60 万欧元,公司所得税税率为 25%,NK 公司 2019 年 12 月 31 日的资产负债表见表 4-16。2019 年预测,NK 公司在 2020 年将会产生的损益和现金流量见表 4-17。

表 4-16 NK 公司资产负债表(万欧元)

资产	金额	负债及所有者权益	金额
现金	200	应付流动负债	120
应收账款	500	银行贷款(短期)	160
存货	300	长期负债	240
厂房设备净值	600	股本	400
		保留盈余	680
总计	1 600	总计	1 600

表 4-17 2020 年 NK 公司预期损益及现金流量表(一)(万欧元)

项目	金额
一、销售收入(2 000 000 单位,每单位售价 EUR10)	EUR2 000
减:销售成本(2 000 000 单位,每单位成本 EUR6)	1 200
现金期间费用	340
折旧	60
二、税前利润	EUR400
减:公司所得税(25%)	100
三、税后利润	EUR300

续表

项目	金额
加回折旧	60
四、一年营业所获现金流量(以 EUR 表示)	EUR360
一年营业所获现金流量(以 CNY 表示,单位万元) 汇率:EUR1＝CNY10	CNY3600

在2020年1月1日NK公司开始营业活动之前,欧元出人意料地贬值20%,即由原来EUR1＝CNY10,下跌为EUR1＝CNY8,汇率的这一变化对NK公司的现金流量将产生什么影响,要视新汇率对销售量、售价及成本费用的影响情况而定,而售价又要视价格需求弹性而定。在售价方面,NK公司可维持售价不变(以欧元表示的售价),或做适当升降;在成本方面,因进口通货膨胀,原料及人工成本可能上升;至于销售量,如果售价不上升,则可能刺激国内购买量和出口量。现就几种可能的情况说明经济风险的结果。

第一种可能情况:所有变量维持不变。在这种情况下,只须将第一年的预期净现金流量360万欧元按新汇率(EUR1＝CNY8)折算成人民币,即360万欧元×8元人民币/欧元＝2 880万元人民币,此数与原来的3 600万元人民币相比减少720万元人民币。

第二种可能情况:价格部分增加,其余变量维持不变。假定国内售价不变(即以外币表示的售价仍然不变),出口价按欧元贬值幅度相应调整,国内外销售量仍然不变,成本也不变,在此种情况下,NK公司的预期损益及现金流量见表4-18。

表4-18 2020年NK公司预期损益及现金流量表(二)(万欧元)

项目	金额
一、销售收入	EUR2 200
（国内 1 000 000 单位,每单位售价 EUR10）	1 000
（国外 1 000 000 单位,每单位售价 EUR12）	1 200
减:销售成本(2 000 000 单位,每单位成本 EUR6)	1 200
现金期间费用	340
折旧	60
二、税前利润	EUR600
减:公司所得税(25%)	150
三、税后利润	EUR450
加回折旧	60
四、一年营业所获现金流量(以 EUR 表示)	EUR510
一年营业所获现金流量(以 CNY 表示,单位万元) 汇率:EUR1＝CNY8	CNY4 080

在上述情况下,年末应收账款将为550万欧元[2 200万欧元×(1/4)],比年初增加50万欧元(550万欧元－500万欧元);年末存货仍为300万欧元[1 200万欧元×(1/4)],与年

初相比,存货无变动。所以,需要增加50万欧元营运资金投资。

第三种可能情况:全部产品售价增加,成本费用也相应增加,销售量维持不变。在这种情况下,NK公司的预期损益及现金流量见表4-19。

表4-19 2020年NK公司预期损益及现金流量表(三)(万欧元)

项目	金额
一、销售收入(2 000 000单位,每单位售价EUR12)	EUR2 400
减:销售成本(2 000 000单位,每单位成本EUR7.2)	1 440
现金期间费用	408
折旧	60
二、税前利润	EUR492
减:公司所得税(25%)	123
三、税后利润	EUR369
加回折旧	60
四、一年营业所获现金流量(以EUR表示)	EUR429
一年营业所获现金流量(以CNY表示,单位万元) 汇率:EUR1=CNY8	CNY3 432

在上述情况下,年末应收账款将为600万欧元[2 400万欧元×(1/4)],比年初增加100万欧元(600万欧元－500万欧元);年末存货为360万欧元[1 440万欧元×(1/4)],与年初相比,增加60万欧元(360万欧元－300万欧元)。所以,需要增加营运资金160万欧元(100万欧元+60万欧元)。

最后,将前述三种可能情况与汇率无变动情况进行比较,测算预期现金流量的增减及变动的现值,以了解经济风险的情况,如表4-20所示。

表4-20 三种情况下现金流量变动比较表(万元人民币)

项目	无贬值	情况一	情况二	情况三
2020年预期现金流量	3 600	2 880	4 080	3 432
与2019年比较预期现金流量增加(+)或减少(-)		-720	+480	-168
预期现金流量的变动的现值(按15%的报酬率计算)		-626.1	+417.4	-146.1

同理,我们可以预测未来几年,汇率变动引起的产销数量、价格及成本的变化及其对企业现金流量的影响,掌握企业承受经济风险的状况。

通过分析可以看出,汇率变动后,产销数量、价格及成本的变化可以有很多种组合情况,而经济风险的结果,既可能有损失,也可能有利得。

二、经济风险的管理

汇率变动总是通过购买力平价和国际费雪效应,与各国的通货膨胀和利率水平相关联。这些宏观经济变量的变动,会对跨国公司的销售量、销售价格、生产成本和费用开支等各个方面产生直接的影响。所以,经济风险的控制应着眼于企业长远经营战略,在宏观上把握国际经济发展趋势的同时,充分而又仔细地分析微观环境里实际和潜在的各种因素的影响,把经济风险的控制作为外汇风险管理的核心。

经济风险是一项十分复杂的风险,不仅识别困难,而且它的控制也是一种重要的管理艺术,涉及生产、销售、财务等各个领域的相互联系、相互影响。经济风险的重要管理思想是走多元化道路。通过多元化经营,使有关各方面产生的不利影响能相互抵消,这是目前控制经济风险较有效的方法。

经济风险的管理决策多数超越了财务经理的职权,不仅需要财务活动(筹资、投资等)多元化,而且还需要生产、销售和采购多元化。

(1)生产上的多元化。在安排生产上,产品的品种、规格、质量尽可能做到多样化,使之能更好地适应不同国家或地区、不同类型、不同层次的消费者的需求。

(2)销售上的多元化。在销售上,力争使所生产的产品能尽快打入不同国家或地区的市场,并力求采用多种外币进行结算。

(3)采购上的多元化。在原材料、零配件的采购方面,尽可能做到从多个国家和地区进行采购,并力争使用多种外币进行结算。

(4)筹资上的多元化。企业筹资时,要尽量从多种资本市场上筹集资金,用多种货币计算还本付息金额,如果外币有的贬值,有的升值,就可以使外汇风险相互抵消。

(5)投资上的多元化。在投资时,尽可能向多个国家或地区投资,创造多种外汇收入,这样可以避免单一投资带来的风险。

◇ 本章小结

外汇风险包括交易风险、会计折算风险和经济风险三类。交易风险是指以外币计价的各类交易活动自发生到结算过程中,因汇率变动而引起的损益的不确定性。会计折算风险是指汇率变动使折算后企业的资产、负债、收入、费用和损益增加或减少而形成利得或损失的可能性。经济风险是指由汇率的变动而引起的公司预期的现金流量净现值发生变动而造成损失的可能性。

交易风险和会计折算风险的影响是一次性的,经济风险给企业带来的影响是长期性的。不同类型的风险适用不同的风险衡量与管理方法。

交易风险的管理方法主要有事先防范法和事后防范法。事先防范法是指在进行交易决策时采取的避险的方法,包括币种选择法、适当调整商品价格法、货币保值法、订立汇率风险分摊条款法和提前或推迟结汇法。事后防范法是指在进行交易决策时承担了风险,然后在金融市场上利用金融工具进行风险管理的方法,其中管理短期风险的方法包括利用即期外汇交易防范风险法、利用远期外汇交易防范风险法、利用外汇择期交易防范风险法、利用外汇掉期交易防范风险法、利用外汇期货交易防范风险法、利用外汇期权交易防范风险法、利用借款和投资防范风险法,中长期外汇风险的管理方法主要有签订长期远期外汇合同、货币互换交易以及平行贷款。

会计折算风险管理的方法主要有资产负债平衡法,以及远期外汇交易合约法、货币市场借款和投资法等套期保值法。应该注意,会计折算风险只影响报告收益,不影响实际的现金流。为控制会计折算风险而采取的某些套期保值措施反而会影响企业实际的现金流量。当然,报告收益有可能对投资者、债权人等报告使用者产生误导,甚至可能会影响母公司股价。因此,财务管理人员必须慎重考虑,对各种风险进行分析权衡,决定是否需要采取措施管理会计折算风险。经济风险十分复杂,其管理也非常困难。经济风险管理的重要思想是走多元化道路。它涉及生产、销售、财务等各个领域,因此经济风险的管理决策多数超越了财务经理的职权,它包括生产上的多元化、销售上的多元化、采购上的多元化、筹资上的多元化和投资上的多元化等方面。

◇ 思考与练习

一、思考题

1. 根据你的理解谈谈外汇风险管理的策略有哪些、它们各有何特点。如果你是公司财务主管,你将如何运用外汇风险管理策略进行外汇风险管理?
2. 试分析外汇期货交易与远期外汇交易的主要区别表现在哪些方面。
3. 你认为影响会计折算风险的因素有哪些? 它们是如何影响会计折算风险的?
4. 试述交易风险防范方法中的币种选择法有哪几种。请分析这些方法的局限性。
5. 什么是外汇交易风险的事先防范法? 什么是外汇交易风险的事后防范法? 根据你的理解谈谈应用事先防范法和事后防范法进行外汇交易风险管理各有哪些优势和局限性。

二、查阅资料题

1. 通过网络等途径查阅资料了解欧盟现有哪些成员国,其中哪些国家加入欧元区并已启用欧元。
2. 通过网络等途径查阅资料了解近期(近3个月)主要的可自由兑换的货币与人民币之间的兑换汇率。(只要写出近3个月某一个时点的汇率即可,目的是让同学们熟练查阅并且知道大致的比价)

三、计算题

1. 上海某公司于2021年9月15日出口一批商品,货款500万美元,将于11月15日收到货款。9月15日汇率为1美元＝6.4元人民币,预测11月15日汇率变化为1美元＝6.35元人民币。要求计算该公司这笔交易可能发生的外汇风险损失。

2. 昌雄股份公司于2021年5月10日出售一批货物,合同金额100万欧元。收汇时间为3个月。为防范人民币升值导致的汇率损失,公司决定通过远期市场进行保值。假设:2021年5月10日人民币3个月远期汇率为1欧元＝7.843 6元人民币。2021年8月10日,实际汇率为1欧元＝7.811 3元人民币。要求:通过准确数据说明公司决策是否正确。

3. 聚环有限责任公司于2021年7月1日卖给美国某公司一批商品,货款20万美元,货款将于当年12月31日收到。7月1日即期汇率为1美元＝6.3元人民币。6个月远期汇率1美元＝6.2元人民币。预测12月31日的即期汇率为1美元＝6.1元人民币。聚环有限责任公司为了避免汇率变动的风险损失,决定采用借款和投资方法防范风险。已知:7月1日在美国借款年利率为6%,在国内投资年利率为10%,所得税税率为25%。

要求:说明此法的操作过程。按照借款金额等于外汇应收款数额进行操作,计算采用这种方法的收入是多少？

4. 我国甲公司于20××年1月1日从加拿大进口设备,货款10万加元,将于3月31日付款。1月1日即期汇率为1加元＝6.2元人民币,远期汇率(3个月)为1加元＝6.25元人民币,甲公司预测3月31日的即期汇率为1加元＝6.3元人民币。按1月1日即期汇率,货款折合62万元人民币。甲公司为了避免汇率变动的风险损失,有以下两种考虑:①进行远期外汇交易;②采用借款和投资方法,1月1日投资购买加拿大3个月期国债,3个月的利率为4%,投资本金加利息正好等于应付货款10万加元,3月31日用于支付货款。目前甲公司没有加元,需要在本国借人民币用于购买加元。国内借款3个月的利率为5%。

要求:计算比较,说明采用哪种方法进行外汇风险管理较好。

四、案例分析题

20世纪80年代后期以来,日元对美元不断升值,曾对企业造成重大影响。1985年,本田公司在日本设计了一种新型汽车,成本为2 380 000日元,把它运到美国,标价为12 000美元,当时1美元＝238日元,12 000美元的售价就相当于2 856 000日元(238日元/美元×12 000美元),本田公司有20%的成本加价率。但是三年后,美元贬值为1美元＝128日元,现在如果这种汽车仍卖12 000美元,本田公司就只能得到1 536 000日元(128日元/美元×12 000美元)了,该公司每卖一辆汽车就会损失35%。美元的价格影响了本田公司的日元收入,美元对日元贬值了46%,使公司本来的盈利变成了现在的亏损。实际上如果本田公司仍想保持20%的成本加价率,就得在美国卖到22 312.50美元(2 856 000日元÷128日元/美元),这样汽车会因为价格太高,无法在美国销售出去。到1996年,这种情况变得更糟了,于是本田公司采取应对措施——在美国俄亥俄州的Marysville建厂生产最受欢迎的Accord型号的汽车,其成本为10 000美元左右,价格不高于12 000美元,在美国畅销,本田公司基本保持了原有的盈利水平。

试分析:

(1)日元对美元的不断升值,使本田公司受到哪些影响?

(2)面对日元不断升值,为了保持20%的成本加价率,可以采取哪些措施?本田公司采取了怎样的措施?

(3)分析本田公司应对日元升值的策略的利弊及其影响。

在线答题

二维码4-2
第四章自测题

第五章　国际融资管理

◇ 学习目标

1. **知识目标**：理解国际融资的含义与特点、渠道与方式及国际融资预测与决策。了解国际信贷融资、国际债券融资、国际股票融资的成本计算和决策。了解中国实行的国际证券融资的过渡形式——QFII制度。理解国际融资资本成本的特殊性和跨国公司资本结构决策的特殊性。

2. **能力目标**：具有国际融资成本计算能力和国际融资决策能力，能胜任国际企业的国际融资方面的工作。

3. **情感目标**：熟悉国际金融市场规则和制度，具有国际融资的能力和风险意识，对中国"走出去"战略和国际化战略有更加深刻的认识和理解。

◇ 本章导读

国际融资是重要的国际财务活动，国际融资管理是国际财务管理的重要内容。国际融资是从国外融通外币资金，因此，国际融资和国内融资相比，在融资渠道、方式、资本成本计算和资本结构决策等方面有许多不同的特点。国际融资渠道更广、形式更多，要面临更多的风险。国际企业充分认识国际融资方式的种类和资本性质，有利于选择适宜的融资方式。本章主要介绍国际信贷融资、国际证券融资（包括国际债券融资、国际股票融资和吸收外商证券投资的QFII制度），以及国际融资的资本成本与跨国公司的资本结构决策。

◇ 导入案例

字节跳动与华尔街银行商谈贷款事宜

据道琼斯全球资讯消息，2018年11月29日，作为中国增长最快的科技初创公司之一，北京字节跳动科技有限公司（Beijing Bytedance Technology Co，简称字节跳动）与银行就贷款事宜进行商谈。这些银行希望晚些时候参与该公司备受期待的首次公开募股（IPO）。字节跳动拥有一款颇受欢迎的中国新闻聚合应用——今日头条（Jinri Toutiao）。

知情人士称,该公司正在与多家华尔街银行进行商谈,以借入至多15亿美元资金。这家2012年成立的公司还拥有短视频应用——抖音(TikTok),该应用在全球拥有5亿月度活跃用户,最近与美国社交媒体应用Musical.ly合并。上述知情人士称,该交易或于未来几周进行,不过他们也表示,不能保证会达成协议。字节跳动发言人不予置评。一位知情人士称,正在讨论中的融资内容包括定期贷款和循环信贷额度,与字节跳动进行谈判的银行包括高盛集团(Goldman Sachs Group Inc.)、摩根士丹利(Morgan Stanley)、花旗集团(Citigroup Inc.)、瑞银集团(UBS Group)和美国银行(Bank of America Co.)。其中一位人士称,该公司最初计划从银行借款5亿美元,但由于诸多银行表示出兴趣,潜在交易规模已经扩大。

字节跳动最近一轮股权融资筹得30亿美元,估值达780亿美元,为该公司2017年底估值的两倍多。据《华尔街日报》(*The Wall Street Journal*)早些时候报道,参与最新一轮融资的投资者包括软银集团股份有限公司(SoftBank Group Corp.)和私募股权公司KKR & Co. L.P.。

■ 资料来源:新浪财经"字节跳动与华尔街银行商谈贷款事宜",2018年11月29。(有改动)

第一节 国际融资管理概述

国际企业可以利用的资金有企业内部资金、国内资金和国际资金。国际企业企业内部资金和国内资金的来源和利用原理与国内单一企业几乎相同,在此专门论述国际企业如何利用国际资金,即国际融资。

一、国际融资的含义与特点

(一)国际融资的含义

国际融资(international financing),亦称国际筹资,是指资金需求者通过一定的渠道和方式从国外的资金供给者获得资金,并给资金供给者适当回报的经济活动。可以从如下几个方面进一步理解国际融资。

第一,国际融资是在国际金融市场上进行的。国际金融市场是国际借贷关系产生和国际借贷资金移动的渠道和中介,为国际资金移动服务。在国际金融市场上,资金供给者和资金需求者通过金融机构或自行直接相互接触,从事借贷交易或证券发行买卖活动,以实现国际资金的融通。

第二,国际融资是在一国资金供给者与另一国资金需求者之间进行的。国际融资的当事人主要有资金供给者(通常表现为债权人)、资金需求者(主要表现为债务人)和金融中介人。具体地说,它主要包括:一国政府与别国政府之间;一国政府与别国银行之间;国际金融组织与一国政府、企业或银行之间;一国企业、银行与别国企业、银行之间;等等。国际融资主要研究国际企业与国际金融组织或另一国资金供给者之间的资金融通活动。

第三,国际融资采取货币资金形态或实物资金形态。国际融资的具体组织形式多种多样,其中大多数采取货币资金形态,即无论是资金供给者提供贷款,还是资金需求者偿还贷款本息,均采取货币资金形态,但也有某些融资方式,如国际租赁融资采取实物资金形态。

(二)国际融资的特点

虽然从企业融资方式和决策的原理这一角度来说,国际融资与国内融资基本相同,但是由于国际融资超越了国界,融资的市场范围更大,融资的方式方法增多,各种相关因素的相互影响更为复杂,这一切既给企业带来了更多风险,也提供了更多机遇。与国内融资相比,国际融资有如下特点。

1. 主客体更为复杂

融资的主体是指融资双方当事人,即资金需求者和资金供给者。与国内融资不同,国际融资主体至少有一方是非居民[①]。国际融资的客体是指国际融资所使用的货币,它可以是资金需求方所在国货币、资金供给方所在国货币,或第三国货币,但均必须是可兑换货币。国际融资中通常选用一些关键性货币,如美元、英镑、欧元、瑞士法郎、日元等。融资当事人使用何种货币是一个很复杂的问题,通常必须根据各种货币汇率变化和发展趋势,结合融资条件等因素加以综合考虑做出决策。

2. 融资渠道更广

除利用国内资金和企业内部资金外,国际企业还可以在国际货币市场和国际资本市场融到更多渠道的资金,包括国际组织、外国政府、外国法人和自然人等。

---

① 非居民是指在一国(或地区)以外居住或营业的自然人或法人。

3. 融资方式更多

国际企业可以利用国际股票融资、国际债券融资、国际项目融资、国际租赁融资、国际贸易融资等多种融资方式。

4. 融资风险更大

除要承担一般国内融资所应承担的风险外,国际企业还要承担汇率风险、国家风险等更多、更大的融资风险。

5. 受到的管制更多

各国政府普遍对国际融资实施不同程度的管制。主权国家对国际融资的管制一般是授权本国中央银行,对国际融资的主体、客体和融资信贷条件实行法律的、行政性的限制性措施。法律管制是指由国家立法机关制定并颁布法律,以及金融当局颁布的有关国际信贷的条例、规定等。涉及国际融资的法律有外汇管理法、商业银行法、公司法、税法、民法等。行政性管制措施是指一国金融当局不经过正式的立法程序,而以行政手段对国际融资实施限制的措施,如发达国家实施的"汇率管制""君子协定"等行政手段。尽管20世纪70年代以来,各国对国际融资的管制有不同程度的放松,但相对国内融资而言,国际融资的管制仍然较多。

6. 融资成本更低

由于国际融资渠道更广、融资方式更多,企业可以广泛地选择成本较低的市场筹集资金。另外,跨国公司还可以利用子公司所在国的金融市场筹措资金,然后转移到在另一个国家或地区的子公司,从而降低融资成本。

二、国际融资的渠道与方式

(一)国际融资渠道

目前国际融资渠道主要有以下几种。

1. 国际金融机构资金

国际金融机构有全球性和区域性之分。全球性国际金融机构主要有国际货币基金组织（IMF）、世界银行集团（WBG）[①]。区域性国际金融机构包括亚洲开发银行（ADB）、亚洲基础设施投资银行（AIIB）、金砖国家开发银行（NDB）、非洲开发银行（AFDB）、泛美开发银行（IADB）、国际投资银行（IIB）等。国际金融机构的资金主要源于会员国认股金、借款、留存收益、资金回流等。

2. 各国政府资金

政府资金主要是来自各国的财政拨款，并通过财政预算进行收付的资金。利用外国政府资金的主要途径是外国政府贷款。这类贷款通常为专项贷款，只能用于购买贷款国货物，使用政府贷款时，连带使用一定比例贷款国的出口信贷。其贷款条件比较优惠，利率低，期限长，附加费少，并伴有捐赠，具体形式主要有政府贷款、政府混合贷款和政府赠款三种。

3. 欧洲货币资金

欧洲货币（Eurocurrancy）是存放于发行国境外银行中的可自由兑换的该国货币，如存放在伦敦银行中的美元为欧洲美元。这些存款可存放于一家外国银行或本国银行在国外的分支机构。由此，欧洲货币市场（Eurocurrancy market）由那些吸收外币存款和进行外币贷款的银行组成。这一市场具有融资灵活、数量大、用途不指定，以及贷款业务不受所在国货币当局的控制等优点，是一个很好的融资渠道。

4. 各国国内经济、团体组织资金

经济、团体组织资金来源主要是发达国家的企业、跨国公司、商业银行和各种基金，如养老基金、投资基金等。这些机构存有大量游资，需要寻找投资，成为国际企业融资的重要渠道。

5. 各国民间资金

民间资金主要来自发达国家的民间个人资金。发达国家经济发达，人民生活水平高，有大量剩余资金，又有投资环境和习惯，因而是一个非常有潜力的国际资金来源渠道。

[①] 世界银行集团简称世界银行（World Bank），是根据1944年7月联合国金融会议的决议于1945年12月与国际货币基金组织同时成立的。世界银行集团由五个机构组成：国际复兴开发银行（IBRD）、国际金融公司（IFC）、国际开发协会（IDA）、多边投资担保机构（MIGA）和国际投资争端解决中心（ICSID）。世界银行集团总行设在华盛顿，在纽约、巴黎、伦敦、日内瓦、东京和北京等地设有办事处。

（二）国际融资方式

所谓融资方式，就是企业筹集资金的具体方法和形式。显然，融资方式与融资渠道是不同的概念，这二者的联系和区别是：同一融资渠道，可以采取不同的融资方式；不同的融资渠道，可采取同一种融资方式。国际企业充分认识国际融资方式的种类和资本性质，有利于选择适宜的融资方式，以较低的成本、较快的时间和较优惠的条件，筹集到所需要的资金。国际融资方式依其性质及对企业某项生产经营和财务活动的影响的不同，可分为国际股权融资（international equity financing）、国际债券融资（international bond financing）、国际信贷融资（international credit financing）、国际租赁融资（international lease financing）、国际贸易融资（international trade financing）、国际项目融资（international project financing）等。现概括介绍如下。

1. 国际股权融资

国际股权融资是国际企业通过投资银行等中介机构在国际上发行股票或吸收直接投资来筹集权益性资金的一种方式，主要有发行股票、吸收直接投资等形式。

2. 国际债券融资

国际债券融资是国际企业通过投资银行等中介机构在国际金融市场上发行债券来筹集资金的一种方式。国际债券可分为欧洲债券（Euro bond）、外国债券（foreign bond）和全球债券。

3. 国际信贷融资

国际信贷融资是国际企业利用贷款的形式来筹集资金的一种融资方式，包括国际商业银行贷款、国际金融机构贷款和外国政府贷款等。

4. 国际租赁融资

国际租赁融资是国际企业通过国际租赁市场向国际租赁公司租赁本企业所需设备，以支付租金形式取得设备使用权，以融物的方式达到融资目的的一种融资方式。国际租赁按性质和目的不同，可分为融资租赁和经营租赁；按程序不同，可分为国际自营性租赁、国际转租赁和国际直接租赁。下面是对国际自营性租赁、国际转租赁和国际直接租赁的简要介绍。

（1）国际自营性租赁。国际自营性租赁是指本国租赁公司运用从国外金融市场上筹措的外汇资金，或从本国银行借入的外汇资金，或自有外汇资金，根据本国企业的委托，按照本国企业提交的订单，以买方身份与国外供货商签订买卖合同，设备购进后，将其出租给本国企业使用，租赁期间，由本国企业分期向本国租赁公司支付租金。

（2）国际转租赁。国际转租赁是指本国租赁公司根据本国企业委托，按照本国企业选定的租赁物（如某种设备）、供货厂商和提交的设备订单，先以承租人身份从国外租赁公司租赁设备，再以出租人身份将设备转租给本国企业。

（3）国际直接租赁。国际直接租赁是指本国企业（承租人）从国外供货厂商处选定所需设备，直接与国外租赁公司签订租赁合同，由国外租赁公司按照承租人订货要求与供货厂商签订设备买卖合同，国外租赁公司向供货厂商支付设备货款，购买该设备，由供货厂商将设备发给承租人，承租人使用设备，定期向国外租赁公司支付租金。

 5. 国际贸易融资

国际贸易融资是国际企业在进出口国际贸易业务过程中，通过银行提供资金融通的一种融资方式。它包括对外贸易信贷、国际保付代理和补偿贸易融资三大类。国际贸易融资是中国企业采用最多、历史最长的一种方式之一。

知识活页

拓展阅读：中国进出口银行哈萨克斯坦阿特劳炼油厂石油项目出口买方信贷

 6. 国际项目融资

国际项目融资是指对经济上可分割的资本投资项目进行的资金筹集活动，其中资金的提供者主要以项目带来的现金流量作为收回其贷款以及从项目的收益中获得投资回报的保证。这种融资方式是国际银行界总结20世纪70年代贷款过程中的经验教训时得出的一种新型融资方式，一般用于大型建设项目。

融资渠道与融资方式有着密切的联系。一定的融资方式可能只适用于某一特定的融资渠道，但同一渠道的资金往往可以采取不同的融资方式。因此，国际企业进行国际融资时，应实现两者的合理配合。

三、国际融资预测与决策

国际企业在做出投资决策前,首先要根据投资项目的现金流量或企业经营发展战略分析企业的未来资金使用情况,企业的内部留存收益和国内资金能否满足企业发展的要求,是否需要国际融资,若需要国际资本则应采用何种方法融资、在何地融入资金等问题。这些问题的解决过程就是国际融资预测与决策的过程。

(一)国际融资预测

国际融资决策的第一步是预测融资规模。国际企业融资规模的确定方法主要有财务报表分析法和实际估算法,读者可以参阅财务管理学的相关介绍。下面重点介绍国际融资决策。

(二)国际融资决策

 1. 国际融资决策的含义

国际融资决策是企业进行对外融资活动的一种战略决策,是企业对融资目标、融资规模、融资方式与方法、融资结构、融资成本与收益等方面进行分析、判断和选择,从而确定最佳融资方案的过程。其核心是以有效的融资方式和最低的融资成本取得足够的经营资金,同时维护企业良好的资信等级和再融资能力。国际融资决策与国内融资决策的性质、所运用的基本原则和方法是相同的,只是国际融资涉及面广,国际融资环境比较复杂。国际融资活动不可避免地要受到东道国政治、经济、法律、文化等不可预测因素的多重影响,包括外汇市场汇率波动,不同国别与地区的利率差别,复杂的国际会计统计口径,东道国税收政策、外汇管理政策以及行政法律干预等,所涉及的问题较国内融资更为复杂多变。因此,国际融资的风险更大,国际融资决策需要考虑的因素更多,决策难度更大。

 2. 国际融资决策的基本环节

从过程上讲,企业的国际融资决策可分为五个环节,即分析国际融资环境、评估企业自身目标和资源、选择融资渠道和资金市场、确定最佳融资结构和预测汇率变化。

(1)分析国际融资环境。国际融资环境包括国际和东道国政治经济环境、金融市场环境、税收和法律环境等。深刻认识和全面考察国际融资环境,能够降低日后融资方式决策的难度,提高决策质量。对国际融资环境的分析与评价从以下几个方面进行:一是了解国际经济、政治格局和发展趋势;二是分析各有关国家和地区的投资环境;三是分析东道国政府、政策及经济增长的稳定性,对资金流出、技术转让的政策取向;四是判定融资的安全性,包括东道国金融环境是否良好、法律体制是否健全。

(2)评估企业自身目标和资源。企业自身生产经营目标和融资目的选择对国际融资决策有着极其重要的影响。首先,企业融资的规模和期限目标会影响国际融资的方式和融资对象的选择,即用什么方式向谁融资的问题。其次,资金的用途会影响融资方式。一般而言,国际商业银行贷款不规定款项的具体用途;国际项目融资与特定投资建设项目紧密联系,专款专用;国际租赁融资主要用于取得大型的设备和机器。此外,企业对融资费用和成本的考虑也会影响其融资决策。企业在国际范围内的资源的特点和优劣势,也决定和影响着国际融资方案的选择范围以及国际融资方案能否顺利进行。企业自身的资源主要包括企业拥有的资产和投资项目、企业的国际公关形象、人才资源、国际融资经验、企业对国际金融市场的信息预测和把握等。

(3)选择融资渠道和资金市场。企业对自己的经营目标有了明确定位,对自己的资金需求做出了基本判断,并对国际市场有了初步了解,就进入选择融资渠道和资金市场的环节。一方面,资金来源渠道和资金市场不同,融资条件可能存在着明显的差异;另一方面,不同来源的资金对企业的收益和成本有不同的影响。因此,企业应分析不同市场的资金的分布状况和供求关系,比较不同渠道、不同市场的融资成本,并判定融资的难易程度,从而选择资金的来源渠道和融资场所,以降低资金成本,控制财务风险。

(4)确定最佳融资结构。融资必然要付出一定的代价,但采用不同的融资方式,资金成本高低亦不同。因此,企业需要对各种融资方式进行分析、比较,选择经济、可行的融资方式。融资方式决定融资结构。企业应该根据国际、国内的融资环境以及企业自身状况确定最佳融资结构,以便不断降低财务风险,提高融资效益。

(5)预测汇率变化。国际融资活动必然涉及不同的币种,这种多种货币的融资活动使国际融资面临外汇风险。因此,企业必须认真预测汇率变动情况,利用多国融资的有利条件,选择适当币种,或适当利用各种避险方法减少或避免外汇风险,以达到资金成本最低的目的。

第二节　国际信贷融资[①]

一、国际信贷融资渠道

广义的国际信贷包括国际贷款、国际债券发行、国际租赁和国际补偿贸易等。狭义的国

---

① 本部分参考了夏乐书、李琳:《国际财务管理》,东北财经大学出版社,2020年版的有关内容。

际信贷仅指国际贷款。本节主要介绍国际贷款,国际债券发行将在本章第三节介绍。国际贷款按贷款来源不同可以分为外国政府贷款、国际金融机构贷款、国际商业贷款(包括国际商业银行贷款和出口信贷等)和外国政府混合贷款(由政府贷款和出口信贷或商业银行贷款混合组成的贷款)等。此外,企业还可以从外国企业获得贷款。企业从外国商业银行取得贷款是境外融资的一个主要渠道。外国政府贷款和国际金融机构贷款主要通过政府和国际金融机构办理,而国际商业贷款主要通过国际信贷市场运作。在此简要介绍外国政府贷款、国际金融机构贷款、国际商业银行贷款和外国政府混合贷款。

(一)外国政府贷款

外国政府贷款是指一国政府利用财政资金向另一国政府提供的优惠性贷款。这种贷款通常依据国家间的双边协定或国家间的双边经贸关系而提供,具有贷款期限长、利率低、附加费用少等优惠性质,其用途多限于符合双边协定或双方经贸关系的重要项目。如中国曾于新中国成立初期,使用苏联提供的 74 亿旧卢布(约 15 亿美元),年利率为 2.5% 的长期贷款,用于第一个五年计划重点建设项目。

(二)国际金融机构贷款

国际金融机构贷款主要是通过国际金融机构(包括全球性国际金融机构和区域性国际金融机构)办理贷款事宜。全球性国际金融机构办理的贷款有国际货币基金组织贷款、世界银行集团贷款,区域性国际金融机构贷款包括亚洲开发银行贷款、亚洲基础设施投资银行贷款、金砖国家开发银行贷款等。国际金融机构贷款条件优惠,利率较低,期限长,并附带技术指导,但申请条件苛刻,手续烦琐,并限定用途。例如,多年来世界银行集团成员之一的国际金融公司通过贷款给项目和企业融资,国际金融公司也通过中介银行、租赁公司和其他金融机构转借。然而国际金融公司的贷款传统上由主要工业化国家的货币占主导,现在将构建贷款企业当地货币产品置于优先位置。国际金融公司用 74 种当地货币提供融资。在 2019 年,国际金融公司承诺给自己的新账户提供 71 亿美元的新贷款。①

(三)国际商业银行贷款

国际商业银行贷款是指一国的商业银行作为贷款人,以协议方式向其他国家借款人提供的商业贷款。国际商业银行贷款的贷款人往往是一国的大商业银行或大型跨国银行,借款人可以是各国的银行、企业、政府机构、国际机构等。国际商业银行贷款资金主要来源于商业银行业务,其贷款利率多以国际金融市场利率为基础。由于国际商业银行贷款的手续相对简便,其资金使用不附带商业条款以外的限制条件和附加条件,其贷款条件又依据市场原则确定,因

---

① https://www.ifc.org/wps/wcm/connect/CORP_EXT_Content/IFC_External_Corporate_Site/Solutions/Products+and+Services/Loans.

此,企业从国际商业银行取得贷款是境外融资的一个主要渠道。国际商业银行贷款按期限长短可以分为短期银行贷款和中长期银行贷款。国际商业银行短期贷款是指借贷期限在1年以内的信贷,借贷期限最短的为1天(称为日拆),最长的为1年。这种信贷可分为银行与银行间的信贷(称为同业拆借)和银行对非银行客户(公司、企业、政府机构等)的信贷。国际商业银行中长期贷款是指借款期限在1年以上的信贷,其中1年以上至5年的为中期信贷,5年以上的为长期信贷。由于中长期信贷的期限长、金额大,因而风险大,借贷双方应签订贷款协议。国际商业银行中长期贷款主要有双边贷款、联合贷款和国际银团贷款(亦称辛迪加贷款)。

(四)外国政府混合贷款

外国政府混合贷款简称混合贷款,是由外国政府和该国银行共同提供的结构性贷款。它包括两个部分:第一,外国政府贷款,有的还给予部分赠款;第二,出口信贷或商业银行贷款。各种贷款的比例根据两国关系及实施的项目确定,多数国家提供的政府混合贷款为50%的低息或无息的政府贷款及50%的出口信贷。

外国政府混合贷款是20世纪80年代在出口信贷的基础上发展起来的一种贷款形式。20世纪70年代初,大型机械、成套设备等资本货物的出口竞争加剧,各国在提供出口信贷时,为了加强政府支持力度,竞相采取降低利率、延长偿还期、降低收取现汇定金的比例等措施,试图削弱对方,占领市场。经济合作与发展组织(OECD)为了协调其成员国的行为,曾规定出口信贷的最低利率、最长期限、进口商支付现汇定金的最低比例。外国政府混合贷款因有政府贷款、赠款成分,涉及双方政府间的行为,申请与使用的程序比一般的出口信贷、商业银行贷款要复杂一些。

中国企业要使用混合贷款应向本省、自治区、直辖市有关部门提出申请,经国家有关部门批准立项,报财政部向贷款国提出贷款要求,由财政部指定银行从外国借款,再转贷给项目单位。

据中国资本市场与会计研究数据库(CSMAR)的统计,2014年中国外债余额89 546亿美元,其中外国政府贷款2 322亿美元,国际金融机构贷款4 214亿美元,国际商业贷款49 570亿美元;截至2019年,中国外债余额20 572.8亿美元,其中中长期外债余额8 519.7亿美元,短期外债余额12 053.1亿美元。

二、国际信贷融资的成本与风险

(一)国际信贷融资的成本

1. 国际信贷融资成本测算的必要性

国际信贷融资的成本是指企业从国外筹措和使用外汇借款所付出的代价,包括支付的利息、费用和外币折算差额(外币汇兑差额或外汇风险损益)等。外汇借款的成本额与借款额的百分比称为外汇借款成本率。对外汇借款成本进行预测,是出于外汇借款融资决策的需要,如企业需要通过比较借款成本率和资金利润率来确定外汇借款的使用是否有利于提高企业经济效益,企业需要通过比较成本率来对两种以上货币外汇借款进行选择。

2. 影响国际信贷融资成本率的因素

国际信贷融资成本率,即企业外汇借款成本率,受以下各项因素的影响。

(1)利率。利率是影响外汇借款成本率高低的基本因素。

(2)费用率。费用率是影响外汇借款成本率高低的直接因素。企业进行国际信贷融资,除要支付利息外,还要支付管理费、承担费、保费、手续费等。费用项目越多,费用率越高,外汇借款成本率越高。

(3)汇率变化。汇率变化是影响外汇借款成本率的一个特有的因素。外汇借款从借入到偿还;由于汇率变化,折算为本币的金额会增多或减少,其差额称为外币折算差额。例如,企业借入100万美元,借款时汇率为1美元=6.20元人民币,折算620万元人民币,归还借款时汇率变为1美元=6.30元人民币,折算630万元人民币,多支付10万元人民币,使外汇借款成本率升高。相反,如果汇率变为1美元=6.10元人民币,折算610万元人民币,少支付10万元人民币,使外汇借款成本率降低。

(4)所得税税率。所得税税率是影响外汇借款成本率高低的间接因素。利息支出和外币折算差额计入财务费用,使企业利润相应减少,从而可少交一部分所得税。例如,企业外汇借款的利息支出和外币折算差额共10 000元,按规定计入财务费用,使企业利润减少10 000元,所得税税率为25%,企业可少交所得税2 500元,企业借款利息和外币折算差额的净支出为10 000元×(1−25%)=7 500元。

3. 国际信贷融资成本测算的方法

1) 短期外汇借款成本率的测算

短期外汇借款成本包括利息支出和外币折算差额,如果有借款费用,还包括借款费用,因此外汇借款成本率的计算公式如下:

$$K_L = \frac{PRS_1 + P(S_1 - S_0) + PS_0 f}{P(1-f)S_0} \times 100\% \times (1-T)$$

式中:K_L——外汇借款成本率;

P——外汇借款本金;

R——年利率;

S_0——借款时的汇率;

S_1——预测还款时的汇率;

f——融资费用率;

T——所得税税率。

读者可以根据此公式推导出引入汇率变动百分比参数的另外两个公式。

【例 5-1】 A 公司从银行借入短期外汇贷款 100 万美元,年利率 5%,借款时汇率为 1 美元＝6.25 元人民币,还款时汇率为 1 美元＝6.45 元人民币,所得税税率为 25%。

解:将有关数据代入短期外汇借款成本率计算公式,得:

$$K_L = \frac{100 \times 5\% \times 6.45 + 100 \times (6.45-6.25)}{100 \times 6.25} \times 100\% \times (1-25\%) = 6.27\%$$

读者可以根据引入汇率变动百分比参数的另外两个公式计算,结果是相同的。

2)长期外汇借款成本率的测算

长期外汇借款成本包括利息支出、外币折算差额,有些长期外汇借款还包括借款费用。由于长期借款从借款到以后付息还本要经历若干年,各年的利率和汇率都有变化,不能只根据某一年的利率、汇率等数据来计算借款成本率,也不能将各年不同时点的收支数额简单地相加减,而应根据货币时间价值原理,将各期的利息支出和还款额按折现率加以折算求得各年支出的现值之和,此折现率对借款者来说就是借款成本率。据此,长期外汇借款成本率可按下列公式计算:

$$P(1-f)S_0 = \sum_{t=1}^{n} \frac{PR_t S_t (1-T)}{(1+K_L)^t} + \frac{PS_0 + P(S_n - S_0)(1-T)}{(1+K_L)^n}$$

式中:R_t——第 t 年的平均年利率;

S_t——预测第 t 年的平均汇率;

S_n——期满还款时的汇率。

P, f, S_0, T, K_L 的含义与短期外汇借款成本率测算公式相同。公式左边 $P(1-f)S_0$ 是外汇借款额减去融资费用后所得资金净额按照借款时汇率折算的本币数额。公式右边 $\sum_{t=1}^{n} \frac{PR_t S_t (1-T)}{(1+K_L)^t}$ 是各年利息(按照各年汇率折算本币,并扣减节税额)按借款成本率折算的现值之和;$\frac{PS_0 + P(S_n - S_0)(1-T)}{(1+K_L)^n}$ 是本金净偿还额按借款成本率折算的现值,分子中 PS_0 是偿还本金按照借款时的汇率折算的本币数额,$P(S_n - S_0)(1-T)$ 是本金的外币折算差额扣减节税额以后的数额,两者的和是本金净偿还额。

【例 5-2】 B 企业从银行借款 100 万美元,期限 3 年,实行浮动利率,预测各年的平均利率为第一年 3.0%、第二年 3.2%、第三年 3.4%。期满一次还本。融资费用率为 1.5%。借款时的汇率为 1 美元＝6.30 元人民币,预测各年平均汇率为第一年 1 美元＝6.20 元人民币,第二年 1 美元＝6.10 元人民币,第三年 1 美元＝6.00 元人民币。按中国企业会计准则的规定,该项借款的利息和外币折算差额可计入财务费用,所得税税率为 25%。

解:按长期外汇借款成本率的计算公式,计算如下:

$$100 \times (1-1.5\%) \times 6.30 = \frac{100 \times 3.0\% \times 6.20 \times (1-25\%)}{(1+K_L)} + \frac{100 \times 3.2\% \times 6.10 \times (1-25\%)}{(1+K_L)^2}$$

$$+ \frac{100 \times 3.4\% \times 6.00 \times (1-25\%)}{(1+K_L)^3}$$

$$+\frac{100\times 6.3+100\times(6.00-6.30)\times(1-25\%)}{(1+K_L)^3}$$

求解上式,则可得净现值等于零时的 K_L,即长期外汇借款成本率。

设 $K_L=3\%$,得净现值为 18.921 6。

设 $K_L=4.5\%$,得净现值为 -6.766 5。

可知,K_L 的值介于 3% 和 4.5% 之间,可用内插法求得:

$$\frac{18.921\ 6-0}{18.921\ 6-(-6.766\ 5)}=\frac{K_L-3\%}{4.5\%-3\%}$$

得 $K_L\approx 4.1\%$。

若以上公式和例 5-2 是分次还本,则公式中的 $\dfrac{PS_0+P(S_n-S_0)(1-T)}{(1+K_L)^n}$ 应改为 $\sum_{t=1}^{n}\dfrac{P_tS_0+P_t(S_t-S_0)(1-T)}{(1+K_L)^t}$,$P_t$ 表示各次还本额。

(二)国际信贷融资的风险

 1. 国际信贷融资的风险来源

企业利用国际信贷筹借外汇资金,在一定条件下,能给企业带来财务杠杆利益,但也存在着一定的财务风险,其风险来源主要有以下几个方面。

(1)利率风险。在实行浮动利率的情况下,利率上升就会使企业的利息支出增加,使借款成本提高。

(2)汇率风险。如果企业借款、用款和还款的币种不同,汇率发生变动,就可能发生汇兑损失,使借款成本提高,从而增加偿还债务的负担。汇率风险的详细论述见本书第四章。

(3)项目建设风险。项目建设风险主要是指外汇贷款项目在建设过程中由施工和投资等方面的问题而产生的风险,包括由进口设备和材料涨价、各种工程款增加等导致的外汇贷款项目超支风险和投产拖期风险。

(4)市场风险。市场风险主要是指由贷款项目建成后该项目所生产的产品在市场容量和销售价格方面的变化引起产品滞销积压或价格下跌、收入减少,从而影响还贷的风险。

(5)生产技术风险。生产技术风险主要是指利用外汇贷款引进的设备本身在技术、工艺流程和国内设备配套等方面存在较大问题,从而影响进口设备的正常运转,或利用进口设备生产的产品在技术、质量、规格等方面达不到标准,存在严重的质量问题,无法投放市场或废品率高,从而无法正常归还贷款的风险。

(6)经营管理风险。经营管理风险主要是指使用外汇贷款的企业在经营管理方面存在严重问题,失去核心竞争能力,各项经济活动不能正常进行,从而导致外汇贷款不能按期偿还的风险。

上面所说的国际信贷融资风险,都是从经济方面来分析的。国际信贷融资风险还有政治风险和国家风险,具体可以参考本书第二章的相关介绍。

2. 国际信贷融资风险管理

1)在借款、用款、还款三个阶段的管理

(1)借款阶段。在外汇贷款协议签订之前,要对贷款项目在技术、经济、财务等方面进行可行性研究,对贷款项目的效益和风险进行预测和分析,正确进行融资决策,正确选择借款的货币、利率和还本付息方式,合理安排借款期限和还款计划,签订具体详尽的贷款协议,如在协议中规定货币可转换、延期还款、提前还款和利率安排等条款,为资金的使用和偿还做好安排。

(2)用款阶段。切实做好贷款项目的建设管理和投产后的生产经营管理,保证按期或提前投产,提高产品质量,扩大出口销售,增加外汇收入,降低成本费用,增加利润,为按期偿还外汇贷款本息提供保障。

(3)还款阶段。要按还款计划提前做好资金准备,及时办好还款手续。外债较多的企业应按债务余额的一定比例提存外汇,建立偿债基金,在外汇指定银行开立现汇账户存储。专户资金只能用于对外支付本息,不得转移或用于其他支付。

2)采用最佳资金来源结构法

国际信贷融资风险管理,一般采用最佳资金来源结构法,注意正确安排自有资金和借入资金的比例,防止财务风险的发生。

3)运用金融工具防范利率风险和汇率风险

为了防范外汇借款的利率和汇率风险,在国际金融市场上常用货币互换、利率互换、利率期货和利率期权等方法,详细介绍参见本书第四章外汇风险管理。

三、国际信贷融资决策

国际信贷融资决策主要涉及信贷货币的选择、利率的选择、还本付息方式的选择及贷款形式的选择。

(一)国际信贷货币的选择

国际信贷采用的货币,必须是在国际上可以自由兑换的货币。国际商业银行信贷所采用的货币有三种:借款国的货币、贷款国的货币、第三国货币。选择外汇借款货币是国际财务管理的主要决策之一。

1. 货币选择应考虑的主要因素

1973年以来,各国普遍实行浮动汇率制度。在浮动汇率制度下,汇率波动幅度很大,选择信贷所使用的货币时应和利率因素一起考虑,具体说明如下。

对借款人来说,在借款时使用硬货币,就会从硬货币升值中蒙受损失,加重债务负担。反之,如果借款时选用软货币则比较有利,因为借款人能从软货币贬值中得到好处,减轻债务负担。例如,某一时期欧元与美元比较,前者较硬,年初汇率为1欧元＝1.30美元,如年初借100万美元,借期一年,年利率10%,一年后还款时,汇率变为1欧元＝1.35美元,偿还本金100万美元,如按年初汇率需支付约76.92万欧元(100万美元÷1.30美元/欧元),但按年末汇率只须支付约74.07万欧元(100万美元÷1.35美元/欧元),按年初汇率比按年末汇率多付约2.85万欧元。可见,借贷双方的利益是对立的。在银行信贷中,如果使用软货币,贷款银行为了弥补这种货币贬值带来的损失,就要求提高贷款利率;如果使用硬货币,借款人为了弥补这种货币升值带来的损失,就要求降低贷款利率。因而在国际金融市场上,以软货币借贷的利率较高,以硬货币借贷的利率较低。从上述分析可知,借款人在取得国际银行信贷时选用何种货币必须考虑货币软硬(汇率升降)和利率高低两个因素,综合平衡后,再做出有利选择。

 2. 选择货币的方法

在国际信贷货币选择过程中,一般是从多种可供选择的货币中选择其中的某一货币。当很难确定借哪一种货币更合适时,可采用多种货币组合融资。

(1)单一融资货币的选择。如果国际信贷借款人确信还款时汇率预测是准确的,则可以通过本利和比较法和成本比较法来进行选择;但汇率预测往往不完全准确,因此还须考虑汇率变动的各种可能性及其概率后再进行选择。现举例说明如下。

假设借款人确信还款时汇率预测是准确的。

【例5-3】 某国A公司拟从银行取得一笔一年期外汇贷款,有欧元和美元两种货币(方便起见,欧元用A元表示,美元用B元表示)可供选择。有关资料如下。

年利率:A元4%,B元5%;

汇率:借款时1 A元＝1.300 0 B元,预测还款时1 A元＝1.320 0 B元;

借100万A元或130万B元。

解:有以下三种比较选择法。

①本利和比较法。分别计算借两种货币的本利和,选择较小者。

如借A元,到期应支付的本利和为:

$$100 \text{万 A 元} \times (1+4\%) = 104 \text{万 A 元}$$

如借B元,到期应支付的本利和为:

$$130 \text{万 B 元} \times (1+5\%) = 136.50 \text{万 B 元}$$

为了比较,将 136.50 万 B 元折算为 A 元:

$$136.50 \text{ 万 B 元} \div 1.3200 \text{ B 元/A 元} = 103.41 \text{ 万 A 元}$$

也可将 104 万 A 元折算为 B 元:

$$104 \text{ 万 A 元} \times 1.3200 \text{ B 元/A 元} = 137.28 \text{ 万 B 元}$$

通过计算比较可知:借 B 元虽然利率较高,但由于 B 元贬值,A 元升值,汇率变动的影响不仅抵消了利率的差异,而且还使得借 B 元较为划算。

②成本比较法。分别计算借两种货币的成本,选择较低者。

以计算借 A 元的成本为基础,为了与借 A 元的成本比较,在计算借 B 元的成本时,考虑汇率变动的影响。

借 A 元的成本额为:

$$100 \text{ 万 A 元} \times 4\% = 4 \text{ 万 A 元}$$

成本额就是年利息额,成本率就是年利率 4%。

借 B 元的成本额为:

$$[130 \times 5\% \div 1.3200 + (130 \div 1.3200 - 130 \div 1.3000)] \text{ 万 A 元} \approx 3.41 \text{ 万 A 元}$$

借 B 元的成本率为:

$$\frac{3.41}{130 \div 1.3000} \times 100\% = 3.41\%$$

通过计算比较可知:借 B 元的成本额和成本率低于借 A 元,借 B 元较为划算。

也可以计算借 B 元的成本为基础,在计算借 A 元的成本时考虑汇率变动的影响,读者可以自己练习。

③预测汇率与平衡汇率比较法。

平衡汇率是两种借款货币的成本相等时的汇率,它可以按下列公式计算:

$$P_A(1+R_A)S^* = P_B(1+R_B)$$

$$S^* = \frac{P_B(1+R_B)}{P_A(1+R_A)}$$

式中:P_A——A 元借款额;

P_B——B 元借款额;

R_A——A 元借款年利率;

R_B——B 元借款年利率;

S^*——平衡汇率。

当还款时的汇率 $S_1 = S^*$ 时,借 A 元和 B 元的成本相同;当 $S_1 < S^*$ 时,借 A 元划算;当 $S_1 > S^*$ 时,借 B 元划算。

将例 5-3 的数据代入平衡汇率公式,得:

$$S^* = \frac{130 \text{ 万 B 元} \times (1+5\%)}{100 \text{ 万 A 元} \times (1+4\%)} = 1.3125 \text{ B 元/A 元}$$

预测还款时 1 A 元 = 1.3200 B 元,大于平衡汇率 1.3125 B 元/A 元,选择借 B 元划算。

(2)考虑汇率变动的多种可能性及其概率。还款时 A 元与 B 元的汇率,除了上述预测的 1 A 元 = 1.3200 B 元之外,还可能是 1 A 元等于 1.3215 B 元、1.3220 B 元、1.3125 B

元、1.301 5 B元、1.308 5 B元,概率分别为 5％、15％、45％、25％、10％。

借A元的平均汇率为：

$(1.321\ 5\times5\%+1.322\ 0\times15\%+1.312\ 5\times45\%+1.301\ 5\times25\%+1.308\ 5\times10\%)$B元/A元
$\approx1.311\ 2$ B元/A元

借A元的预期平均成本为$(104\times1.311\ 2-130)$万 B 元=6.364 8 万 B 元,小于例 5-3 借B元的成本 6.50 万 B 元,故借A元划算。

需要说明的是,A元的实际借款成本和上述预测的平均借款成本可能有出入,但偏差应该在可控的范围内。

(3)多种货币组合融资。国际信贷的货币选择,一般是从多种可供选择的货币中选择借其中的某一种货币。当很难确定借哪一种货币更适合时,可采用多种货币组合融资。运用多种货币组合融资,一方面有可能达到较低的借款成本;另一方面因货币组合之间的汇率风险会抵消,风险降低。

(二)国际信贷利率的选择

国际信贷的利率可从两个方面进行分析,一是按借款成本高低将外汇借款分为低利率借款和高利率借款,二是按借款风险大小将外汇借款分为固定利率借款和浮动利率借款。所以,对国际信贷利率的选择,主要指利率水平的选择和利率类型的选择。

1. 利率水平的选择

借款利率水平高低与借款来源有密切关系。借款来源于外国政府贷款、国际金融机构贷款和出口信贷的利率较低,而国际商业银行贷款的利率较高。在各种来源的贷款中,利率较高的国际商业银行贷款所占比重过大,必然加大外汇借款的平均成本,企业在效益不佳的情况下就容易陷入债务危机。20 世纪 80 年代,墨西哥、巴西、阿根廷等国的国际商业银行贷款占外债余额的百分比高达 80％以上,由于经济衰退,爆发了严重的债务危机。20 世纪 90 年代末,亚洲金融危机发生的一个重要的原因是一些东南亚国家(如泰国、马来西亚、菲律宾和印度尼西亚等)过多地借入国际商业银行贷款。由于国际商业银行贷款的利率较高,应该对国际商业银行贷款进行严格控制。

2. 利率类型的选择

固定利率的特点是利率水平固定不变,可使借款成本锁定。采用固定利率,如借款期内市场利率上浮,借款企业可避免多付利息;如借款期内市场利率下浮,借款企业付出的利息较多。浮动利率的特点是灵活多变、风险较大。如利率上浮,借款企业将多支付利息,利率风险损失由企业负担;如利率下浮,则借款企业可少支付利息,利率风险损失由银行负担。企业要选择借款期内利息总计较低的利率类型,关键在于要正确预测借款期内利率变动的趋势。在国际金融市场利率处于低水平时,企业借款以采用固定利率为宜;在国际金融市场利率处于高水平时,以采用浮动利率为宜。

由于浮动利率随国际资本市场资金供求等情况而变动,当利率趋升时,风险很大,如不合理控制,就会加重债务负担,甚至造成债务危机。因此,必须科学地预测利率变动趋势,合理地控制浮动利率借款在借款总额中的比例。在选用浮动利率时,还要注意基础利率的选择,按传统以选择国际金融市场银行同业拆借利率为基础。近年来,选择基础利率出现多元化趋势,除选择国际金融市场银行同业拆借利率外,还可选择美国的优惠利率、存款证及商业票据利率等为基础利率。

(三)国际信贷还本付息方式的选择

在国际信贷中,有着多种还本付息方式。一笔外汇借款,在借款额、年利率和期限已定的条件下,还本付息方式不同,利息额就不等,借款者的利息负担就不同。主要的还本付息方式及其本利和计算公式如表 5-1 所示。

表 5-1　国际信贷主要还本付息方式一览表

还本付息方式	本利和计算公式	部分符号说明
①每年年末付息,期末还本	$T=P(1+Rn)$	
②复利计算,期满时本利整付	$T=P(1+R)^n$	
③每年年末等额还本并付当年利息	$T=\dfrac{P+B}{2}Rn+P$	B 为每年还本额
④用复利计算每年还本付息定额	$A=P\dfrac{R}{1-(1+R)^{-n}}$ $T=An$	A 为每年还本付息定额

注:P 为借款额;R 为年利率;n 为期限(年);T 为借款期内本利和。

如果有宽限期,还本、付息间隔期限不同,本利和的计算亦不同,不再赘述。

(四)国际信贷贷款形式的选择

选择贷款形式是指企业在借用国际商业银行贷款时,是从独家银行贷款还是利用银团贷款。这取决于企业所需资金数额、期限和风险程度,贷款额度较大、风险程度较高的大型工程项目或大型基础设施项目,适宜采用银团贷款;如果贷款额度较小,期限较短,则可采用独家银行贷款形式。独家银行贷款的成本较低,只包括利息和承担费,而银团贷款的成本较高,包括的费用项目较多。

第三节 国际证券融资[1]

一、国际证券的发行与流通

早在16世纪初,西欧就出现了证券交易活动。17世纪初,世界上最早买卖股票的市场在荷兰出现。17世纪至19世纪,随着股份公司和信用制度的不断发展,荷兰、英国和美国等国家的证券市场逐步发展起来。最初,证券的发行和交易都是在本国之内进行的,后来由于科技革命推动社会生产力迅速发展,生产和资本国际化,跨国公司和跨国银行形成和发展,许多国家的证券市场对外开放,允许外国投资者购买本国发行的证券,允许外国融资者到本国证券市场发行证券,并参与交易。证券市场对外开放使各国证券市场逐步国际化。证券市场的国际化趋势在19世纪就已出现。从20世纪初到第二次世界大战前,证券市场国际化已初步形成。第二次世界大战后,证券市场国际化才得到迅速发展。

20世纪60年代初出现了以美元为主要交易币种的国际性自由债券市场,即欧洲债券市场。进入20世纪80年代,证券交易趋于全球化。首先,英国、日本和美国等国的金融自由化、国际化改革促进了证券一级市场国际化。20世纪90年代初,美国逐步放松了外国企业在美国证券市场发行证券的限制,美国成为国际上最重要的国际证券一级市场之一。其次,各国清算制度的统一、清算机构之间合作关系的建立和加强、全球24小时不间断证券运营系统的建立、高效发达的通信技术等使各国证券交易市场基本融为一体。

世界各国的证券市场按其发展程度分为成熟市场和新兴市场。前者是指发达国家或地区的证券市场,后者是指发展中国家或地区创立时间短、发展速度快的证券市场。发展中国家或地区证券市场的兴起是证券市场国际化的一个重要标志。发展中国家或地区证券市场的起步早晚不一,发展情况也不同,总的来说,还处于起步和发展阶段,但都顺应国际经济和国际金融的发展趋势,开放本国或地区证券市场,参与国际证券市场活动,大力吸收外资,满足发展本国或地区经济的需要。新兴市场的崛起,正在深刻地改变国际证券市场的格局。

---

[1] 本部分参考了夏乐书、李琳:《国际财务管理》,东北财经大学出版社,2020年版的有关内容。

◇ 知识活页

拓展阅读:100 IPOs in 10 Facts on London Stock Exchange Group in 2017

（一）国际证券的发行

1. 国际证券的发行方式

证券发行市场又称证券一级市场,是证券初次交易的市场。证券发行市场是发行者为筹集资金向外界发行证券(债券、股票)的市场,它由发行者(融资者)、承销商和投资者组成。承销商是在证券市场上协助发行者发行证券或者为发行者寻找投资者的中介机构。在美国,公司发行的证券大部分都是通过承销商销售的,承销商以投资银行①(如第一波士顿投资银行、摩根·斯坦利投资银行和所罗门兄弟公司等)为主。在日本,公司发行证券,承销商主要是证券公司(如野村、大和、日兴和山一等证券公司)。国际证券的发行方式的类型如下。

(1)按是否经过中介机构来划分,国际证券的发行方式可分为直接发行和间接发行。

①直接发行。直接发行是指证券发行者不委托中介机构承销,而由自己直接向投资者推销出售证券,适用于信誉极高的大企业和网点分布很广的金融机构。

②间接发行。间接发行是指证券发行者通过承销商向投资者推销证券。这是当今世界各国最广泛采用的一种方法,因为专门的证券发行机构拥有广泛的发行网点、熟悉证券知识的专业人员和全面的信息。显然,间接发行较直接发行加大了发行成本,但可以扩大证券发行的对象和范围,使证券发行更迅速、更可靠。

(2)按发行对象来划分,国际证券的发行方式可分为公募发行和私募发行。

①公募发行。公募发行是向广泛的不特定的投资者公开发行证券。公募发行涉及众多的社会投资者,对社会影响大,各国证券管理机构对公募发行要求具备一定的条件。例如,发行者必须向主管机关提交发行证券注册申请书,公开财务信息并接受证券评级机构的资信评定;如果发行者对重要事实做了不正确说明或有欺诈行为,必须承担法律责任等。这些规定使发行者必须接受社会监督,并增加了一些费用,但公募发行证券有如下优点:一是投资者众多,能筹集到更多资金;二是有利于提高发行者的知名度;三是公募发行后,证券易进入流通市场,进行转让买卖,具有较高的流动性,因而易被社会投资者接受。

②私募发行。私募发行是向少数特定的投资者(如公司股东、职员,以及与发行者有密切往来的企业、公司、金融机构等)发行证券。发行者一般是信誉极高的政府机构或风险较

---

① 投资银行是从事证券承销、交易业务及相关金融活动,为资金供给双方提供中长期融资服务的金融机构。

大的新企业。各国对私募发行都有一些限制性规定,如投资者在买了私募发行证券后,两年不能转让,两年后若要转让,也只能在规定的范围进行。与公募发行相比,私募发行手续较简便,费用较少,但发行者往往要向投资者提供某种优惠条件。

2. 国际证券的发行程序

证券发行程序因证券种类不同(如债券和股票)而不同,在不同国家、不同金融市场也有差别。一般而言,公募发行证券的基本程序可概述如下。

(1) 发行前的准备工作。确定所需融资数额和发行何种证券;了解发行证券所需文件资料、报批手续、发行机构、发行成本等情况;发行者聘请专门的信用评级机构对自己的信用评定级别;聘请律师解决发行证券的有关法律问题;与选定的证券承销商进行磋商,起草承销合同。

(2) 申请上市,公布信息。向证券管理机构提出书面申请,并提交财务信息和其他有关资料;经审查同意后,证券发行者与承销商研究确定证券发行价格,向社会公布公开说明书、财务信息等资料,说明发行证券的种类、额度、范围、融资用途及预期效益。

(3) 与承销商签订合同。合同内容一般包括委托发行金额、发行方式、起止日期、发行费用、款项分割及违约责任等。

(4) 承销商组织销售,将证券卖给投资者,并按规定时间将款项划付给证券发行者。

(二) 国际证券的流通

1. 国际证券流通市场的形式

证券流通市场又称证券二级市场,是证券发行结束后的再交易市场,是对已发行的证券进行买卖、转让和流通的场所。在国外一些发达国家,证券流通市场有场内交易市场和场外交易市场两种形式。

(1) 场内交易市场。场内交易市场是指由证券交易所组织的集中交易市场,有固定的交易场所和交易时间。在多数国家,它还是全国唯一的证券交易场所。证券交易所接受和办理符合有关法律规定的证券上市买卖。

(2) 场外交易市场(over-the-counter market)。场外交易市场又称柜台交易或店头交易市场,是指在证券交易所外由证券买卖双方当面议价成交的市场。它没有固定场所,其交易主要利用电话进行,交易的证券以不在交易所上市的证券为主,在某些情况下,也对在证券交易所上市的证券进行场外交易。

美国股票的场外交易市场包括以下三种形式。

① 柜台交易市场。柜台交易市场由分散在全国各地的证券公司的交易柜台所组成。除了在证券交易所上市交易的证券外,其他证券都在柜台交易市场交易。

②第三市场。第三市场所买卖的股票都是在股票交易所登记上市的股票,但在场外进行交易。这是因为一些机构投资者经常进行大宗的股票买卖,如果在股票交易所内进行,要支付较多的佣金,成交后过户不及时,于是为了降低费用,常常倾向于寻求场外交易市场。与此同时,一些证券交易商为了争取这类巨额交易,常以较低费用吸引机构投资者,把那些已在股票交易所上市的股票拉到证券公司来交易。

③第四市场。第四市场是指各机构投资者或大户投资者和证券持有者完全避开市场中介机构直接进行场外交易的市场。交易双方通过电子计算机网络直接交易,保密性强,而且可以节省大笔佣金。

国外的各种场外交易市场都是在国家法律限定的框架内,由成熟的投资者参与,接受证券管理机构的监管。改革开放以来,以1981年恢复国债发行为新中国证券市场的发端,迄今为止,中国证券市场已有40多年的历史,大致经历了以下阶段:1981—1986年,从国债和股票发行到国债和股票柜台交易所的形成为第一阶段;1986—1991年,从柜台交易到沪深证券交易所的成立为第二阶段;1991—1998年,从沪深证券交易所成立到全国性证券市场的形成为第三阶段;1998—2008年,从股权分置改革到上市公司股票全流通的基本实现为第四阶段。2008年至今,中国一直在探索建立和完善多层次的资本市场,如2009年10月23日创业板开板,2012年8月,新三板扩容,首批扩大试点除中关村科技园区外,新增上海张江高新技术产业开发区、湖北武汉东湖新技术开发区和天津滨海高新技术产业开发区。中华人民共和国主席习近平于2018年11月5日在首届中国国际进口博览会开幕式上宣布中国设立科创板,并在该板块内进行注册制试点。2019年6月13日,科创板正式开板;7月22日,科创板首批公司上市;8月8日,第二批科创板公司挂牌上市。2021年9月2日晚,中华人民共和国主席习近平在2021年中国国际服务贸易交易会全球服务贸易峰会上发表视频致辞,强调中国将继续支持中小企业创新发展,深化新三板改革,设立北京证券交易所,打造服务创新型中小企业主阵地。

由于中国对资本项目的管制,中国证券市场的国际化非常有限,境外投资者只能通过B股和QFII实现在中国境内的证券投资,而关于设立中国国际板的问题还在进一步讨论。2013年8月22日,上海自由贸易试验区正式设立,筹划设立自由贸易试验区新型国际版,可对中国国际板的设立积累经验。从2015年4月21日第二批中国自由贸易试验区到2020年9月21日第六批中国自由贸易试验区,中国已经设立了21个自由贸易试验区,与此同时,海南国际自由贸易港也在大力建设中。

2. 国际证券交易的主要市场

世界上证券交易的主要市场,17世纪是荷兰的阿姆斯特丹,18—19世纪是伦敦,20世纪是伦敦和纽约并重。20世纪80年代日本东京证券交易所发展成为世界最大的证券市场之一,它与纽约证券交易所、伦敦证券交易所形成鼎足之势,并与中国香港联合证券交易所、新加坡证券交易所构成一个昼夜不停的全球性证券交易运作体系。

2019年,以上市公司的股票市值计算,世界前十大证券交易市场依次是纽约证券交易所、美国纳斯达克证券交易所、日本交易所集团、伦敦证券交易所、上海证券交易所、香港证券交易所、欧洲证券交易所、深圳证券交易所、多伦多证券交易所和孟买证券交易所。① 2019年,美国成立了长期证券交易所和会员证券交易所。读者可以扫描如下二维码了解美国纳斯达克证券市场。

◇ **知识活页**

拓展阅读:美国纳斯达克证券市场

二维码 5-3

(三)证券上市的条件和程序

广义地说,证券进入发行市场正式发行,就是证券上市。但平时所说的证券上市,是指证券在证券交易所登记注册,并有权在交易所挂牌买卖,即赋予某种证券在某个交易所进行交易的资格。

1. 上市条件

不同的国家和不同的证券交易所对证券上市条件的规定有所不同,同一国家的同一证券交易所的不同板块对证券上市条件的规定也不同。例如,纽约证券交易所对小盘股公司的上市条件见表 5-2 和表 5-3。

表 5-2 纽约证券交易所美国发行上市标准

指标	标准 1	标准 2	标准 3	标准 4a	标准 4b
税前收入	$0.75 百万	—	—	—	—
市场价值	—	—	$50 百万	$75 百万	—
总资产和总收入	—	—	—	—	$75 百万
公开发行的市场价值	$3 百万	$15 百万	$15 百万	$20 百万	$20 百万
股东权益	$4 百万	$4 百万	$4 百万	—	—
最低价格	$3	$3	$2	$3	$3
经营历史	—	2 年	—	—	—

---

① https://en.wikipedia.org/wiki/List_of_stock_exchanges.

企业满足表 5-2 中 5 个标准中的一个即可在纽约证券交易所申请上市。需要说明的是，"税前收入"和"总资产和总收入"两项指标必须是上一个财政年度的数据，或最近三年中有两年满足。满足标准的企业可从表 5-3 中 3 个选择中选择一个。

表 5-3 纽约证券交易所美国发行上市选择

指标	选择 1	选择 2	选择 3
公众股东/个	800	400	400
公众持股量/股	500 000	1 000 000	500 000
最近 6 个月每日交易量/股	—	—	2 000

需要说明的是，"公众股东"和"公众持股量"不包括股东或直接或间接由任何管理人员、董事、控股股东或其他集中持有的股份（即 10% 更大）、附属公司或家族控股公司。

作为世界性的证券交易场所，纽约证券交易所也接受外国公司挂牌上市，上市条件较美国国内公司更为严格。

需要指出的是，即使满足初始上市标准，也不一定意味着就能够成功在纽约证券交易所上市，因为纽约证券交易所有申请上市公司可否上市的自由裁量权，从而可以否决申请上市公司的上市或要求提供附加更严格的标准。

2. 上市程序

公司向证券交易所提出上市申请，一般需提交上市申请书、批准发行证券的文件、证券发行章程、公司董事会申请上市的决议等；证券交易所对公司的申请按上市条件进行审核，对符合上市的证券报证券管理部门核准后，发出上市通知书；上市公司向社会公布上市报告书；确定上市日期，挂牌买卖证券。有兴趣的读者可以通过扫描如下二维码观看在纽约证券交易所上市的一天的视频。

知识活页

拓展阅读：在纽约证券交易所上市的一天

二维码 5-4

二、国际债券融资

国际债券是指债券发行者（某国的政府、金融机构、工商企业及国际组织机构）在国外金融市场发行的债券。国际债券的特点是它的发行人和投资者分属于不同的国家,债券是卖给发行人以外的国家的投资者。

(一)国际债券的类型

国际债券一般分为外国债券和欧洲债券两类。20世纪80年代末出现"全球债券"概念。首先通过表5-4对国内债券和国际债券进行比较,再具体介绍外国债券、欧洲债券和全球债券。

表 5-4 国内债券和国际债券的比较

特征	国内债券	外国债券	欧洲债券
发行主体	国内资金需求者	国外资金需求者	国外资金需求者
发行地	国内市场	市场所在国国内市场	发行货币以外的国家
发行银行	国内银行银团	市场所在国国内银行银团	外国银行银团
发行货币	本国货币	市场所在国本国货币	任何外国货币
管制主体	本国证券法规	市场所在国本国证券法规	不需要遵从任何特别国家的法规

资料来源:David Loader. Clearing, Settlement and Custody (Second Edition), 2014.

1. 外国债券

外国债券是指国际债券发行人通过外国金融市场所在国的银行或其他金融机构发行的,以市场所在国的货币为面值的债券。外国债券的发行必须经该外国政府的批准,并受该外国证券法规的管辖,该债券的担保和发售也是由债券市场所在国的金融机构组织。例如,中国的政府或金融机构、工商企业遵循日本的证券法规,在日本债券市场上发行日元债券,债券的发行工作由日本金融机构承包,发行的债券在日本市场上开价和买卖,购买人主要是日本的投资者。

外国债券的特点是债券发行人属于一个国家,债券的面值货币和发行市场属于另一个国家。

外国债券的历史比较长,在19世纪初就已存在了。在欧洲债券出现以前,所有在国外发行的债券,都属于外国债券。外国发行人在美国市场公开发行的长期美元债券称为扬基债券(Yankee bond),外国发行人在日本市场公开发行的日元债券称为武士债券(samruai bond),外国发行人在英国市场公开发行的英镑债券称为猛犬债券(bulldog bond),外国发行人在西班牙市场公开发行的比塞塔(Peseta)债券称为斗牛士债券,外国发行人在荷兰市场上公开发行的荷兰债券称为伦勃朗债券(Rembrandt bond)等。

2. 欧洲债券

欧洲债券是指国际债券发行人通过银行或其他金融机构在债券面值货币以外的国家发

行并销售的债券。例如,中国发行人在英国、德国和法国债券市场上发行的美元债券,称为欧洲美元债券(以美元标价在美国以外发行、持有和交易的债券)。美国某公司发行面值货币是美元的债券,向除美国以外的投资者(如英、德、法、日等国的投资者)出售,也称为欧洲美元债券。又例如,中国发行人在英国以外的其他国家(如德、法等国)发行以英镑表示面值的债券,称为欧洲英镑债券;在英、德、法等国发行以日元表示面值的债券,称为欧洲日元债券;等等。通常,新发行的国际债券中几乎有80%是欧洲债券而不是外国债券。

 ### 3. 全球债券

全球债券是指在全世界各主要证券市场同时发行的国际债券。这是20世纪80年代末在国际资本市场日益全球化背景下的一种创新。1989年,世界银行发行了第一笔15亿美元的全球债券,到1997年已经达到了1 015亿美元的发债规模,占国际债券总额的12.2%。1997年7月,中国香港和记黄埔有限公司发行了20亿美元的全球债券,按期限分四种:10年的7.5亿美元,20年的5亿美元,30年的5亿美元,40年的2.5亿美元。2000年6月,德国电信发行了一笔以美元、欧元、英镑和日元四种货币计值的全球债券,融资145亿美元。这是迄今最大的公司性全球债券之一。另一大型全球债券是由美国电报电话公司打包发行的。它于1999年3月发行的这些债券中,2004年到期的有20亿美元,利率为5.625%;2009年到期的有30亿美元,利率为6%;2029年到期的有30亿美元,利率为6.5%。意大利政府在1993年发行的债券是最大的主权政府全球债券之一,其中有20亿美元在2003年已经到期,利率为6%;有35亿美元在2023年到期,利率为6.875%。

国际债券有许多种具体形式,主要包括固定利率债券(又称普通债券)、浮动利率债券①、零利息债券、混合利率债券②、可转换债券③、实行货币期权的多种货币债券④、鸡尾酒债券⑤、双重货币债券⑥、"龙"债⑦、商业票据⑧等。

中国进入国际债券市场,由政府和国家授权的大型金融机构先走一步是很有必要的。中国财政部、中国银行、中国国际信托投资公司等通过许多次对外发行债券,在国际资本市场上建立了中国的信誉,国外投资者对中国经济发展已有全面的了解,为中国公司进入国际债市创造了良好条件。从债券发行技术方面来说,一国公司进入国际债市,往往以该国主权债定价作为参照系。中国政府已在国外发行了各种不同期限的主权债,建立了中国对外发债的全套标尺,为不同期限的债券确定了定价参照系,为中国公司对外发债提供了依据。据

---

① 浮动利率债券是指在还本期限内,债券的利率不是固定不变的,而要随短期贷款利率的变化定期(通常为6个月)进行调整。
② 混合利率债券还本期分为两个阶段,前一阶段债券的计息按照浮动利率,后一阶段的计息按固定利率。
③ 可转换债券可以在债券到期日前将债券面额按事先确定的转换比率转换成债券发行公司的普通股票。
④ 发行者给债券持有者提供一种在利息和本金支付时选择货币的权利。
⑤ 鸡尾酒债券的本金和利息是由多种货币平均支付的。
⑥ 双重货币债券是指以一种货币支付利息,而以另一种货币偿还本金的债券。
⑦ "龙"债是在亚洲地区(日本除外)发行的一种以非亚洲国家货币计价的债券。多数"龙"债以美元标价,也有些以马克、加元等其他西方国家货币标价。
⑧ 商业票据属于短期证券,是信誉较好的大企业为了满足其流动资金的需要,公开发行的短期借款票据。其期限通常为30~270天,票面金额固定,票据按贴现方式发行。持票人可将商业票据持至到期日凭票取款,也可在票据到期前向市场出售。

中国资本市场与会计研究数据库(CSMAR)的统计,截至 2017 年 12 月,中国政府发行的国际债券总额是 1 930 亿美元,其中一般政府债券额是 170 亿美元,金融机构总债券额是 1 470 亿美元,金融机构银行债券额是 790 亿美元,非金融机构债券额是 290 亿美元。值得一提的是,近年来中国在绿色债券(含绿色国际债券)规模方面取得了非常大的进展。

(二)国际债券的发行条件

债券发行人的目的是要以最少的成本支出获取最多的资金,而投资者的目的则是要以最少的投资获取最大的收益。为了使两者的目的适当地统一,就必须确定双方都能接受的条件,包括发行额、票面利率、偿还期限、偿还方式、发行价格等。

 1. 发行额

发行额是指发行债券的总额,即发行债券筹措资金的金额。发行额的多少与发行人的资金需求有关,同时要看当时的市场对这种债券的吸收能力如何。此外,发行人的资格、信用、知名度以及债券的种类也都是确定发行额的重要因素。适当的发行额,一般由发行人与承销商事先根据上述各项因素共同商定。发行额不宜定得过高。发行额定得过高,不仅会造成销售困难,而且对该债券发行后在流通市场上的价格也会产生不利的影响。

 2. 票面利率

票面利率是指债券的一年利息与债券票面金额的比率。利率对于发行人来说越低越好,而对于投资者(债券购买者)来说则越高越有吸引力。发行人应与承销商协商,在不影响债券销售的情况下,争取尽可能低的利率。在确定债券票面利率时,一般应考虑以下因素。

(1)发行债券时的国际金融形势、银行存款利率和资金市场行情。预计发行的债券在市场上能畅销,利率可适当低一点;反之,则应高一点。债券购买者的实际收益率不应低于银行存款利率或低于投放于其他证券所获得的收益,否则债券难以销售。利率的高低随市场资金供求关系而波动,资金供不应求,利率升高;资金供过于求,则利率下降。

(2)发行人的信用程度。债券发行人的信用较高,投资者购买债券获得利息和收回本金的安全性较高,风险较小,则利率可以降低;反之,利率则应提高。

(3)债券偿还期限的长短。偿还期限长的债券利率较高,反之则较低。

(4)债券面值货币不同,利率水平有差别。面值货币是硬货币,利率应该高点;反之则应该低一点。

(5)计息方法。债券的计息方法通常有单利计息、复利计息和贴现计息三种。计息方法不同,利息额也不同,因此计息方法对融资成本和投资收益有直接影响。是采用单利计息还是采用复利计息,往往根据各国具体情况而定。一般情况是期限较长的债券因其市场风险较大而多用复利计息。贴现计息方法通常是 1 年期以内的债券在难以计算复利的条件下所

采取的计息方法。

(6)支付利息的次数。债券的付息方式分为一次性付息和分期付息。一次性付息是从债券发行到期满偿还这段时间内利息只支付一次,一般是在债券到期还本时付息;分期付息是指一年付息一次或一年付息两次。付息次数不同,虽然其利息总额相等,但其终值却不同,付息次数多的债券大于付息次数少的。

此外,承销商销售债券的能力对利率水平也有一定的影响。影响利率的因素甚多,一般利率难以被准确预测。所以对发行人来说,最主要的是自己能综合分析市场形势,做出判断。此外,还要选择有影响、有实力、有经验的承销商。发行人提出发行债券的意向以后,承销商要根据发行人的资信条件和当时债券市场的情况,研究以多少票面利率发行能向投资者顺利销售。

3. 偿还期限

偿还期限是指债券从发行时起到付息还本全部结束为止经过的期限。按国际一般惯例,期限在1年以内的债券称为短期债券,期限在1年以上的债券称为长期债券,而习惯上又把期限为1~5年的债券称为中期债券。决定债券的偿还期限时,应考虑下列各因素。

(1)发行者投资计划的时间。需要短期流动资金的,应发行短期债券;需要长期投资资金的,应发行中长期债券。

(2)未来利率变化趋势。如果预测利率将下降,发行者应尽量缩短债券的期限,以发行短期债券为宜。因为若市场利率呈下降趋势,发行人能以较低的利率发行新的债券,使融资成本下降。反之,应尽量发行长期债券。

(3)流通市场的发育程度。流通市场发达,投资者就敢于购买长期债券,因为在必要时投资者可以很方便地将债券卖出以收回现金。流通市场不发达,长期债券在流通市场上不易转让,投资者存在后顾之忧,长期债券难以推销。因此,流通市场的发育程度对长短期债券的销售产生影响,从而对债券的偿还期限产生影响。

除了上述因素之外,投资者的投资意向、心理状况及一国的消费倾向、物价水平和证券市场上其他债券的期限结构等,也都是债券发行人在选择债券偿还期限时所要统筹考虑的因素。

4. 偿还方式

债券的偿还主要有以下三种方式。

(1)期满偿还。期满偿还是指按债券发行时既定的偿还期限,到债券期满时一次偿还本金。

(2)期中偿还。期中偿还是指在债券期满前分次偿还债券本金,到期满时全部偿还完毕。此种方式又可分定时偿还、任意偿还、买入注销和提前回售四种具体方式。

①定时偿还。定时偿还是指债券发行后,过了宽限期,每隔半年或每年偿还一定的金

额,到债券期满时还清余额。期限长的债券通常采用定时偿还的方法。

②任意偿还。任意偿还是指在宽限期结束后,由发行人选择时间偿还所发行债券的全部或一部分。这种方法对债券发行人有利,因为偿还主要是由发行人一方的意愿决定的。当用任意偿还方法对债券持有者不利时,偿还额须高于债券面额,或加息给予补偿。

③买入注销。买入注销是指发行的债券上市进入流通市场后,发行人可趁价格便宜时买进一些自己发行的债券,以抵消一部分偿还额。

④提前回售。提前回售是指投资者在债券期满前,在事先约定的时间内,按约定的价格将债券回售给发行人。投资者一般是在市场利率高于债券利率或向外融资成本较高时进行债券回售。

(3)延期偿还。延期偿还是指债券发行人在发行债券时就申明投资者有权在债券期满后继续持有债券直到某一指定日期。在市场利率看跌的情况下,债券投资者和发行人往往都愿意接受这种方式。债券投资者愿意延期偿还,以获得延期期间的较高利息,发行者也认为在下一轮新发债券时市场利率下降不大,采用延期偿还方式可以延长资金的使用期,同时可以节省新发债券所需的成本支出和有关工作量。

用什么方法偿还,在谈判时需要协商好。目前在美国发行美元债券,期限在 10 年以内的,一般实行期满时一次偿还本金;期限在 10 年以上的债券,一般实行期满前分次偿还本金。

5. 发行价格

发行价格是指在债券发行市场上出售债券时所使用的价格。在实务中,公司债券的发行价格通常有三种情况,即等价①、溢价②和折价③。

结合上述四项发行条件,根据货币时间价值原理,债券发行价格由两部分构成:一部分是债券面额以市场利率作为折现率折算的现值;另一部分是各期利息(通常表现为年金形式)以市场利率作为折现率折算的现值。由此,债券发行价格可按下列公式计算:

$$P_B = \frac{B}{(1+R_M)^n} + \sum_{t=1}^{n} \frac{I_t}{(1+R_M)^t}$$

式中:P_B——债券发行价格;

B——债券面额;

R_M——折现率;

I_t——第 t 年的利息;

n——债券的偿还期限。

【例 5-4】 某公司发行面额为 2 000 美元,票面利率为 8%,期限为 5 年的债券,每年末付息一次。其发行价格可分下列三种情况来分析测算。

---

① 等价是指以债券面额作为发行价格。多数公司债券采用等价发行。
② 溢价是指按高于债券面额的价格发行债券。
③ 折价是指按低于债券面额的价格发行债券。

(1) 如果市场利率为 8%，与票面利率一致，该债券属于等价发行。其发行价格为：

$$\frac{2\,000\text{ 美元}}{(1+8\%)^5} + \sum_{t=1}^{5}\frac{160\text{ 美元}}{(1+8\%)^t}$$

$= 2\,000\text{ 美元} \times 0.680\,6 + 160\text{ 美元} \times 3.997\,2$

$= 1\,361.20\text{ 美元} + 638.80\text{ 美元}$

$= 2\,000\text{ 美元}$

(2) 如果市场利率为 6%，低于票面利率，该债券属于溢价发行。其发行价格为：

$$\frac{2\,000\text{ 美元}}{(1+6\%)^5} + \sum_{t=1}^{5}\frac{160\text{ 美元}}{(1+6\%)^t}$$

$= 2\,000\text{ 美元} \times 0.747\,3 + 160\text{ 美元} \times 4.212\,4$

$= 1\,494.60\text{ 美元} + 673.98\text{ 美元}$

$= 2\,168.58\text{ 美元}$

(3) 如果市场利率为 10%，高于票面利率，该债券属于折价发行。其发行价格为：

$$\frac{2\,000\text{ 美元}}{(1+10\%)^5} + \sum_{t=1}^{5}\frac{160\text{ 美元}}{(1+10\%)^t}$$

$= 2\,000\text{ 美元} \times 0.620\,9 + 160\text{ 美元} \times 3.790\,8$

$= 1\,241.8\text{ 美元} + 606.53\text{ 美元}$

$= 1\,848.33\text{ 美元}$

由此可见，在债券的票面金额、票面利率和期限一定的情况下，发行价格因市场利率不同而有所不同。如分次偿还债券本金，债券发行价格公式为：

$$P_B = \sum_{t=1}^{n}\frac{B_t}{(1+R_M)^t} + \sum_{t=1}^{n}\frac{I_t}{(1+R_M)^t}$$

（三）国际债券融资的成本与风险

1. 国际债券的发行和管理费用

发行国际债券，除要定期向债券持有人支付利息外，还要支付各种费用，一般包括最初费用和期中费用两类。

(1) 最初费用是指债券发行前（准备阶段）和发行时发生的各项费用，具体包括：

①承购（代销）手续费，即支付给承购公司、包销集团承购、包销债券的费用；

②代理人手续费，即支付给受托公司、债券登记代理人等的手续费；

③印刷费，即印刷债券、文件、合同等支出的费用；

④律师费，即发行债券聘用律师而支付的费用；

⑤上市费用，即进入债券市场的手续费、广告宣传费等；

⑥其他各种杂费。

(2)期中费用主要包括:
① 债券管理费,即财务代理人履行合同进行账簿管理等服务所收取的费用;
② 付息手续费,一般为所付利息的 0.25%;
③ 还本手续费,一般为偿还金额的 0.125%。

 2. 影响国际债券成本率的因素

影响国际债券成本率的因素,除了债券票面利率、费用率(融资费用率)、所得税税率和汇率变化等因素(这些因素与前述外汇借款成本率基本相同)外,还有债券发行差价率因素。发行差价是指债券的发行价格与票面金额之间的差额,如债券的票面金额为 1 000 元,发行价格为 990 元(此为折价),则发行差价为 10 元,发行差价率为 1%。债券折价发行使发行公司实际收到的资金减少。折价率是使债券成本率升高的一个因素;相反,溢价率是使债券成本率降低的一个因素。

 3. 测算国际债券成本率的方法

测算国际债券成本率时,可以以前述利用现值法计算债券发行价格的公式为基础,将融资费用、发行差价、节税额和汇率等因素加进去形成计算国际债券成本率的下列公式:

$$B(1-f-g)S_0 = \sum_{t=1}^{n} \frac{I_t(1-T)S_t}{(1+K_B)^t} + \frac{BS_n - B(S_n-S_0)T}{(1+K_B)^n} - \sum_{t=1}^{n} \frac{[Bf+(B-P_B)] \div nTS_0}{(1+K_B)^t}$$

式中:K_B——债券成本率;

B——债券面额;

P_B——债券发行价格;

f——融资费用率;

g——发行差价率;

I_t——第 t 年的利息、费用(指期中费用);

n——债券的偿还年限;

T——所得税税率;

S_0——发行债券时的汇率;

S_t——第 t 年的汇率;

S_n——还本时的汇率。

公式左边 $B(1-f-g)S_0$ 是发行债券净得外汇折算为发行主体所在国货币数额。公式右边第 1 项 $\sum_{t=1}^{n} \frac{I_t(1-T)S_t}{(1+K_B)^t}$ 是各种利息费用外汇折算为发行主体所在国货币数额的现值之和。公式右边第 2 项 $\frac{BS_n - B(S_n-S_0)T}{(1+K_B)^n}$ 是期满时偿还本金(外汇折算为发行主体所在国货币)的现值,如还本多次,可改为 $\sum_{t=1}^{n} \frac{B_t S_t - B_t(S_t-S_0)T}{(1+K_B)^t}$。公式右边第 3 项

$\sum_{t=1}^{n}\dfrac{[Bf+(B-P_{\mathrm{B}})]\div nTS_{0}}{(1+K_{\mathrm{B}})^{t}}$ 是平均每年融资费用和发行差价摊销的节税额（外汇折算为本币）现值之和。如果融资费用和发行差价数额较小，此项可省略不计。

在中国境外发行公募债券，支付的费用数额较大，为了比较准确地计算债券成本率，应将费用中的最初费用和期中费用分别处理。最初费用应作为融资费用，从发行债券融资总额中扣减；而期中费用属于债券资金管理费，应与利息一起列入债券成本率计算公式的分子。

【例 5-5】 中国某公司今年初在美国发行公募债券，发行总额 1 000 万美元，发行价格为面值的 98%，票面利率 10%，期限 3 年，发行费用 20 万美元，其中最初费用 10 万美元，期中费用 10 万美元（其中第 1 年 3 万美元，第 2 年 3 万美元，第 3 年 4 万美元），期满一次还本，所得税税率 25%。发行债券时汇率为 1 美元＝6.30 元人民币，预计今后 3 年人民币对美元的汇率将上升，即美元将贬值，每年递减 1%，即第 1 年末为 6.3 元人民币/美元×(1−1%)＝6.237 元人民币/美元，第 2 年末为 6.237 元人民币/美元×(1−1%)≈6.174 6 元人民币/美元，第 3 年末为 6.174 6 元人民币/美元×(1−1%)≈6.112 9 元人民币/美元。

解：根据债券成本率的计算公式：

$$B(1-f-g)S_{0}=\sum_{t=1}^{n}\dfrac{I_{t}(1-T)S_{t}}{(1+K_{\mathrm{B}})^{t}}+\dfrac{BS_{n}-B(S_{n}-S_{0})T}{(1+K_{\mathrm{B}})^{n}}-\sum_{t=1}^{n}\dfrac{[Bf+(B-P_{\mathrm{B}})]\div nTS_{0}}{(1+K_{\mathrm{B}})^{t}}$$

本题分步计算如下：

① 公式左边的计算。

$B=1\,000$ 万美元，$f=10/1\,000=1\%$，$g=100\%-98\%=2\%$，$S_{0}=6.3$ 元人民币/美元，则：

$B(1-f-g)S_{0}=1\,000$ 万美元×(1−1%−2%)×6.3 元人民币/美元＝6 111 万元人民币

② 公式右边第 1 项的计算。

$$I_{1}=1\,000\text{ 万美元}\times10\%+3\text{ 万美元}=103\text{ 万美元}$$
$$I_{2}=1\,000\text{ 万美元}\times10\%+3\text{ 万美元}=103\text{ 万美元}$$
$$I_{3}=1\,000\text{ 万美元}\times10\%+4\text{ 万美元}=104\text{ 万美元}$$

$S_{1}=6.237$ 元人民币/美元，$S_{2}=6.174\,6$ 元人民币/美元，$S_{3}=6.112\,9$ 元人民币/美元，n 为 3，T 为 25%，则：

$$\sum_{t=1}^{n}\dfrac{I_{t}(1-T)S_{t}}{(1+K_{\mathrm{B}})^{t}}=\left[\dfrac{103\times(1-25\%)\times6.237}{1+K_{\mathrm{B}}}+\dfrac{103\times(1-25\%)\times6.174\,6}{(1+K_{\mathrm{B}})^{2}}\right.$$
$$\left.+\dfrac{104\times(1-25\%)\times6.112\,9}{(1+K_{\mathrm{B}})^{3}}\right]\text{万元人民币}$$
$$\approx\left[\dfrac{481.81}{1+K_{\mathrm{B}}}+\dfrac{476.99}{(1+K_{\mathrm{B}})^{2}}+\dfrac{476.81}{(1+K_{\mathrm{B}})^{3}}\right]\text{万元人民币}$$

③ 公式右边第 2 项的计算。

$S_{n}=6.112\,9$ 元人民币/美元，则：

$$\dfrac{BS_{n}-B(S_{n}-S_{0})T}{(1+K_{\mathrm{B}})^{n}}=\left[\dfrac{1\,000\times6.112\,9-1\,000\times(6.112\,9-6.3)\times25\%}{(1+K_{\mathrm{B}})^{3}}\right]\text{万元人民币}$$

$$= \frac{6\,159.675}{(1+K_B)^3} \text{万元人民币}$$

④ 公式右边第 3 项的计算。

$$P_B = 1\,000 \text{ 万美元} \times 98\% = 980 \text{ 万美元}$$

$$\sum_{t=1}^{n} \frac{[Bf+(B-P_B)]\div nTS_0}{(1+K_B)^t} = \sum_{t=1}^{n} \frac{[1\,000 \times 1\% + (1\,000-980)]\div 3 \times 25\% \times 6.3}{(1+K_B)^t} \text{万元人民币}$$

$$= \left[\frac{15.7}{1+K_B} + \frac{15.7}{(1+K_B)^2} + \frac{15.7}{(1+K_B)^3}\right] \text{万元人民币}$$

将以上四项数据代入公式,得:

$$6\,111 = \frac{481.81}{1+K_B} + \frac{476.99}{(1+K_B)^2} + \frac{476.81}{(1+K_B)^3} + \frac{6\,159.675}{(1+K_B)^3} - \left[\frac{15.7}{1+K_B} + \frac{15.7}{(1+K_B)^2} + \frac{15.7}{(1+K_B)^3}\right]$$

设 $K_B = 8\%$,得净现值为 52.70;$K_B = 9\%$,得净现值为 −103.25,说明 $8\% < K_B < 9\%$。根据内插法,可以近似地求出 K_B:

$$\frac{K_B - 8\%}{9\% - 8\%} = \frac{52.70 - 0}{52.70 - (-103.25)}$$

$$K_B \approx 8.34\%$$

当企业发行外币债券,有两种以上的货币可供选择时,应分别测算各种外币债券的成本率,从中选择成本率最低的那种货币的债券。

 4. 国际债券融资的风险

国际债券融资与国际信贷融资都是从国外取得外汇借款,形成企业的负债。因此,国际债券融资也存在与国际信贷融资同样的风险,须采用的风险管理方法也基本相同。

(四)国际债券融资决策

 1. 国际债券融资与国际商业银行贷款的比较

1)国际债券融资的优点

与国际商业银行贷款相比,国际债券融资有下列优点。

(1) 债券利率一般略低于银行贷款利率。

(2) 债券融资的资金来源很广,债权人分散,发行人可完全自主地使用筹得的资金;而商业银行贷款是向某一银行或银团借款,债权人集中,银行常关注贷款的有效使用。

(3) 债券的偿还期限较长。债券的偿还期限可以是 10 年、15 年到 20 年,最长的可达 30 年;而商业银行贷款的偿还期 10 年以上的较少。

(4) 债券偿还方法比较灵活。发行人在债券期满前,趁债券市价下跌时,可从市场上购回自己以前发行的债券,以较少的支出还清债券本金。如要延期偿还,可在债券未到期前发行新债券来更替。借款人使用商业银行贷款,必须事先签订提前还款条款或到期后要求延期还款,均不如债券方便。

(5)债券适合投资者的要求,发行人容易融资。投资者一般都要求投资具有安全性、流动性、灵活性和盈利多的特点。这几项要求之间往往存在一定的矛盾,而投资债券能比较全面地体现这些要求。原因如下:第一,债券是信用好的发行人在法律制约下发行的,具有安全性;第二,虽购买债券具有长期投资性质,但债券具有流动性,投资者可以在市场上出售债券,收回货币,转移投资债券;第三,购买债券的金额可大可小,比较灵活;第四,债券利率一般高于银行存款利率,投资债券可比存款获得较多收益。

由于债券具有上述优点,因而投资者愿意购买,发行人容易筹借到所需资金。近年来,国际债券市场的融资规模超过了银行长期贷款的规模。

2)国际债券融资的不足

与国际商业银行贷款相比,国际债券融资也存在某些不足之处,如准备工作时间长、审查严格,须向社会公布财务信息,手续较复杂,发行后仍要注意债券市场动态等;而从银行借款比较方便、迅速,不必向社会公布财务信息。因此,一般认为期限较短的资金通过银行贷款方式筹借较为有利,而期限较长的资金用发行债券方式筹借更为合适。

2. 国际债券市场的选择

20世纪80年代,中国债券发行人进入国际债券市场,首先尝试日本市场;在20世纪90年代,逐步进入美国市场、欧洲市场和亚洲其他市场。当今世界的大多数借贷中,美元居统治地位,那么为什么有的发行人发行全球债券,有的发行欧洲美元债券,有的发行扬基债券呢?如果规模很大,人们通常发行全球债券,这样可以同时进入世界各主要市场;如果发行长期债券,一般来说,美国市场可提供较好的机会;如果发行浮动利率债券,亚洲市场可提供较好的机会;欧洲债券市场有多方面的优点,对发行人来说极为方便有利。不同市场有不同特点,选择市场要考虑发债规模、期限和利率等因素。中国已进入各主要市场发行过日元、美元、马克债券,现在完全有机会选择进入最适当的市场。

3. 国际债券融资的货币选择、利率选择和还本付息方式选择

发行国际债券在货币、利率和还本付息方式等方面的选择与国际信贷融资基本相同。

4. 商业票据融资与商业银行借款的选择

在欧洲和美国的票据市场上,信誉好的公司可以筹借到利率较低的资金,还可通过即期和远期外汇市场防范汇率风险。发行商业票据融资在财务上是否适当,可通过与银行外汇

借款相比较来确定,其中主要是比较哪一种融资方式的成本率更低。

【实例 5-1】 莎拉·李公司的欧洲债券

莎拉·李公司通过品牌战略以及相比于其他公司较短的到期日,来吸引客户购买公司首次发行的欧洲债券。这家美国的消费品制造商,其业务涵盖莎拉·李乳酪蛋糕、Hanes 女式袜裤乃至 Hill-shire 农家肉,目前以 6% 的利率出售 1 亿美元的欧洲债券。这些是 3 年期的债券;而其他的债券发行商(包括可口可乐、联合利华和沃尔玛)都在主攻 5 年期的债券。

"莎拉·李是知名品牌,而且它对债券到期期限的设定是很少有公司媲美的。"高盛国际的诺埃尔·邓宁说。高盛国际希望在瑞士市场上找到更多的购买者,因为"这个市场的购买者最喜欢购买美国的高质量公司债券",诺埃尔·邓宁说。

莎拉·李公司在 1995 年 8 月宣布将首次推出超过 5 亿美元的欧洲债券计划。"筹得的资金将用于公司的一般用途",该公司发言人杰弗里·史密斯说。

经 Bloomberg Fair Value(BFV) 的分析,与市场上现有的同类债券相比,该债券的定价较为合理。该债券支付给投资者的年利率为 5.881%,或者每半年 5.797%。这比美国的 5 年期国库券的基准利率高 22 个基点。

BFV 的分析还计算出,每 100 000 美元的该债券价值为 100 145 美元,而转让价值为 100 320 美元。只要债券的 100 000 美元面值在其 BFV 的价格 500 美元范围内波动,其定价都被认为是公允的。标准普尔给莎拉·李公司的评级是"AA—",而穆迪投资服务给其的评级稍低一个等级,为"A1"。

1994 年 7 月,莎拉·李公司在荷兰的分公司卖出了 2 亿荷兰盾(约 12 700 万美元)的 3 年期债券,利率比荷兰政府债券高 35 个基准点;1 月份,其澳大利亚分公司卖出了 5 100 万英镑(约 7 800 万美元)的债券,于 2004 年到期,收益率为 9.43%。

资料来源:尤恩,雷斯尼克.国际财务管理(原书第 8 版)[M].赵银德,刘瑞文,赵叶灵,译.北京:机械工业出版社,2018.

面对莎拉·李公司的债券融资策略,你有何启发?

三、国际股票融资

(一)股票市场的国际化

国际性的股票交易早已发生,在 20 世纪 20 年代就有一定的规模,以后随着跨国公司的发展而不断发展。20 世纪 70 年代以来,美、英、日、德等国纷纷放松对自己股票市场的管制,许多发展中国家也在改造旧的股票市场或建立新的股票市场,使世界股票市场的规模迅速扩大,并且日益国际化。到 20 世纪 80 年代初,国际股票市场已基本形成。

股票市场的国际化有以下三种表现。

(1)公司在本国股票市场上发行股票并上市,吸引外国投资者买卖本国公司股票,筹集外资。

(2)公司到国外股票市场上发行股票并上市,筹集外资。

(3)有些国家允许外国公司到本国股票市场上发行股票并上市。

(二)国际股票融资的利弊

 1. 国际股票融资的优点

20世纪90年代以来,中国一些企业发行股票筹集和利用外资已取得了良好效果。利用国际股票融资具有以下优点。

(1)可以为企业发展筹集大量外汇资金。过去,中国采取吸收外商直接投资,借用外国政府贷款和国际商业银行贷款,以及对外发行债券等方式利用外资。随着国内股票市场的建立和发展,中国企业财务会计制度规范化程度不断提高和国际趋同步伐不断加快,中国企业越来越多地应用股票方式吸收外资。1993—2009年,中国境内企业在境外上市筹集了大量外汇,折合人民币8 620.6亿元。近年来,中国企业海外IPO发行市场范围日益多元化,融资规模必将越来越大。

(2)有利于改善企业财务结构。国际股票融资可以改善企业财务结构,使资产负债率趋于合理水平,有利于企业正常运行和发展。

(3)发行股票筹集外资风险较小。因为发行股票筹集的资金是企业的自有资本,可以长期使用,股票可以转让,不退股,无须还本,只是允许境外投资者拥有企业的部分所有权,支付一定的股利。股息红利发放由企业根据盈利情况决定。发行股票吸收的外资,不形成国家债务负担,即使企业破产,也不需要国家偿还。而从外国银行贷款或在国外发行债券必须按期还本付息,还容易受国际金融市场上利率和汇率变化的冲击,可能陷入债务泥潭。

(4)发行股票是一种更为便捷、灵活的形式。发行股票筹集外资具有广泛性、公开性(公布企业财务和经营状况)和灵活性(投资金额可多可少,股票可随时在流通市场转让变现),对投资者具有较大的吸引力,便于广泛吸收国外企业、单位、个人手中的闲散资金。因此,国际股票对于企业和投资者来说,都是一种更为便捷、灵活的形式。

(5)可以弥补合资经营企业的弱点。合资经营企业往往存在着外资到位率低、现汇投入少,外商在以实物和无形资产出资时虚报价格,以及外商利用各种手段转移利润等问题。利用国际股票融资,由于企业收到的是现汇且资金一次性到位,不存在设备、技术作价折股问题,可克服中外合资企业存在的上述问题。

(6)有利于促进企业的国际化经营。企业到境外发行股票和上市,可以促使企业了解世界,让世界了解企业,提高企业的全球声誉。企业股票在境外发行和上市前,企业要深入了解上市地政治、经济、金融等方面的情况;要向境外投资者公布经营、财务状况;上市后,要按照上市地规划定期披露企业财务、经济信息。这有利于提高企业在国际上的知名度,为企业开拓国际市场创造条件。同时,股票发行企业和境外投资者共担企业经营风险,国外股东必然关心企业的经营成果,向企业反映国际市场信息并参与治理,有利于企业根据国际市场的动向,调整企业经营决策,有利于企业开展国际交易和合作。

2. 国际股票融资的不足

国际股票融资也存在着一些不足之处,主要表现在以下几个方面。

(1)与国际信贷融资相比,国际股票融资成本较高。

国际股票融资成本比国际信贷融资成本高,原因如下:境外发行股票融资,因普通股股东投资风险较大,要求的报酬率也较高;股利在税后支付,无节税利益;境外发行股票的发行费用较多(一般为股票面额的2.5%~6.5%);股票发行后,还要承担信息披露成本。在美国纳斯达克股票市场上市的融资成本一般为筹资总额的13%~18%;在中国香港主板市场,一般的上市成本为筹资总额的10%;而中国内地融资成本不超过筹资总额的5%,融资总额超过百亿的,其融资成本不超过2%。

(2)与国际债券融资相比,国际股票融资在技术上相对困难,所需时间较多。

(3)与外商直接投资相比,国际股票融资不能引进先进技术或引进技术的成本相对较高。

(4)与国际租赁融资、国际贸易融资等其他利用外资的方式相比,国际股票融资允许境外投资者拥有企业的部分股权,分享企业的一部分利润。

综上分析,企业股票在境外发行和上市有一定的不足,但和企业从中所得的利益相比,国际股票融资的利还是大于弊。

(三)国际股票融资的方式

国际股票融资可采取多种方式,按是否向社会公开发行,可分为私募和公募;按是否以本企业的名义发股上市,可分为直接上市和间接上市;按股东持有股票的形式,可分为纸面形式的股票、记入股东账户的股票和股票的替代形式——存托凭证等。

1. 直接上市和间接上市

(1)直接上市。直接上市是指企业以本企业的名义到国外股票市场发行股票并上市。利用这种方式,企业不仅可以筹集到大量的资金,且有利于经营机制转轨,提高知名度和促进企业的国际化经营,因而各国鼓励采用这种国际股票融资方式。

(2)间接上市。间接上市是指企业以在外国有关公司的名义发行股票和上市。间接上市又可分为买壳上市、造壳上市和借壳上市等几种情况。所谓"壳",是指公司的上市资格。与一般企业相比,上市公司的最大优势是能在证券市场上大规模筹集资金,促进公司规模的迅速扩大,因此,公司的上市资格已经成为一种"稀有资源"。

①买壳上市。买壳上市是指国内企业购买一家已经在国外上市、业绩较差、筹资能力弱化的上市公司,取得对该公司的全部股权或控股权,加以整顿、重组,注入国内资产,扩展上市公司的规模,然后利用该公司的上市资格在国际股票市场上筹集资金,以达到国内企业国外上市的目的。在买壳上市时,首先遇到的问题是如何挑选理想的"壳"公司。

②造壳上市。造壳上市是指国内企业先在国外建立一家公司,创造条件申请上市,取得上市资格后,国内企业通过这家上市公司在国外募股上市。造壳上市具体又有以下三种方式。

第一,控股上市。控股上市是指国内企业在国外注册一家公司,然后由该公司建立对国内企业的控股关系,再以该国外控股公司的名义在国外申请募股上市,所融资金投回国内企业。

第二,附属上市。附属上市是指国内企业在国外注册一家附属机构(国内企业的子公司),然后将国内资产、业务注入国外附属机构,再由它申请国外募股上市。

第三,分拆上市。分拆上市是指从现有的国外公司中分拆出一个子公司,然后注入国内资产,再由它在国外申请募股上市。

与直接发股上市方式相比,造壳上市是以一家国外未上市公司的名义申请发股上市,这相对于国内企业直接申请到国外募股上市要容易一点。相对于买壳上市而言,造壳上市的成本与风险相对要低,因为造壳上市是有目的地选择或设立公司;而买壳上市却要花费很大的代价去购买"壳"公司,购买不当,很容易造成损失,风险较大。

③借壳上市。借壳上市是指国内母公司将资产注入国外已上市的子公司,然后以该子公司的名义在国外募股和上市。

2. 纸面形式的股票、记入股东账户的股票和股票的替代形式——存托凭证

(1)纸面形式的股票。这是股票的基本形式,公司发行股票时,投资者购买股票交款,公司将股票交给投资者。现在,这种形式的股票一般只在采用私募方式时使用。

(2)记入股东账户的股票。在采用公募发行时,公司一般不发给投资者纸面形式的股票,而是委托证券公司或股票交易所利用计算机为股东开设账户,股东买入和卖出股票数都记入该账户。

(3)股票的替代形式——存托凭证。存托凭证(depository receipt,DR),又称存券收据或存股证,是指在一国证券市场流通的代表外国公司有价证券的可转让凭证,属公司融资业务范畴的金融衍生工具。存托凭证一般代表公司股票,有时也代表债券。以股票为例,A国的甲公司为使其股票在B国发行和上市,向B国证券管理部门提出申请,获得批准后,在B

国找一家信誉好的银行作为存托银行,由存托银行指定一家与其有关的在 A 国的银行作为保管银行,甲公司将一定数额的股票存入保管银行,在 B 国的投资者到存托银行交款购买 A 国甲公司的股票,由存托银行签发存托凭证。投资者持有的不是甲公司的实际股票,而是代表甲公司股票的存托凭证,可据以领取股利,也可以在流通市场转让出去。存托凭证方式简便易行,对国际股票的融资者和投资者来说都比较方便。

根据上市地的不同,DR 又可分为 ADR(美国存托凭证)、EDR(欧洲存托凭证)、HKDR(香港存托凭证)、SDR(新加坡存托凭证)等。如果发行范围不止一个国家,就称为全球存托凭证(GDR)。但从本质上讲,GDR 与 ADR 是一回事,两者都以美元标价,都以同样标准进行交易和交割,两者股息都以美元支付,而且存托银行提供的服务及有关协议的条款与保证都是一样的。ADR 出现最早,运作最规范,流通量也最大,而且中国一些公司曾经采用这种方式,因此它是一种进入美国资本市场的有效途径。中国从 20 世纪 90 年代中期开始通过 ADR 市场融资。近年来,中国的 ADR 发行为大型能源和电信公司所主导,最典型的例子有中国石油和中国联通。

(四)国际股票的发行价格

与国际债券的发行条件有所不同,国际股票的发行条件只包括发行额和发行价格两项,无利率、期限和偿还方式等条件。确定股票发行额需要考虑的因素与确定债券发行额基本相同,而股票发行价格的确定与债券发行价格却有一些差别,因此,下面只讨论股票发行价格问题。

根据发行价格与股票面值的不同,股票发行可以分为面值发行和溢价发行。面值发行指股票发行价格等于股票面值。溢价发行指股票发行价格超过股票面值。

1. 国际上决定股票发行价格的因素

(1)净资产。公司的净资产总额和每股净资产指标是定价的重要参考。

(2)盈利水平。公司税后利润水平直接反映了一个公司的经营能力和上市时的价值,税后利润的高低直接关系着股票发行价格。在总股本和市盈率已定的前提下,税后利润越高,发行价格也越高。

(3)发展潜力。公司经营的增长率(特别是盈利的增长率)越高,发展潜力越大,市场所接受的发行市盈率就越高,发行价格也就越高。

(4)发行数量。若股票发行数量较大,为了能保证顺利地将股票全部出售,取得预定数额的资金,价格应适当定得低一些;若发行量小,考虑到供求关系,价格可定得高一些。

(5)行业特点。发行公司所处行业的发展前景会影响公众对本公司发展前景的预期,如果本公司各方面均优于已经上市的同行业公司,则发行价格可定高一些;反之,则应低一些。

(6)股市状态。二级市场的股票价格水平直接关系到一级市场的发行价格。在制定发行价格时,要考虑二级市场股票价格水平在发行期内的变动情况。若股市处于"熊市",

定价太高会使股票销售困难,因此要定得低一些;若股市处于"牛市",价格可以定得高一些。

 2. 测定股票发行价格的方法

测定股票发行价格一般采用市盈率法,其计算公式如下:
$$P_S = EM$$

式中:P_S——股票发行价格;
　　E——公司预期每股盈利;
　　M——可比证券市盈率。

公司预期每股盈利以公司财务报表所提供的历史数据为基础,考虑公司今后一定时期的发展情况加以预测。市盈率是指普通股每股市价与每股盈利的比率。发行公司与承销商在确定股票市盈率时主要应考虑以下三个因素。

(1)上市地股票市场市盈率。一般来说,上市地股票市场市盈率高,发行公司股票市盈率可以高一些;反之,则应低一些。

(2)行业平均市盈率。行业平均市盈率的高低是决定发行公司股票市盈率的重要因素,所处行业平均市盈率高,则发行公司股票市盈率可以高一些;否则,则应低一些。

(3)发行公司的知名度和发展潜力。如果企业的业绩好,竞争力强,知名度高,有较大的发展潜力,对投资者的吸引力大,则可以在行业平均市盈率的基础上,适当提高发行公司股票市盈率。

在不同国家,测定股票发行价格的方式有所不同。例如,美国采取协议定价方式,日本采取部分招标竞价方式。

(五)国际股票融资的费用与成本

 1. 股票的发行费用和上市费用

(1)股票的发行费用主要包括以下几项。

①承销费用。承销费用又称发行手续费,即发行公司支付给股票承销商的佣金,一般按企业募集资金总额的一定百分比计算,由承销商在投资者付给发行公司的股款中扣除。

②其他中介机构费用,如支付给会计师事务所的审计费、律师事务所的律师费等。

③股票印制费用。

④宣传广告费。其中包括股票发行路演中发生的费用。

⑤其他费用,如支付给代收款银行和股票登记托管机构的费用等。

(2)股票的上市费用主要包括以下几项。

①入市费。入市费是公司证券初次上市时一次性支付给交易所的费用。各交易所一般依据上市证券股本总额制定入市费的收取标准。上市规模大则费用较高,但不少交易所都制定最高限额。在计算方法上,有的交易所根据发行公司上市股数多少分档设定费用标准;有的则是区分基本费用和浮动费用,即先设定基本费用,再根据上市股数分档收取浮动费用。除此之外,有的交易所还收取一定额度的上市申请费(或上市材料审阅费),如果公司上市申请成功,将在基本费用中冲减。

②上市年费。上市年费是发行公司在上市以后每年支付给交易所的固定费用。

③附加上市费。附加上市费是指发行公司采取诸如收购、合并或重组、私募发行、股东优先认购和公开发行等行为时,发行公司需要支付给交易所的附加费用。此项费用一般按次收取或按发行股数收取,多数设有上限。

 2. 股票融资成本

股票融资成本是发行费用与融资总额的比率,即单位资金融资费用。用公式表示为:

$$股票融资成本 = \frac{发行费用}{股票发行融资总额}$$

其中,股票发行融资总额=发行市盈率×每股盈利×发行股数。

从以上公式可以看出,在发行股数和每股盈利一定的情况下,单位资金融资成本与发行费用成正比,与发行市盈率成反比。

在国外发行股票的融资成本高于在国内发行股票的融资成本,其原因是国外中介机构的收费标准普遍高于国内中介机构,一些发展中国家新兴市场的市盈率普遍高于国际股票市场。

 3. 股票的资金成本计算

公司在国外发行股票,筹集和使用外汇资金,其成本的测算方法与在国内发行本币股票的成本基本上相同,所不同的是要将发行外币股票所收入的外汇按发行时的汇率折算为本币。下面以外币普通股股票为例加以说明。

如果预期每年股利固定,则可按以下公式计算:

$$K_S = \frac{D}{P_S(1-f)S_0}$$

式中:K_S——股票成本率;

P_S——股票销售价格;

D——每年股利;

f——融资费用率①；

S_0——发行时的汇率。

如果预期每年股利按一定百分比递增,则可按以下公式计算：

$$K_S = \frac{D_1}{P_S(1-f)S_0} + g$$

式中：D_1——第一年股利；

g——股利每年增长率。

【例 5-6】 某公司某年 6 月份在纽约股票市场发行普通股股票,7 月份上市,每股价格 16 美元,共发行 1 000 万股,总计金额 16 000 万美元。融资费用为 800 万美元,发行时汇率为 1 美元＝6.3 元人民币。预计第 1 年每股股利为人民币 15 元,以后每年股利递增 6%,计算股票的资金成本。

解：将例中数据代入相应的计算公式,得：

$$K_S = \frac{15}{16 \times (1 - \frac{800}{16\,000} \times 100\%) \times 6.3} + 6\%$$

$$\approx 21.66\%$$

（六）国际股票融资决策

国际股票融资决策包括股票市场的选择、上市时机的选择、上市方式的选择和股票发行价格决策等。关于上市方式和发行价格问题在前面已有详细说明,下面只对股票市场、股票发行和上市时机的选择问题加以说明。

1. 股票市场的选择

根据萨基西安和席尔(2004)关于交叉上市的地域性分析——国家间海外上市的频率分布,截至 1998 年底,有 2 251 家公司在海外上市,美国和英国的交易所是最受欢迎的海外上市地,其他重要的交易市场包括比利时、法国、德国、卢森堡、荷兰和瑞士,每家交易所都有 100 多家外国股票上市交易。萨基西安和席尔研究发现,从某种程度上讲,企业似乎愿意在临近市场上上市交易。加拿大在海外上市的 266 家企业中有 211 家是在美国交易所挂牌上市的。新西兰主要在澳大利亚挂牌上市,反之亦然。萨基西安和席尔将这一趋势解释为就近偏好,这也会影响上市公司对海外上市地点的选择。

中国内地企业在境外发行股票和上市,首选中国香港市场,其次是美国,再次是新加坡,还有英国、法国等部分欧洲国家和日本。据中国资本市场与会计研究数据库(CSMAR)的统

---

① 融资费用包括股票发行费用和入市费。上市年费是在以后各年支付,不宜在发行时从筹资总额中扣减,可像股利一样列入公式的分子。

计,截至2020年,在境外上市的公司有1 234个,其中在我国香港联合交易所上市的有591个;在美国上市的有372个,包括美国证券交易所的19个,纳斯达克证券交易所的233个,纽约证券交易所的120个;在新加坡交易所上市的有176个;在伦敦证券交易所上市的有19个;在法兰克福证券交易所上市的有45个;在东京证券交易所上市的有3个。

美国有世界上最发达的股票市场,美国的股票市场具有规模大、技术先进、管理严密、资金富裕、市盈率高、稳定性好、行业齐全和知名度高等优势,是中国企业境外股票融资优先选择的主要市场。

中国企业到新加坡股票市场发行股票和上市有很多有利因素:新加坡是亚洲美元的中心,股票市场发达;78%的新加坡人具有华人血统,能更好地理解中国企业的经营理念;在新加坡发行股票和上市的门槛较低,上市费不高,且上市过程短。截至2018年,中国在新加坡上市的内地企业有176个,合计筹资额74.565 5亿新加坡元,其中筹资总额最多的是2007年4月18日上市的扬子江船业(控股)有限公司,筹集总额达10.8亿新加坡元。

中国企业国际股票融资不能局限于中国香港地区和美国等地的市场,而忽视英国、德国和法国等欧洲国家的股票市场。英国的伦敦证券交易所是世界上历史悠久的证券交易所,它的交易量很大,有十分成熟的一板市场和非常活跃的二板市场,接受多种会计标准,上市程序比较简单,费用较低。中小型企业可以考虑先去英国等国家的股票市场上市,等到企业规模发展大了,再去美国股市融资。

许多跨国公司同时在多个国家的市场上发行股票,可以避免全部股票在一国市场发行时产生的降价压力,可按一定的价格发行更大数量的股票。一些跨国公司的股票同时在世界上许多股票交易所上市,广泛交易,如可口可乐公司的股票在美国、英国、德国和瑞士的股票交易所交易。

 2. 股票发行和上市时机的选择

经验和教训证明,在国外发行股票和上市,必须选择经济繁荣、金融市场资金供给充分、股票二级市场活跃、行情上升的有利时机。

四、吸收外商证券投资——QFII制度

许多发达国家不仅大量吸收外商直接投资,而且开放本国证券市场,积极吸引外国投资者来国内进行证券投资。中国自1978年改革开放以来,在吸收外商直接投资方面已经取得了很大的成绩,但在吸引外商来华证券投资方面,不仅起步晚,而且范围窄、规模小。中国利用国内证券市场吸收外资起步于20世纪90年代初,中国政府批准少数企业发行B种股票,规定由境外投资者用外汇购买。直到2002年末才有了进一步的松动,2002年

11月,中国证监会、财政部、原国家经济贸易委员会联合发布《关于向外商转让上市公司国有股和法人股有关问题的通知》;同年12月,中国证监会与中国人民银行联合颁布《合格境外机构投资者境内证券投资管理暂行办法》,标志着中国试点实行QFII制度,即合格境外机构投资者制度。

(一)QFII制度的含义与性质

QFII制度是开放证券市场有限度地引进外资的一种过渡性制度。通过实行QFII制度,国家证券管理机构可以对外资进行适当限制和引导,使引进外资与本国的证券市场发展和经济发展相适应,控制外资进入对本国经济发展的不良影响,抑制境外投机性游资对本国经济的冲击,推动证券市场的发展。

(二)实行QFII制度的基本条件

(1)国家经济发展迅速,对境外投资者具有吸引力。
(2)国家具有较发达的证券市场和合适的投资工具。

(三)中国QFII制度的发展

《合格境外机构投资者境内证券投资管理暂行办法》对资格条件和审批程序、托管、登记和结算、投资运作、资金管理和监督管理进行了比较严格的规定。2006年8月,中国证监会、中国人民银行和国家外汇管理局联合颁布《合格境外机构投资者境内证券投资管理办法》。2012年7月,为进一步吸引境外长期资金,增强国内市场信心,促进资本市场稳定发展和对外开放,中国证监会对2006年8月颁布的《合格境外机构投资者境内证券投资管理办法》进行了修改,制定了《关于实施〈合格境外机构投资者境内证券投资管理办法〉有关问题的规定》,本着"放宽管制,加强监管"的指导思想,降低了QFII资格要求,简化了审批程序,放宽了QFII开立证券账户、投资范围和持股比例限制,进一步完善了监管制度。2020年11月1日,《关于实施〈合格境外机构投资者和人民币合格境外机构投资者境内证券期货投资管理办法〉有关问题的规定》开始实施,2008年10月17日公布的《合格境外机构投资者督察员指导意见》、2011年5月4日公布的《合格境外机构投资者参与股指期货交易指引》、2012年7月27日公布的《关于实施〈合格境外机构投资者境内证券投资管理办法〉有关问题的规定》、2013年3月1日公布的《关于实施〈人民币合格境外机构投资者境内证券投资试点办法〉的规定》同时废止。

第四节 国际融资的资本成本与跨国公司的资本结构决策[①]

一、国际融资的资本成本

（一）资本成本概述

企业不论从何种渠道以何种方式筹集资金都要付出一定的代价，资本成本就是企业取得资金而支付的各种费用，包括用资费用和融资费用。用资费用是由资金时间价值和投资者考虑的风险报酬构成的股息、利息等。投资风险越大，用资费用就越高。融资费用是指在资金筹集过程中发生的各种费用，如委托金融机构代理发行股票、债券的注册费和代办费，向银行借款支付的手续费等。企业长期资金来源的渠道很多，其资本成本的计算方法也不相同。为了便于不同融资方式的比较，资本成本通常以相对数即资本成本率来表示。如果忽略时间价值因素，资本成本率和融资总额、用资费用、融资费用的关系可用下式表示：

$$K = \frac{D}{P - F}$$

或

$$K = \frac{D}{P(1-f)}$$

式中：K——资本成本率；
　　　D——用资费用；
　　　P——融资总额；
　　　F——融资费用；
　　　f——融资费用率，即融资费用与融资总额的比率。

由于在不同融资方式下资本使用费用所包含的内容不同，因此在计算资本成本率时，应对各种方式筹集的资金分别计算。企业从不同的来源取得资金，其成本各不相同，具体可参考财务管理学。

由于种种条件的制约，企业在融资时不可能只从某种资金成本较低的来源筹措资金，而

[①] 本部分参考了王美涵、王方明：《跨国公司财务》，上海财经大学出版社，2004年版的有关内容。

必须从多种来源取得资金,以形成各种融资方式的组合,这样融资更有利于构建最优资本结构,降低融资成本。因此,进行正确的融资决策和投资决策,就需要计算全部资金来源的综合资本成本率。某种资金来源的资本成本率对综合资本成本率的影响程度,取决于该种资金金额占全部资金金额的比重。因为计算时采用加权平均的方法,故也称为加权平均资本成本率。其计算公式为:

$$K_W = \sum_{j=1}^{n} W_j K_j$$

式中:K_W——加权平均资本成本率;

W_j——第 j 种融资方式筹集的资本占融资总额的比重;

K_j——第 j 种融资方式的资本成本率;

n——企业融资方式的种类数。

(二)国际融资资本成本的特殊性

当融资范围由一国扩大到国际范围时,资本成本的计算也相对于仅在国内融资的情况更为复杂。这集中表现在各国资本成本的差异和汇率风险两个方面。

1. 各国资本成本的差异

资本成本可能因国家或地区而异,其主要原因在于金融一体化程度、公司治理质量、宏观经济环境等方面存在国际差异。下面从债务成本和权益成本两个方面来探讨资本成本的国家差异。

1)债务成本的国家差异

一个公司的债务成本主要由所借资金的无风险利率和债权人所要求的风险溢价所决定。

(1)无风险利率的国家差异。无风险利率主要由资金供求双方的相互作用来决定。税法、人口状况、货币政策和经济状况等因素会影响资金供求,并通过资金供求影响无风险利率。有些国家的税法比另一些国家采取更多鼓励储蓄的政策,这就直接影响储蓄资金的供给,因而影响利率。同样,一个国家的人口状况影响着储蓄资金的供应及所需要的可贷资金数量。各个国家人口状况不同,资金供求状况也就不同,相应地,无风险利率也会存在差异。每一个国家都有各自的货币政策,甚至每个国家在不同的发展阶段会采用不同的货币政策,而货币政策出台的目的正是通过影响资金供求来对宏观经济进行调控,因而会直接影响利率。经济状况也会影响利率,不同国家经济状况的差异会带来各国利率的不同,经济欠发达国家的经济状况没有西方发达国家好,通货膨胀预期比西方发达国家高,债权人要求的无风险利率高。

(2)风险溢价的国家差异。债权人对债务人的债权属于风险资产,资金一经借出,债权人就要面临着各种各样的风险,如违约风险、汇率风险等,因而债权人会在无风险利率的基础上附加额外的风险溢价,以弥补其所承担的风险。而由于各国经济状况、公司与债权人的关系、政府干预及财务杠杆的利用程度不同,这种风险溢价在各国也不尽相同。一个国家的经济状况越稳定,经济衰退的风险就越低,公司不能偿还债务的违约风险也就越低,相应地,风险溢价也会低一些。由于各国发展模式有差别,各个国家的公司与债权人关系的密切程度也各不相同。比如在日本,债权人和债务公司有密切的关系,债权人通常会向陷入困境的公司继续发放贷款,这样就降低了公司的流动性风险,因而公司的破产风险也就比较低。在一些国家,政府为了社会利益更愿意参与挽救濒临破产的企业,债务水平的风险溢价相对较低;而在另一些国家,政府对企业的挽救并不被公众接受,因为纳税人不愿意承担公司管理不当的成本,债务水平的风险溢价相对较高。在一些国家,如日本和德国,债权人愿意承受更大的财务杠杆风险,公司具有更强的借贷能力。如果其他因素相同,高财务杠杆的公司不得不支付更高的风险溢价。

2)权益成本的国家差异

从本质上说,权益成本实质上是一种机会成本,反映投资者对投资回报的一种要求。如果投资者拥有很多的投资机会,并且这些投资机会有较高的投资回报率,公司要从这些投资者手中融资,其提供的投资回报率就不能低于投资者所拥有的投资机会的投资回报率。也就是说,权益成本实质上是由投资者所掌握的投资机会来决定的。在国际范围内,不同国家的投资机会各不相同,因此,在有大量投资机会的国家,权益成本相对就要高一些。有关实证研究也证实,各国间存在巨大的权益资本成本差异。许多发达国家的估计资本成本率比较低,如日本为 7.4%,美国为 8.5%,英国为 8.9%;相反,一些发展中国家的估计资本成本率就比较高,如印度为 13.1%,南非为 14.5%,巴西为 16.8%。

2. 汇率风险

在国内环境下,债务融资对企业来说直接的成本是利息支出,同时利息支出还能产生税盾效应,因此在计算债务融资资本成本时主要考虑利率和所得税税率两个因素。当然在发生通货膨胀的情况下还要考虑通货膨胀率。但通过国际债务融资方式获取的资金一般是外币,而且在还款和支付利息时需要用外币,因此若获得外币与用外币来偿还利息和本金之间的汇率不一致,就会产生国际债务融资实际利率与名义利率不一样的情形。因此,国际债务融资资本成本不仅受名义利率和所得税税率的影响,还受借入外汇汇率未来变化的影响。为了能够准确反映汇率变化对债务融资资本成本的影响,应考虑以汇率变化的实际利率来反映债务融资资本成本。

下面通过一个假设的例子来观测汇率变化对企业贷款成本的实际影响,再通过这个例子总结出国际债务融资实际利率的计算公式。

假设某中国公司需要筹借资金用于公司下一年度的经营,计划与美国某商业银行商讨借入为期 1 年的 1 000 万美元的贷款,年利率为 5%。此利率即为债务融资的名义利率,但在汇率发生变动的情况下,实际利率与名义利率将会出现差别。假设取得借款当日美元对人民币的汇率为1美元=6.3元人民币,1年后美元对人民币的汇率为1美元=6.2元人民币。把借入的资金和未来还款的资金全部换算成人民币后发现,该中国公司获得的借款金额为1 000万美元×6.3元人民币/美元=6 300万元人民币,1年后偿还的本金和利息金额为1 000万美元×(1+5%)×6.2元人民币/美元=6 510万元人民币。实际借款利率为(6 510-6 300)/6 300≈3.33%,中国公司的所得税税率为25%,则此笔国际债务融资的资本成本率为3.33%×(1-25%)=2.475%。从这个例子可以看出,该笔借款的实际利率为2.475%,低于名义利率5%。事实上,由于美元相对于人民币来说在借款期间内出现了贬值,对企业来说汇率的波动带来了一笔收益,为此导致实际利率低于名义利率。从这个例子可总结出国际债务融资实际利率的计算公式为:

国际债务融资实际利率=[远期汇率×(1+名义利率)-即期汇率](1-所得税税率)/即期汇率=[远期汇率×(1+名义利率)/即期汇率-1](1-所得税税率)

即

$$K_L = [S_1(1+R)/S_0 - 1](1-T)$$

式中:K_L——国际债务融资实际利率,即外汇借款成本率;

R——年利率,即名义利率;

S_0——借款时的汇率,即即期汇率;

S_1——预测还款时的汇率,即远期汇率;

T——所得税税率。

(三)国际融资资本成本的计算

实际上,国际融资的根本目标是在融资目标一定的情况下融资成本的最低化。成本的降低意味着收益的提高。对公司而言,融资决策必须结合公司的融资目标和偏好,充分考虑各方面的成本因素,以最低的综合成本融得所需的资金。在整个融资决策的过程中,资金成本是决定性因素。在比较各种融资方式时,使用个别资金成本进行决策,包括长期借款成本、债券成本、普通股成本、留存收益成本。在国际融资中,长期外汇借款成本、国际债券融资成本、国际股票融资成本的计算公式见本章第二节国际信贷融资和第三节国际证券融资。下面主要介绍留存收益成本。

留存收益是企业缴纳所得税后形成的,其所有权属于股东。股东将这一部分未分派的税后利润留存于企业,实际上是对企业追加投资。如果企业将留存收益用于再投资所获得的收益率低于股东自己进行另一项风险相似的投资的收益率,企业就不应该保留留存收益而应将其分派给股东。留存收益成本与普通股成本的计算方法相同。但是,由于跨国公司留存在境外子公司的收益不缴纳国内所得税和预扣税,也不支出其他转移费用,因此,如果国内母公司有一个需要的股权收益率K_s,那么留存在境外子公司的留存收益成本率为:

$$K_{sf} = K_s(1-T_f-T_a-W_f)/(1-T_f)$$

式中：K_{sf}——境外子公司的留存收益成本率；

T_f——国外税率；

T_a——收益返回国内时，以国外有关收益的百分比表示的额外应付税；

W_f——收益返回国内时，以国内收益的百分比表示的国外预扣税和其他支出成本。

在进行资本结构决策时，使用加权平均资本成本。国际融资的加权平均资本成本与国内融资的加权平均资本成本相同。

（四）跨国公司与国内企业的资本成本比较

跨国公司的边际资本成本理论上应低于国内企业的边际资本成本。一方面，跨国公司可以按全球性的低成本利用资本，并可以在全球范围内筹集资本；另一方面，实证研究显示，由于代理成本、外汇风险、政治风险、信息不对称和其他国际经营的复杂性，跨国公司的加权平均资本成本实际高于国内企业的加权平均资本成本。那么，跨国公司的加权平均资本成本与国内企业的加权平均资本成本到底孰高孰低呢？答案就在于资本成本、资本可得性和项目资本预算。如果跨国公司与国内企业实际上的确将资本预算限制在不靠增加边际资本成本融资的范围内，那么实证研究就会得到跨国公司的加权平均资本成本更高的结论。如果国内企业有这样好的增长机会，使其能选择发展壮大而不必考虑增加的边际资本成本，那么跨国公司的加权平均资本成本就更低。

二、跨国公司的资本结构决策

（一）最优资本结构理论

资本结构理论是研究公司资本结构、综合资本成本率与公司价值三者之间关系的相关理论，它是公司财务管理理论的核心内容之一，也是资本结构决策的重要理论基础。根据资本结构理论的发展过程，可将其概括为早期资本结构理论、MM 理论和最新资本结构理论。经过多年的争论，现在多数财务理论家就企业是否存在最优资本结构，以及如果存在如何确定最优资本结构达成了一致。所谓传统学派与 MM 理论之间的著名争论以折中而告终。当考虑税收和破产成本时，企业有最优资本结构，这种资本结构是特定的债务与权益的结合，可以在给定风险水平下使企业的资本成本最小。

图 5-1 说明了资本成本如何随债务比率的变化而变化。当债务比率增加时，资本总成本降低，因为低成本债务相对于高成本权益的比重增加了。而债务的低成本是由于利息项可抵税。负债过多，债务比率进一步提高，整体加权平均税后资本成本继续下降，直到金融风险严重到投资者和管理层等感到真实的破产危险，这种结果导致新债务和权益成本大幅

增加,因而增加了加权平均资本成本。一般规律是,当企业的负债从零开始增加时,由于负债成本低及存在税收抵减,企业的综合资本成本率下降;负债达到一定比重后,债权人为保证其权利,对进一步给予贷款持保守态度,债务资本成本上升,同时,股东承受风险增大,要求的报酬率提高,综合资本成本率上升。资本成本的这一变化呈现 U 形结构,在底部的一段区域,资本结构最优,综合资本成本率最低。对于跨国公司而言,实际上是通过对子公司的资本结构的安排,来实现整体最优的资本结构的。

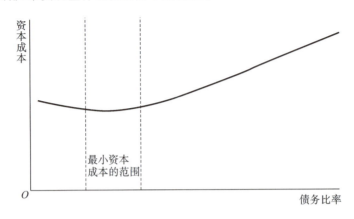

图 5-1　资本成本与资本结构示意图

（二）影响跨国公司资本结构的主要因素

跨国公司是典型的国际性企业,跨国公司最优资本结构还受下列四个因素的影响。

1. 东道国市场的开放程度和资本的可取得性

当企业可以进入国外市场,特别是高度开放的国际资本市场时,其资本成本线随债务比率的增加变动比较缓和,在相当长的区域里近似呈直线,这使得跨国公司在资本结构的安排上有了较多的选择。这样,跨国公司可以根据所在国的情况及自身特点,对子公司的资本结构进行有选择的安排。如果子公司处于资本市场不完善、与国际资本市场隔离的国家,则当地投资者缺少多样化投资机会,可能愿意以较低的必要报酬率为跨国公司提供权益资金,从而获得多样化机会。这样,跨国公司就可能适当增加权益资本的比重。

2. 公司现金流的稳定性

一般认为,当企业拥有稳定的现金流时,有较大保证支付其定期的利息,因此可以适当增加负债;反之,当现金流变动性大时,可以减少负债以免陷入财务危机。对于跨国公司来说,其国际多样化经营使其获得了像证券投资者进行国际多样化投资的同等效果。现金流的稳定性相对较高,当产品、金融和外汇市场发生变动时,跨国公司仍有能力保证其固定性利息支出,因此,与国内企业相比,跨国公司可以承担较多的负债。

3. 外汇风险

企业分析外币债务时,外币债务的实际成本等于用企业本国货币偿还本金和利息的税后成本。这笔资金包括调整外汇损益后的本金和利息的外币名义成本。因此,外汇风险的大小直接关系到外币债务的融资成本,从而影响资本结构。

4. 国际证券投资者的预期

按全球市场的成本水平筹措资金的关键是吸引并留住国际证券投资者。国际证券投资者对企业债务比率和整体资本结构的期望是基于过去几十年建立的全球标准,即英美标准。如按照英美标准,可以接受的债务比率最高为60%,如果债务比率再高,就很难向国际证券投资者发售了。

(三)跨国公司子公司资本结构的安排

在给定企业风险和资本预算水平时,最小化资本成本应是从跨国公司角度执行的目标,那么每家子公司的资本结构取决于其影响整体目标的程度。换言之,各子公司并不真正拥有独立的资本成本。因此,子公司的资本结构目标不应该是最小化自身的资本成本。

在最小化全球加权资本成本的约束内,跨国公司在决定外国子公司理想资本结构时存在以下三种可能性。

1. 子公司的资本结构与母公司确定的最优资本结构保持一致

子公司的资本结构始终与母公司确定的最优资本结构保持一致,无疑是最简单的决策,但是,这样具有资本结构与当地标准不一致的缺点,同时无视子公司所在国的政治、经济因素差异,丧失了跨国公司国际多样化筹资的优势。实际上,跨国公司筹资的主要目标是要减少既定风险水平下的资本成本。各个子公司的资本结构只有在对既定风险水平下的资本成本产生影响时才是相关的。子公司本身是不存在独立的资本结构的。跨国公司的母公司出于整体形象和利益的考虑,一般会对子公司提供担保和有条件的保证。因此,资金提供者的风险不是与子公司的个别风险相联系,而是与跨国公司的全球风险相联系。而全球多样化经营,又降低了这种风险。子公司的资本结构即便和当地标准或母公司标准不一致,也可以通过全球性整体安排,实现跨国公司整体资本结构的最优。所以,在子公司资本结构的安排上,应考虑子公司的特征和东道国的具体情况,以充分利用当地的财务机会获得财务利益最佳的选择。由于子公司的资本结构决策和母公司资本结构决策相互影响,因此,跨国公司整体的资本结构存在调节空间,从而可以保持整体最优。

2. 子公司的资本结构与各国当地的资本化标准保持一致

子公司的资本结构与各国当地的资本化标准保持一致,具有以下优点。

(1) 减少遭到批评的可能性,改善在当地的形象。相对于当地标准,负债水平极高的子公司可能被批评不愿意在东道国投入风险资金,负债水平极低的子公司可能被指责对当地金融发展缺乏贡献。适当调整负债和权益的比例,使其与当地的常见比例保持一致,可能避免这类批评。

(2) 有助于管理当局和当地同行业竞争者对投资报酬率进行比较,使其注意到当地经济中可能的通货膨胀和资本不足的影响,在评价投资绩效时考虑价格水平的变化。

同时,子公司的资本结构与各国当地的资本化标准保持一致,存在着以下缺点。

(1) 跨国公司相对于当地公司的竞争优势在于能够克服市场的不完善,进入国际市场,取得较多的资本并有能力分散风险。当地的资本化标准是根据当地资本市场的发展程度、惯例及限制形成的,可能并不适用于跨国公司。盲目依从当地的资本化标准可能使跨国公司丧失自身的竞争优势。

(2) 如果跨国公司的各个子公司都按照当地标准来安排其资本结构,其综合所形成的整体资本结构可能无法保证最优,而且与任何标准都不一致,其结果可能会增大跨国公司的财务风险,增加资本成本。

3. 子公司的资本结构允许变化

不同国家政治、经济、文化背景不同,不同国家、不同行业企业的平均负债水平也可能不同。例如,在日本和德国,储蓄率高,银行和企业关系密切,负债水平一般较高;而在美国,资本市场发达,企业的权益资金比重就较大。子公司的资本结构允许变化以充分利用各国资本市场的机会减少成本、降低风险,使跨国公司总的资本成本最低。

(四)跨国公司资本结构决策方法

资本结构决策方法主要有三种:一是比较资本成本法;二是每股收益无差别点分析法;三是比较公司价值法。跨国公司的资本结构决策也可以用这三种方法,只是在决策时要充分考虑跨国公司的特点。

【实例 5-2】 诺沃工业公司如何通过国际融资降低资本成本

诺沃工业公司是丹麦一家跨国公司,占世界工业酵母市场份额的约 50%,1981 年 7 月 8 日,诺沃在纽约股票交易所挂牌上市,从而成为第一家直接在美国筹集权益资本的斯堪的纳维亚公司。

20世纪70年代末,诺沃的管理层决定:若要为公司未来的发展规划进行融资,必须进入国际资本市场。鉴于丹麦的股票市场过小且缺乏流动性,诺沃不可能指望着从那里筹集到所需要的所有资金。另外,诺沃的管理层意识到由于丹麦股票市场具有分割性,与美国礼来公司和迈尔斯药厂研究部这样的主要竞争对手相比,公司面对的是更高的资本成本。

于是,诺沃决定通过国际化资本成本来获取其他的资金来源渠道,同时降低资本成本。诺沃首先提高了财务与技术的公开化程度,然后于1978年在伦敦股票交易所挂牌上市并发行欧洲债券。为了进一步达成目标,诺沃的管理层决定发行美国存托凭证,以使美国的投资者能用美元而不需要用丹麦克朗来购买公司的股票。由摩根信托公司发行的美国存托凭证于1981年4月开始在场外交易市场交易。1981年7月8日,诺沃卖出了180万份美国存托凭证,共筹资到4.5亿丹麦克朗,同时将其美国存托凭证在纽约股票交易所挂牌上市。诺沃的股价在美国上市后大幅度上涨。然而其他丹麦股票则没有经历如此规模的价格上涨。诺沃股份的急剧上涨表明,该股票在美国上市后变为完全的国际化定价,而这也暗示丹麦股票市场确实与世界其他地方相分割。从诺沃的经历中我们能得到以下经验:对于那些在小规模的分割的国内资本市场上运营的企业而言,它们可以在纽约和伦敦股票交易所这样大规模的、流动性强的资本市场上市,从而获得新的资本并降低资本成本。

资料来源:尤恩,雷斯尼克. 国际财务管理(原书第8版)[M]. 赵银德,刘瑞文,赵叶灵,译. 北京:机械工业出版社,2018.

本章小结

国际融资是指资金需求者通过一定的渠道和方式从国外的资金供给者获得资金,并给资金供给者适当回报的经济活动。目前国际融资渠道主要有国际金融机构资金、各国政府资金、欧洲货币资金,以及各国国内经济、团体组织资金和各国民间资金。目前国际融资的主要方式有国际股权融资、国际债券融资、国际信贷融资、国际租赁融资、国际贸易融资、国际项目融资等。

国际证券市场分为发行市场和流通市场。国际债券的发行方式按是否经过中介机构来划分,可分为直接发行和间接发行;按发行对象来划分,可分为公募发行和私募发行。证券流通市场有场内交易市场和场外交易市场两种形式,美国股票场外交易市场又分为柜台交易市场、第三市场和第四市场。国际证券发行都要经历较为复杂的程序,若要上市,还需满足上市的条件。

当融资范围由一国扩大到国际范围时,资本成本的计算也相对于仅在国内融资的情况更为复杂。这集中表现在各国资本成本的差异和汇率风险两个方面。

思考与练习

一、思考题

1. 什么是国际融资？国际融资的特点有哪些？
2. 国际信贷融资有哪些风险？如何管理国际信贷融资风险？
3. 国际债券的类型有哪些？有何不同？
4. 国际证券发行和上市的方式有哪些？
5. 影响跨国公司最优资本结构的因素有哪些？

二、练习题

1. 中国某公司从美国某银行借入 1 000 万美元，年利率 10%，期限 1 年，期满一次还本付息。借款时的汇率为 1 美元＝6.30 元人民币，还款时的汇率为 1 美元＝6.25 元人民币。所得税税率为 25%。

要求：计算该项借款的成本率。

2. 某公司从国外商业银行借款，可借 A 元和 B 元。年利率为：借 A 元 8%，借 B 元 12%。借款时 1 A 元＝6 B 元。该公司拟借 100 万 A 元或 600 万 B 元，期限 1 年。预测还款时的汇率 1 A 元＝7 B 元。

要求：计算比较借哪种货币比较划算。

3. 中国某公司在日本发行日元债券，面额 50 000 日元，票面利率 8%，期限 3 年，每年年末支付利息，期末一次还本。当时银行贷款利率为 5%。

要求：计算该债券的发行价格。

4. 中国某公司某年 1 月在美国发行美元债券，发行总额 10 000 万美元，发行价格为面值的 97%，筹资费用率为 2%，年利率为 7%，期限 3 年，每年支付利息，期满一次还本。所得税税率为 25%。发行债券时的汇率为 1 美元＝6.30 元人民币，预计今后 3 年美元对人民币的汇率每年递降 1%。

要求：计算该债券的成本率。

三、案例分析题

烟台万华聚氨酯股份有限公司（以下简称烟台万华）一笔额度达 3.97 亿美元的国际商业贷款通过国家发展改革委员会（以下简称国家发改委）的批复，这意味着烟台万华拿到了以商业性条件在国际金融市场筹措大额资金的资格。以前，这只是"中字头"企业享有的待遇。根据发改委网站挂出的项目审批与核准信息，2012 年 5 月，国家发改委批复烟台万华借用国际商业贷款 3.97 亿美元，主要用于为建设老厂搬迁异氰酸酯一体化项目购置 MDI 装置、TDI 装置等。

据介绍，国家刚放开向非"中字头"企业直接借用国际商业贷款时，烟台万华便搭上了"早班车"。国际商业贷款包括外国商业银行（机构）贷款、出口信贷、发行境外外币债券、可转股债券、大额可转让存单和中期票据等股票以外的有价证券，国际融资租赁、以现汇方式偿还的补偿贸易、项目融资、海外存款及其他形式的商业性筹融资。

"公司此次借用国际商业贷款,可以较大程度地降低融资成本,海外融资成本只有3.5%左右;同时,由于直接是美元贷款,可以减少汇率风险。"2012年5月24日,公司有关人士表示。业内人士称,目前国内大型企业的贷款成本都要7%左右,因此,烟台万华此举将可以节省一半的融资成本。

按照国务院的有关通知,建设项目借用国际商业贷款,要按照国家规定的审批权限从严掌握。借用国际商业贷款的固定资产投资项目必须符合国家产业政策并纳入国家计划。《境内机构借用国际商业贷款管理办法》中第七条规定,对外直接借用国际商业贷款的非金融企业法人应当具备的条件包括最近3年连续盈利、有进出口业务许可,并属国家鼓励行业等要求。

公开信息显示,烟台万华老厂搬迁异氰酸酯一体化项目总投资为1 319 574万元(含外汇39 727万美元)。该项目异地建设60万吨/年MDI、30万吨/年TDI等配套建设工程。此前,中银国际在研报中表示,随着烟台万华老厂搬迁后,在烟台工业园将形成高度一体化的产业集群,依托临港优势,将成为烟台万华2014年及以后新的利润增长点。

资料来源:中国证券网,2012年5月25日,http://www.sina.com.cn。

讨论:

(1) 结合案例,讨论国际融资的形式有哪些。

(2) 结合案例,讨论为什么国际信贷融资的成本要低于国内大企业贷款成本。

◆ **在线答题**

二维码5-5
第五章自
测题

第六章　国际投资管理

◇ 学习目标

1. **知识目标**：理解国际投资的内涵及理论；掌握国际直接投资资本预算的基本方法；熟悉国家风险的防范与管理。
2. **能力目标**：能够对企业的国际投资行为进行科学的评估与分析，进而帮助企业做出理性科学的决策。
3. **情感目标**：通过学习，理解中国企业国际投资的意义和作用，为中国进入世界赛道，与他国企业实力竞争而加油喝彩。

◇ 本章导读

贸易全球化、金融全球化的全面铺开，带来生产要素的全球流动成为可能，因此带来了国际投资的全面发展。国际直接投资和国际间接投资是国际投资的两种基本形式。大部分国际直接投资由跨国公司来完成，国际投资决策是否正确，直接关系到跨国公司的发展。本章重点介绍国际直接投资的基本理论以及国家风险的管理，并结合案例分析了国际直接投资项目中的资本预算问题。此外，本章还对国际证券组合投资的相关问题进行了探讨。

◇ 导入案例

越来越多高端美资制造业正在从中国的实体经济中悄然撤退：美国玩具生产商 Wham-O 开始将 50% 的飞盘和呼啦圈订单转向美国国内的生产商，而此前这些订单是在包括中国在内的国家和地区生产的；原先将部分汽车零部件生产外包给中国的福特汽车公司，正在把这部分生产业务撤回美国；美国 ATM 供应巨头 NCR 已把部分 ATM 的生产从中国转移到美国佐治亚州的哥伦布市。一份来自《经济学人》的报告称：尽管中国充满着激动人心的机遇，但企业的运营环境将会变得日益艰难。《经济学人》信息部对包括了 328 家在中国开展业务的跨国公司调查后发现，在中国向高新经济体的转变过程中，企业的商业模式将会承受越来越大的压力，而企业盈利数据寥寥无几。此外，政策准入门槛提高和优惠政策取消带来的成本变动,也让跨国公司在中国的经营比以前更为艰难。除了成本制约和政策限制,来自中国本土企业的强劲挑战,也是跨国公司面对的新问题。英国工程机械咨询有限公司 Off-Highway Research 所做的分析表明,尽管美国建筑设备供应商卡特彼勒(Caterpillar)在 2005—2010 年的中国市场销售额增长了三倍,但其中国市场份额在同期从 11% 下滑至 7%。抢走其市场份额的并非其"死对头"日本小松公司(Komatsu),而是中国本土企业。二十年前中国是国际直接投资重要目的地,大批跨国公司争先恐后地涌入中国,而现在却大批从中国撤离,这说明了什么?跨国公司在进行国际投资决策时,都应该考虑哪些因素,本章将探讨相关问题。

■ 资料来源:中安在线"跨国公司在华'战略性撤退' 本土企业悄然崛起"。

第一节 国际投资概述

国际投资(international investment)又称对外投资(foreign investment)或海外投资(overseas investment),是指跨国公司等国际投资主体,将其拥有的货币资本或产业资本,通过跨国流动和营运,以实现价值增值的经济行为。

一、国际投资的内涵

国际投资的内涵包括以下三个方面。

(1) 参与国际投资活动的资本形式是多样化的。它既有以实物资产形式表现的资本,如机器设备、商品等,也有以无形资产形式表现的资本,如商标、专利、管理技术、情报信息、生产诀窍等,还有以金融资产形式表现的资本,如债券、股票、衍生证券等。

(2) 参与国际投资活动的主体是多元化的。投资主体是指独立行使对外投资活动决策权并承担相应责任的法人或自然人,包括官方和非官方机构、跨国公司、跨国金融机构及居民个人投资者。跨国公司和跨国银行是其中的主体。

(3) 国际投资活动是对资本的跨国经营活动。这一点既与国际贸易相区别,也与单纯的国际信贷活动相区别。国际贸易主要是商品的国际流通与交换,实现商品的价值;国际信贷主要是货币的贷放与回收,虽然其目的也是实现资本的价值增值,但在资本的具体营运过程中,资本的所有人对其并无控制权;而国际投资活动,则是各种资本运营的结合,是在经营中实现资本的增值。

二、国际投资的类型

根据不同的划分依据,国际投资可分为不同的类型。

(1) 以时间长短为依据,国际投资可分为短期投资(short-term investment)和长期投资(long-term investment)。

短期投资是指能够随时变现、持有时间不超过一年的有价证券投资及不超过一年的其他投资。短期投资主要利用债券和股票等有价证券进行投资,具有投资风险小、变现能力强、收益率低等特点。

长期投资是指不准备随时变现、持有时间超过一年的有价证券投资及超过一年的其他投资。长期投资可以利用现金、实物、无形资产、有价证券等形式进行,具有投资风险大、变现能力差、收益率高等特点。

在实践中,长期投资有向短期投资转化的情形,具体有以下两种情况。

①时间性转化。随着时间的推移,长期投资到期日逐步临近,如在一年内到期的长期投资,实际上已是短期投资。

②管理性转化。在长期投资期间,因企业急需资金或发现接受投资单位的财务状况恶化,继续执行长期投资将招致很大损失,企业改变投资目的,可将长期投资迅速变现。

(2) 以是否拥有投资经营权为依据,国际投资可分为国际直接投资(international direct investment,FDI)和国际间接投资(international indirect investment,FII)。

FDI是以控制企业经营管理权为核心,以获取利润为目的的投资活动。其特征是投资者具有对企业的经营管理权和控制权;FDI不仅涉及货币资本的流动,而且带动商品及生产要素的转移。FII是指发生在国际资本市场中的投资活动,包括国际信贷投资和国际证券投资,前者是指一国政府、银行或国际金融组织向第三国政府、银行、自然人或法人提供信贷资金,后者是指以购买外国股票或其他有价证券为内容,以实现货币增值为目的而进行的投资活动。

FDI与FII的区别在于以下几点。

①二者的基本区分标志是投资者是否能有效地控制作为投资对象的外国企业,即对国外企业是否具有有效控制权。

②投资者获取收益的途径和风险不同。直接投资者通过参与和控制被投资外国企业经营管理来获取经济利益;而间接投资者自身不参与经营管理,以获取债券利息或股票股息为目的。债券和股票的变现能力强,投资者可根据需要随时撤回资金;而直接投资一旦投入就成为沉没成本,很难随时变现,当遇到天灾人祸,很可能血本无归。因此,国际直接投资的风险大于国际间接投资。

③正是由于国际直接投资的风险远大于国际间接投资,所以国际直接投资的性质和投资过程比国际间接投资复杂。

(3) 以资本来源及用途为依据,国际投资可分为国际公共投资和国际私人投资。

国际公共投资是指一国政府或国际经济组织为了社会公共利益而进行的投资,一般带有国际援助的性质。国际私人投资是指私人或私人企业以营利为目的而进行的投资。

第二节 国际直接投资概论

国际直接投资是与国际间接投资相对应的概念,是指跨国公司为了其在国外的投资获得长期效益,并拥有对公司的控制权和企业经营管理权,而进行的在国外直接建立企业或公司的投资活动。

一、国际直接投资的特点

作为生产资本国际化实现形式的国际直接投资,与作为货币资本国际化实现形式的国际间接投资相比,具有自己的特点,主要表现在以下几点。

(1) 国际直接投资的投资者拥有企业的控制权,这是国际直接投资区别于国际间接投资的主要标志。

(2) 国际直接投资能够实现生产要素的跨国流动,无论是资金还是人力资本都可能跨国流动。

(3) 国际直接投资的投资周期长、风险大,除了要面临国内投资所要面临的风险之外,还要面临汇率风险和国家风险等。

(4) 国际直接投资主要通过跨国公司进行。

二、跨国公司的含义

联合国跨国公司中心认为跨国公司应具备以下特点。

(1) 在两个或者两个以上的国家建立有经营实体,不管这些实体采用何种法律形式和在哪个领域从事经营活动。

(2) 在一个集中决策体系下进行经营决策,并制定有共同的策略,这些策略可能反映出跨国公司的共同战略目标。

(3) 这种实体通过股权或其他方式形成联系，使其中的一个或者几个实体可能对别的实体施加重大影响，并同其他实体分享资源、信息，同时负担责任。

由于跨国公司是进行国际直接投资的主体，所以其全球战略和经营策略直接决定了国际直接投资的发展趋势。

◇ **知识活页**

二维码 6-1

拓展阅读：2021 年《财富》世界 500 强排行榜揭晓

三、跨国公司国际直接投资的全球战略和经营策略

跨国公司国际直接投资的全球战略和经营策略主要表现在以下几个方面。

（一）战略目标全球化

跨国公司的战略目标全球化表现在：跨国公司在进行全球经营时，不仅要考虑当前的利益，还要考虑未来的发展；不仅要顾及各个子公司的发展，更重要的是其全局利益。因此不能孤立地考虑某一子公司所在国市场和某一子公司的局部得失，而是要从全球角度考虑整个公司的发展，有时甚至让某国子公司亏损，以取得整体利益的最大化。

国内企业是以国内市场为导向，偏重于本国范围内有效地组织生产经营，以实现利润的最大化。而跨国公司则以全球作为活动舞台，以世界市场作为角逐目标，目的是使整个公司取得最大的利润和长远的利益。

（二）公司内部一体化

在跨国公司内部要求实行高度一体化的管理体制，以母公司为中心，把遍布世界各地的分支机构和子公司统一为一个整体。所有的分支机构和子公司在母公司的统一指挥下，遵循共同的战略，合理配置人才、资金等各种资源，实现全球性经营活动。

（三）运行机制开放化

一个公司的运行大体分为几个阶段：研究开发—投资建厂—生产制造—销售产品。

国内企业一般把这些活动都放在国内,至多把最后的阶段放在海外进行,运行机制是内向的、封闭的。而跨国公司则把所有阶段都部分甚至全部放在海外进行,运行机制是外向的、开放的。

(四)技术内部化

由于现在技术更新换代的速度越来越快,跨国公司都对研发高度重视,几乎所有的跨国公司都会从销售收入中拨出大量的资金用于研究与开发工作,并在全世界范围内设立科研机构。但是主要的研究机构都会设在母公司所在国。尤其是现在很多来自发达国家的跨国公司都对发展中国家实行技术封锁,它们可以在发展中国家投资设厂,但是关键技术一律是高度保密的,由母公司全权拥有。

◆ 知识活页

二维码 6-2

拓展视频:跨国公司逆势增资中国

四、国际直接投资理论

(一)垄断优势理论

加拿大经济学家、美国麻省理工学院教授海默首先创立了国际直接投资理论——垄断优势理论,开创了国际直接投资理论的先河。1960 年,他完成了博士论文——《国内企业的国际经营:对外直接投资研究》。该文发表后并未引起重视,后来由于快速发展的国际投资实践对其理论的验证,该理论才发展为最有影响的流派之一。到 1976 年,该理论正式为理论界关注时,他已谢世两年。

海默认为在东道国市场不完全的条件下,跨国公司可利用其垄断优势排斥自由竞争,维持垄断高价以获得超额利润。对外直接投资是具有某种优势的寡头垄断企业为追求控制不完全市场而采取的一种行为方式。

垄断优势理论的贡献在于其突破了认为国际资本流动引起对外直接投资的传统贸易理论框架,突出了知识资产和技术优势在形成跨国公司中的重要作用。因而,垄断优势理论在 20 世纪 60—70 年代中期,对西方学者产生过较深刻的影响。垄断优势理论从理论上开创了以国际直接投资为对象的新研究领域,使国际直接投资的理论研究开始成为独立学科。这一理论既解释了跨国公司为了在更大范围内发挥垄断优势而进行横向投资,也解释了跨国公司为了维护垄断地位而将部分工序,尤其是劳动密集型工序,转移到国外生产的纵向投资,因而对跨国公司对外直接投资理论的发展产生很大影响。

但是垄断优势理论也有其内在的局限性,即它不能很好地解释对外直接投资流向的产业分布或地理分布;它以美国为研究对象,对发展中国家企业的对外直接投资缺乏指导意义。

(二)产品生命周期理论

产品生命周期理论是美国哈佛大学教授雷蒙德·弗农于1966年在其《产品周期中的国际投资和国际贸易》一文中首次提出的。

产品生命是指产品在市场上的营销生命,产品生命和人的生命一样,要经历形成、成长、成熟、衰退这样的周期。就产品而言,也就是要经历一个开发、引进、成长、成熟、衰退的阶段。而这个周期在不同的技术水平的国家里,发生的时间和过程是不一样的,其间存在较大的差距和时差,表现为不同国家在技术上的差距。它反映了同一产品在不同国家市场上的竞争地位的差异,从而决定了国际贸易和国际投资的变化。为了便于区分,弗农把这些国家依次分成创新国(一般为最发达国家)、一般发达国家、发展中国家。

产品生命周期理论的贡献主要表现在以下几点。

(1)产品生命周期理论弥补了古典贸易理论的比较优势静态分析的局限,第一次从比较优势的动态转移角度将国际贸易和国际投资作为整体考察企业的跨国经营行为。弗农等人认为随着产品生命周期的演进,比较优势呈现出动态转移的过程,贸易格局和投资格局随着比较优势的转移而发生变化,每个国家都可以根据自己的资源条件生产一定生命周期阶段上具有比较优势的产品并通过交换获得利益。

(2)作为直接投资理论,产品生命周期理论把东道国的区位优势与企业的所有权优势结合起来说明国际生产格局的形成。它揭示了对外直接投资的动因和基础不仅取决于企业拥有的特殊优势,而且取决于企业在东道国所能获得的区位优势,只有这两种优势的结合才能给投资者带来利益。

区位优势是指区位的综合资源优势,即某一地区在发展经济方面客观存在的有利条件或优越地位。其构成因素主要包括自然资源、地理位置,以及社会、经济、科技、管理、政治、政策、文化、教育、旅游等方面。区位优势是一个综合性概念,单项优势往往难以形成区位优势。同时,区位优势也是一个发展的概念,随着有关条件的变化而变化。

在自给自足的农业社会,土地资源是经济的基础,决定农牧产品产量的土地资源与影响农牧业的集约程度、技术传播、与市场的距离等因素是区位优势的主要方面。工业革命后,由于新技术和新市场的出现,区位优势由工业社会初期的自然资源、劳动力、运输优势发展到后期的技术、市场、政策、企业关联等优势。知识经济时代的区位优势不同于传统的区位优势。美国经济学家保罗·罗默从理论上解答了缺乏自然资源的国家为何不一定是穷国,领先他国最有效的方法是解决持续发展问题。在知识经济时代,人的因素占主导地位。人的流动性,尤其是掌握知识、技能的人才的流动性是很大的,因此,培育并吸引高科技人员就成为发展经济、提高区位优势的关键。

(3) 产品生命周期理论为制造业跨国公司的成长提供了一个有力的分析工具,对第二次世界大战后初期美国资本技术密集型企业在欧洲国家的贸易和直接投资活动做出了比较合理的解释。该理论从技术差距的角度阐述了跨国公司从事跨国经营的基础。

(4) 产品生命周期理论始终如一地关注供给因素和需求因素的相互作用及其对所有权优势和区位优势的直接影响。这种研究方法颇具启发意义。

然而,产品生命周期理论也存在明显的缺陷。

首先,弗农等人虽然坚持了动态的方法,强调随着时间的推移跨国经营活动是怎样在贸易和投资之间转移的,但产品生命周期理论没有进一步说明贸易活动和直接投资活动是以怎样的速度实现转换的。

其次,产品生命周期理论描述的产品区位转移的三段模式:第一阶段,母国生产并出口发达国家;第二阶段,发达国家投资生产、母国减少生产和出口;第三阶段,发展中国家投资生产,母国停止生产,改为由海外进口。这一发展模式随着国际经济条件的变化显得越来越不适用。弗农本人也承认他的产品生命周期理论在以下两个条件变化的情况下变得苍白无力。

一是越来越多的国家从事技术创新并由此建立海外子公司。

二是随着经济全球化的发展,发达国家之间在收入水平、市场规模、要素成本方面日趋接近,产品生命周期理论无法解释 20 世纪 70 年代以后西欧国家和日本对美国的大规模直接投资活动,更不能说明近 20 年来发展中国家对发达国家的直接投资迅速发展这一现象。

再次,产品生命周期理论沿袭了熊彼特技术创新理论,强调技术发明给经济带来的革命性突变的影响。技术创新的主体是企业,但这并不意味着技术创新的过程只有一个角色参与。技术创新是一个从科学技术成果的供给到创新产品的市场销售的完整过程,参与这个过程的角色是各种各样的。正如 OECD 在其研究报告中所指出的,技术变化并不是以线性方式发展的,而是通过该体系的连锁环路来发展的,这个系统的中心是企业组织生产和创新的方式以及其获得外界知识来源的途径。这些来源可能是其他企业也可能是研究机构或大学,既可能是区域性的也可能是国家性的甚至是国际性的。在这里创新企业被理解为在一个由复杂的合作与竞争的企业和其他机构组成的复杂网络中间进行经营,是建立在创新产品、供应商与消费者之间一系列合资或密切联系的基础之上的。

最后,产品生命周期理论把直接投资看作对贸易活动的替代,当我们考察跨国公司的全球战略时,贸易与投资绝不是简单的替代关系。在产品周期模型中,跨国公司的海外经营战略是创新技术被广泛地扩散、新产品进入成熟阶段的结果。事实上跨国公司是以全球战略的眼光决定各区位的生产经营方式,很多产品不是从母国扩散到海外,而是一开始就在海外进行设计研究开发并瞄准海外市场销售。在技术竞争激烈的条件下,产品生命周期相应缩短,企业为了抢占市场获得丰厚的垄断利润就必须尽可能快地在不同地区生产和销售新产品,并针对不同地区的需求偏好开发生产差异性产品。

（三）内部化理论

内部化理论是由英国里丁大学的巴克利和卡森提出，并由加拿大学者鲁格曼等加以发展的。内部化是指企业内部建立市场的过程，以企业的内部市场代替外部市场，从而解决市场不完全带来的供需交换不能正常进行的问题。

内部化理论的主要观点可概括如下：由于市场是不完全的，若将企业所拥有的科技和营销知识等中间产品通过外部市场来组织交易，则难以保证实现利润最大化目标；若企业建立内部市场，可利用企业管理手段协调企业内部资源的配置，避免市场不完全对企业经营效率的影响。企业对外直接投资的实质是基于所有权之上的企业管理与控制权的扩张，而不在于资本的转移。其结果是用企业内部的管理机制代替外部市场机制，以便降低交易成本，拥有跨国经营的内部化优势。

内部化理论认为：

第一，外部市场机制失败，这主要同中间产品（如原材料、半成品、技术、信息、商誉等）的性质和买方不确定性有关。买方不确定性是指买方对技术不了解，而卖方对产品保密，不愿透露技术内容，因此跨国公司愿意通过纵向一体化来解决技术保密的问题。

第二，由于交易成本受各种因素的影响，公司无法控制全部因素。如果实现市场内部化，即把市场建立在公司内部，通过内部转移价格可以起到润滑作用，从而节约交易成本。

第三，市场内部化可以合理配置资源，提高经济效率。国际直接投资倾向于高技术产业，强调管理能力，使交易成本最小化，保证跨国公司经验优势。

综上所述，内部化理论的现实意义在于：内部化理论是西方学者跨国公司理论研究的一个重要转折。以前的理论主要研究发达国家（主要是美国）企业海外投资的动机与决定因素，而内部化理论则研究各国（主要是发达国家）企业之间的产品交换形式和企业国际分工与生产的组织形式，认为跨国公司正是企业国际分工的组织形式。与其他理论相比，内部化理论属于一般理论，能解释大部分对外直接投资的动因，而其他国际直接投资理论仅从产品或生产要素等某个侧面来分析跨国公司对外直接投资的原因。因此，内部化理论不同程度地包含了其他理论，因而有助于对跨国公司的成因及其对外投资行为进一步深入理解。

趣味阅读

2018年1—9月我国对外全行业直接投资简明统计

据商务部、外汇局统计，2018年1—9月，我国对外全行业直接投资5 806.4亿元人民币，同比增长1.4%（折合890.6亿美元，同比增长5.8%）。其中，我国境内投资者共对全球155个国家和地区的4 597家境外企业进行了非金融类直接投资，累计实现投资5 347.4亿元人民币，同比增长0.8%（折合820.2亿美元，同比增长5.1%）。

◇ **知识活页**

二维码6-3

拓展阅读：2020年中国对外投资交出一份靓丽的答卷

第三节 国际证券组合投资

国际资本市场一体化是20世纪80年代以来国际金融业发展的一大趋势，随着中国加入WTO，国内金融市场将逐步放松管制，对投资者来说，局限在国内市场上通过证券组合降低风险远远不够，通过国际范围的分散投资来降低风险已经形成一种趋势。

一、国际证券组合投资的相关理论

证券组合投资理论的核心是寻求证券组合，使该证券组合在收益一定时风险最小，或者在风险一定时收益最大。投资者在权衡投资收益和风险时，以其对投资风险的偏好来进行证券资产的选择。美国经济学家哈里·马科维茨首先提出了方差风险测度方法，给金融领域带来了一场革命。

1952年3月，马科维茨发表了《证券组合选择》一文，作为现代证券组合管理理论的开端。马科维茨对风险和收益进行量化，建立均值方差模型，提出了确定最佳资产组合的基本模型。由于这一方法要求计算所有资产的协方差矩阵，严重制约了其在实践中的应用。1963年，威廉·夏普提出了可以对协方差矩阵加以简化估计的单因素模型，极大地推动了投资组合理论的实际应用。20世纪60年代，夏普、林特尔和莫森分别于1964年、1965年和1966年提出了资本资产定价模型（CAPM）。该模型不仅提供了评价收益-风险相互转换特征的可运作框架，也为投资组合分析、基金绩效评价提供了重要的理论基础。1976年，针对CAPM所存在的不可检验性的缺陷，罗斯提出了一种替代性的资本资产定价模型，即APT模型。该模型直接带来了多指数投资组合分析方法在投资实践上的广泛应用。

证券组合投资理论的提出主要是针对化解投资风险的可能性。该理论认为，有些风险与其他证券无关，分散投资对象可以减少个别风险（unique risk or unsystematic risk），由此个别公司的信息就显得不太重要。个别风险属于市场风险，而市场风险一般有两种：个别风险和系统风险(systematic risk),前者是指围绕着个别公司的风险,是对单个公司投资回报的不确定性;后者是指整个经济所产生的风险无法由分散投资来降低。

虽然分散投资可以降低个别风险,但是首先,有些风险与其他部分或所有证券的风险都具有相关性,在风险以相似方式影响市场上的所有证券时,所有证券都会做出类似的反应,因此投资证券组合并不能规避整个系统的风险。

其次,即使分散投资也未必投资在数家不同公司的股票上,而是可能分散在股票、债券、房地产等多个方面。

再次,未必每位投资者都会采取分散投资的方式,因此,在实践中风险分散并不总是完全有效。

证券组合投资理论主要解决投资者如何衡量不同的投资风险,以及如何合理组合自己的资金以取得最大收益的问题。该理论认为组合金融资产的投资风险与收益之间存在一定的特殊关系,投资风险的分散具有规律性。

二、国际范围组合投资的风险降低与投资收益

根据证券组合投资理论,一般的投资者都是风险厌恶者,通过证券组合能在多大程度上降低风险取决于各证券收益变动之间的相关系数,各个证券收益之间相关程度越低,降低风险的效果就越好。在国内市场上,价格受相同的或类似的因素的影响,如货币供应量、利率、财政赤字和经济增长等,在同一交易所上市的国内股票的价格变动有较高的相关性,在国内市场上债券价格也有较高的相关性。如果各个国家资本市场的相关系数低于国内证券之间的相关系数,通过在外国资本市场上分散投资就为降低风险提供了新的机会。例如,1973年至1982年美国国内各种股票之间的平均相关系数为0.439,但美国与德国、日本和英国之间的相关系数分别为0.170、0.137和0.279。这种相关结构表明,通过国际证券组合投资来降低风险的潜力的确存在。

通过国际市场能够在更大范围内降低风险,但降低风险不是国际投资的唯一动机,另一个更重要的动机在于提高投资收益。根据资本资产定价模型,一个证券组合的预期收益等于无风险收益加上风险溢价。在一个有效市场上,通过增加低风险的投资来降低组合的风险意味着降低了组合的预期收益。通过国际分散投资来降低风险,并不意味着一定要降低预期收益,因为国际投资能够降低没有必要承担的非系统性风险,而制约预期投资收益的因素是系统性风险。根据现代投资组合理论,非系统性风险可通过分散投资而完全抵消。由于各国资本市场之间的相关系数很低,通过在国外资本市场上分散投资、降低风险的同时,并不会降低收益水平。国外经济的快速增长、外汇升值等都为境外投资者带来新的营利机会。

在任何给定的时期内,总有一些国家的市场业绩优于其他国家,如果某位投资者有很强的预见力,最好的策略是只投资于业绩最佳的市场,甚至只投资于这个市场上最优的证券。对于一般的投资者,由于未来价格运动难以预测,将资金在国际范围内分散投资应该是一种

较明智的选择。

但是随着国际市场一体化程度的不断加深,国际证券市场的相关性也在不断增强。例如,美国金融危机爆发以后,不仅仅是美国国内股票价格全体下滑,世界各国股市都大幅下跌,中国A股更是跌幅高达70%。

三、中国与国际证券市场的动态相关性

我国证券市场虽然起步较晚,但是经过30多年的快速发展,如今已初具规模。随着金融改革的不断深入,中国证券市场在国民经济中的地位不断提升。20世纪80年代以来,经济全球化已经成为不可逆转的潮流,其中最显著的特征便是国际金融市场的扩张。由于信息技术和电子网络的发展、宽松的金融管制和发达的资本运作,金融自由化与全球资本市场的一体化已成为国际经济发展的主流。在这种背景下,世界资本市场联系越来越紧密,各国证券市场的波动相关性日趋增强。一些发达国家,如美国、英国、法国、德国、日本等,资本项目是开放的,因此呈现较强的证券市场联动性。中国作为新兴的资本市场,由于成立时间短、资本项目不开放以及其他一些制度因素,早期与国际证券市场呈现较弱的相关性。但随着中国经济的高速发展、对外开放的日益扩大和深化,中国已融入世界经济之中。因此,资本市场对外适当开放也是我国经济发展和改革开放的客观需求。

2001年12月11日中国正式加入WTO后,证券市场国际化进程加快。自2003年7月9日第一单QFII(合格境外机构投资者)指令正式发出,大量合格境外机构投资者带着国际投资理念进入内地证券市场共同影响股价。2007年6月20日QDII(合格境内机构投资者)制度出台,使得国内投资者能够主动进入国际市场,中国证券国际化程度日益增强。

近年来,国内关于不同股票市场联动性、资本市场一体化等方面的研究逐渐多了起来,尤其是次贷危机爆发后引起的全球股市下跌引起了国内学者的广泛注意。谷耀、陆丽娜(2006)首次将DCC-(BV)EGARCH-VAR模型引入沪、深、港三地股票市场收益和波动的溢出效应与动态相关性研究中。结果表明:作为"世界因素"的香港股市不论是在收益上还是在波动上对沪深两市都存在显著的溢出效应。董秀良、曹凤岐(2009)以中国上海、美国、日本、中国香港四地股票市场作为研究对象,结果表明:只有香港股市对沪市具有显著的波动溢出。由于美、日股市波动均对香港股市具有传染效应,因此它们可以通过对香港股市波动的影响间接地引起沪市的波动。周佰成(2011)等人通过研究发现尽管中国内地股票市场通过不断改革推进对外开放,但人民币不能完全自由兑换,中国的资本管制仍然较为严格,在这种背景下,中国内地股票市场同美国股市、日本股市、香港股市的相关性仍然是存在的,其中同香港股市联系最紧密,同美国股市相关性最小。

第四节 国际直接投资的资本预算

国际直接投资对跨国公司来说是一项风险巨大的长期战略性投资,因此,投资之前的项目可行性分析不可或缺,而国际直接投资的资本预算相比较于国内投资而言,具有更多的复杂性。

一、国际直接投资资本预算的基本方法

跨国投资项目最常用的经济评价指标是调整净现值(adjusted present value,APV)法。在国际投资决策中,鉴于跨国投资项目的特殊要求,以跨国公司总公司为主体进行经济评价,应将净现值指标转化为调整后的净现值指标。调整后的净现值与净现值的含义基本相同,其区别主要体现在以下方面。

(1) APV法按不同类别的现金流量分别进行折现,而不是对所有的现金流量统一进行折现。与此相联系,APV法对不同类别的现金流量区别不同情况采用不同的折现率,而不是按一个统一的折现率进行折现。

(2) 投资项目的效益性可以分段测算。如果前段的测算在经济上已可行,后段追加的有利部分可以不计算。

(3) 从总体上说,调整后的净现值具有较大的包容性,能够更好地适应跨国投资项目经济评价的具体需要。

(一)APV法的基本原理

APV法首先由美国著名经济学家斯图尔特·迈尔斯提出。在APV法下,公司或项目的每项现金流量被分为两个部分:

第一,无财务杠杆作用(全部为权益资本)时的营业现金流量;

第二,与项目融资联系的现金流量。

对这两部分进行估价,得出:

APV=无财务杠杆作用时的公司或项目价值+公司或项目的融资价值(利息税盾的价值)

(6-1)

对现金流量进行分类是为了采取不同的折现率。APV法首先假设项目是全股权融资,算出一个基本净现值,然后根据计划采取的财务策略引起的价值增减进行调整,得出最后的

调整净现值。APV 法避免了将不同性质的资本成本加权平均可能引起的较大误差,而且各种价值创造清晰明了,有利于管理层对价值创造过程的管理和监督。

(二) APV 法的基本步骤

根据式(6-1),分以下阶段进行计算。

(1) 进行业绩预测,得出公司或项目的基本现金流。由于假定项目是全股权融资,没有财务杠杆,所以这个基本现金流既可以用股权自由现金流的方法,也可以用公司自由现金流的计算方法。

(2) 将基本现金流和期末价值折现,此时的折现率采用假定全股权融资的股权资本成本率。

(3) 评价财务方面的影响,也就是利息税盾的影响。将融资现金流折现,所用的折现率是反映了风险因素的债务资本成本率。

(4) 将上述两部分价值相加得到 APV 法评估的公司或项目价值。

由此可见,APV 法是传统的加权平均资本成本求公司或项目投资资本价值的一种替代方法。用 APV 法求算投资资本价值不需要求加权平均资本成本,而只需要求出公司或项目没有财务杠杆时的投资资本价值,再加上由利息所带来的税盾价值即可。

(三) APV 法的基本公式

对于任一个投资期限,公司或项目的投资资本价值可用公式表达为:

$$V_0 = \sum_{t=1}^{h} CF_t \left[\frac{1}{(1+K_U)^t} \right] + \sum_{t=1}^{h} TI_t \left[\frac{1}{(1+K_D)^t} \right] + V_h \left[\frac{1}{(1+K_U)^h} \right] \tag{6-2}$$

式中:K_U——公司没有债务时的折现率;

K_D——公司有债务时的折现率;

T——税率;

I——在 t 周期所付出的利息。

式(6-2)中的第一项是公司无债现金流在无杠杆权益成本折现下的现值和,第二项是利息费用所产生的税盾价值在利息债务成本折现下的现值和,第三项是公司在 h 时刻的期末价值。

二、国际直接投资资本预算的特殊问题

国内企业资本预算的基本原理同样适用于国际企业,但国际企业资本预算需要考虑更多问题。

（一）评价主体问题

在国际企业资本预算中，是应该站在项目主体子公司角度，还是站在母公司角度，这是一个问题。因为站在不同角度，评价结果很可能不一样。其差异主要由下列因素造成。

(1) 税收因素。子公司所取得的收益要汇回母公司，而母公司和子公司所面临的税率可能存在很大区别。当母公司所在国政府对汇回的收益征收过高的税时，从子公司角度来说可行的项目在母公司角度来说可能就是不划算的。

(2) 外汇管制。外汇管制可能使母公司无法得到子公司所赚取的利润，那么对子公司来说可行的项目对母公司来说就无利可图。

(3) 管理费用。母公司除了可从子公司获得利润汇回，还可向子公司收取许可证费、专利权使用费等管理费用，这些费用对子公司来说是费用支出，而对母公司来说是收入，直接影响二者对项目的评价。

(4) 汇率波动。母公司获得子公司汇回的以外国货币计价的利润时，要将其折算为本国货币，而汇率的波动会影响母公司的净现金流，从而影响母公司对该项目的评价。而子公司无须考虑此项变动。

那么到底应该从母公司角度进行项目评价还是从子公司角度来进行呢？理论界对此有三种观点。

第一种观点认为应该站在母公司角度进行项目评价，因为对国外投资的风险与报酬的考虑，归根结底是为了母公司股东的利益；第二种观点认为应该站在子公司角度进行项目评价，因为母公司的投资者越来越多地来自世界各地，因此很多国际企业都制定了长期的财务战略，子公司在国外获得的利润更倾向于由子公司自行支配，以谋求子公司的长远发展，而不是着眼于获得短期利润汇回，因此从子公司角度进行评价也是可以的；第三种观点认为应该以母公司和子公司为主体分别进行评价，因为国际财务管理的目标是多元的和复杂的，为了保证国际企业投资者及各个利益相关者目标的和谐统一，应该从母子公司两个方面分别进行评价。

（二）国家风险分析

国家风险(country risk)是指在国际经济活动中，由于国家的主权行为所引起的造成损失的可能性。在主权风险的范围内，国家作为交易的一方，通过其违约行为（如停付外债本金或利息）直接构成风险，通过政策和法规的变动（如调整汇率和税率等）间接构成风险。在转移风险范围内，国家不一定是交易的直接参与者，但国家的政策、法规却影响着该国国内的企业或个人的交易行为。

如果投资行为仅限于国内，则不会面临此类风险，但若投资海外，则可能会由其他国家的政治变动、战乱等因素造成巨大的不确定性。

三、国际直接投资资本预算实例

泰坦公司(简称 TT-US)是一家总部设在美国的国际企业,该公司生产一种精密仪器,销往全球。目前 TT-US 在欧洲的销量为 40 000 件。现在 TT-US 正在考虑是否在英国设立生产基地 TT-UK,以增加在欧洲的销售量。TT-US 管理层认为,在英国建立生产基地将有利于在英国及整个欧洲占领市场。

目前的汇率为 1 英镑=2 美元。TT-US 管理层预计英国的通货膨胀率为 5%,结合对美国通货膨胀率 3% 的预测,因而预计英镑对美元每年贬值 2%。综合考虑各项因素,TT-US 管理层认为本项目的名义权益报酬率应达到 12%,该项目比较合理的资产负债率为 20%。

TT-US 管理层准备做一个五年的资本预算,然后计算 TT-UK 五年后的价值。如果本项目开始五年的净现值为正,那就不需要预计未来的现金流量了,此项目一定可行;如果开始五年的净现值为负,就需要计算 TT-UK 五年后的价值为多少时才能使这个项目的净现值为正,再与预计的 TT-UK 五年后的价值相比较,决定项目是否可行。

(一)本项目的相关资料

1. 项目投资

TT-US 准备在曼彻斯特购买一家即将破产的工厂,并负责安置该厂自动化生产线上的部分员工。为此,英国政府将向 TT-US 提供五年期的低息(3%)贷款 1 000 万英镑(2 000 万美元),该贷款到期一次还本付息。

收购工厂、购买相关设备以及改装成本预计为 1 亿美元。厂房和设备按照直线法计提折旧,折旧期限为五年,残值为零。在 1 亿美元投资中,2 000 万美元通过英国政府的贷款(1 000万英镑)来筹集,剩余 8 000 万美元由母公司提供。TT-US 管理层估计在收购后六个月能够全面投产。

TT-UK 营运资金的需求量约为销售收入的 30%,考虑这些需求部分可以由应付账款(约为销售收入的 10%)解决,所以净营运资金的需求量约为销售收入的 20%,莱德银行提供了两年期的 300 万英镑的初始营运资金贷款,年利率为 10%,到期一次还本付息。未来的营运资金需求将通过该项目的内部现金流量解决。

表 6-1 列示了 TT-UK 的初始投资支出情况。

表 6-1 TT-UK 的初始投资支出(£1=$2)

项目	投资支出/万英镑	投资支出/万美元
收购工厂及改装成本	3 500	7 000

续表

项目	投资支出/万英镑	投资支出/万美元
设备：		
母公司提供	500	1 000
在英国购买	1 000	2 000
营运资金：		
银行借款	300	600
初始投资总额	5 300	10 600

 2. 收入预测

在第一年，TT-UK 的产品销售单价为 250 英镑（按照当年汇率折算为 490 美元）时利润最大，预计英国及欧洲市场对该产品的需求以每年 10% 的增长率递增，预计第一年的需求量为 120 000 件。

在第一年，虽然需求量是 120 000 件，但是因为 TT-UK 的建设需要半年，所以 TT-UK 只能向市场提供 60 000 件。另外，TT-US 还可向 TT-UK 以每件 250 英镑的转移价格出口 40 000 件，TT-UK 没有利润。从第二年起，TT-US 不再向英国及欧洲其他国家出口产成品，而专注于拓展美国市场，增加 40 000 件的销量。

 3. 产品成本预测

TT-UK 生产所需的原材料用美元从 TT-US 购买，在 TT-US 销售给 TT-UK 的材料的转移价格中，75% 是变动成本，毛利率为 25%。TT-UK 第一年的单位变动成本为 140 英镑，其中包括从 TT-US 采购材料的支出 30.6 英镑（折合 60 美元）。因为预计英国的通货膨胀率为 5%，所以 TT-UK 的单位变动成本以每年 5% 的增长率增长。

TT-US 将向 TT-UK 收取专利权使用费，金额为销售收入的 7%。TT-UK 第一年全年的间接费用预计为 220 万英镑，由于年中才正式投产，所以预计间接费用为 120 万英镑。这些费用基本上是固定的，以 8% 的年增长率增长。

 4. 终值

终值的计算有三种方法。一是清算价值法。假设项目在五年后将会清算，将有关资产变卖，那么可以按此种方法来确定终值。二是收益现值法。采用这一方法时，应根据项目尚可使用的年限、每年产生的净现金流量和适当的折现率，把项目继续使用的收益转化为项目终了时的现值，作为项目的终值。三是计算使母公司能够接受此项目时的项目终值，即盈亏平衡点的项目终值，然后将此作为基准，判断未来现金流量的现值超过该值的可能性。大多数公司在估计终值时都比较保守。TT-UK 假设项目的终值为第五年净现金流量(净收益加折旧)的 2.7 倍。

(二)从项目角度和母公司角度来分析本项目的可行性

1. 项目的现金流量

TT-UK 的主要现金流出是初始投资,包括购买厂房设备的现金流量及垫支的营运资金。其他现金流出有营业费用、追加的营运资金和缴纳的所得税等。TT-UK 的现金流入主要是来自英国和欧洲其他国家的销售收入,以及折旧和利息费用的税收利益、贴息和这项投资的终值。

(1)初始投资支出。如表 6-1 所示,TT-UK 包括营运资金在内的初始资金额为 5 300 万英镑,列示于表 6-2 的 N 行。

表 6-2　TT-UK 的现值:子公司角度

项目	第零年	第一年	第二年	第三年	第四年	第五年	第五年后
A. 销售量/件	—	60 000	132 000	145 000	159 000	175 000	—
B. 单价/英镑	—	250	263	276	289	304	—
C. 销售收入/万英镑	—	1 500	3 465	4 002	4 622	5 339	—
D. 单位变动成本/英镑	—	140	147	154	162	170	—
E. 变动成本总额/万英镑	—	840	1 940	2 241	2 589	2 990	—
F. 专利权使用费($0.07 \times C$)/万英镑	—	105	243	280	324	374	—
G. 间接费用/万英镑	—	120 *	238	257	277	299	—
H. 折旧/万英镑	—	1 000	1 000	1 000	1 000	1 000	—
I. 费用合计($E+F+G+H$)/万英镑	—	2 065	3 421	3 778	4 189	4 663	—
J. 税前利润($C-I$)/万英镑	—	−565	44	224	433	676	—
K. 英国公司所得税($0.4 \times J$)/万英镑	—	0	0	0	55	270	—
L. 净利润($J-K$)/万英镑	—	−565	44	224	378	406	—
M. TT-UK 的终值[(第五年的 $L+H$)$\times 2.7$]/万英镑	—	—	—	—	—	—	3 795
N. 包括营运资金在内的初始投资/万英镑	5 300	—	—	—	—	—	—
O. 营运资金投资($0.2 \times C$)/万英镑	—	300	693	800	924	1 068	—
P. 追加营运资金(t 年的 $O-(t-1)$ 年的 $O, t=2,\cdots,5$)/万英镑	—	0	393	107	124	143	—

续表

项目	第零年	第一年	第二年	第三年	第四年	第五年	第五年后
Q. TT-UK 的现金流量(L+H+M-N-P)/万英镑	-5 300	435	651	1 117	1 254	1 262	3 795
R. 英镑对美元的汇率	$2	$1.96	$1.92	$1.89	$1.85	$1.82	$1.82
S. TT-UK 的现金流量(Q×R)/万美元	-10 600	853	1 254	2 108	2 323	2 293	6 907
T. 复利现值系数（折现率12%）	1	0.892 9	0.797 2	0.711 8	0.635 5	0.567 4	0.567 4
U. 现值(S×T)/万美元	-10 600	762	999	1 501	1 476	1 301	3 919
V. 累计现值/万美元	-10 600	-9 838	-8 838	-7 338	-5 862	-4 560	-641

注意：标有 * 的表示不到一年的间接费用。

第一年 565 万英镑的亏损将在未来几年的税前利润中扣除，使第二、第三年没有所得税，第四年的所得税也减少了。

(2) TT-UK 的融资。根据前面所讲的 APV 公式，债务税收利益需要单独考虑。因为 TT-UK 比较合理的资产负债率为 20%，所以 1.06 亿美元的初始投资（总资产）可以给母公司带来 2 120 万美元（1.06 亿×0.2）的举债能力。对 TT-UK 的美元贷款市场利率为 8%，英国的所得税税率为 40%。所以各年中负债的税收利益为 67.84 万美元（2 120 万美元×8%×40%）。按照 8% 的折现率折现，这笔现金流量未来五年的现值约为 271 万美元。

(3) 贴息。TT-US 管理层预计英国的通货膨胀率为 5%，结合对美国通货膨胀率 3% 的预测，因而预计英镑对美元每年贬值 2%，故对 TT-UK 的英镑贷款市场利率为 10%。这表明英国政府提供的利率 3% 的贷款实际上是对 TT-UK 的 7% 的贴息。这笔贴息的现金价值为 70 万英镑（1 000 万英镑×7%），即未来五年每年 140 万美元，其现值为 531 万英镑。

(4) 收入数据。根据对需求量的预测，该产品的需求以每年 10% 的增长率递增。假设英美两国的实际价格保持不变，以后各年的英镑名义价格和汇率反映了英镑和美元的预计年度通货膨胀率，如表 6-3 所示。

表 6-3 预计各年的英镑名义价格和汇率

项目	年度					
	第零年	第一年	第二年	第三年	第四年	第五年
价格/英镑	—	250	263	276	289	304
汇率/美元	2.00	1.96	1.92	1.89	1.85	1.82

价格以每年 5% 的比率增长。

$1.96 = 2.00 \times \dfrac{1+3\%}{1+5\%}$，下同。

根据这些假设，TT-UK 的预计销售单价和销售收入如表 6-2 的 B 行和 C 行所示。

因为需求量每年增长 10%，单价每年上涨 5%，所以预计 TT-UK 的英镑销售收入会以每年 15.5%[(1+10%)×(1+5%)-1]的增长率上升。

（5）成本数据。TT-UK 的产品成本主要包括变动成本、专利权使用费、间接费用和折旧，根据前面的产品成本预测，TT-UK 的年度产品成本预计数据列示于表 6-2 的 D 到 I 行。其中单位变动成本以每年 5% 的增长率增长，专利权使用费以每年 15.5% 的增长率增长（与销售收入的增长率相同），间接费用以每年 8% 的增长率增长，每年折旧费为 1 000 万英镑。

（6）项目的净利润。表 6-2 的 L 行列示了第一～五年的净利润。TT-UK 在英国的公司所得税税率为 40%。第一年 565 万英镑的亏损将会递减第二～四年的税前利润，减少这几年的所得税。

（7）追加营运资金。TT-UK 对营运资金的初始投资为 300 万英镑，营运资金需求额约为销售收入的 20%。所以，营运资金所需投资将按每年 15.5% 的增长率增长，如表 6-2 的 O 行和 P 行所示。

（8）估计项目的现值。如表 6-2 的 V 行所示，从子公司角度看，TT-UK 现金流量的现值为－641 万美元。加上贴息的价值 531 万美元和债务的税收利益 271 万美元，项目的净现值为 161 万美元。在上述预算中，只估计了五年的现金流量，如果按照项目的预计持续年限 10 年来算，债务的税收利益会更大。按照 10 年算，债务税收利益的现值约为 455 万美元，将会使项目的净现值变为 345 万美元。

2. 母公司的现金流量

上面的分析是从子公司的角度出发的。从母公司的角度来看，还有其他的现金流量。额外的现金流出如支付给英国政府和美国政府的税金，额外的现金流入如每年收取的专利权使用费。

（1）偿还贷款。TT-UK 首先应该在支付股利前偿还贷款本息。具体来讲，TT-UK 将在第二年末偿还莱德银行 300 万英镑的营运资金贷款本息，在第五年末偿还英国政府提供的 1 000 万英镑的低息贷款本息。若按美元计算，根据预测的汇率，应分别偿还 697 万美元（300 万英镑×$FVIF_{10\%,2}$×1.92 美元/英镑）和 2 109 万美元（1 000 万英镑×$FVIF_{3\%,5}$×1.82 美元/英镑）。这两笔还贷应作为母公司的现金流入，因为它们减少了母公司的债务负担。因为前面在计算 TT-UK 的初始投资时，将这两笔贷款都包括在内，所以我们可以这样理解，TT-UK 借款与偿还借款就相当于 TT-US 借入款项，投资于 TT-UK，并用 TT-UK 的现金流量偿还了 TT-US 的借款。

（2）向 TT-US 的汇款。TT-UK 将把偿还贷款后的全部净现金流量作为股利支付给母公司，它还向母公司按销售收入的 7% 支付专利权使用费。对于这些资金转移，英国政府将征收 10% 的预扣税。这些现金流量如表 6-4 所示。如果 TT-US 有足够的国外税收贷项，它就不需要向美国国内税收署支付任何税金，否则 TT-US 要因其收到的股利和专利权使用费支付公司所得税，当然，支付的所得税是扣减已经支付的国外所得税和预扣税后的余额。在本例中，即使 TT-US 没有足够的国外税收贷项，但由于 TT-UK 第一年亏损，加上英国政府较高的公司所得税税率，使 TT-US 几乎不需要向美国国内税收署支付税金。

表 6-4 TT-US 收到的股利和专利权使用费(万美元)

项目	年度					
	第一年	第二年	第三年	第四年	第五年	第五年后
A. TT-UK 的净现金流量(表 6-2,S 行)	853	1 254	2 108	2 323	2 293	6 907
B. TT-UK 偿还贷款	—	697	—	—	2 109	—
C. 向 TT-US 支付的股利	853	557	2 108	2 323	184	6 907
D. 专利权使用费	206	467	529	599	681	6 395 *
E. 向英国政府支付的预扣税(C+D)×10%	106	102	264	292	86	1 330
F. TT-US 收到的净利润(C+D−E)	953	922	2 373	2 630	779	11 972
G. 汇率	1.96	1.92	1.89	1.85	1.82	1.82

* 估计的未来五年专利权使用费折现的现值。

(3) 向 TT-UK 的出口。假设 TT-US 有足够的生产能力,因为它向 TT-UK 出口材料的毛利率为 25%,所以 TT-US 所获收入为出口额的 25%。扣减 35% 的美国公司所得税,TT-US 所获现金为出口额的 16.25%(25%×65%),如表 6-5 所示。

表 6-5 向 TT-UK 出口的净现金流量

项目	年度				
	第一年	第二年	第三年	第四年	第五年
A. 销售量/件	60 000	132 000	145 000	159 000	175 000
B. 从 TT-US 购买的材料					
1. 单价/美元	60	61.8	63.7	65.6	67.5
2. 总出口收入/万美元	360	816	924	1 047	1 186
C. 税后现金流量(0.162 5×B2)/万美元	59	133	150	170	193

(4) 从 TT-US 角度估计项目的现值,如表 6-6 所示。

表 6-6 TT-UK 的现值:母公司角度(万美元)

项目	年度						
	第零年	第一年	第二年	第三年	第四年	第五年	第五年后
A. 现金流入							
1. TT-UK 偿还贷款	—	—	697	—	—	2 109	—
2. 向 TT-US 支付的股利	—	853	557	2 108	2 323	184	6 907
3. 专利权使用费	—	206	467	528	599	681	6 395
4. 出口带来的净现金流量	—	59	133	150	170	193	1 013
5. 现金流入合计	—	1 118	1 854	2 786	3 092	3 167	14 315

续表

项目	年度						
	第零年	第一年	第二年	第三年	第四年	第五年	第五年后
B. 现金流出							
1. 厂房和设备	10 000	—	—	—	—	—	—
2. 营运资金	600	—	—	—	—	—	—
3. 向英国支付的预扣税	—	106	102	264	292	86	1 330
4. 现金流出合计	10 600	106	102	264	292	86	1 330
C. 净现金流量	−10 600	1 012	1 754	2 522	2 800	3 081	12 985
D. 现值系数	1	0.892 9	0.797 2	0.711 8	0.635 5	0.567 4	0.567 4
E. 现值	−10 600	904	1 397	1 795	1 779	1 748	7 368
F. 累计现值	−10 600	−969 6	−8 300	−6 505	−4 725	−2 977	4 391

在表 6-6 中,将各种现金流量汇总,它们的现值为 4 391 万美元,加上 986 万美元债务利益,现值为 5 377 万美元。很显然,虽然 TT-UK 要向英国和美国政府缴纳税金,但是母公司拥有 TT-UK 可以获得更多收益。这主要是因为母公司向 TT-UK 收取的各种专利权使用费以及向 TT-UK 出口所带来的增量收益。

(5) 丧失的销售额。在前面的讨论中,假设 TT-US 目前出口到欧洲的 40 000 件产品从第二年开始可以在美国售出。如果这一假设不成立,也即 TT-UK 销售的 40 000 件产品只是替代了 TT-US 销售的 40 000 件产品,那么在项目预算中应该考虑这一机会成本。

假设 TT-US 目前出口到欧洲的每件产品能够带来 180 美元的税后现金流量,而且预计未来也能维持这一水平。按照名义美元,这一税后现金流量每年将增长 3%。英国的所得税税率为 40%。假设第二年到第十年,每年损失 40 000 件的销售量,按照 12% 的折现率折现,所丧失的销售收入的现值为 3 895 万美元。如果从前面计算出的现值 5 377 万美元中扣掉丧失的销售额的现值 3 895 万美元,则 TT-UK 对母公司的净现值为 1 482 万美元。这个例子说明,在评价国外项目时,重要的是增量现金流量而不是总现金流量。

第五节 国家风险管理

当今世界政治与经济关系日趋复杂,不确定因素大量存在,政治与经济出现了相互纠缠、紧密联系的趋势。国际政治经济的复杂形势使国家风险成为国际直接投资面临的重要风险。国家风险是基于国家主权行为及一切不受当事人控制的全球经济因素导致国际商务契约无法完成的风险。

一、 国家风险的组成

国家风险包括但不限于政府不能履行债务的主权信用风险和政府限制资金转移的转移风险。

主权信用风险又称主权风险,作为国家风险的核心构成,一般是指一个国家政府未能履行其债务所导致的风险。国家风险不仅仅局限在主权债务违约,在国际贸易和投资等领域中同样涉及由国家的官方或者政府机构而非私人的种种行为引起的贸易或者投资的利益损失。衡量一国的主权信用风险经常采取国家风险评级的方式。国家风险评级不仅仅对国家履行其相关债务的意愿加以度量,也对其他引起损失的因素(政治、社会、经济、金融等)加以评估,针对一个特定国家的政治、社会、经济、金融等风险要素进行综合分析评价后,采用统一的符号来对该国的综合风险进行揭示,以衡量海外投资、贸易合作等跨国行为蒙受经济损失的可能性。

转移风险是因东道国政府的政策或法规禁止或限制资金转移而对贷款方构成的风险,在开展国际银行业务时,由于东道国的外汇管制或资本流动管制,出现银行在东道国的存款、收入等可能无法汇出或贷款本金无法收回的情况,就是典型的转移风险。

国家风险还包括东道国政治因素产生的社会变动所造成的风险,这些变动包括战争、政变、骚乱等,它们对外国的贷款人和投资人的经济利益有同样的威胁。

二、 国家风险的评估

在中国,许多中小企业对国际市场不熟悉,运用东道国法律及国际通行规则维护自身权益的能力不足,难以适应国际竞争的风浪。一些企业境外投资决策盲目性强、成功率低,其重要原因在于对国家风险的认识不足,在蒙古国、越南、柬埔寨等国曾经就有60多家中资服装厂处于停产、半停产状态。有鉴于此,企业在进行国际直接投资时,要对投资所在国进行全面了解,尤其要关注其国家风险评级。

国家风险的诱因涉及政治、经济、社会、文化、国际关系乃至自然环境及突发事件等十分复杂的范畴,很难进行绝对的量化,但是可以通过跨国比较来对各国的风险进行相对的测量,因此产生了国家风险评级。国家风险评级大致可以分为定性与定量两种模式。定性模式是指在对目标国的社会政治与经济金融状况全面分析的基础上,选择若干关键指标进行综合风险分析,以判断跨国信贷、贸易所面临的国家风险大小,通常由评级机构以国家风险报告或特定风险指数的形式给出国家风险等级信息。定量模式是指在若干风险因素的基础上,通过一定的量化模型方法集成最终的国家风险评级指数。由于国家风险概念的内涵与外延有较大差异,学术界对国家风险的定量研究大致经历了三个阶段:以债务国的债务违约风险为主的研究;以国家风险评级为主的研究;以对海外投资国国家风险为主的研究。相比国家风险评级的定性模式,定量模式在理论上能更准确地衡量风险值,但定量方法须基于历史数据,对数据的准确性和完备性要求较高,往往难以进行推广应用。

出于商业以及政府决策的需要,围绕国家风险的测量出现了众多的专业队伍或机构。这些评级机构根据各自的服务对象、评价目的等大致可以划分为主权风险和国家风险评级两大类。前者主要针对金融市场而言,以标准普尔、穆迪和惠誉三个机构的主权信用评级为代表。后者以美国 PRS 集团旗下的国际国别风险指南(international country risk guide, ICRG)为代表。在过去的 20 多年中,该指南编制和计算了各种政治、经济、金融和综合国家风险指数。另外,各国或者国际组织还有专门的评级指数,如国际透明组织的贪污腐败现象认识指数、美国传统基金会的经济自由指数等,都从不同侧重点提供了针对某一类型国家风险的评级结果。

在中国,目前国内唯一承办出口信用保险业务的政策性保险公司——中国出口信用保险公司每年 12 月发布的《国家风险分析报告》对全球除中国以外的 190 多个主权国家的风险水平进行评估,从政治局势、经济发展水平、财政状况、投资环境等方面,揭示我国企业出口和投资所面临的国际环境和有关风险。大公国际资信评估有限公司于 2010 年首次发布了全球 50 个国家的主权信用评级(sovereign credit rating),反映的是作为债务人的中央政府对其本、外币债务违约的相对可能性。前者侧重经贸往来,重点关注一个国家的市场潜力、发展趋势、风险状况等涉及中国贸易投资安全的关键因素;后者侧重国家主权信用,重点对一个国家的金融债务的偿债能力与愿景进行评估,更接近三大国际评级机构的评级体系。

三、国家风险的防范与管理

随着中国对外贸易的快速发展,参与国际竞争的程度日益加深,国家风险已成为中国企业走向国际市场最为关心的问题之一。尤其自 2008 年以来,世界范围内的金融危机愈演愈烈,对世界经济的影响不断加深,国际市场需求不断减弱,国家风险问题更加成为关注的焦点。

我国政府历来非常重视国家风险的管理和防范,一方面加强国际交流和协作,我国几乎与所有的建交国家签署了双边贸易合作协定,并与超过 120 个国家签署了投资保护协定;另一方面通过中国出口信用保险公司为出口企业提供信用保险服务,帮助出口企业识别和控制国家风险。尽管如此,国际企业自身还必须在防范和管理国家风险上做出努力。

(一)购买保险

在存在国家风险的环境下,国际企业通过对其各种资产进行投保,可以集中精力管理其经营业务而不必顾虑国家风险。国家风险的保险范围包括征用、货币不能兑换,以及战争、暴动等事件引起的损失。例如，在美国，归属于联邦政府的海外私人投资公司就提供这种保险。在我国，中国出口信用保险公司自2001年12月成立以来，累计支持对外贸易的投资达上千亿美元，在贯彻国家外经贸政策、支持国内企业"走出去"方面发挥了很好的作用。

我国已经与很多国家达成了双边或多边投资保护协议，从而有效地消除了很多国家风险，因此，国际企业在与我国签署了投资保护协议的国家投资时，可以不需要过于关注国家风险。

（二）实施多元化和本土化战略

首先在投资结构上，要尽可能采取多元化的战略，积极扩大从东道国企业和政府、国际金融机构等方面融资的力度，采取合作、合资的方式。这样不但可以解决国际企业资金不足的问题，分散了融资的风险，而且与东道国企业利润共享、风险共担，对东道国政府可能采取的任何政府干预行为产生制约作用。我国企业在海外投资过程中，面临着不同的风土人情，处理不好就会导致东道国滋生反华情绪，引发极端事件，造成国家风险。因此，我国国际企业在海外投资时尽量采用本土化的管理策略。例如，增加东道国员工的数量，尤其是中高层技术和管理人员；在原材料采购上，优先考虑东道国当地企业；尊重东道国的风俗文化、宗教信仰；积极为东道国的发展做贡献。

（三）分散风险

国际企业通过建立合理的海外投资组合，达到降低国家风险、提高投资效益的目的。分散风险的主要措施有以下几种。

一是投资主体分散化。在对外直接投资中，降低国家风险的一个最有效方法就是与东道国政府或企业共同投资，可以采取合资经营、合作经营、合作开发等形式，双方共负盈亏、共担风险。

二是投资客体分散化。在对外投资所需资金和物资的安排上，选择不同国家、不同行业、不同企业、不同产品分别投资，达到降低风险的目的。例如，美国在东南亚建立的一家公司，原来主要生产油脂产品，但随着当地自然资源国有化呼声的高涨，该公司迅速将一部分投资转移到汽车配件制造业和人造橡胶业，从而降低了国家风险可能带来的损失。

三是投资形式多样化。对外投资分为直接投资、证券投资、信贷投资、灵活投资等多种形式，不同类型的国家风险对不同形式的海外投资的影响程度有较大差异。例如，国有化风险主要威胁海外直接投资，债务危机主要会给信贷投资和债券投资带来风险，而进出口政策的改变则会对投资与贸易相结合的灵活投资活动产生较大影响。进一步说，当受到某种国家风险的威胁时，可以转换投资形式，如将直接投资转化为间接投资，将股权投资转化为债权投资等，也能在一定程度上降低国家风险。

（四）实行担保制度

担保作为一种法律上的保证措施，广泛适用于投资活动中，如履约投标承包、借款等。

担保人一旦出具了担保,就要承担起相应的法律责任。投资者在风险较大的国家投资时,可要求当地信誉较好的银行、公司或政府给予担保。万一发生风险事件,担保者须给予投资者一定的补偿。

◇ 本章小结

国际投资是指跨国公司等国际投资主体,将其拥有的货币资本或产业资本,通过跨国流动和营运,以实现价值增值的经济行为。国际投资的基本要素与国内投资有共同性,但是国际投资的实际运作比国内投资更为复杂。

国际直接投资的相关理论主要有垄断优势理论、产品生命周期理论和内部化理论。

当证券组合中包含不同国家的证券时,就构成了国际证券组合投资。在国际证券组合投资中,除了可以抵消证券间的部分非系统风险,还可以降低对于某一特定国家而言的系统风险。由于不同国家间证券收益相关性通常较同一国家内证券收益相关性低,所以国际证券组合投资可以取得比国内证券投资更高的收益或更小的风险。

在评价国际直接投资项目时,采取的是调整净现值法,该方法具有简便灵活的特点。由于国际投资项目的现金流量构成比国内投资项目更为复杂,调整净现值法按不同类别的现金流量分别进行折现,而不是对所有的现金流量统一进行折现。因此调整净现值法具有较大的包容性,能够更好地适应跨国投资项目经济评价的具体需要。

国家风险是基于国家主权行为及一切不受当事人控制的全球经济因素导致国际商务契约无法完成的风险。因此在其他条件相同时,公司愿意投资于那些货币稳定、经济健康、政治平稳的国家。

◇ 思考与练习

一、思考题

1. 试述国家风险的含义与构成,国际企业应如何防范与管理国家风险。
2. 跨国投资项目的资本预算应从母公司的角度评价还是从子公司的角度评价?
3. 为什么国际证券组合投资要比单纯的国内证券投资风险小?
4. 内部化理论的基本思想是什么?
5. 日本跨国公司如丰田、东芝和松下等,在泰国、马来西亚等东南亚国家投入巨资,是什么力量促使日本在这些地方投资?

二、案例分析题

三一重工股份有限公司(简称三一重工)由三一重工集团有限公司(简称三一重工集团)于1994年投资创建,是三一重工集团旗下最大的子公司,于2003年7月3日在上海证券交易所成功上市。2009年公司实现销售收入164.96亿元人民币。2008年5月,三一重工在德国成立分公司,并计划投资1亿欧元,在离科隆40千米处的贝德堡投资建厂并建立一个研发中心。生产投入从2009年第一季度就开始了。三一重工的目标是把三一德国公司建造成一个集制造、销售、研发为一体的公司。

对于三一重工的选择,我们心中一直有一个疑问:大家都知道德国生产的成本比中国要高,那为什么三一重工还是选择了在德国建厂呢?

三一德国公司的总经理徐鑫解释道:"众所周知,德国的建厂成本要高于中国,但是三一重工决定要在德国建厂是经过深思熟虑的。第一是从人才方面考虑,在工程机械领域,德国始终处于领先地位,在德建厂才能吸引更多当地优秀人才的加入;第二是从市场方面考虑,使我们的产品销售和售后服务能够更加贴近终端客户,以德国为中心覆盖整个欧洲市场及周边市场;第三是从供应体系考虑,我们在欧洲国家拥有众多优质供应商,这是我们的全球化采购的重要部分,德国工厂的建立能够有效降低欧洲零部件和主机运输成本;第四是从经济性方面考虑,欧洲客户对产品需求存在较大差异,必须进行本地化设计和制造,但导致的成本增加相对于欧洲市场的价格水平依然可以接受。三一集团的考虑是成熟的。"徐总经理还告诉我们,一个国际性的企业必然面对的是全球化的舞台,因此必然要在人才、服务、供应链和产品上具备全球视野,才可能成为一个全球性领先的企业。如果仅仅算短期的经济账,那是不明智的做法。

三一重工的这个选择还与德国市场的特色息息相关。三一重工的座右铭是"品质改变世界",而德国市场非常注重品质。这与三一重工企业发展的目标相吻合,也就是为何三一重工要在德国这个注重高品质的国家投资的主要原因。德国拥有欧洲强大的机械制造行业。它的实力来源于其悠久坚定的传统、技术开发领先地位、多样化的工业基础和政府对此行业明确的大力支持。德国在该领域拥有6 100家在价值链上的公司,超过93万的受过良好培训的技术员工。机械制造领域又是德国最具有创新能力的行业之一。全球28%的机械制造专利权是由德国公司申请的。这也就难怪三一重工为何在设立工厂的同时还要设立研发中心。

对于中国投资者来说,投资前必须深思熟虑,并且还要尊重当地的法律法规,习惯当地的思维方式。这是非常重要的。事实上,挺进欧洲腹地,这被三一重工视为国际化的关键一步,也被业界视为具有里程碑式意义的海外投资案例。资深业内人士认为,这不仅因为它是迄今为止中国企业在欧洲投资的最大项目,更因为其选择的时机——萧条时期而非繁荣时期和选择的方式——新建工厂而非并购方式。

资料来源:经济观察网,http://www.eeo.com.cn/2010/1013/182529.shtml。

要求:

试应用国际投资理论解释三一重工投资德国的动因以及投资前必须考虑的因素。

◆ 在线答题

二维码6-4
第六章
自测题

第七章 国际营运资本管理

◇ **学习目标**

1. **知识目标**：正确认识国际营运资本管理的内容、目标与方法。
2. **能力目标**：掌握国际营运资本管理的特点与方法，学会运用国际营运资本管理方法进行国际企业营运资本管理。
3. **情感目标**：通过学习，让学生体会到国际营运资本管理的复杂性，培养学生在复杂环境下，冷静思考、坚持原则、顾全大局的素质，以及良好的职业道德和团队合作精神。

◇ **本章导读**

营运资本是企业正常运转的"血液"，良好的营运资本管理是企业得以生存和发展的基础。国际营运资本管理是国际企业财务管理的一个重要环节，它涉及不同的国家和不同的货币，受各国不同的政治、经济、法律、社会文化等因素影响，相对于国内企业营运资本的管理，国际企业营运资本管理有其特殊性。本章主要讨论国际营运资本存量管理和流量管理的原则与方法。

◇ **导入案例**

"中石化"的营运资本管理

中国石油化工集团公司（简称中石化）是1998年7月国家在原中国石油化工总公司基础上重组成立的特大型石油石化企业集团，是国家独资设立的国有公司、国家授权投资的机构和国家控股公司，在《财富》全球500强企业中，2009年度排名第9位，2010年度排名第7位，2011年度排名第5位。

2008年，中石化努力克服人民币升值、国际金融危机等不利影响，积极采取来进料加工复出口、第三国贸易等多元化方式，主动开拓东南亚、欧洲等目标市场，深入推进终端市场开发，石化产品出口规模同比增长了23.4%；加大设备材料出口市场开拓力度，与一批国际知名工程公司建立了业务联系,签署了物资采购服务协议及合作备忘录。全年实现化工产品和设备材料进出口额50.4亿美元,比2007年增加4.3亿美元,增长了9.3%。其中,化工产品进出口额达36.5亿美元,设备材料进出口额13.9亿美元。

公司的财务优化管理为保供降本做出了积极贡献。财务人员紧盯国内外两个市场,密切跟踪汇率市场变化,统筹安排境内外资金,创造良好经济效益,通过跨境结算和利用国内外汇率市场的价差,精心操作,科学把握节奏,2011年以来节约采购成本超过1亿元人民币。

在国际金融环境下,企业应该如何强化营运资本管理?

■ 资料来源:根据以下四份材料整理。

① 中国网络电视台"中国石油化工集团公司简介",http://jingji.cntv.cn/20110408/109083.shtml。

② 360百科"2009年《财富》全球500强排名",https://baike.so.com/doc/8593133-8913979.html。

③《财富》"2011年世界500强排行榜(企业名单)",http://www.fortunechina.com/fortune500/c/2011-07/07/content_62335.htm。

④ 新浪财经"2008年中国石化产原油近2.97亿桶 同比增长1.76%",http://finance.sina.com.cn/roll/20090123/12322646510.shtml。

第一节 国际营运资本管理概述

一、营运资本的定义

营运资本有两种定义方式,毛营运资本与净营运资本。毛营运资本是指企业流动资产总额,包括现金、短期证券、应收账款和存货等项目;净营运资本是指流动资产减流动负债后的净额。本章以毛营运资本定义方式为基础进行讨论。

营运资本是企业正常运转的"血液",营运资本来源是否充足、运用是否合理、数额是否得当,决定着企业的日常生产经营活动是否能顺利而有效地开展。所以,营运资本管理在企业财务管理中具有重要的地位,其管理成效不仅对企业资产的流动性和收益性产生直接的影响,而且还直接影响企业的生死存亡,良好的营运资本管理是企业得以生存和发展的基础。

国际营运资本管理是指国际企业对营运资本的管理。它是国际企业财务管理中的一个重要环节。国际企业面向国际市场,国际营运资本的管理涉及不同的国家和不同的货币,受各国不同的政治、经济、法律、社会文化等因素影响,国际企业营运资本管理有别于国内企业营运资本的管理,汇率波动、外汇管制以及税收制度的差异等,都是国际企业营运资本管理需要考虑的因素。

二、国际营运资本管理的目标

企业营运资本管理的目标直接受企业财务目标的影响,由企业财务目标决定,而企业财务目标受企业战略目标的制约。不同的国际企业或同一国际企业在不同的发展时期,其战略目标是不同的,因此,国际营运资本管理的目标也必然存在差异。

美国学者曾经对579家跨国公司进行联合国际调查,调查表明,保证销售、降低流动资产余额、投资决策最优化等都可能成为跨国公司营运资本管理的目标。实务界人士认为,国际营运资本管理的目标是通过资金的合理安置(包括资金安置地点和以何种货币持有)以及资金的适当集中(集中于公司总部或集中于某地区)和分配,使公司内部资金转移成本减至最低,加快公司各成员单位间的国际资金转移速度,使散处于各国的附属单位的各种收支往来能够在各项财务政策(如股利政策、移转定价政策、贷款政策、应付账款政策等)的协同作用下,达到最适当的流向、最佳的持有金额和最优的转移时机,防止外汇风险损失,提高流动资金的报酬率,使整个公司获得最佳效果,税后利润达到最大。

一般而言,不同的国际企业对营运资本管理提出的要求不同,但无论其最终目标怎样,国际企业营运资本管理的直接目标可以概括为:通过资金在全球的合理流动和有效配置,实现各种流动资产持有水平的最优化,保证企业营运资本管理最终目标的实现。

三、国际营运资本管理的内容

相对于一般企业而言,国际企业营运资本管理有其特殊性。国际企业营运资本管理包括两个方面的内容:一是国际企业营运资本的存量管理;二是国际企业营运资本的流量管理。

国际企业营运资本的存量管理着眼于各种类型资金的处置,目的是使现金余额、应收账款和存货处于最佳的持有水平。在国内企业中,存量管理的一般原则是以最少量的营运资本获得最大的边际收益率,国际企业的管理原则与之类似。然而,在具体方法和研究视角上国内企业与国际企业还是存在差异的。国际商业环境的复杂性决定了国际企业必须立足于全球制定其营运资本管理战略,即必须将其资源在全球范围内进行最有效的配置,以实现全球经济效益最大化。因此,从这个意义上说,国际企业对营运资本的存量管理与国内企业的立足点是不同的。

国际企业营运资本的流量管理着眼于资金从一地向另一地的转移,研究如何利用内部资金转移机制实现资金合理的配置,根据多变的理财环境,合理调度资金,确定最佳的安置地点和最佳的持有币种,使营运资本按照最合适的流量、流向和时机进行运转,以避免各种可能面临的风险,最大限度地提高国际企业的整体效益。

一般来说,在统一、开放的国内市场中,企业营运资本管理的重点是存量管理。因为单一的国内市场中汇率、通货膨胀率、市场收益率以及税率等影响因素基本不存在差别,企业的营运资本也基本上不存在安置地点和持有币种的选择问题,所以营运资本的流量管理处于相对次要的地位。而国际企业面对国际市场,承受着国际金融市场汇率变动以及各国通货膨胀、税收制度和外汇管理制度等方面的巨大差异,营运资本的流量管理是针对这些差异而进行的资金统筹安排,以规避风险,提高资金营运效率和效果。因此,在国际企业营运资本管理中流量管理处于十分重要的地位。

四、国际营运资本管理必须考虑的环境因素

1. 外汇暴露风险

自20世纪70年代汇率波动以来,国际企业的营运资本管理就开辟了新的领域,即对货币头寸的管理。如果一个企业的外汇账户留有开放的头寸,那么就存在着外汇暴露风险。从理论上说,只要通过在远期外汇市场上的买卖操作,就可以覆盖开放的头寸。当然这种覆盖需要一定的成本,如果管理者认为成本太高或存在投机心理,往往会留有一定的开放头寸,这样就面临外汇暴露风险。因此,国际企业营运资本管理必须充分考虑外汇暴露风险因素,努力避免持有重大风险的头寸,以规避风险。

2. 资金跨国转移的时滞

国际企业的资金转移是跨国界、跨币种的,所以资金转移延迟问题比国内企业严重得多。国际商业实践证明,资金转移延迟现象普遍存在,少则延迟几天,多则可达几周,尤其是在最后付款和转移币种过程中时滞更是常常发生。因此,国际企业应建立多种支付渠道,以应付各种不同类型的资金转移延迟问题。

3. 政府政策限制

跨越国界的资金流动必然存在各种障碍,特别是政府政策限制。限制国际企业资金流

动的政府政策主要包括以下几种。

1）外汇管制

外汇管制在我国又称外汇管理，是指一国政府为平衡国际收支和维持本国货币汇率而对外汇进出实行的限制性措施。外汇管制针对的活动涉及外汇收付、外汇买卖、国际借贷、外汇转移和使用；本国货币汇率的决定；本国货币的可兑换性以及本币和黄金、白银的跨国流动等。

从一国政府的角度看，当东道国政府缺乏外汇，而又无法有效地向外借款或吸引外资时，必然要进行外汇管制，限制外汇流出。这种限制从具体方式上可分为两类：一类是直接控制，即通过外汇管制，规定本国通货不能自由兑换，公开阻止资金的国际流动，封锁资金转移；另一类是间接控制，即东道国政府利用外汇管制，规定所有资金外转均由政府审批或限制股利汇付、债务偿还、劳务费等资金转移的数额和时机，变相阻止资金的国际流动，从而达到控制资金转移的目的。

2）税收制度

税收制度是国家以法律或法令形式确定的各种课税办法的总和，是国家财政制度的主要内容，也是国家以法律形式规定的各种税收法令和征收管理办法的总称。针对国际企业灵活多变的内部资金调度策略，各国税法都做出了相应的限制性规定。例如，有些国家对跨国子公司的资金流出课以重税。因此，国际企业要详尽了解东道国的税法和纳税规定，据此决定公司的资金转移机制和方法。

3）其他政策限制

东道国政府的其他政策限制包括对国际企业子公司价格和股息的限制、对国际企业内部付款提前或延迟的限制、对转移价格的限制和对债务比率的限制等。国际企业应该了解这些政策规定，并且在营运资本管理中加以考虑，以避免因政策限制带来的风险。

4. 国家风险

东道国政治不稳定，发生动乱或政府变动，子公司的资金有可能被冻结或没收。东道国的民族主义倾向也可能导致子公司财产被没收或征用，暴动、恐怖活动或战争也会引起子公司资金的损失。国际企业为了追求其资源的最佳配置，实现全球利益的最大化，必须充分调动和利用资金，尽量避免资金被冻结或遭受损失；当资金被冻结时，要采取必要措施使受冻资金还能有效地加以利用。

5. 成本因素

国际企业营运资金由一个币种兑换为另外一个币种，以及将资金从一国向另一国转移，都会发生相应的兑换成本或转移成本。当资金兑换或转移的规模庞大时，其兑换或转移的成本不可忽略。所以，在国际企业选择资金调拨策略时，必须考虑成本因素，遵循成本-效益原则，进行国际营运资金管理。

总之，国际财务管理环境的复杂性和特殊性，使得与处在相对单纯环境中的国内企业相比，国际企业的财务管理人员在营运资本管理方面必须考虑更多的因素，要求具备更强的风险意识和应变能力。

◇ **知识活页**

二维码 7-1

拓展阅读：《中华人民共和国外汇管理条例》

◇ **知识活页**

二维码 7-2

拓展阅读：国家外汇管理局关于外汇违规案例的通报

第二节　国际营运资本存量管理

国际企业营运资本的存量管理与国内企业营运资本的存量管理原理是一致的，国内企业营运资本存量管理的各种方法和技巧仍然适应。但是在实际操作中，国际企业营运资本的存量管理要复杂得多，如何在复杂多变的财务管理环境中处理好各种资产组合关系，是国际企业营运资本的存量管理需要解决的问题。本节主要研究国际企业现金管理、国际企业应收账款管理以及国际企业存货管理的特殊方法和技巧。

一、国际企业现金管理

现金是国际企业财务管理活动中需要给予高度重视的资产。这里的现金是指可以立即用来购买商品、支付各种费用或用来偿还各种债务的支付手段，包括备用金、银行活期存款、各种存单和有价证券等。其特点是流动性极强,但收益率极低,几乎无法或很少产生盈利。国际企业的现金不仅数量大、分布广、币种多,而且在进行跨国现金调度时还会遇到各国或地区对现金管理的法令、条例和惯例的影响与约束。所以,国际企业的现金管理更加复杂。

（一）国际企业持有现金的动机与成本

 1. 国际企业持有现金的动机

（1）支付动机。支付动机是指持有现金以便满足日常的需要,如用于购买材料、支付工资、交纳税款等。企业每天的现金收入和现金支出很少同时等额发生,为了满足交易的需要和日常经营活动对现金的需求,必须保持一定数量的现金储备。

（2）预防动机。预防动机是指持有现金,以应付意外事件对现金的需求。企业预计的现金需要量一般是指正常情况下的需要量,但有许多意外事件会影响企业现金的收入与支出,特别是国际企业,面临复杂多变的国际环境,不可预料事件发生的可能性更大。例如,地震、水涝、干旱、飓风、火灾、滑坡、泥石流等自然灾害;塌方、泄漏、产品质量问题等生产事故;战争、暴动、恐怖活动、金融危机等政治经济问题。这些事件的出现可能导致不良债权债务、订货减少、交通中断、停产、汇率波动等,这些风险都将干扰国际企业的现金收支计划,使现金收支出现不平衡。保有一定数量的现金,可使国际企业更好地应对各种意外事件的发生。预防动机所需持有现金的多少主要取决于企业现金收支计划的可靠程度、企业临时筹款能力以及企业愿意承担风险的程度和能力。采用稳健型营运资本管理策略的国际企业,往往会置存数额较大的预防性现金。

（3）投机动机。投机动机是指企业持有现金,当遇到不寻常的购买机会或证券价格剧烈波动有利可图时,从事投机活动,从中获得收益。大多数国际企业一般不是出于投机动机而持有现金。本节重点考虑出于交易动机和预防动机持有的现金。

 2. 国际企业持有现金的成本

（1）现金的占有成本。现金的占有成本是指国际企业因保留一定现金余额而丧失的再投资收益以及为了持有某个币种而发生的兑换费用与汇兑损失。企业占有一定数量的现金,必然要放弃将其用于其他投资机会而可能获得的收益,这种占有现金的代价就是占有现金的机会成本。占有成本一般由资金成本率、资本收益率、预期报酬率、证券收益率等有关指标确定。占有成本在数额上等同于资金成本。例如,企业欲占有3万美元现金,当证券收益率为10%时,就放弃了3 000美元的证券投资收益。显然,放弃的再投资收益即机会成本属于变动成本,它与现金占有量呈正相关,即现金占有量越大,机会成本越高,反之就越小。

（2）现金的管理成本。国际企业保留一定数量的现金,并对现金进行管理,就会发生现金的管理费用,如管理人员工资、安全保卫措施费等。这部分费用相对比较固定,在一定范围内与现金占有量没有直接关系。

(3) 现金的短缺成本。现金的短缺成本是指在现金持有量不足而又无法及时通过有价证券变现等手段加以补充而给企业带来的损失,包括直接损失和间接损失。现金的短缺成本随现金持有量的增加而下降,随现金持有量的减少而上升,即现金的短缺成本与现金持有量呈负相关。

明确与国际企业现金有关的成本及其各自的特性,有助于从成本最低的角度出发,确定现金最佳持有量。

(二) 国际企业现金管理的内容

国际企业现金管理的主要内容是制定国际企业现金预算,对各子公司、分公司及分支机构的现金余额进行分析管理,包括现金持有形式、持有时间、持有币种以及现金转移等方面。

现金持有形式是指现金余额在库存现钞、银行活期存款、存单及有价证券等持有形式之间的分配比例。尽管一般企业现金管理也涉及这一问题,但国际企业面临的情况要复杂得多。各子公司、分公司及分支机构处于不同的国家,面对各东道国不同的经济环境,国际企业需要充分了解和掌握各东道国金融市场的情况,有针对性地做出正确的判断和决策。

现金持有时间是指各种形式的现金持有多长时间。它同样也要根据各子公司、分公司及分支机构所处的环境和它们各自的具体情况而定。

现金持有币种是指国际企业现金管理中持有何种货币。一般国内企业持有币种比较单一,而国际企业的业务遍及全球,常常持有多种货币,各种货币币值跌宕起伏、汇率波动很大,如何系统、协调管理持有的币种以及各种货币的数量,抓住机遇同时规避风险是国际企业现金管理的重要方面。

现金转移是指企业的现金流入或流出。一般国内企业现金转移主要涉及转移成本和利息损失。国际企业现金转移中还常常需要变换币种,在资金转移中面临汇率风险。因此,国际企业必须系统地设计符合全球业务活动需要的、集中控制的现金转移网络,从国际企业整体利益出发,统一调度现金,最大限度地分散各种风险。

另外,制定加快现金流入和延缓现金流出的具体措施,组织短缺现金的筹集和多余现金的投资等也是国际企业现金管理的内容。

(三) 国际企业现金管理的目标

根据现金的持有动机和国际企业现金管理的内外部环境,我们认为,尽管国际企业必须以现金支付薪金、购买原材料和固定资产、缴纳各种税款、支付利息和股利以及偿还各种债务等,但由于现金本身不能或很少为企业创造收益,并且需要企业为持有现金负担高额的机会成本和管理费用,持续通货膨胀会使现金遭受贬值,同时还将承受汇率变动的风险。所以,现金储备过多,会降低企业的收益;但现金太少,又可能会造成企业资金短缺,影响企业的日常国际支付及生产经营活动的需要。因此,在保证国际企业跨国经营所需现金的同时,节约使用资金,降低现金保有量水平,避免通货膨胀和汇率变动带来的损失,是国际企业现金管理的主要任务。另外,由于各国银行存款利率和短期投资的收益率不同,进行统筹安排,最大限度地提高暂时闲置的现金的收益率,部分地补偿持有现金的成本,也是国际企业现金管理的任务之一。

国际企业现金管理的主要目标就是要在现金的流动性与收益性之间进行选择,将现金余额降低到足以维持国际企业运营的最佳水平,选择最有利的持有币种、投放地点和形式,规避通货膨胀和汇率变动的风险,并充分利用暂时闲置的现金,从整体上提高现金调度、使用和储存的经济效益。

(四) 国际企业现金管理的方法

国际企业现金管理的方法主要有现金集中管理、净额结算法、短期现金计划与预算、多国性现金调度系统以及名义现金池等。

 ### 1. 现金集中管理

国际企业从总体利益出发对母公司及其各子公司、分公司或分支机构的现金余额进行统筹安排、统一管理,就是现金的集中管理。其特征是现金集中存储和跨国调度。

1) 国际企业现金集中管理的一般模式

国际企业现金集中管理的一般模式有如下几种。

(1) 以国际企业的某一个子公司、分公司或分支机构作为资金库账户的持有者,其他各成员单位的剩余资金往来都用这个资金库账户的名称记账。

(2) 以国际企业的一个财务子公司、再开票公司、银行业务中心或现金管理中心等专门的资金机构作为资金库账户的持有者,其他各成员单位的资金转移都通过这一专门账户进行。

(3) 以一家银行代设资金库账户,国际企业所属各成员单位(母公司、子公司、分公司或分支机构)可以自己设立工作账户,再由银行代设的资金库账户统一处理。

2) 国际企业实施现金集中管理的基本程序

国际企业进行现金集中管理,一般要经历以下基本程序。

(1) 设立现金总库,建立资金库账户。根据国际企业的具体情况,选择上述国际企业现金集中管理的模式,进行现金集中管理。一般现金总库设在国际金融中心所在地或者"避税港",那里政治、经济比较稳定,拥有雄厚的资金、健全的金融市场,资本流动几乎不受限制,通信设施齐全完备。

(2) 成立专门的现金管理中心。这个现金管理中心负责现金总库的管理和调度,必须拥有优秀的财务专家和搜集大量的信息情报。

(3) 核定各子公司、分公司或分支机构的交易性和预防性现金需要量。各子公司、分公司或分支机构现金需要量通常以各子公司、分公司或分支机构编制的现金计划与预算为核定依据。

(4) 现金集中储存。一般各子公司、分公司或分支机构保持满足交易性需要的现金,预防性现金需要量由现金管理中心统筹安排和存储。

(5) 现金跨国统一调度。现金管理中心进行日常现金管理,及时掌握各子公司、分公司或分支机构的实际现金余额,将其与各子公司、分公司或分支机构预计的交易性现金需要量进行比较,确定多余与不足。对于暂时多余的现金由现金管理中心统一安排调度,暂时短缺的现金由现金总库补足。

3) 国际企业现金集中管理的优点

在国际企业现金管理实践中,现金集中管理十分流行,而且呈现出集中化程度越来越高的趋势。这种现金管理方法如此受到推崇,是因为它具有许多优点,具体表现在以下几个方面。

(1) 通过现金集中统一管理,现金管理中心持有的出于预防动机而保有的现金余额,要远远低于各子公司、分公司或分支机构出于预防动机独立所需的现金余额之和,从而降低了国际企业整体的现金储备量,使国际企业以较少的现金持有量维持正常的生产经营活动,减少现金的持有成本,同时由于现金需要量下降,可以减少筹资成本,从而可以提高企业整体的盈利能力。

(2) 通过现金集中统一管理,可以促进国际企业内部现金管理的专业化,提高管理效率。在现金集中管理模式下,国际企业只有一个部门——现金管理中心,负责整个企业的现金管理,可以吸引更多的高级专门人才到中心任职,同时由于现金管理中心专门从事现金的调度和管理,有充足的时间和精力广泛搜集信息,较为全面地认识各币种的强项和弱项,预测它们坚挺或疲软的趋势,全方位地掌握金融市场的信息,便于做出正确决策,方便在各种货币市场上进行操作。

(3) 通过现金集中统一管理,可以充分发挥现金管理中心的全局性优势,便于贯彻国际企业整体利益最大化原则,避免各子公司、分公司或分支机构做出次优的选择。例如,国际企业的甲子公司有剩余资金,存入当地金融机构,收益率为7%;同时,乙子公司急需要资金,在资金市场筹资利率为11%。此时,通过现金集中管理由甲子公司向乙子公司提供利率为9%左右的内部贷款,利息通过资金库账户支付,使甲、乙子公司双方都获利。这种统筹安排,提高了公司的资金收益率。

(4) 通过现金集中统一管理,可以降低或分散风险。现金管理中心负责整个企业的现金管理,可以统揽全局,监控整个国际企业的活动,发现单个子公司、分公司难以发现的风险和机会。同时,现金管理中心可以有效进行多元化组合,分散相关风险,特别是外汇风险。当东道国政府实行征用或限制资金转移时,能最大限度地避免公司的损失。

4) 国际企业现金集中管理的缺点

国际企业实施现金集中管理,也可能带来一系列问题,主要包括以下几个方面。

(1) 容易引发国际企业的内部矛盾。无论是集中存储还是跨国统一调度,都会削弱各子公司、分公司或分支机构在现金管理方面的自主权。从整体利益最大化角度进行管理,可能会损害某些分部的利益,如果处理不当会引起母公司与子公司或子公司之间的矛盾。

（2）容易影响国际企业与某些银行和东道国的关系。国际企业实施现金集中管理，可能会增加一部分银行的业务而相应减少另外一部分银行的业务机会，这样会引起那一部分银行的不满，同时资金的转移也可能恶化国际企业与某些东道国的关系。

（3）国际企业现金集中管理的顺利实施，会受到各东道国外汇管理体制的制约。例如，有些子公司、分公司或分支机构设在货币不能自由兑换、现金不能自由汇出的发展中国家，现金集中管理就会遇到操作上的困难。

为了克服现金集中管理带来的不足，在实际操作中要调动各子公司、分公司或分支机构的积极性，让各子公司、分公司或分支机构在现金的调度方面适当保留一定程度的自主权，因为现金管理中心的有效决策有赖于各子公司、分公司或分支机构提供的信息和支持。

2. 净额结算法

国际企业要面对遍及全球的子公司、分公司或分支机构进行现金集中管理，而母公司与所属各子公司、分公司或分支机构以及各子公司、分公司或分支机构之间业务往来十分频繁，资金收付项目繁多，为了降低外汇暴露风险和资金转移成本，国际企业需要利用净额结算方法在全球范围内对公司内部的收付款项进行综合调度，抵消一部分收付款额度，只对抵消后的净额进行结算。净额结算法根据结算涉及主体的数量不同，可以划分为双边净额结算和多边净额结算。

（1）双边净额结算。双边净额结算是指当两家公司有业务往来，需要进行相互结算时，可以采用一个固定汇率，将双方相互间的交易额抵消，仅就净额部分进行支付。例如，一家中国的国际企业，它的德国子公司和美国子公司之间有购销业务，德国子公司需要向美国子公司购买 80 万美元的商品，而美国子公司需要向德国子公司支付 75 万欧元的材料款。统一以美元结算，假设汇率为 100 美元＝75 欧元，则美国子公司需要向德国子公司支付 100 万美元的材料款。两笔业务的结算过程如图 7-1 所示。

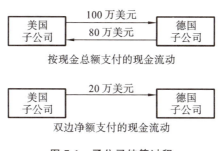

图 7-1　子公司结算过程

这两笔业务如果不采用净额结算将有 180 万美元的资金流动。收支抵消后，采用双边净额结算只需要美国子公司向德国子公司支付 20 万美元。资金流动减少了 160 万美元。一般资金转移成本约为资金转移数额的 0.25%～1.5%，包括汇费、手续费等交易成本以及在途占用资金的机会成本，另外还有汇兑成本。假设本例中资金转移成本为资金转移数额的 1%，则采用双边净额结算节约资金转移成本 1.6 万美元[（180 万美元－20 万美元）×1%]。

(2)多边净额结算。多边净额结算是双边净额结算的扩展。多边净额结算相对于双边净额结算而言主要是参与净额结算的公司数量增加了,由两家公司扩展到多家公司。国际企业内部的贸易结构比较复杂,多家公司之间业务往来频繁,应收、应付款数额很大,双边净额结算难以有效运行,需要采取多边净额结算。由于涉及面广,收支渠道复杂,实施多边净额结算要求建立统一的控制系统。一般由现金管理中心或设立一个清算中心统一清算国际企业内部各主体的收付款。

【例 7-1】 法国的一家国际企业在英国、瑞士、德国、日本、中国和美国设有子公司,这些子公司通过企业设立的现金管理中心的资金库账户予以冲销清算。它们之间的现金收付款矩阵表如表 7-1 所示。

表 7-1 现金收付款矩阵表(万欧元)

现金收入单位	现金支付单位						合计
	英国子公司	瑞士子公司	德国子公司	日本子公司	中国子公司	美国子公司	
英国子公司	—	32	6	0	31	3	72
瑞士子公司	11	—	12	0	2	0	25
德国子公司	22	10	—	14	0	0	46
日本子公司	14	0	22	—	36	30	102
中国子公司	67	0	14	50	—	11	142
美国子公司	12	0	2	19	21	—	54
合计	126	42	56	83	90	44	441

从表 7-1 中我们看到收付款总额为 441 万欧元,每个子公司既是收款方又是付款方,经过多边净额结算,收支抵消后,每个子公司只剩下一笔净收入或净支出额,如表 7-2 所示。

表 7-2 多边净额结算表(万欧元)

各国子公司	支付	收入	净支出	净收入
英国子公司	126	72	54	—
瑞士子公司	42	25	17	—
德国子公司	56	46	10	—
日本子公司	83	102	—	19
中国子公司	90	142	—	52
美国子公司	44	54	—	10
合计			81	81

在实务中,各子公司之间的收付款是以不同的货币表示的,在编表时要使用同一时间的汇率将它们换算为统一的货币。

多边净额结算有明显的优势,主要表现在以下几个方面。

①大大减少资金转移数量,降低了资金转移成本。第一,多边净额结算减少了大量的交叉现汇交易引起的汇兑成本;第二,减少了汇费、手续费等交易成本;第三,降低了在途占用

资金的利息损失和机会成本。

②降低了外汇暴露风险以及外汇风险管理费用。国际企业内部大量的资金往来结算，不仅有大量的资金转移成本，而且还面临很大的汇率变动风险。多边净额结算在大大减少资金转移数量的同时减少了外汇暴露风险以及外汇风险管理费用。从这个意义上说，多边净额结算也是规避外汇风险的手段之一。

③多边净额结算可以使国际企业建立起规范的支付渠道，进一步强化其业务的规范化与专业化，使其与银行建立更稳定的合作关系。

国际企业的内部交易越多，资金往来越频繁，多边净额结算带来的优势越明显。

必须注意的是，国际企业在采用多边净额结算方法的同时要特别关注各子公司、分公司或分支机构所在国的外汇管制条例，了解外汇管制情况，因为有些国家或地区会对多边净额结算有所限制。

(3)多边净额结算中现金流动计划的优化。经过多边净额结算，收支抵消后，每个子公司只剩下一笔净收入或净支出额，但这些净收支额如何分配呢？若将各单位的净支出额都汇往现金管理中心，再由管理中心分别汇往净收入单位，则不仅会增加转移成本而且延长流通时间。为了提高效率，一般直接由管理中心通知付款单位汇款给收款单位。

国际企业现金管理中心使用较普遍的是利用优化技术，编制现金流动计划表，完成收支净额的分配工作。这项优化技术是在现金多边冲销的基础上引入线性规划后建立起来的一种数学模型。现以降低汇兑成本费为例说明其优化原理。

承前例，法国的这家国际企业在英国、瑞士、德国、日本、中国和美国的子公司之间的应收、应付款经过多边净额结算得到如表 7-3 所示的收支净额表。

表 7-3 收支净额表(万欧元)

项目	英国 子公司	瑞士 子公司	德国 子公司	日本 子公司	中国 子公司	美国 子公司	合计
净支出	54	17	10	—	—	—	81
净收入	—	—	—	19	52	10	81

由于子公司分别设在不同的国家，这些国家相互之间资金流动的汇兑成本费用不同；净收支额分配方案不同，也会造成国际企业资金转移的汇兑成本的差异。如何实现资金转换成本最低呢？这就需要运用现金流动的优化技术。

设日本子公司可能从英国子公司获得的现金为 X_1(其汇兑转移成本率为 0.1%)，可能从瑞士子公司获得的现金为 X_2(其汇兑转移成本率为 0.1%)，可能从德国子公司获得的现金为 X_3(其汇兑转移成本率为 0.11%)；中国子公司可能从英国子公司获得的现金为 X_4(其汇兑转移成本率为 0.08%)，可能从瑞士子公司获得的现金为 X_5(其汇兑转移成本率为 0.075%)，可能从德国子公司获得的现金为 X_6(其汇兑转移成本率为 0.088%)；美国子公司可能从英国子公司获得的现金为 X_7(其汇兑转移成本率为 0.11%)，可能从瑞士子公司获得的现金为 X_8(其汇兑转移成本率为 0.12%)，可能从德国子公司获得的现金为 X_9(其汇兑转移成本率为 0.12%)。则它们之间资金流量如表 7-4 所示。

表 7-4 资金流量表(万欧元)

收入方	支付方			合 计
	英国子公司	瑞士子公司	德国子公司	
日本子公司	X_1	X_2	X_3	19
中国子公司	X_4	X_5	X_6	52
美国子公司	X_7	X_8	X_9	10
合 计	54	17	10	81

表 7-4 中横行表示某国子公司的收入来源,且

$$X_1+X_2+X_3=19, X_4+X_5+X_6=52, X_7+X_8+X_9=10$$

纵列表示某国子公司的支付方向,且

$$X_1+X_4+X_7=54, X_2+X_5+X_8=17, X_3+X_6+X_9=10$$

在没有应用优化技术时,例如管理中心决定将 81 万欧元的收付做如下分配,见表 7-5。

表 7-5 收支净额分配表(万欧元)

收入方	支付方			合 计
	英国子公司	瑞士子公司	德国子公司	
日本子公司	2	17	—	19
中国子公司	52	—	—	52
美国子公司	—	—	10	10
合 计	54	17	10	81

则汇兑转移成本为:

$$2\times 0.1\% + 17\times 0.1\% + 52\times 0.08\% + 10\times 0.12\% = 0.0726 (万欧元)$$

但这种分配不能保证转移成本最低,其用线性规划目标方程表示为:

$$\text{Min}(0.001X_1+0.001X_2+0.0011X_3+0.0008X_4+0.00075X_5+0.00088X_6+0.0011X_7+0.0012X_8+0.0012X_9)$$

约束条件:

$$X_1+X_2+X_3=19$$
$$X_4+X_5+X_6=52$$
$$X_7+X_8+X_9=10$$
$$X_1+X_4+X_7=54$$
$$X_2+X_5+X_8=17$$
$$X_3+X_6+X_9=10$$
$$X_1,X_2,\cdots,X_9 \geqslant 0$$

经计算解得：

$X_1=19, X_2=0, X_3=0, X_4=25, X_5=17, X_6=10, X_7=10, X_8=0, X_9=0$

可得如表 7-6 所示的收支净额分配表。

表 7-6 收支净额分配表（万欧元）

收入方	支付方			合计
	英国子公司	瑞士子公司	德国子公司	
日本子公司	19	0	0	19
中国子公司	25	17	10	52
美国子公司	10	0	0	10
合计	54	17	10	81

则汇兑转移成本为：

$0.1\% \times 19 + 0.08\% \times 25 + 0.075\% \times 17 + 0.088\% \times 10 + 0.11\% \times 10 = 0.07155$（万欧元）

这一分配方案的汇兑转移成本最低。

 ### 3. 短期现金计划与预算

有效的现金管理是建立在完备的报告制度基础上的，健全的日常现金管理报告制度是核心，现金预算是日常现金管理报告的重要支撑。国际企业的现金管理中心必须及时、全面、准确地掌握各子公司、分公司或分支机构的信息，编制短期现金预算是帮助财务人员了解相关信息的重要方法。现金预算是预计现金流入与流出的时间和金额的报告。通过现金预算可以了解现金何时流入、来自何方，现金何时流出、流向何处。规模较大的国际企业的预算时间一般是一天或几天。

【例 7-2】 某国际企业实行现金集中管理，现金管理中心设在法兰克福。该企业在欧洲有 4 个子公司，分别设在巴黎、阿姆斯特丹、因斯布鲁克和罗马。现金管理中心要求各国子公司在每天营业终了时向中心报送"现金报告"，报告当日现金余额和近 3 日内的现金收支预算。所有子公司的报表金额用欧元表示。上述 4 个子公司 2021 年 12 月 20 日现金报告如表 7-7 所示。

表 7-7 日常现金报告

日常现金报告 日期：2021 年 12 月 20 日 子公司：巴黎 （单位：万欧元）	日常现金报告 日期：2021 年 12 月 20 日 子公司：阿姆斯特丹 （单位：万欧元）
当日现金余额：−2	当日现金余额：+28
3 日预测报告	3 日预测报告

续表

天数	收入	支出	净额	天数	收入	支出	净额
第1天	20	17	+3	第1天	42	11	+31
第2天	15	28	-13	第2天	30	35	-5
第3天	22	18	+4	第3天	25	14	+11
3日净额合计:-6				3日净额合计:+37			
日常现金报告 日期:2021年12月20日 子公司:因斯布鲁克 (单位:万欧元)				日常现金报告 日期:2021年12月20日 子公司:罗马 (单位:万欧元)			
当日现金余额:+10				当日现金余额:-3			
3日预测报告				3日预测报告			
天数	收入	支出	净额	天数	收入	支出	净额
第1天	58	47	+11	第1天	27	37	-10
第2天	72	22	+50	第2天	40	21	+19
第3天	29	42	-13	第3天	38	7	+31
3日净额合计:+48				3日净额合计:+40			

根据2021年12月20日的日常现金报告,我们看到当日在阿姆斯特丹和因斯布鲁克的子公司分别有现金余额+28万欧元和+10万欧元,这意味着它们在那一天有现金结余。而在当日,巴黎和罗马的子公司分别有现金余额-2万欧元和-3万欧元,这说明它们在那一天需要透支来弥补,或者从现金管理中心借入资金来弥补。

现金管理中心根据各子公司的日常现金报告进行汇总,编制合并现金日报表,列示每个子公司的当日现金余额、最低要求储备额以及现金余缺额,如表7-8所示。

表7-8 合并现金日报表(万欧元,2021年12月20日)

子公司	当日现金余额	最低要求储备额	现金余缺
巴黎	-2	5	-7
阿姆斯特丹	+28	8	+20
因斯布鲁克	+10	12	-2
罗马	-3	6	-9
合计			+2

根据合并现金日报表提供的信息,现金管理中心统筹安排有关子公司的剩余资金的使用,避免闲置;对于短缺资金要及时弥补,也可以将资金富余的子公司多余的现金调拨给资金短缺的子公司。

另外,现金管理中心根据各子公司的3日现金预测进行汇总,编制短期(3日)现金预算表,如表7-9所示。

表 7-9 短期现金预算表(万欧元,2021 年 12 月 20 日以后)

子公司	第 1 天	第 2 天	第 3 天	合计
巴黎	+3	-13	+4	-6
阿姆斯特丹	+31	-5	+11	+37
因斯布鲁克	+11	+50	-13	+48
罗马	-10	+19	+31	+40
合计现金余缺逐日测算	+35	+51	+33	+119

合并现金日报表和短期现金预算表为国际企业的现金管理中心提供了许多重要信息,可以帮助现金管理中心确定短期借款或短期投资的时间,为做出合理的现金调度决策提供支持,同时为多国性现金调度系统的有效运作奠定了基础。

需要注意的是,短期现金预算中各子公司的现金短缺与结余,并不代表该子公司的效益,更不意味着公司经营的好坏。因为各子公司的营业周期有差别,各国支付习惯也不尽相同,而且现金短缺很可能是投资增加、偿还债务或扩大销售等引起的。

 4. 多国性现金调度系统

为了发挥国际企业的全球性整体战略优势,合理配置资金,国际企业一般在多边净额结算的基础上还要建立多国性现金调度系统。

多国性现金调度系统是现金管理中心根据事先核定的各子公司、分公司或分支机构的每日所需现金和现金日报与短期现金预算,统一调度分散在全球的各子公司、分公司或分支机构的现金,调剂余缺,使国际企业的资金得到充分合理运用的现金调度系统。

现金管理中心进行多国现金调度的程序如下。

(1) 核定各子公司、分公司或分支机构每日所需的最低现金余额(最低要求储备额)。

(2) 每日终了时,汇总各子公司、分公司或分支机构的现金日报和短期现金预算。

(3) 比较各子公司、分公司或分支机构当日现金余额与核定的最低现金余额,确定现金余缺。

(4) 现金管理中心发出资金转移指令,资金溢余的,可能将溢余现金汇往现金管理中心,也可能直接汇往现金短缺的其他子公司、分公司或分支机构,还可能留存在当地进行短期投资;资金短缺的,通过统一调配统筹安排会及时得到资金援助。

【例 7-3】 根据例 7-2 的合并现金日报表,我们得到该国际企业在欧洲的 4 个子公司当日现金余缺信息,如表 7-10 所示。

表 7-10 现金余缺信息表(万欧元,2021 年 12 月 20 日)

项目	巴黎	阿姆斯特丹	因斯布鲁克	罗马
当日现金余额	-2	+28	+10	-3

续表

项目	巴黎	阿姆斯特丹	因斯布鲁克	罗马
核定的最低现金余额	5	8	12	6
现金余缺	−7	+20	−2	−9

从 2021 年 12 月 20 日现金余缺信息表我们可以看出，巴黎和罗马的子公司当日营业终了时，现金余额为负数，说明他们资金短缺；因斯布鲁克的子公司营业终了时，有现金余额 10 万欧元，但其核定的最低现金余额应该为 12 万欧元，说明供其正常经营活动的现金短缺 2 万欧元；只有阿姆斯特丹的子公司现金有溢余。从整体上看该国际企业当日现金溢余为 2 万欧元。

另外，可以根据短期现金预算表预测从 2021 年 12 月 20 日起，后面 3 天的现金余缺信息，得到现金余缺预测信息表，如表 7-11 所示。

表 7-11 现金余缺预测信息表（万欧元）

项目	巴黎			阿姆斯特丹			因斯布鲁克			罗马		
	21 日	22 日	23 日	21 日	22 日	23 日	21 日	22 日	23 日	21 日	22 日	23 日
预计当日现金余额	+3	−13	+4	+31	−5	+11	+11	+50	−13	−10	+19	+31
核定的最低现金余额	5	5	5	8	8	8	12	12	12	6	6	6
现金余缺	−2	−8	−1	23	−13	3	−1	38	−25	−16	13	25

从表 7-11 中我们可以看到：①21 日的情形与 20 日类似，巴黎的子公司资金短缺有所好转，罗马的子公司资金短缺比较严重。

②22 日情况发生变化，巴黎和阿姆斯特丹的子公司当日营业终了时，现金余额为负数，说明资金短缺比较严重；因斯布鲁克和罗马的子公司营业终了时，现金溢余则较多。

③23 日，因斯布鲁克的子公司营业终了时，现金余额为负数，而且资金短缺比较严重；阿姆斯特丹和罗马的子公司营业终了时，现金有溢余，特别是罗马的子公司现金溢余较多。

现金管理中心在下达现金调度指令之前，必须周密安排，全面了解情况，掌握足够的信息，同时考虑下列因素。

(1) 当日营业终了时，各子公司、分公司或分支机构的现金余缺状况，对于现金短缺的单位能否通过向银行透支的方式弥补。

(2) 参照现金余缺预测信息表提供的信息，了解现金溢余的单位在未来几日内的现金状况，决定其现金溢余额是汇往现金管理中心还是积蓄在当地进行短期投资。

(3) 各国或地区币值的稳定状况。当预计某种货币将大幅度贬值时，该国或地区的子公司、分公司或分支机构将最低要求现金余额降至最低水平，如果可以在银行透支，这个最低要求现金余额可以是负数；反之，当预计某种货币将升值时，该国或地区的子公司、分公司或分支机构的现金溢余尽量暂不汇出。

(4) 各国或地区的利率水平。如果某国或地区的利率水平较低，可以考虑该国或地区的子公司、分公司或分支机构的现金短缺直接通过借款弥补。

总之，一个良好的现金管理系统不仅要求企业保持满足日常开支的现金余额，同时还要适当保留应付紧急情况所需的安全储备；对于超过限额的现金，要及时投资于证券或其他金融资产，使国际企业的资源得到最佳配置。

5. 名义现金池

所谓名义现金池，是指国际企业内部成员单位的银行账户现金不发生资金物理转移，只是虚拟集中到一起，由国际企业总部资金管理者对集中后的现金头寸进行统一管理。在名义现金池安排中，资金不是被实际划转，而是由银行来冲销参与账户中的借方余额和贷方余额，计算现金池的净利息头寸，然后银行再根据该净利息头寸向国际企业总部支付存款利息或收取透支利息。因此，名义现金池也被称作合并计息。

名义现金池是在不实际转移资金的情况下，实现国际企业内部成员单位间现金资源共享的现金管理模式，也是国际通用的现金管理模式。与其他现金管理方式不同，名义现金池安排中不涉及账户间资金的实际划转，这一特性使其在帮助国际企业进行资金集中管理方面独树一帜，特别适合于那些结构相对松散或行业跨度较大的国际企业现金集中管理的需求。

二、国际企业应收账款管理

应收账款是企业赊销产品和材料、赊供劳务及其他原因形成的，应收而未收的款项，是企业营运资金的重要组成部分。随着商业信用的使用日趋增多，应收账款的数额也在急剧上升。据有关资料显示，一些经营管理水平较高的国际企业，应收账款占流动资产的比重高达70%。应收账款的功能是增加销售和减少存货，它有利于加速资金周转，扩大市场占有率，增强企业竞争力。当然，企业持有应收账款会增加成本和风险。与国内企业相比，国际企业应收账款分布面广，收账兑现时间长，成本更高，面临的风险更大，应收账款管理当然也更为复杂。

（一）国际企业应收账款的持有成本与风险

(1)国际企业应收账款的持有成本主要包括机会成本、管理成本、坏账成本和货币贬值成本。

国际企业应收账款的机会成本是指国际企业的资金被应收账款占用所丧失的潜在收益。

国际企业应收账款的管理成本是指国际企业对应收账款进行管理而发生的开支，主要包括对客户的资信管理费如建立客户资信档案、客户资信调查、客户资信评估，应收账款记录分析费用，催收账款费用以及应收账款引起的外汇暴露风险管理费等。国际企业的客户遍及全球,与国内企业相比,对客户的资信管理要复杂得多,因此费用也明显增加。

国际企业应收账款的坏账成本是指应收账款因故不能收回而发生的损失。

国际企业应收账款的货币贬值成本是指当交易货币贬值时,账款收回兑换为本币发生的损失。

(2)国际企业持有应收账款的风险主要包括坏账损失风险和外汇暴露风险。

坏账损失风险是指由各种原因造成的应收而无法收回账款的可能性。面对复杂的国际环境,国际企业发生坏账的可能性加大。

外汇暴露风险是指由于汇率波动应收账款遭受损失的可能性。这项风险主要发生于国际企业,即使是国际企业内部交易引起的应收账款,只要币种发生变化都会承受汇率波动带来的风险。而国内企业,统一使用本币,没有汇率变动的影响问题,不存在该种风险。

(二)国际企业应收账款管理的目标及影响因素

1. 国际企业应收账款管理的目标

国际企业将适量资金投放于应收账款,能促进销售,保持或扩大企业的市场占有率,增强企业竞争力,但应收账款的投入会增加成本,带来风险。如何增加收入、降低成本、减少风险需要国际企业财务管理者进行权衡。应收账款管理的目标就是在充分发挥应收账款功能的基础上,降低应收账款投资的成本,减少应收账款带来的风险,使赊销策略所增加的收益大于由此付出的成本和代价。

2. 影响国际企业应收账款资金占用水平的因素

国际企业应收账款的资金占用水平即存量水平受很多因素的影响,主要包括以下几个方面。

(1)行业竞争状况。同行业的竞争状况直接影响应收账款的资金占用水平。国际企业为了在竞争激烈的国际市场上取胜,必须以各种优惠条件吸引全世界的消费者,赊销是其中重要的手段之一。竞争越激烈,赊销越广泛,国际企业应收账款的资金占用水平就越高。同时,激烈的竞争还会影响其他因素,例如为了竞争取胜,国际企业可能会放宽信用政策、加强对销售额的考核等。

(2)应收账款的信用政策。国际企业应收账款的信用政策是指应收账款的管理政策,包括信用标准、信用期限、现金折扣等。信用标准(通常也称为5C标准),是指客户获得本企业商业信用所应具备的条件。信用期限是指国际企业允许客户从购货到付款之间的最长时间。现金折扣是国际企业给予客户在规定时期内提前付款就按销售额的一定比例享受折扣的优惠政策。一般地,如果信用标准较宽松、信用期限较长、现金折扣率较低,国际企业在应收账款上占用的资金就越多,销售量也随之增加;反之,国际企业在应收账款上占用的资金就越少,销售量会随之减少。

(3)业绩评价标准。赊销会使国际企业的应收账款资金占用和销售额同时增加,所以,国际企业在进行业绩评价时,如果主要以销售额为标准,容易造成各子公司、分公司或分支机构忽视应收账款资金占用量和应收账款的风险水平,以盲目扩大赊销来追求销售量,导致国际企业应收账款的存量水平长期居高不下。

(4)经济环境因素。经济周期、国际金融市场状况、外汇风险,以及利率风险、东道国的政策法令、政治风险、经济风险等是国际企业必须考虑的重要问题。

(5)其他因素。产品质量、产品需求的季节变化、企业战略等因素均会影响国际企业应收账款的资金占用水平。

(三)国际企业应收账款的类型

国际企业的应收账款有外部应收账款和内部应收账款两种类型。

国际企业外部应收账款即独立客户的应收账款,是指国际企业与国际企业外的独立法人之间形成的应收账款,它反映的是国际企业与客户之间的债权关系。

国际企业内部应收账款是指国际企业内部各成员单位包括各子公司之间及母子公司之间形成的应收账款,是国际企业内部财务往来的一种形式。

国际企业这两种类型的应收账款具有不同的性质和特点,它们对国际企业产生的经济影响也不相同。因此,它们在管理标准和管理方法上存在很大差异,需要分别加以讨论。

1. 国际企业外部应收账款管理

国际企业外部应收账款是国际企业与无关联企业间进行交易所产生的应收账款。它反映了企业的商业信用政策,是国际企业营运资金管理的一项重要内容。在确定销售方式之前,首先要对客户的资信状况进行全面的调查,只有那些资信状况满足基本条件的客户才能享有国际企业提供的商业信用。一旦采取赊销方式进行交易,国际企业就必须加强应收账款管理,努力降低应收账款投资的成本,降低应收账款带来的风险。对于独立客户的应收账款管理,国际企业应该从以下几个方面着手。

1)选择有利的交易货币

从国际交易实践来看,可供选择的交易币种有出口商所在国货币、进口商所在国货币或第三国货币。一般地,对未来的现金流入项目选择硬货币,对未来的现金流出项目选择软货币。

当然,货币的"软""硬"只是相对的,不是一成不变的,货币的"软"和"硬"是基于企业对汇率的预测,具有很大的不确定性。另外,货币的选择并不是单凭一方的意愿来决定,与交易双方所处地位的强弱有关,需要交易双方共同协商才能达成协议。所以,在币种的选择上,要根据实际的交易情况权衡利弊、得失,做出适当选择。

2) 确定合理的信用政策

国际企业采取赊销方式进行交易,目的在于增加销售,减少存货,扩大市场占有率,增强企业竞争力。国际企业为客户提供的信用政策越宽松、优惠,其销售量就越大。但国际企业持有应收账款会增加包括机会成本、管理成本、坏账成本和货币贬值成本在内的持有成本,还面临坏账损失风险和外汇暴露风险。因此,确定合理的信用政策非常必要。在制定和修改信用政策时必须进行成本-效益分析。合理信用政策的选择,取决于信用政策带来的增量收益与增量成本的比较,只有当增量收益大于增量成本,使国际企业利润最大化时,这项信用政策才可行。

信用政策的分析步骤包括:①比较原信用政策与新信用政策所带来的信用成本,计算新信用政策带来的增量成本;②分析计算新信用政策产生的增量收益;③将增量成本与增量收益进行比较,若增量收益大于增量成本,采用新信用政策,否则放弃。

增量收益取决于实行新信用政策后,扩大销售量给国际企业带来的收益增加量。增量成本取决于以下几个因素:一是客户(进口商)的资信状况,如果某客户信誉较差,则允许其延期付款可能出现坏账的概率就较大;二是应收账款延期带来的利息成本;三是如果应收账款是以客户所在国货币计价,当计价货币与国际企业母国货币之间的汇率发生变动,则可能给国际企业带来汇率风险。

【例 7-4】 我国某国际企业原信用政策中的信用期限为 20 天,销量为 30 万件;修改信用政策,将信用期限延长至 40 天,预计销量可增加到 36 万件,同时成本上升。设该国际企业的投资报酬率为 12%,单位产品售价为 5 欧元,其余条件如表 7-12 所示。试进行成本-效益分析,确定该国际企业是否应该修改信用政策及延长信用期限。

表 7-12 某国际企业信用政策比较(万欧元)

信用期限	20 天	40 天
销售额	150	180
销售成本:		
变动成本	120	144
固定成本	10	10
销售利润	20	26
管理费用	0.8	1
坏账损失	2	2.8
货币贬值损失	0.6	1.3

根据表 7-12 中信息,可以测算信用期限由 20 天修改为 40 天的有关数据如下:

增加销售利润 = 26 − 20 = 6(万欧元)

增加机会成本 = $180 \times \frac{40}{360} \times \frac{144}{180} \times 12\% - 150 \times \frac{20}{360} \times \frac{120}{150} \times 12\% = 1.12$(万欧元)

增加管理费用 = 1 − 0.8 = 0.2(万欧元)

增加坏账损失 = 2.8 − 2 = 0.8(万欧元)

增加货币贬值损失 = 1.3 − 0.6 = 0.7(万欧元)

增加净收益＝6－(1.12＋0.2＋0.8＋0.7)＝3.18(万欧元)

结论：应该修改信用政策，将信用期限延长至40天。

另外，确定合理的信用政策还要考虑东道国政局状况、国际企业自身资金需求状况和汇率变动情况等。如果东道国政局稳定，可以保证应收账款的安全性，企业自身资金比较宽松，汇率变动比较平稳，信用期限可以长一些，反之必须缩短信用期限。

3) 加速应收账款回收

为了降低坏账风险，缓减国际企业流动资金的压力，收账管理成为应收账款管理的中心环节。国际企业可采用以下方法加速应收账款回收。

(1) 采用电子资金转移系统。国际企业账款结算可以采取信汇、电汇和票汇。其中采用电子资金转移系统的电汇方式可以大大缩短从付款到收款的时间。所以，企业应当积极争取采用电子资金转移系统。目前，世界上主要的全球性电子资金转移系统包括20世纪70年代建立的"环球财务电讯系统"、20世纪80年代建立的"银行间资金调拨系统"和伦敦票据交换所的"自动收付系统"等。

(2) 设立专用信箱系统。专用信箱系统是美国境内加速应收账款回收的一种常见系统。提供专用信箱系统服务的银行，为客户设立以其公司命名的专用邮递信箱，银行每天至少开启一次这些信箱，并将客户寄出的票据(支票)迅速进行转账结算。据称在美国，这种系统平均可以使结算时间缩短一到两天。在美国设有子公司、分公司或分支机构的国际企业可以积极采用这一方式，加速应收账款的回收。

(3) 采用直接转账。直接转账是指国际企业与其客户在同一银行开立账户，并达成协议，将客户对国际企业的应付账款，直接从客户的存款账户转入国际企业的存款账户。由于转账是在同一家银行进行，因此，不仅节约了邮递的时间，而且减少了银行办理转账的时间，大大加速了应收账款的回收。

4) 国际企业应收账款融资

应收账款是企业的债权，是一种外置资产。该资产形成一定时期内企业的"虚拟资产"，只有收回，成为现金流入企业，才能为企业创造新的价值。在实际操作过程中，国际企业客户群体的信用等级参差不齐，以及国际企业与客户之间的信息不对称等因素，往往导致国际企业的应收账款到期时不能全额收回。国际企业为了早日收回货款，通常会给予买方一定的现金折扣，也会针对不同的客户群体制定出不同的催款方案，尽管如此仍很难避免坏账的发生和资金的拖欠。

应收账款融资可以帮助企业迅速筹措资金，但不会给企业的财务状况带来不良的影响，因此在西方国家应收账款融资比较流行。目前，国际企业应收账款融资管理方法主要有应收账款出售、应收账款出借、应收账款贴现、应收账款质押贷款、应收账款的池融资、应收账款保理、应收账款证券化等。

(1) 应收账款出售。应收账款出售是将应收账款的所有权出售给银行或其他金融机构以取得现金。应收账款出售后，由受让方负责应收账款的信用和收账并承担所有权风险，受让方无追索权。由于受让方承担收账成本和坏账损失，在出售时，受让方会向出售方收取一笔较高的费用。此外，为避免销货退回与折让的损失，受让方一般只支付全部债权的80%～

90%。

（2）应收账款出借。应收账款出借是指国际企业与金融机构签订长期协议，赊销商品时向金融机构借入现金。应收账款出借后，借款企业保留出借应收账款的所有权并承担风险，在向客户收回货款后偿还金融机构借款。出借应收账款时，企业须支付手续费和借款利息。

（3）应收账款贴现。应收账款贴现实质上是一种票据贴现。持有应收账款的企业将应收账款转换成商业票据，即商品销售方要求购买方将应付货款开具商业汇票，销售方持收到的票据再与银行签订贴现协议进行商业票据贴现。对持票人来说，贴现是将未到期的票据卖给银行获得资金的行为，这样可提前收回垫支于商业信用的资本。

（4）应收账款质押贷款。应收账款质押贷款是指企业以其提供商品或服务取得的应收账款作为质押，向银行申请贷款。当企业既没有固定资产可作为抵押又没有合适的担保时，可以选择将其拥有的应收账款作为质押向银行获取融资。通过应收账款融资可以让未来的现金流提前变现，缓解企业由于应收账款积压而造成的流动资金不足的状况。应收账款的质押率一般为60%～80%。它大大缓解了企业资金短缺的问题，同时由于银行会对质押的应收账款有较高的要求，比如应收账款项下的产品已发出并由购买方验收合格，购买方的资金实力较强、无不良信用记录等，因此它从一个侧面督促了企业加强应收账款监管，促进企业提高整体管理水平。

（5）应收账款的池融资。应收账款的池融资是专门针对那些交易频次高、单笔金额小的中小企业而建立的融资方式。当应收账款项目多、金额小时，企业花大量的人力和财力来追讨这些债务不划算，而将这些应收账款分别向银行进行融资，又很难取得银行的授信。大量的小额欠款成为一个沉重的负担，阻碍了企业的发展。应收账款的池融资顺应企业的需求，将日常分散的、小额的应收账款集合起来，形成具有相对稳定的应收账款余额"池"并转让给银行，银行在仔细审核应收账款池的质量后，按照应收账款总额的一定比例给予融资。它打破了单笔应收账款融资金额和期限的限制，为企业迅速筹措资金提供了较好的机会。

（6）应收账款保理。应收账款保理是应收账款保付代理的简称，它是一种专门为赊销而设计的集商业资信调查、应收账款管理、信用风险担保与贸易融资于一体的综合性金融服务业务。应收账款保理在直接有效地规避应收账款所带来的风险的同时，迅速降低企业筹集资金的成本，为企业融资开辟了新的渠道。

应收账款保理业务一般分为有追索权保理和无追索权保理两类。有追索权保理是指收款企业向银行出售应收账款后，仍然对付款方是否到期付款承担担保责任或回购该笔应收账款的责任，其实质是应收账款的抵押，企业以应收账款为担保品。如果客户拒绝付款，金融机构有权向企业追索，企业必须清偿全部款项。无追索权保理，相当于应收账款的让售，企业将应收账款出售给银行以取得资金，售出的应收账款无追索权。客户还款时直接支付给银行，一旦发生坏账，企业无须承担任何责任，并转移全部风险。

针对被接受保理的应收账款，银行和企业通常按预先约定的比例（一般为发票金额的80%）提供即时的融资。如果企业使用得当，可以循环运用银行对企业的保理业务授信额度，最大限度地发挥保理业务的融资功能。对于那些客户实力较强、有良好信誉，且收款期限较长的企业其作用尤为明显，其成本低于短期银行贷款的利息成本。

(7)应收账款证券化。美国证券交易委员会将资产证券化定义为"将企业(卖方)不流通的存量资产或可预见的未来收入构造和转变成为资本市场可销售和流通的金融产品的过程。在该过程中存量资产被卖给一个特设载体(special purpose vehicle,SPV)或中介机构,然后 SPV 或中介机构通过向投资者发行资产支持证券(assets backed securities,ABS)以获取资金。"应收账款证券化属于资产证券化的一个部分,是国外比较流行的做法。当企业账户上存有金额较大的应收账款时,将其证券化,即由银行担任受托机构,发行基于该笔应收账款的短期证券。这样,既能让这部分应收账款产生流动性,又能很好地为企业融通资金,还不会占用企业在银行中的信用额度。

5)建立国际企业应收账款管理体系

国际企业应根据自身特点,建立应收账款管理体系,加强国际企业应收账款的日常管理。

(1)设立独立的资信管理部门,建立健全风险管理组织体系。一般地,国际企业具有一定的规模,面临各种类型、不同经济性质和遍及全球的客户,通过建立独立的资信管理部门,对客户的资信进行管理,以克服市场部门和财务部门管理的不足。

(2)建立客户资信档案。客户资信档案的建立主要依赖计算机网络。客户的资信资料包括客户的品质、商业信誉、经营作风及与本公司业务往来历史;客户的资本实力、资金运转情况,尤其是流动资金周转情况;客户的经营性质、历史、经营规模、营销能力;客户的经济效益、资产负债比率等。客户资信档案一般每季度更新一次。

(3)正确评估客户资信。常用的评估客户资信的方法是"5C"法,即客户的品质、能力、资本、担保和条件。此外,可采用多项判断式分析法,此法是利用反映企业偿债能力的多项指标,构建一个多元函数关系式,以明确的数据反映客户的信用质量。

例如,某国际企业20××年将100家客户的速动比率、利息保障倍数、资产负债比率和企业经营年限的历史数据,构建如下函数关系式:

Y(信用评分)=3.5×利息保障倍数+10×速动比率+25×资产负债比率+1.5×企业经营年限

若 $Y<40$,则表明信用风险较大;若 $40 \leqslant Y \leqslant 50$,则信用为平均风险;若 $Y>50$,则表明信用风险较小。

正确评估客户资信,有助于决定是否接受客户提出的信用要求,确定给予新客户的信用额度,调整现有客户的信用额度,确定针对不同客户的信用条件和结算方式,制定对逾期应收账款的追缴方案。

(4)逾期应收账款的催收。很多国际企业利用专门的应收账款管理机构加强对应收账款的催收。催收工作的程序是:第一,将要催收的应收账款进行分类。追收逾期应收账款需要花费相当的人力和物力,受人力和物力资源的限制,国际企业应优先考虑最容易收回的欠款。账龄越小、客户信誉越好,逾期欠款就越容易收回。根据账龄大小和其他重要的指标对应收账款进行分类。对不同类的应收账款,权衡需要投入的人力和物力、收账费用、可能产生的坏账损失大小以及可能影响与客户良好关系等因素,选择成本较低的实施方案。第二,实施有效催收。对逾期较短的应收账款,应先给客户一封礼貌的通知电子邮件,不过多打扰,以免失去这一客户。对逾期稍长的应收账款,可措辞委婉地写信催收。对逾期较长的应收账款,应频繁催收,可用电话甚至派人实地催询。对难度较大的应尽快委托专业收账公司去追讨。在以上程序均无效时,可提请有关部门仲裁或诉诸法庭。第三,灵活运用收账技巧。客户逾期付款的原因主要有两类:一是无力偿付,二是故意拖欠。对于故意拖欠的,应采用强硬的手段进行追讨。对无力偿付的情况要做深入分析。如果客户遇到暂时的资金周转困难,可通过改变信用条件如延长还款期限来帮助客户渡过难关,以便收回较多的账款,建立良好的客户关系。如果客户已陷入严重的财务困境,国际企业必须立即采取法律或其他财产保全措施,以获得债权的最大补偿。

2. 国际企业内部应收账款管理

在国际企业内部,某一成员单位向其他成员单位出售货物、提供劳务和技术转让等,应收而未收取的款项,形成企业内部应收账款。国际企业内部应收账款与国际企业外部应收账款的不同表现在:第一,国际企业内部应收账款无须考虑资信问题;第二,国际企业各成员单位的生产经营活动都是以国际企业整体利益最大化为目标。因此,交易双方在选择开票货币和确定交易条件时,需要考虑国际企业的全球性战略。内部应收账款的结算时间可以因企业整体的利益而提前或延迟。国际企业内部应收账款的管理技巧包括提前或推迟收款、设立再开票中心。

1)提前或推迟收款

提前或推迟收款的原因有很多,包括东道国政治不稳定、外汇管制、汇率波动、利率变动等。其中最主要的是汇率和利率变动。

例如,某国际企业的一家子公司位于货币将升值的国家,这家子公司有一笔以外币计价结算的内部应收账款,应提前收款,尽快兑换为本币,使国际企业持有升值货币;反之,如果本币将贬值,应该推迟收款,使国际企业免受损失。具体操作参见第四章外汇风险管理的相关内容。

这种提前或推迟收款的做法要求国际企业总部能够比较容易控制内部各成员单位,而且还要考虑外部环境的制约问题。例如,东道国政府可能会对提前或推迟结汇进行限制,税务当局也可能对赊销期的变更做出一些规定。在汇率相对稳定的情况下,利率差异也会促使国际企业提前或推迟收款。对于相互独立的非关联方交易,收款方总是希望尽快收回款项而付款方希望延长信用期限,推迟支付。对于国际企业的内部交易,如果交易双方都站在各自利益角度考虑,可能损害国际企业的整体利益。因此,国际企业从整体利益出发,根据不同国家或地区之间利率水平的差别,运用提前或推迟收款策略,达到减少利息支出、增加利息收入的目的。

2)设立再开票中心

再开票中心是国际企业设立的贸易中介公司,是国际企业的一个资金经营子公司。当国际企业内部成员之间从事贸易活动时,商品和服务直接由销售方提供给购买方,但有关货款的收支结算都通过再开票中心进行。再开票中心一般设立在低税管辖区,因为并不在当地进行购销业务活动,因此可以取得非居民资格,不必在当地纳税。再开票中心不仅可以起到避税的作用,还可以达到许多业务和财务上的目标。这里以内部应收账款管理的运作为例加以说明,如图7-2所示。

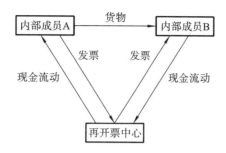

图 7-2 国际企业内部再开票中心运作流程

国际企业通过设立再开票中心管理营运资金,具有以下优点。

(1)有利于国际企业内部应收应付款的集中管理。在国际企业内部成员之间的交易中,货物直接从销售方所在国运往购买方所在国,并不通过再开票中心。再开票中心只是把国际企业内部成员在不同国家或地区的贸易活动引起的内部应收应付账款集中起来统一管理,以有效地促进国际企业内部成员的贸易往来,减少有关费用开支。

(2)有利于提高国际企业整体税后利润水平。国际企业的再开票中心利用转移价格把利润转移到税率较低的国家或地区,从而达到避税的目的,提高国际企业整体税后利润水平。

(3)有利于国际企业统一调度资金。通过再开票中心国际企业可以更灵活、有效地进行多边净额结算,减少资金转移费用。再开票中心齐全的统计数据和强大的财务控制能力,使它可以更合理地制订长期资金计划,加强有贸易关系的各内部成员单位间的资金流通,还可以通过统一的融资策略使资金在以往没有联系的各内部成员单位间进行调配流动。

(4)有利于国际企业进行外汇风险管理。通过再开票中心国际企业可以把所有的计价结算货币统一为再开票中心指定的货币,从而集中管理外汇交易风险,达到降低外汇风险及减少风险管理成本的目的。

当然,国际企业在进行是否设立再开票中心的决策时,还要考虑由此带来的一些问题。如设立再开票中心需要较高的成本;再开票中心的设立可能会引起当地税务部门的注意,会接受频繁的检查,由此引发法律咨询等额外开支。

三、国际企业存货管理

存货是指企业在生产经营过程中为销售或者耗用而储备的各种物资,主要包括原材料、在产品、半成品、产成品和包装物等。企业持有存货主要是为了便于组织生产、降低产品成本、保证生产正常进行、及时向客户提供商品。存货在企业流动资产中占有较大比重,存货管理效率直接影响企业的财务状况,因此加强存货的管理与控制是国际企业财务管理的一项重要内容。存货管理也是国际企业营运资本管理的重要组成部分。

（一）国际企业存货管理的目标与影响因素

国际企业存货管理的目标与国内企业存货管理的目标是相似的，即在充分发挥存货功能保证企业生产经营需求的前提下，控制存货水平，降低存货成本，提高存货周转率。存货成本主要包括存货采购成本、订货成本、储存成本和存货短缺成本。国际企业存货管理的原理与国内企业存货管理基本原理是一致的，同样遵循"经济订货量""保险储备量"等基本规则。但是国际企业存货管理比国内企业存货管理要复杂得多，主要受以下几个方面因素的影响。

(1)国际企业的国外各子公司、分公司或分支机构常常在通货膨胀的环境下开展经营活动，币值不稳定迫使国际企业需要改变传统的存货管理策略。

(2)国际企业存货的周转和转移常常跨越国界，运输距离遥远，成本高，风险大。例如，到货时间可能受到多种不确定因素影响，其中包括自然灾害(如暴雨、洪水、飓风)、突发事件(如政治动乱、港口罢工、恐怖活动)等，这些因素加大了国际企业存货管理的风险和难度。

(3)不同国家或地区生产成本和储存成本差别很大，存货进口需要遵循东道国的外汇管理制度和进出口管理条例，还有关税和其他壁垒的限制等。

（二）国际企业存货管理策略

 1. 国际企业存货购置策略

1)存货超前购置策略

存货超前购置是指国际企业将多余的资金在正常采购计划之前采购存货。它是国际企业重要的存货管理策略之一，其重要性体现在以下方面。

(1)当预计国际市场某项存货供求关系将发生重大改变，该种存货的需求量和价格将大幅上涨，采用存货超前购置策略能以较低的代价获得将来需要的存货，可以降低存货成本。

(2)国际企业在一些发展中国家，资金汇出或剩余资金转换成硬通货存在许多限制时，为了防止预期的货币贬值带来损失，提前购买所需要的商品，即采用存货进行保值。

(3)国际企业的子公司、分公司或分支机构所在国能够提供某种优质、价廉的存货，且该存货是国际企业急需的，采用存货超前购置决策，对于实现国际企业全球战略具有极其重大的作用。

进行存货购置决策时需要考虑的主要因素有两个方面：一是存货超前购置涉及的业务成本，包括投资存货的资金利息、保险费、储存费和存货损耗等；二是存货延迟购置涉及的业务成本，包括由通货膨胀或货币贬值导致的较高成本、因运输等原因导致存货供应不及时造成的损失等。是否采用存货超前购置决策，应分析以上两种成本的对比关系，遵循成本-效益原则进行权衡取舍。

另外,正确的存货超前购置决策是建立在相关的需求和汇率变动预测基础之上的。预测错误可能会带来误购风险,因此,必须加强存货采购预测,采取提前幅度限制及存货类型限制等措施。

2)存货超量储备策略

存货管理中的"经济订货量"模型是国际企业存货购置决策的理论基础,但是考虑通货膨胀、运输时滞、汇率变动、各国政府管制以及各种突发事件的影响,国际企业往往会保持远远高于最优经济订货量水平的存货储备量,这种高于最优水平的存货量,被称为存货超量储备。存货超量储备策略是国际企业为了保证企业生产经营需要,面对复杂的国际财务管理环境做出的适应性反应。

存货超量储备与存货超前购置相辅相成,存货超前购置是达成存货超量储备的基础,存货超量储备是存货超前购置的结果。一般情况下,国际企业在当地货币明显可能贬值时,在相关货币贬值之前,累积存货,增加存货储备量是有利的。当然超量储备有一个度的问题,需要在超量储备存货累积获得的利益与放弃在当地进行短期投资丧失的机会收益之间加以权衡。

2. 国际企业存货控制策略

与国际企业现金管理和应收账款管理相比,存货管理的显著不同在于其管理责任的分散化。存货管理的责任是由财务、采购、生产和销售多个部门共同承担的。财务部门为减轻资金压力、加速资金周转、降低储存成本而倾向于保持较少的存货库存;采购部门为了获得批量折扣、降低采购成本而倾向于大批量订货;生产部门为了保证生产连续不断地进行,避免停工损失,则倾向于保持大量的在产品和半成品存货;销售部门为避免因脱销而失去市场或客户,要求有充足的货源,则倾向于保持大量的产成品存货。为了国际企业顺利地实现存货管理目标,必须对各部门进行协调,制定出有效的管理政策。

第三节 国际营运资本流量管理

在国际企业内部,存在着因投资关系、借贷关系、服务关系和买卖关系等而形成的种类繁多、数量庞大的跨国资金流动。跨国资金的流动方式和管理策略,在很大程度上决定着国际企业的资金配置和使用效率。国际营运资本流量管理的目标就是在国际企业总部的统一协调下,采用各种内部转移机制和方法,使国际营运资本按照最合适的流量、流向和时机进行运转,为国际企业整体利益最大化创造条件。

一、国际营运资本流量管理的动机

国际企业营运资本流量管理是实现全球经营战略的重要手段,也是规避风险、获取回报的有效途径。国际企业营运资本流量管理受国际财务管理环境和国际企业自身特点的影响。国际企业营运资本流量管理的动机主要有以下几个方面。

1. 在全球范围内有效配置资源,实现国际企业全球经营战略

国际企业的优势在于其经营活动的全球化和企业战略的全球化。然而,在全球范围内有效配置资源是实现经营全球化和战略全球化的前提。资源的有效配置不仅表现为把资源配置到最能发挥作用的地方,而且表现为配置成本最低、配置风险最小。国际财务管理环境的复杂多变,要求国际企业必须动态地实现国际营运资本的有效配置。

国际企业营运资本的流量管理就是在满足企业全球经营战略需要的前提下,运用内部资金转移机制调度资金,确定最佳的安置地点和最佳的持有币种,实现资金的合理配置,最大限度地提高国际企业的整体效益。

2. 规避风险、获取套利机会

国际企业在全球范围内经营,面对各国通货膨胀、税收制度、外汇管理制度以及金融市场的巨大差异,利用其内部财务系统,在国际企业内部进行跨国资金调度和利润转移,可以规避风险,获得套利机会。

(1)税收套利。国际企业利用转移价格等手段将利润从高税负国家的子公司、分公司转移到低税负国家的子公司、分公司,或者将应税成员企业的利润转移至亏损成员企业,以减轻国际企业总体税负。

(2)金融市场套利。国际企业通过公司内部的资金转移,绕过外汇管制,利用剩余资金获取较高收益,为资金不足的成员企业提供低成本的资金来源。实际上,追求资金套利已经成为国际企业营运资本流量管理的重要动机之一。

(3)管理制度套利。当国际企业子公司的利润受东道国政府干预或工会压力影响时,通过国际资金管理使国际企业能够调配利润,进而隐瞒真实盈利水平。这种操控能力,可以让国际企业在逃避监管和进行谈判中占有一定优势。

二、国际营运资本流量管理的原则

国际企业营运资本流量管理应遵循以下原则。

1. 资金有效配置原则

国际企业的各成员企业遍及全球，实现其全球经营战略都需要资金的支持。然而，资金总是有限的，根据企业全球经营战略的需要和各成员企业的资金需求进行资金的有效配置是国际企业营运资本流量管理的出发点和基本原则。

2. 资金转移成本最小化原则

国际企业在全球范围内调配资金，受各种因素限制，资金转移成本较大。大量的资金转移成本的存在降低了资金转移效益。追求资金转移成本最小化，是实现资金转移效益最大化的有力保障。

3. 资金套利原则

如前所述，国际企业在内部进行跨国资金调度和利润转移时，存在种种套利机会。国际企业内部资金调度除了满足全球经营战略的需要外，还应该积极探索有效克服资金转移障碍的方法，实现资金套利。

4. 资金集中管理原则

国际企业通过资金的集中管理可以实现资金的联合使用，有效减少资金储存的总量，避免资金闲置，降低企业整体筹资成本，提高资金管理效率。通过资金的集中管理，统筹安排存款的币种可以降低外汇风险，同时资金的集中管理在加强资金的安全性和流动性方面有明显优势。国际企业在内部资金转移中遵循集中管理原则，是实现内部资金转移效率的基本保证。

三、国际企业内部资金转移的一般方式

国际企业内部资金转移的方式有很多，不同的方式往往适用于不同的金融和商业环境。国际企业内部资金转移的一般方式有以下几种。

1. 股利汇付

股利汇付是国际企业的各子公司、分公司或分支机构向母公司或总公司转移资金的最普遍的方式。国际企业的股利汇付策略涉及多个利益主体，包括本国政府、外国政府、母公

司、子公司和股东等。制定股利汇付策略时,必须在这些利益主体之间寻求一个平衡点。国际企业实施股利汇付策略时必须考虑以下因素。

(1)税收因素。东道国和本国的税法都影响着国际企业的股利策略。比如,有的国家对股利汇出的数量规定限额;有的国家对留存收益的征税要远远高于对股利的再投资盈利的征税(再投资退税);有的国家对汇付出去的股利要征收预扣税。这里所说的预扣税也称为预提税,是由东道国政府对本国居民或经济法人向外国投资者和债权人支付股利和利息时所征的税,这种税通常是在对方收到这笔收入以前就已经扣除了,即实际上它是由支付股利或利息一方所预先扣除的。例如,A 公司向外国投资者支付 20 万美元的股利,预扣税率为 20%,则该公司只向外国投资者支付 16 万美元,另外 4 万美元就由该公司代表该国政府以预扣税的形式预先扣除。

(2)外汇风险因素。通过汇率预测,掌握汇率变动的趋势,国际企业可以通过股利汇付策略的调整将资金从弱币区转至强币区。当子公司、分公司或分支机构所在国货币即将升值时,可采用减少股利汇付数量和推迟股利发放时间的策略,增加存放于当地的货币资产;反之,当子公司、分公司或分支机构所在国货币即将贬值时,增加股利汇付的数量可以减少存放于当地的货币资产,通过调整股利汇付策略,规避外汇风险。

(3)政治因素。一般情况下,为了取得子公司、分公司所在国政府的信任,子公司、分公司或分支机构的股利汇付率应该是相对稳定的。这样,东道国政府比较容易衡量国际企业有无逃汇以至损害其外汇储备的行为。但如果东道国发生政局变动或外汇危机,在高度政治风险下,国际企业就会要求子公司、分公司或分支机构尽快转移积余资金,这时可以通过增加股利汇付,实现资金的转移。

(4)资金的可获得性。在子公司急需要扩大规模或追加投资时,如果在当地很难取得借款或借款要受到种种限制时,国际企业可采取减少股利汇付比例的策略,让子公司增加留存收益,此时调整股利汇付策略成为子公司获得资金的一种手段。

(5)子公司的规模和建立的时间。一般而言,国际企业对于小型子公司很少制定特别的股利汇付策略,往往随机应变;中型子公司在运用股利汇付策略配置资金方面具有较大的灵活性;大型子公司在股利汇付方面的经验策略一般不易变更。如果子公司建立的时间较长,常常会将利润的很大一部分作为股利汇付给母公司;反之,对于初建的子公司,由于其利润相对较少,前期投入也较多,所以向母公司转移的资金会少一些。

(6)合资企业中其他股东的态度。合资母公司或东道国股东的存在都会影响股利策略。在大多数情况下,不管国际企业的利润情况如何,股东都倾向于较为稳定的股利支付。股东的倾向与国际企业在全球范围内追求最佳资金配置效果的愿望往往是矛盾的。所以这类国际企业的股利汇付策略在很大程度上要受到外国股东及其投资比例的影响。

2. 特许权使用费、服务费和管理费的支付

特许权使用费、服务费和管理费也是国际企业子公司向母公司或子公司之间转移资金的基本方式。从汇出的难易程度看,这种方式要易于股利汇出,因为子公司所在国一般难以

限制。

特许权使用费是指子公司为获取技术、专利或商标的使用权,而付给拥有技术、专利或商标的母公司或其他子公司的报酬,可以用每单位产品支付一定的金额,或以全部毛销售收入的一定百分比计算支付。

服务费是指用于补偿由母公司或其他子公司供应给该子公司的专门服务的支出。一般按服务的时间、服务的类型和等级确定支付费用的标准。

管理费是国际企业在进行国际经营业务时所发生的一般行政管理费用中由该子公司摊付的部分。国际企业的全部管理费用包括母公司的管理成本与必须由经营单位补偿的其他子公司的管理费用,如现金管理、研究开发新产品、公共关系、法律和会计咨询等方面发生的费用。管理费一般按子公司销售额的大小进行摊销。

国际企业的母公司为了维护它向各子公司收取特许权使用费、服务费和管理费的权利,一般要事先制定许可证合同。合同必须明文规定收费标准的计算依据、交费的币种和时间、纳税的所在地和责任、有关咨询和培训考察等方面费用的支付方式和费用标准等。

虽然股利汇付和特许权使用费、服务费、管理费的支付都是国际企业转移资金的一般方式,但不同的国际企业资金转移的项目不同,有的企业以"统算"方式从子公司转移资金,即子公司只向母公司汇付股利,而不另交其他费用;有的国际企业则采用"非统算"方式,即除汇付股利外,还采用特许权使用费、服务费和管理费的方式转移资金。

以各种费用的方式转移资金,除汇出比较容易之外,还在税收方面享有好处。因为股利汇付是在所得税缴纳之后,而各种费用却可以作为税基的减项在缴纳所得税之前扣除。我们通过举例说明统算法和非统算法在税负和资金转移方面的差异。

【例7-5】 某国际企业的一个子公司税前净收益为1 000万英镑,母公司拟从该子公司获取400万英镑的收入。母公司所在国所得税税率为30%,子公司所在国所得税税率为40%,现有两种方案可供选择:一是采用统算法,400万英镑全部以股利的形式汇付;二是采用非统算法,以股利汇付的形式转移200万英镑,以特许权使用费、服务费和管理费的形式转移200万英镑,两种方案虽都是向母公司转移400万英镑资金,但税收和再投资效果却存在差异,如表7-13所示。

表7-13 子公司的税负效应表(万英镑)

项目	统算法	非统算法
税前净收益	1 000	1 000
减:特许权使用费、服务费和管理费	—	200
应税收益	1 000	800
减:当地所得税(40%)	400	320
可分配股利	600	480
汇付给母公司的股利	400	200
在当地再投资	200	280

此外,看母公司的税负和再投资情况。

为消除国际重复征税,母公司所在国对国际企业从子公司得到的股利征收的所得税要进行抵免。母公司的实际应缴纳税金按下列公式计算得出。

母公司的实际应缴纳税金＝(国外收入＋子公司所得税应免税额)×所得税税率
－子公司所得税应免税额

其中,子公司所得税应免税额是按子公司向母公司汇付的股利占可分配股利的比例来免除子公司在当地已交纳的所得税税额。本例中,在统算法下,子公司汇付的股利是400万英镑,占全部可分配股利600万英镑的67%,所以子公司所得税税额400万英镑应免除268万英镑(400×67%)。同理,在非统算法下,子公司所得税应免税额是133万英镑(320×200/480),如表7-14所示。

表7-14 母公司免税效应表(万英镑)

项目	统算法	非统算法
股利收入	400	200
特许权使用费、服务费和管理费收入	—	200
从子公司获得的收入总计	400	400
子公司所得税应免税额	268	133
母公司应税收入	668	533
母公司所得税义务(30%)	200.4	159.9
减:子公司所得税应免税额	268	133
母公司实付所得税	—	26.9
免税额损失	67.6	—

在统算法下,母公司实际应缴纳税金为负数,这种情况下,税法规定,实缴税额为零,即公司损失了67.6万英镑的可免税额。若将母子公司的报表合并,可以更清楚地看出两种方法的不同作用,如表7-15所示。

表7-15 统算法和非统算法下母子公司的税负效应表(万英镑)

主体	税负		再投资	
	统算法	非统算法	统算法	非统算法
母公司	0	26.9	400	373.1(400－26.9)
子公司	400	320	200	280
合计	400	346.9	600	653.1

综合比较可以看出,用统算法转移资金,国际企业支付的税金总额为400万英镑,全部交给子公司所在国政府;用非统算法则总体上少交53.1万英镑税金。同时母公司所在国政府也可以获得26.9万英镑的税收,但子公司所在国税收减少。

在再投资方面,非统算法的再投资要高于统算法,同时母公司所在国投资相对减少,子公司所在国投资相应增加。

从税负及资金积累的角度看,国际企业用非统算法较统算法有利,尤其在子公司所在国税率高于母公司所在国税率时更是如此。这也是国际企业在子公司向母公司转移资金时,除采取股利汇付方法之外,还要使用支付特许权使用费、服务费和管理费的方法转移资金的原因之一。

应该注意到,站在企业立场与站在政府立场,对两种方法的评价结果是不同的。

3. 转移价格

转移价格问题将在第八章专门详述,这里不做具体说明。

4. 国际企业内部信贷

内部信贷是国际企业在全球范围转移资金的主要手段。使用内部信贷除了为了资金融通外,主要是利用各子公司东道国外汇制度、税收制度的差别转移资金,达到逃避外汇管制或减轻税负的目的。内部信贷主要有直接贷款、平行贷款和背对背贷款等。

(1)直接贷款。直接贷款是指在资金转移不受限制或限制较少的金融市场上,国际企业的某一成员单位可以直接向另一成员单位提供信贷资金。这些贷款的利率是确定的,标价货币可以是任意一方或第三国货币。直接贷款的利率实际上反映国际企业资金的转移价格。

(2)平行贷款(parallel loan)。平行贷款指的是不同国家的两个国际企业分别在国内向对方企业在本国境内的子公司提供金额相当的本币贷款,并承诺在指定的到期日,各自归还所借货币。这种信贷方式最早出现在20世纪70年代的英国,它的诞生是基于逃避外汇管制的目的。

平行贷款是两个独立的贷款协议,分别具有法律效力。它是分别由一国际企业母公司贷款给另一国际企业在本国的子公司,这两笔贷款分别由各自母公司提供保证。平行贷款的期限一般为5~10年,大多采用固定利率方式计息,每半年或一年互付利息,到期各偿还借款金额。

例如,法国有一家国际企业的母公司A,美国有一家国际企业的母公司B,A公司在美国的子公司设为A′,B公司在法国的子公司设为B′。现在B′子公司需要欧元资金,A′子公司需要美元资金。此时可以由两家母公司达成一致,由B公司向在美国的A′子公司提供美元贷款,A公司向在法国的B′子公司提供欧元贷款。平行贷款结构如图7-3所示。

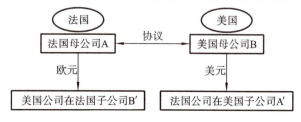

图 7-3 平行贷款结构

平行贷款既能规避国内的资本管制，又能满足双方子公司的融资需求，因此在国际市场上深受欢迎。当然，平行贷款也存在着一定的信用风险，因为平行贷款包含了两个独立的贷款协议，这两份协议都是具有法律效力的，即使遇到一方出现违约的情况，另一方也不能解除履约义务。另外，如何找到交易的另一方也是使用平行贷款的难点。为了降低违约风险，消除寻找交易对方的困难，背对背贷款就产生了。

(3)背对背贷款(back to back loan)。背对背贷款就是为了解决平行贷款中的信用风险和合适交易对方的限制而诞生的一种信贷方式。它与平行贷款的运作相似，只是交易对方为国际金融中介机构。它是指国际企业母公司在投资子公司时，先将足够的资金存入国际金融中介机构，再由国际金融中介机构向国外子公司贷款。还本付息时，先由子公司偿还给中介机构，再由中介机构偿还给母公司。

背对背贷款一般适用于为所在国利率较高或资本市场受限制的国外子公司融资。由于它引入了一个中介机构，所以也称为连接贷款。典型的背对背贷款结构如图7-4所示：母公司在A国银行存入资金，A国银行将这笔资金贷给B国的子公司。

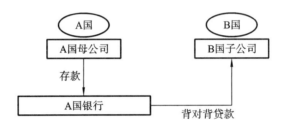

图 7-4　背对背贷款结构

四、国际企业冻结资金的管理

当一国政府外汇短缺又无法有效地吸收外资时，往往会限制外汇从该国流出。许多出现经济危机的发展中国家也会对外汇资金的流出进行管制。由于各国外汇短缺状况不同，其限制程度和方法也有差别。管制较松的要求外汇流出须报经当地外汇管理部门审查批准；管制较严的只允许部分外汇资金汇出。在极端情况下，东道国政府可能会拒绝把当地货币兑换成其他货币，从而完全阻止资金转移。多数情况下东道国政府对股息、贷款偿还、特许权使用费、服务费以及管理费的支付额度和时间也进行限制。

当东道国政府推行严格的外汇管制政策时，国际企业就可能出现资金被"冻结"(blocked)的问题。资金长期滞留在某一国家或地区，不但使其无法得到充分利用，而且其价值还可能因该国或地区货币贬值而受到侵蚀，更为严重的是会影响国际企业资金在全球范围的有效配置进而影响国际企业全球经营战略。

为了追求资源的最佳配置，实现企业全球利益最大化，国际企业必须尽量规避资金冻结风险，同时设法在资金被冻结时采取措施对其加以有效利用。一般地，冻结资金的管理分为三个阶段，各阶段分别采取不同的策略。

1. 投资前的预防策略

国际企业决定对国外的子公司投资之前,必须对子公司所在国或地区资金冻结的可能性、范围和程度进行充分的调查分析与评估,并将其纳入本投资项目的经济评价中。如果在资金可能被冻结的情况下,投资方案仍然可行,国际企业为了规避资金冻结的风险,应该积极着手做出富有远见的安排,以增加往来资金转移的弹性,减少资金被冻结的潜在危险,降低资金被冻结带来的潜在损失。具体预防策略有以下几种。

(1)国际企业加大对当地子公司的贷款比例,用债权投资代替股权投资。相对而言,东道国在外汇管制中,对于偿还债务、支付利息比股本返还、股利汇出限制要少。如果母公司的初始投入资本大部分为股权资本,以后投资收回可能会很困难;而如果母公司的初始投入大部分为债权投资,日后收回债权会比较容易。

(2)当地子公司预先与其他子公司建立广泛的贸易关系。利用内部贸易,国际企业可以通过内部转移定价机制从当地转移资金。同时,广泛的内部贸易往来也可以为日后提前或延迟支付策略的应用奠定基础。

(3)向当地子公司转让知识产权、专有技术等,并签订"许可证合同",载明特许权使用费的计算依据与付费方式。对当地子公司使用商标和接受其他服务均收取费用,并事先签订合同。这样,即使东道国政府实行严格的外汇管制,国际企业也有可能从当地收到稳定的特许权使用费等收入。

(4)加大子公司在当地贷款的比重。由于子公司在当地的融资比重大,国际企业母公司的投资比重就小,需要向母公司汇回的利润就少,即使东道国政府禁止股利汇回,国际企业也不会遭受太大的损失。此外,子公司持有当地贷款,可以减少当地货币资产暴露的头寸,避免由于当地货币贬值造成损失。

(5)达成与东道国政府的特别协议。当投资项目对东道国政府极具吸引力时,国际企业可以利用这一优势,事先与东道国政府达成一项资金返还和防止冻结的协定,或者获得某些政策上的优惠。

 2. 资金冻结前的预防策略

完成初始投入,国际企业当地子公司进入生产经营阶段后,应该密切关注东道国的国际收支状况和宏观金融政策的变化。当有迹象表明该国政府可能会采取严格的外汇管制措施来改善其日益恶化的国际收支状况时,国际企业必须采取行动,利用一切可行的资金转移手段(如转移定价、提前或推迟结汇、偿还贷款、支付股息或利息以及各种费用等),尽快将多余资金从当地调出,仅保留最低限度的维持基本生产经营所需资金。当然,国际企业从当地抽逃资金时,要尽量以隐蔽的方式进行,否则会增加其面临的政治风险,或者招致资金的提前冻结。

 3. 资金冻结后的补救策略

在国际经济风云变幻、国际金融危机频繁爆发的状况下,国际企业资金被冻结的现象时有发生。如何使被冻结的资金"解冻"或"激活",是国际企业冻结资金管理的重要内容。资金冻结条件下资金转移的补救策略主要有以下几种。

(1)平行贷款和背对背贷款。在国际企业资金转移的一般方式中,我们已经介绍了这两种信贷方式的操作。它们也是资金冻结情况下资金转移的重要手段。

(2)国际企业内部交易的提前或推迟结汇。在本章第二节的国际企业应收账款管理中,已经介绍了国际企业内部应收账款提前或延迟结算的具体做法。在资金冻结条件下,它也是一种重要的国际企业资金转移的手段。

(3)国际转移价格。将在第八章专门讨论。

(4)开辟新的出口业务。东道国政府实行严格的外汇管制、冻结资金的主要原因一般是该国无力持续获得硬通货。国际企业通过开辟新的出口业务,可以为东道国创造新的出口创汇机会,帮助东道国解决外汇短缺问题,同时可以为资金转移提供新的渠道。例如,进行易货贸易(它是指在换货的基础上,把等值的出口货物和进口货物直接结合起来的贸易方式),公司利用被冻结的资金在当地购买预期在母公司所在国或国际市场上销路较好的货物,再通过易货贸易将这些货物转移出去,在国际市场上销售或用于母公司或其他子公司生产。这样,相当于把一部分冻结资金转移出去。

另外,还可以让当地子公司投资某项出口导向型业务。例如,当地子公司代母公司举办商业会议,会议的各项费用以当地货币支付;将国际企业的员工安排在资金被冻结的国家或地区度假,以当地货币支付他们的假日工资或度假补贴。子公司的这些经济行为,有利于东道国政府增加出口收入,不会受到禁止,同时有效地利用了已被冻结的资金。

(5)在当地进行再投资。如果运用资金转移策略仍不能完全消除资金冻结,国际企业应在当地进行再投资,以规避因通货膨胀或汇率波动带来的货币贬值风险。如果资金冻结是暂时的,可以进行短期投资。例如,投资短期债券、短期国库券或定期存款。然而,在实行外汇严格管制的国家,一般金融市场不发达,金融工具种类少、数量不足、流通性差,实际收益率往往低于当地的通货膨胀率,所以还要考虑其他短期投资形式,如超前购置存货或向当地的其他公司提供短期贷款等。如果国际企业无法在资金被冻结的国家或地区进行短期投资,或者根据全球战略的需要有在该东道国长期经营的打算,那么就应该考虑利用冻结资金进行长期投资。例如,购买生产设施、寻找新的投资项目、收购当地的企业、购买预期会升值的资产,达到资金的保值增值目的。

◇ **知识活页**

拓展阅读:后并购时代的跨国公司资金管理

二维码 7-3

◇ 本章小结

国际企业营运资本管理的直接目标是通过资金在全球的合理流动和有效配置,实现各种流动资产持有水平的最优化,保证企业营运资本管理最终目标的实现。

国际企业营运资本管理的内容有国际企业营运资本的存量管理和国际企业营运资本的流量管理。国际企业营运资本的存量管理着眼于各种类型资金的处置,目的是使现金余额、应收账款和存货处于最佳的持有水平。国际企业营运资本的流量管理着眼于资金从一地向另一地的转移,通过利用内部资金转移机制实现资金合理的配置,根据多变的财务管理环境,合理调度资金,确定最佳的安置地点和最佳的持有币种,使营运资本按照最合适的流量、流向和时机进行运转,以避免各种可能面临的风险,最大限度地提高国际企业的整体效益。

国际企业营运资本转移一般有股利汇付,特许权使用费、服务费和管理费的支付,转移价格,以及国际企业内部信贷等方式。当东道国政府推行严格的外汇管制政策时,可能出现资金被冻结的问题。国际企业必须尽量规避资金冻结风险,同时设法在资金被冻结时采取相应措施。国际企业冻结资金在不同的阶段应分别采取不同的管理策略,包括国际企业投资前的预防策略、资金冻结前的预防策略和资金冻结后的补救策略等。

◇ 思考与练习

一、思考题

1. 简述国际营运资本管理的内容。
2. 为什么说国际企业的现金管理比国内企业的现金管理更为复杂?
3. 试分析国际企业现金管理的目标。
4. 请谈谈国际企业通过设立再开票中心管理营运资金的优点与不足。
5. 试分析国际企业应收账款的持有成本有哪些。请说明哪些持有成本是国际企业独有的,为什么?
6. 根据自己的理解说明国际企业存货管理的影响因素,并说明表现在哪些方面。
7. 根据所学知识请分析国际企业实施股利汇付策略应该考虑哪些因素。

二、练习题

某跨国公司实行现金集中管理,现金管理中心设在卢森堡。该公司在欧洲有4个子公司,分别设在马德里、米兰、马赛和苏黎世。2021年2月4日各子公司向现金管理中心报送的"日常现金报告"如下,所有子公司的报表金额用欧元表示。

日常现金报告	日常现金报告
日期:2021年2月4日	日期:2021年2月4日
子公司:马德里	子公司:米兰
(单位:万欧元)	(单位:万欧元)

续表

当日现金余额:+7				当日现金余额:-3			
3天预测报告				3天预测报告			
天数	收入	支出	净额	天数	收入	支出	净额
第1天	34	22	+12	第1天	12	7	+5
第2天	27	38	-11	第2天	25	27	-2
第3天	30	25	+5	第3天	40	45	-5
3天净额合计:+6				3天净额合计:-2			
最低要求储备额:7				最低要求储备额:5			
日常现金报告 日期:2021年2月4日 子公司:马赛 (单位:万欧元)				日常现金报告 日期:2021年2月4日 子公司:苏黎世 (单位:万欧元)			
当日现金余额:+33				当日现金余额:-5			
3天预测报告				3天预测报告			
天数	收入	支出	净额	天数	收入	支出	净额
第1天	18	28	-10	第1天	51	46	+5
第2天	60	31	+29	第2天	80	85	-5
第3天	70	53	+17	第3天	48	45	+31
3天净额合计:+36				3天净额合计:+3			
最低要求储备额:15				最低要求储备额:2			

要求：

(1) 根据各子公司的日常现金报告,编制合并现金日报表,列示每个子公司的当日现金余额、最低要求储备额以及现金余缺额。

(2) 根据各子公司的3日现金预测,编制短期(从2021年2月4日以后起算3日)现金预算表。

(3) 根据上题的合并现金日报表和短期现金预算表,编制在欧洲的4个子公司4日现金余缺信息表,以及从2月4日起算后面3天的现金余缺预测信息表。

三、计算分析题

某跨国公司在国外的子公司年末税前净收益为800万美元,母公司拟从子公司收取400万美元的股利,即母公司从该子公司取得税前收益400万美元。如果母公司所在国所得税税率为20%,子公司所在国所得税税率为25%,试分别采用统算法和非统算法,分析子公司和母公司的税负效应及资金转移方面的差异。假设采用非统算法,子公司向母公司缴纳特许权使用费、服务费240万美元,再从子公司税后利润中提取160万美元,作为向母公司支付的现金股利。

要求:编制子公司的税负效应表、母公司免税效应表以及统算法和非统算法下母子公司的税负效应表。

◇ **在线答题**

二维码 7-4
第七章自
测题

第八章　国际转移价格

◇ 学习目标

1. **知识目标**：了解国际转移价格的概念、基本特征和作用领域，理解国际转移价格的目标与功能，掌握国际转移价格的制定方法。
2. **能力目标**：能够正确运用国际转移价格实现企业的目标和功能。掌握各项法律法规，学会运用各项政策处理国际企业定价问题。
3. **情感目标**：培养学生积极了解国家有关方针政策的主动性。学习相关法律法规，培养学生遵纪守法、诚实守信的良好道德情操。

◇ 本章导读

国际转移价格是国际企业的母公司与子公司或各子公司间进行内部贸易所约定的价格。它是一种管理行为，也是一种公司经营策略，是国际企业财务管理研究的重要内容。本章主要研究国际转移价格的目标与功能以及国际转移价格的制定方法。

◇ 导入案例

转移价格的滥用

A公司是一家跨国公司在上海某开发区投资的子公司，其上级公司是设在苏州的B公司（跨国公司亚太地区总部）。A公司生产的主要产品为航空科研用摄影胶片，公司成立于1998年，自投产以来公司始终产销两旺，但公司开办至今，已累计亏损3 000万元。为什么公司一方面连年亏损，另一方面却产销两旺？

分析A公司的财务报表可以发现，自开业以来，其主要产品（航天胶片）售价严重低于成本，致使每售出1万元航天胶片就直接亏损2 000元。由于航天胶片在国内市场生产者较少，无法找到平均市场价格资料，因此无法确定其销售价格的合理性。

A公司产品全部出售给其亚太地区总部B公司。令人吃惊的是,B公司自1995年成立以来已累计亏损达9 800多万元。B公司主要将产品以低价(既低于国际市场价格也低于成本价格)销售给设在马尔代夫的跨国公司国际总部X公司,X公司再销售到世界各地。A公司的总部正是设在马尔代夫的享受免税待遇的X公司。至此真相大白。

原来A公司低价出售产品给B公司,再由B公司低价出售到其国际总部X公司,最后以X公司的名义销往世界各地,这样通过关联交易,实施转移定价,利润就一层一层地转移到了国际总部X公司,从而逃避纳税义务。

资料来源:张燎.审计跨国公司利用避税港逃税案案例简析.上海会计,2003(12):62-63.

何谓国际转移价格?企业如何利用国际转移价格谋求自身利益最大化?政府又是如何管制转移价格的?

第一节 国际转移价格概述

一、国际转移价格的概念

转移价格也称内部转移定价。它是一种管理行为,属于企业的一种经营策略,是国际企业财务管理研究的重要内容之一。在不同的讨论背景下,转移价格有着不同的表述,当它指在一个国际企业运作系统内,母公司与子公司或各子公司间进行内部贸易所约定的价格时,即为国际转移价格。

国际转移价格又称国际转移定价、国际转让价格或国际转让定价。它是指国际企业管理当局为实现总体经营战略目标,谋求其整体利益最大化,而在公司内部各关联企业或子公司之间制定的相互购销产品、提供劳务、转让无形资产和提供资金时,确定的内部交易价格。

二、国际转移价格的演变过程

随着国际企业经营环境的不断改变,国际转移价格在功能上经历了一个逐步演变的过程。

1. 最初阶段：国际企业对其下属单位业绩考评的一种手段

国际企业在其内部进行产品和劳务的转让，需要制定内部转移价格，作为内部结算和控制的依据。它反映的是国际企业内部分工与合作的要求，是国际企业对其下属单位业绩考评的一种手段。从这个意义上讲，国际转移价格也是经营分权化和内部一体化的必然产物。

2. 发展阶段：国际企业实现整体利益最大化的一种手段

随着国际企业的日益发展，其下属单位的自主权也日益扩大，要保证其资源在企业内的最佳配置，需要运用转移定价手段进行调节与运作，促使各利润中心有效经营，实现整体利益最大化。

3. 当前阶段：国际企业实现全球战略的一种重要策略

20世纪50年代以后，由于生产经营与资本流动国际化的进一步加强，国际市场的竞争更加激烈，为了在竞争中取胜，国际企业开始广泛运用转移价格手段，并将其作为实现全球战略的一种重要策略。

三、国际转移价格的基本特征

国际转移价格具有如下基本特征。

第一，国际转移价格不受市场供求规律的制约，也不按正常的生产成本和营业利润或国际市场水准来确定。它是基于国际企业母公司的利益和子公司所在国的情况制定的，可能大大高于成本或大大低于成本。

第二，国际转移价格是由国际企业少数决策者根据全球性经营战略目标的需要人为确定的，带有强烈的计划性。国际企业通过转移价格这种独特的会计手段，可以最大限度地谋求企业利益。

第三，站在国际企业的角度，相关各子公司、分公司之间的产品和劳务的买卖交易均是在一个国际企业内部完成，该价格属于"公司内部的转移价格"。但是，国际企业内部交易的双方常常处于不同的国家或地区，产品和劳务是国际性流动的，转移价格是跨越国界完成的，所以它又被视为"国际企业间的转移价格"。

第四，国际转移价格具有一定的隐蔽性。由于转移价格是在一个国际企业内部完成，而且交易内容广泛、复杂、独特，不易被母国或者东道国政府发现。例如，专利和技术服务的定价比较复杂，价格的可比性差，各国的税务当局很难发觉和认定。

第五,国际转移价格运用的领域日益广泛。国际转移价格不仅涉及国际企业的有形产品,如母公司向子公司或子公司之间相互提供设备、零部件、制成品、原材料、包装物等的价格,而且还涉及国际企业内各关联企业相互间的各种服务费、研究开发费用、无形资产转让和金融交易等的价格。

四、国际转移价格的作用领域

国际企业利用转移价格的领域十分广泛,主要包括以下方面。

1. 内部有形资产的购销

这里所讨论的内部有形资产主要是指原材料、半成品、产成品、低值易耗品、设备及生产线等。国际企业内部各关联企业之间购销各种有形资产,利用高进低出或低进高出的定价策略,可以实现资金和利润的转移、调配。例如,国际企业母公司向其子公司高价出售零部件,以提高子公司的产品成本,母公司又以低价向子公司购买产品,通过这种高进低出的转移价格策略,减少了子公司的利润,将其转移到了母公司。

2. 内部无形资产的转让

这里的无形资产主要包括知识产权、行为权利和公共关系等。在国际企业内部各关联企业之间转让无形资产一般采取下列方式:①收取正常的报酬;②不收取任何报酬,免费赠送;③授予许可证并收取特许权使用费;④授予许可证但不收取特许权使用费。显然,除第一种方式外,其余三种方式都属于转移定价行为。但是免费赠送和不收取特许权使用费过于明显,容易被税务当局察觉,所以实际运用较少。授予许可证并收取特许权使用费的做法则比较普遍。例如,国际企业内部各关联企业之间以远远高于或低于市场公平价格收取特许权使用费,就可以达到资金和利润从一地向另一地转移的目的。与有形资产相比,无形资产一般比较独特,定价机制又比较复杂,价格的可比性差,通常不易被察觉。

3. 内部服务与劳务的提供

国际企业内部提供服务与劳务也是国际转移价格的重要作用领域。国际企业内部各关联企业之间提供服务与劳务主要有三个方面内容:①日常服务的提供。例如,提供会计、法律和运输等服务,应该按照服务的成本加上合理比例的利润计算服务费。如果脱离了此标准,就属于转移价格行为。②提供相关的技术协助。这包括与无形资产转让相关的技术协助以及生产与质量控制方面的技术协助等。只要国际企业不是按照市场公平价格标准收取或支付费用,就产生了转移价格行为。③管理和培训服务。例如,国际企业总部派遣员工到某子公司所在国进行员工培训、设备调试和管理咨询等,对于该员工报酬的支付,如果不是按照市场规则或国际惯例处理,而是以公司利益最大化进行安排,就是运用转移价格的行为。

4. 内部财产租赁

租赁财产主要有建筑物、机器、设备等固定资产。国际企业利用租赁方式,可以从容地在公司内部将一个企业购买的固定资产转移给另一个企业,同时以跨国租赁为媒介,通过控制租赁费,将利润从高税收的国家或地区转移到低税收的国家和地区,这也是运用国际转移价格的方法之一。

5. 内部资金融通

金融领域的转移价格运用主要表现在以下方面。①内部贷款的利率确定,不是比照同等条件下的市场利率水平,而是根据国际企业的需要,人为地抬高或压低利率。②在子公司的资本结构中减少自有资本的投入数量,提高贷款的比例,从而获得相应的好处,如贷款利息的税前扣除等。这种资本弱化操作,也被视为转移定价的一种形式。③通过提前或推迟支付货款,达到提供或得到无息贷款的目的。例如,信用期限超过商务惯例合理期限的上限,相当于销售方向购买方提供短期贷款,却不按照市场利率收取利息,这就存在转移定价问题。

综上所述,国际企业转移价格运用十分广泛,为企业转移资金、调配资金,实现企业整体利益最大化,提供了许多机会和技术手段。

第二节 国际转移价格的目标与功能

人们对转移价格的关注最早起源于国际税收。随着企业的发展,从全球来看,转移价格已不仅是一个国际税收问题,而正在成为一定战略发展计划下被企业广为研究和采用的重要内部管理问题,其目标与功能从传统的内部核算、避税等方面向纵深方向扩展。

一、国际转移价格的目标

一般认为,国际企业制定内部转移价格的根本目标是根据全球发展战略和管理的需要优化资源配置,充分利用跨国、跨地区的自然、经济、制度和法律等方面的资源,以实现企业价值的最大化。

当然,处于不同发展阶段的国际企业,出于其发展战略的考虑,在具体实施跨国转移战略时,需要进行不同的转移价格目标定位,具体目标选择包括以下内容。

第一,满足国际企业管理战略的需要。转移价格服从于企业竞争战略的需要,为实施企业战略目标服务。

第二,为实现国际企业整体税后利润最大化服务。利用转移价格对收入和成本的调节作用来影响各子公司的所得,利用各国课税方法和税率的不同,达到公司整体纳税额最低、利润最大的效果。

第三,为实现国际企业风险最小化服务。利用转移价格转移和调配资金,最大限度地把国际企业在世界范围内经营所面临的财务风险、法律风险和政治风险降到最低水平。

第四,为国际企业业绩评价最优化服务。合理制定转移价格,以明确各子公司的责任、协调各子公司的利益,恰当、公平地衡量各子公司业绩。

二、国际转移价格的功能

国际转移价格各项功能的发挥与其目标是密切相关的。在特定时期和特定条件下,国际转移价格的目标会有所不同,并各有侧重,转移价格发挥的功能、效应也随之发生变化。当然,转移价格的各目标之间也是互相联系、互相制约的,强调一种目标,并不意味着忽视其他目标和功能。一般而言,国际转移价格的功能主要包括以下几个方面。

1. 内部核算与业绩评价功能

虽然国际转移价格常常是跨国实施的,但它是在国际企业内部完成的。当国际企业在其内部进行产品和劳务的转让时,借助转移价格来从事内部会计核算,同时作为评价各子公司业绩的依据,这是转移价格最初所具有的功能。

2. 利润调节功能

国际企业可以利用转移价格策略对利润进行调节与转移。当为了新建的子公司提高信誉,或便于在当地销售证券或取得信贷,可通过转移价格的低进高出,使子公司显示出较高的利润率;有时,为避免子公司利润偏高在东道国引起如工会要求共享盈利、工人调增工资及福利等一系列问题,可通过转移价格的高进低出,调低子公司的利润水平。另外,利润调节功能也是下列各项功能发挥的基础。

3. 税盾功能

利用国家、地区间税率和税收政策的差异，通过转移价格，采用高进低出或低进高出，将利润转移到享受纳税优惠的子公司，通过合理避税，降低企业整体的税收负担，实现税盾效应。

4. 营运资金优化管理功能

在跨国经营中，营运资金的管理包括存量管理和流量管理。营运资金的流量管理着眼于资金从一地向另一地的转移，其目的是使资金得到合理的安置，即资金定位——确定最佳的安置地点和持有币种。国际企业常常面临大量的资金转移障碍，借助于转移价格可以绕开种种限制因素，通过对资金的有效筹划和调配实现资金定位效应。

例如，东道国政府常常对利润汇回时间和数量有严格限制，有时还会对外国资产实行暂时性冻结和永久性没收，这样将直接影响国际企业资金调配，威胁海外资产的安全。为了使资金顺利地调配到可能获利的最高点和最安全的地方，公司采用转移价格手段将利润、资金转移，使资金在全球范围内具有高度的灵活性和应变性，减少国外暴露总资产，提高资产的管理效率。

另外，强化资金的币种定位可以为实现国际企业现金集中管理服务。利用转移价格策略避开外汇管制、价格管制或资金管制等，巧妙地调动资金，在全球范围内迅速而有效地控制公司的全部资金，并使其保存和运用达到最优配置状态。在当今各国货币汇率频繁变动，国际金融市场危机频发的状态下，利用转移价格实现国际企业现金管理的集中控制更具有现实意义。

5. 风险规避功能

国际企业参与国际竞争与世界各国发生经济联系，有了更多的经济机会，同时面临更多的风险，如汇率变动、政治动荡、法律障碍等。采用风险防范性质的转移价格策略，进行外汇风险管理，通过转移价格转移利润和资产，回避政治风险，利用转移价格绕开法律上的限制，减少风险损失，实现风险规避效应。

6. 战略导向功能

国际企业从公司战略角度出发制定的转移价格能保证战略导向意图的实施。例如，利用较低的转移价格向子公司提供原材料、劳务和技术，使其获得成本优势，强化子公司的竞争地位，为竞争战略服务；通过采用较低的转移价格扶植新建公司，实施市场渗透战略；利用转移价格对不同利益团体之间的利益调节功能，在更大程度上消除有碍企业整体发展的瓶颈,推动企业整体的可持续发展;通过转移价格对企业的资源进行重新配置与调整为国际企业实施战略转移服务。

【例 8-1】 2021年某国际企业在甲、乙两国分别设有 A、B 两家子公司,甲、乙两国所得税税率分别为 35% 和 15%。甲国的 A 公司向乙国的 B 公司提供产品。A 公司生产的产品,成本为每千克 40 美元,转移价格为每千克 60 美元。假设 A 公司本期向 B 公司销售产品 10 000 千克,再由 B 公司以每千克 80 美元的售价全部销往市场。A、B 公司的营业费用分别为 30 000 美元和 40 000 美元。根据以上资料编制 A、B 公司和母公司合并损益表,见表 8-1。

表 8-1 2021 年 A、B 公司和母公司合并损益表(一)(美元)

项目	A公司	B公司	母公司
销货收入	600 000	800 000	800 000
减:销货成本	400 000	600 000	400 000
销货毛利	200 000	200 000	400 000
减:营业费用	30 000	40 000	70 000
税前利润	170 000	160 000	330 000
减:所得税	59 500	24 000	83 500
税后利润	110 500	136 000	246 500

由于 A 公司所在国的所得税税率高于 B 公司所在国的所得税税率,因而将 A 公司的转移价格从每千克 60 美元下调到每千克 50 美元,则可以把 A 公司的利润转移到 B 公司,从而增加国际企业整体的利润。重新计算,编制 A、B 公司和母公司合并损益表,见表 8-2。

表 8-2 2021 年 A、B 公司和母公司合并损益表(二)(美元)

项目	A公司	B公司	母公司
销货收入	500 000	800 000	800 000
减:销货成本	400 000	500 000	400 000
销货毛利	100 000	300 000	400 000
减:营业费用	30 000	40 000	70 000
税前利润	70 000	260 000	330 000
减:所得税	24 500	39 000	63 500
税后利润	45 500	221 000	266 500

从例 8-1 可知,其他条件不变,只要调整公司间的转移价格,就可以将 A 公司 10 万美元的利润转移到 B 公司。由于 B 公司所在国所得税税率较低,节税 2 万美元,从而使母公司的利润增加 20 000 美元(266 500 美元－246 500 美元)。同时我们应该注意到以下方面。

第一,国际企业通过调整转移价格,增加企业整体利润的做法,势必会影响子公司所在国的税收,这就必然引起子公司所在国政府的不满,东道国政府就会针对国际企业的避税手段采取干预性措施,以避免税收流失。

第二，从国际企业内部来看，为了降低国际企业整体应纳所得税额而制定的转移价格，有可能导致公司内部产生分配上的不均与矛盾。各子公司都是独立核算的经营实体，都有自身的经济利益，利用人为调整转移价格的办法，将高税率国的子公司利润转移到低税率国的子公司，势必损害高税率国的子公司的利益。如果国际企业管理当局利用会计报表有关信息评价和考核各子公司的经营业绩，那么在利用转移价格进行利润调节的情况下，评价和考核的结果就不公平。如何合理地评价和考核各子公司的经营业绩，成为一个重要的现实问题。

第三，影响转移价格制定的因素很多，即使就税负因素而言，除了所得税外，还有进口货物的关税等，本例仅从所得税的角度进行说明。

第三节　国际转移价格的制定方法

国际转移价格的制定方法有以市价为基础的定价方法、以成本为基础的定价方法、以公平原则为基础的定价方法、交易自主的定价方法、双重定价法和预约定价制等。

一、以市价为基础的定价方法

这里的市价是指市场上独立的买卖双方在公平交易条件下达成的价格。以市价为基础的定价方法是指以被转移产品在国际企业外部市场上的价格作为国际企业内部转移价格制定基础的方法，它是国际企业确定国际转移价格时使用较多的方法。采用这种定价方法时，将国际企业所属各子公司、分公司都视为独立经营的企业，所确定的转移价格几乎等于正常的市场交易价格。通常这种方法分为完全市场价格定价法和市场价格调整法两种。

完全市场价格定价法所确定的价格与市场价格完全一致；市场价格调整法是指从市价中扣减或增加一定百分比的毛利后的价格作为国际转移价格。

使用以市价为基础的转移价格有如下优点。

（1）有利于调动子公司的积极性。由于市场价格较好地反映了产品的真实价值，采用以市场为基础的国际转移定价方法，可以基本上真实反映公司的利润，有利于进行合理的业绩评价，有效发挥业绩评价的激励作用。

（2）排除了人为因素的影响，价格较易被税务当局接受。市场价格常常是一种公允价格，采用市场价格较容易向税务当局解释成公平交易价格，因此，可以避免有内部交易的公司受到所在国政府税务当局的指控。

当然，使用以市价为基础的转移价格，也存在着一些缺点，主要表现在以下方面。

(1)以市场价格为基础定价,使国际企业为实现整体战略进行转移价格调整时的余地减小。

(2)采用以市价为基础的定价方法,限制因素较多。例如,以市场价格为基础,需要存在一个相关的产品或劳务的中间市场,中间市场应是完全竞争的或在国际上可比的、有可供参考的市场价格等。

(3)采用以市价为基础的定价方法,可能导致企业对成本数据资料搜集工作的忽视,不利于开展成本管理。

二、以成本为基础的定价方法

以成本为基础的定价方法是指国际企业以供货企业的成本(包括实际成本、标准成本或计划成本)为基础,再加上一个固定比率的毛利来确定其转移价格的一种定价方法。

以成本为基础的定价方法基本可以克服以市价为基础定价的不足,而且,还有如下优点。

(1)这种方法以现成的成本数据为基础,应用比较简单,容易常规化,也经得起税务当局的稽核和审查。

(2)有助于各公司重视成本数据的搜集和管理,尤其有利于以降低中间产品成本为目的的纵向一体化战略的实施。

(3)由于成本资料有据可依,从而有助于避免定价的随意性和由此引起的内部摩擦。

当然,以成本为基础的定价方法也存在缺点,主要包括以下几个方面。

(1)按实际成本出售产品或劳务不能促进销售单位控制其生产成本。因为生产的低效可以以抬高价格的形式转移给购买单位。

(2)以成本为基础的方法过于强调历史成本,忽视竞争性的供需关系。这种方法既限制了各销售单位的出售权,使之失去对外销售的获利机会;又限制了各购买单位的购买权,阻止了它们从企业外部市场上取得价廉物美的资源的机会。

(3)成本的确定存在争议。目前,各国的成本会计概念有差异,成本核算的内容和范围也不尽相同。有时,在不同的国家或地区即使生产和销售同样的产品,其成本也缺乏可比性。这就使得成本的确定更加复杂,不易被不同国家或地区的企业和税务当局认可,使该方法的应用受到限制。

三、以公平原则为基础的定价方法

世界各国的税务当局已经创立了一套复杂的转移价格和收益分配的规则作为国家所得税体系的一部分。其中大部分都以公平原则为基础,把公司内部交易看作非关联方在竞争性市场上的交易来定价。OECD认定了确定公平交易价格的几种主要方法,这些方法与美国《国内税收法案》的规定相似。我国 2007 年底公布,自 2008 年 1 月 1 日起施行的《中华人民共和国企业所得税法实施条例》规定,转移定价方法主要有可比非受控价格法、再销售价格法、成本加成法、交易净利润法、利润分割法和其他符合独立交易原则的方法。我国国家税务总局于 2009 年 1 月 8 日在国税发〔2009〕2 号文件中正式印发《特别纳税调整实施办法(试行)》,其中第四章主要对五种转移定价方法及其运用做了说明。

遵循独立交易原则,选用合理的转移定价方法,应进行可比性分析。可比性分析因素主要包括以下五个方面。

(1)交易资产或劳务的特性。这主要包括有形资产的物理特性、质量、数量等,劳务的性质和范围,无形资产的类型、交易形式、期限、范围、预期收益等。

(2)交易各方功能和风险。功能主要包括研发、设计,采购,加工、装配、制造,存货管理、分销、售后服务、广告,运输、仓储,融资,财务、会计、法律及人力资源管理等,在比较功能时,应关注企业为发挥功能所使用资产的相似程度;风险主要包括研发风险,采购风险,生产风险,分销风险,市场推广风险,管理及财务风险等。

(3)合同条款。合同条款主要包括交易标的,交易数量、价格,收付款方式和条件,交货条件,售后服务范围和条件,提供附加劳务的约定,变更、修改合同内容的权利,合同有效期,终止或续签合同的权利。

(4)经济环境。经济环境主要包括行业概况、地理区域、市场规模、市场层级、市场占有率、市场竞争程度、消费者购买力、产品或劳务可替代性、生产要素价格、运输成本、政府管制等。

(5)经营策略。经营策略主要包括创新和开发策略、多元化经营策略、风险规避策略、市场占有策略等。

下面介绍几种以公平原则为基础的定价方法。

1. 可比非受控价格法

可比非受控价格法是以非关联方之间进行的与关联交易相同或类似业务活动所收取的价格作为关联交易的公平成交价格的一种方法。

可比性分析应特别考察关联交易与非关联交易在交易资产或劳务的特性、合同条款及经济环境上的差异,按照不同交易类型具体包括如下内容。

1)有形资产的购销或转让

(1)购销或转让过程,包括交易的时间与地点、交货条件、交货手续、支付条件、交易数量、售后服务的时间和地点等。

(2)购销或转让环节,包括出厂环节、批发环节、零售环节、出口环节等。

(3)购销或转让货物,包括品名、品牌、规格、型号、性能、结构、外形、包装等。

(4)购销或转让环境,包括民族风俗、消费者偏好、政局稳定程度以及财政、税收、外汇政策等。

2）有形资产的使用

（1）资产的性能、规格、型号、结构、类型、折旧方法。

（2）提供使用权的时间、期限、地点。

（3）资产所有者对资产的投资支出、维修费用等。

3）无形资产的转让和使用

（1）无形资产类别、用途、适用行业、预期收益。

（2）无形资产的开发投资、转让条件、独占程度、受有关国家法律保护的程度及期限、受让成本和费用、功能风险情况、可替代性等。

4）融通资金

融资的金额、币种、期限、担保、融资人的资信、还款方式、计息方法等。

5）提供劳务

劳务的业务性质、技术要求、专业水准、承担责任、付款条件和方式、直接和间接成本等。

可比非受控价格法可以适用于所有类型的关联交易。该方法在理论上最容易应用,在实务中却不然。它对可比性的要求最高,应特别考察的因素也最多。在具体分析时,应根据上述不同的关联交易类型逐条考察,如存在重大差异,应就该差异对价格的影响进行合理调整。当然在质量、数量、商标、品牌甚至市场的经济水平等方面的差别直接对比常常很困难,对于无法合理调整的,应根据规定选择其他合理的转移定价方法。

2. 再销售价格法

再销售价格法是以关联方购进商品再销售给非关联方的价格减去可比非关联交易毛利后的金额作为关联方购进商品的公平成交价格的一种方法。

其计算公式如下：

$$公平成交价格＝再销售给非关联方的价格\times(1－可比非关联交易毛利率)$$

$$可比非关联交易毛利率＝\frac{可比非关联交易毛利}{可比非关联交易收入净额}\times100\%$$

可比性分析应特别考察关联交易与非关联交易在功能、风险及合同条款上的差异以及影响毛利率的其他因素,具体包括销售、广告及服务功能,存货风险,机器、设备的价值及使用年限,无形资产的使用及价值,批发或零售环节,商业经验,会计处理及管理效率等。

关联交易与非关联交易之间在以上方面存在重大差异的,应就该差异对毛利率的影响进行合理调整,无法合理调整的,应根据规定选择其他合理的转移定价方法。

再销售价格法通常适用于再销售者未对商品进行改变外形、性能、结构或更换商标等实质性增值加工的简单加工或单纯购销业务。

3. 成本加成法

成本加成法是一种以关联交易发生的合理成本加上可比非关联交易毛利作为关联交易的公平成交价格的方法。

其计算公式如下：

公平成交价格＝关联交易的合理成本×(1＋可比非关联交易成本加成率)

$$可比非关联交易成本加成率 = \frac{可比非关联交易毛利}{可比非关联交易成本} \times 100\%$$

可比性分析应特别考察关联交易与非关联交易在功能、风险及合同条款上的差异以及影响成本加成率的其他因素，具体包括制造、加工、安装及测试功能，市场及汇兑风险，机器、设备的价值及使用年限，无形资产的使用及价值，商业经验，会计处理及管理效率等。

关联交易与非关联交易之间在以上方面存在重大差异的，应就该差异对成本加成率的影响进行合理调整，无法合理调整的，应根据规定选择其他合理的转移定价方法。

成本加成法通常适用于有形资产的购销、转让和使用，劳务提供或资金融通的关联交易。

4. 交易净利润法

一般认为，处于相似地位的纳税人在适当的期间赚取的回报也相似。关联方交易产生的公司内部利润应当与处于相似的环境下从事类似业务活动的非关联方之间交易而产生的利润可比。

交易净利润法是以可比非关联交易的利润率指标确定关联交易的净利润的方法。利润率指标主要包括资产收益率、销售利润率等。

可比性分析应特别考察关联交易与非关联交易之间在功能、风险及经济环境上的差异以及影响营业利润的其他因素，具体包括执行的功能、承担的风险和使用的资产，行业和市场情况，经营规模，经济周期和产品生命周期，成本、费用、所得和资产在各交易间的分摊，会计处理及经营管理效率等。

关联交易与非关联交易之间在以上方面存在重大差异的，应就该差异对营业利润的影响进行合理调整，无法合理调整的，应根据规定选择其他合理的转移定价方法。

交易净利润法通常适用于有形资产的购销、转让和使用，无形资产的转让和使用以及劳务提供等关联交易。

5. 利润分割法

利润分割法是根据企业与其关联方对关联交易合并利润的贡献计算各自应该分配的利润额的一种方法。利润分割法分为一般利润分割法和剩余利润分割法。

一般利润分割法根据关联交易各参与方所执行的功能、承担的风险以及使用的资产，确定各自应取得的利润。

剩余利润分割法将关联交易各参与方的合并利润减去分配给各方的常规利润的余额作为剩余利润，再根据各方对剩余利润的贡献程度进行分配。

可比性分析应特别考察交易各方执行的功能、承担的风险和使用的资产,成本、费用、所得和资产在各交易方之间的分摊,会计处理,确定交易各方对剩余利润贡献所使用信息和假设条件的可靠性等。如果存在重大差异,应就该差异对利润的影响进行合理调整,无法合理调整的,应根据规定选择其他合理的转移定价方法。

利润分割法主要用于评估在紧密关联的多项交易中各关联方应获得的利润份额是否相对符合独立交易原则。使用该方法的关键是能够取得各关联方从事关联交易所获得的合并利润,以及基于独立交易原则的利润分割比例或收益水平。

利润分割法通常适用于各参与方关联交易高度整合且难以单独评估各方交易结果的情况,或者关联交易中含有高价值无形资产的情况。

6. 可比非受控交易法

可比非受控交易法适用于无形资产的转移。此法参照转让相同或相似的无形资产的非受控交易法确定基准的特许权使用费。如同前面已经提到的可比非受控价格法一样,这种方法依赖于市场的可比因素。

7. 其他定价方法

因为现有的几种定价方法不能在任何相关环境下都适用,如果别的方法能更精确地计算公平交易价格,也可批准使用。这里我们引用OECD的一段陈述:我们应承认在很多情况下不能准确地制定正常交易价格。在这些情况下,有必要寻求一个合理的近似值。根据现有的材料,参照几种方法,利用可取得的根据求出满意的正常交易价格的近似值,这种做法经常是奏效的。

美国《国内税收法案》规定了几种最佳方法,要求纳税人根据自己所处情形中的事实和环境选择一种最佳的转移定价方法。阿根廷也有类似最佳方法的规定。还有一些国家(如墨西哥)没有对转移定价方法进行任何优先选择。

大多数有转移定价法规的国家都优先选择以交易为基础的定价方法,即可比非受控价格法、再销售价格法、成本加成法和可比非受控交易法等;而不是以利润为基础的定价方法,如交易净利润法和利润分割法。这些国家主要有比利时、法国、德国、荷兰、南非和英国等。OECD指导方针认为应当选择一种合理的定价方法,同时认为应当优先选择以交易为基础的定价方法,而不是以利润为基础的定价方法。

另外,由于国际企业并不是总能得到一个精确的公平交易价格。所以,用文件记录所使用的转移价格和相关的理论依据非常重要,遇到相关国家税务当局质疑时,便于解释清楚。

四、交易自主的定价方法

采用交易自主的定价方法,是将每个利润中心都视为一个独立经营的企业或单位,它们可以在交易时自主定价。这种定价方法有利于国际企业的分权化经营,使各子公司经理人员的责任和权利相对称,可以较好地调动他们的工作积极性和主动性,也有利于国际企业管理当局对各子公司进行业绩评价和奖惩。但是,由于交易是自愿的,各子公司都有自己独立的利益取向,子公司个体的利益最优化并非等于国际企业整体利益的最大化。因此,这种定价方法不利于国际企业实现全球战略目标和整体利益最大化。

五、双重定价法

双重定价法是指国际企业管理当局对购买利润中心采取以完全成本为基础的定价方法,而对销售利润中心采取以市场价格为基础的定价方法。这种双重标准的定价方法,不会产生以成本为基础的定价方法下销售中心既作为成本中心又作为利润中心的矛盾,也消除了以市价为基础的定价方法下购买利润中心不愿意内购的隐患。这种定价方法不会改变各利润中心的职权,却减少了他们的责任。因为它与以成本为基础的定价方法不同,购买利润中心不需要对购进的中间产品赚取的利润负责;也与以市价为基础的定价方法不同,销售利润中心也不需要对销售的中间产品的全部盈利负责。由此可见,双重定价法既有利于国际企业纵向一体化战略的实施,又可使各利润中心避免内部交易带来的困扰。

当然,双重定价法也存在缺陷,如存在利润重复计算的问题,而且这个问题随着内部交易的增加而日益突出。在这种定价方法下,国际企业的整体收益小于各利润中心的收益之和。有时,国际企业整体表现为亏损,各利润中心却显示出盈利,从而导致责任无人承担或责任不清的问题。所以,采取双重定价法时,要考虑国际企业的实际情况,结合其他方法使用。举例说明如下。

【例 8-2】 某国际企业下设一个销售利润中心和一个购买利润中心。销售利润中心的产品单位成本为 200 英镑/件,一个时期内的间接费用为 120 000 英镑;其 4 000 件产量中的 1 000 件用于外销,市价为 300 英镑/件,另外 3 000 件则用于内销。购买利润中心对购进的 3 000 件产品进行加工,追加成本为 250 英镑/件,其间接费用为 100 000 英镑。购买利润中心加工后的产品售价为 500 英镑/件。分别以成本为基础制定内部转移价格,并编制销售利润中心、购买利润中心以及国际企业整体的合并收益计算表,如表 8-3 所示;以市价为基础制定内部转移价格,编制销售利润中心、购买利润中心以及国际企业整体的合并收益计算表,如表 8-4 所示;采用双重定价法制定内部转移价格,编制销售利润中心、购买利润中心以及企业整体的合并收益计算表,如表 8-5 所示。

表 8-3　以成本为基础定价的有关收益计算表（英镑）

项目	销售利润中心	购买利润中心	企业整体
销售收入	外：300×1 000＝300 000 内：200×3 000＝600 000	500×3 000＝1 500 000	1 800 000
直接成本	200×4 000＝800 000	内购：200×3 000＝600 000 追加：250×3 000＝750 000	1 550 000
间接费用	120 000	100 000	220 000
收益	－20 000	50 000	30 000

表 8-4　以市价为基础定价的有关收益计算表（英镑）

项目	销售利润中心	购买利润中心	企业整体
销售收入	外：300×1 000＝300 000 内：300×3 000＝900 000	500×3 000＝1 500 000	1 800 000
直接成本	200×4 000＝800 000	内购：300×3 000＝900 000 追加：250×3 000＝750 000	1 550 000
间接费用	120 000	100 000	220 000
收益	280 000	－250 000	30 000

表 8-5　双重定价法下的有关收益计算表（英镑）

项目	销售利润中心	购买利润中心	企业整体
销售收入	外：300×1 000＝300 000 内：300×3 000＝900 000	500×3 000＝1 500 000	1 800 000
直接成本	200×4 000＝800 000	内购：200×3000＝600 000 追加：250×3 000＝750 000	1 550 000
间接成本	120 000	100 000	220 000
收益	280 000	50 000	30 000

从以上计算我们可以看到：以成本为基础制定内部转移价格，销售利润中心亏损 2 万英镑，购买利润中心盈利 5 万英镑，国际企业整体的合并收益为 3 万英镑；以市价为基础制定内部转移价格，销售利润中心盈利 28 万英镑，购买利润中心亏损 25 万英镑，国际企业整体的合并收益为 3 万英镑；而采用双重定价法制定内部转移价格，销售利润中心盈利 28 万英镑，购买利润中心盈利 5 万英镑，国际企业整体的合并收益仍然只有 3 万英镑。很明显，采用双重定价法制定内部转移价格，使各子公司重复计算了利润。

六、预约定价制

预约定价制也称预先定价协议(advanced pricing arrangement,APA),是近年来国际上兴起的用以解决跨国关联企业间转移定价问题的一项制度。它是指跨国纳税人事先将其和境外关联企业之间的内部交易与收支往来所涉及的转移定价方法,向税务机关申请报告,经纳税人、关联企业、税务机关的充分磋商,预先确定受控交易所适用的标准(如方法、可比的合适调整、对未来事件的关键性假设等)共同签署的一项协议。

预约定价制1987年4月最先由日本提出,美国于1991年初正式实行。自美国正式实行预约定价制以来,日本、加拿大、墨西哥、澳大利亚、德国、荷兰、韩国等国家相继都实行了预约定价制,OECD对预约定价制也很推崇,于1999年专门制定了预约定价指南,明确规定了预约定价制的基本原则、基本内容和基本程序。我国在2007年颁布的《中华人民共和国企业所得税法》中规定了税务机关针对各种避税行为而进行特定纳税事项所做的调整,明确肯定预约定价安排可以作为转移定价调整的重要方法,即企业可以向主管税务机关提出与其关联方之间业务往来的定价原则和计算方法,主管税务机关与企业协商确认后,达成预约定价安排。

预约定价协议包括单边、双边和多边等形式。所谓单边APA是指仅在纳税人与本国税务机关之间达成的有关转移定价方法的协议。如果协议是在纳税人、本国税务机关及国外税务机关(纳税人关联企业所在国的税务机关)之间达成的,则属于双边APA。而当协议是在纳税人、本国税务机关及多个国外税务机关之间达成时,则属于多边APA。

APA最明显的优点是税务机关把对关联企业转移定价的事后审计改变为事前审计,对保护纳税人的合法经营和税务机关的依法征税都有好处。APA与传统的转移定价税制相比,有许多优点,具体表现在:①APA使得事后调整改为事前规范,对公司采用的转移定价预先做出规定,能较好解决转移定价的滥用问题,有效保护相关国家的税收利益。②APA对转移定价方法事先予以明确,对征纳双方皆具有约束力,从而降低了转移定价处理中的不确定性。③APA通过事先与税务机关达成预约定价协议避免转移定价事后调整所带来的处罚,更好地保护纳税人的权益。④APA避免双重征税或双重不征税,特别是有助于同时解决几个国家的转移定价问题。⑤APA有利于保护纳税人的合法经营,同时减少征纳纷争,以避免税收对经济的干扰。⑥APA有利于提高工作效率,降低征纳双方的管理成本。

当然,APA也有缺点,主要体现在对签订协议企业的不利影响方面:①迫使企业披露敏感性机密信息。企业提出预约定价申请,需要提交大量资料,这些通常是企业比较敏感的信息,一旦泄露给竞争对手,将给企业造成难以估计的损失。②在调整转移定价策略方面缺乏弹性。采用预约定价制以后,企业在调整转移定价策略方面将受到协议的限制。③要提交大量文件并成立由多种专业人士组成的专门管理机构。④遵循和应用预约定价协议较为复杂,费时费力。APA评审程序多且适用范围窄。在美国,完成一件APA协议的平均时间为25个月,而在其他国家时间可能更长。⑤APA只有在双边或多边协议中方显优势。这些缺点的存在,使预约定价制的应用受到很大限制。尽管如此,预约定价制仍不失为一种新型的对转移定价进行税务规范的有效方法。

◇ **知识活页**

二维码 8-1

拓展阅读:国家税务总局《关于完善预约定价安排管理有关事项的公告》

◇ **知识活页**

二维码 8-2

拓展阅读:国家税务总局《关于单边预约定价安排适用简易程序有关事项的公告》

七、国际转移价格制定方法的影响因素

目前,国际转移价格的应用比较广泛,其表现出的特点是:①转移价格在国际上的应用规模大于国内的规模;②影响国际转移价格的国际因素多于某国国内的因素;③国际转移价格应用因公司、行业和国家而异;④国际转移价格会影响跨国经营实体甚至是国家之间的社会、经济和政治关系。

虽然国际转移价格的制定方法比较多,但转移价格的确定基础只有两个,即成本基础与市价基础。国际企业在选择转移价格的确定基础时,会受到很多因素的影响,主要有以下几个方面。

 1. 国际企业分权程度

国际企业分权程度不同,母公司和子公司参与转移价格决策的程度就不同。在分权模式中,子公司对制定转移价格和参考企业以外可供选用的方法有高度自主权,此时以市价为基础的定价较为合适。

2. 国际企业各子公司间相互的依赖性

各子公司间关联度高,如采取纵向一体化战略,则其转移价格趋于成本基础。

3. 国际企业规模

一般地,国际企业规模越大,越难于集权控制,趋向于分权管理,这样选择以市价为基础的定价就越多。有研究表明,公司规模与以市价为基础的定价方法的选择呈正相关,即公司规模越大,越趋向于选择以市价为基础的定价方法。

4. 国际企业外部环境因素

国际企业外部环境因素也会影响国际转移价格制定方法的选择。例如,当东道国转移价格控制严密时,国际企业为了使转移价格较易作为公平交易价格被税务机关接受,一般采用以市价为基础的定价方法。

另外,转移定价方法的选择还受到税务筹划、业绩评价、规避风险及企业经营战略的影响。总之,国际企业应该从自身战略目标出发,充分考虑企业的成长性、竞争地位及所处的内外部环境,选取适当的转移定价方法,最大限度地实现企业目标。

> **本章小结**
>
> 国际转移价格是国际企业管理当局为实现总体经营战略目标,谋求其整体利益最大化,而在公司内部各关联企业或子公司之间制定的相互购销产品、提供劳务、转让无形资产和提供资金时,确定的内部交易价格。
>
> 国际转移价格广泛运用于国际企业内部有形资产的购销、内部无形资产的转让、内部服务与劳务的提供、内部财产租赁以及内部资金融通等。
>
> 国际转移价格在其目标指导下,可以发挥内部核算与业绩评价功能、利润调节功能、税盾功能、营运资金优化管理功能、风险规避功能以及战略导向功能。
>
> 国际转移价格制定的基本方法主要有以市价为基础的定价方法、以成本为基础的定价方法、以公平原则为基础的定价方法、交易自主的定价方法、双重定价法和预约定价制等。国际企业在选择转移价格的确定基础时,会受到很多因素的影响,如国际企业分权程度、各子公司间相互的依赖性、国际企业规模以及国际企业外部环境因素等。另外,转移定价方法的选择还受到税务筹划、业绩评价、规避风险及企业经营战略的影响。

◇ **思考与练习**

一、思考题

1. 什么是国际转移价格？简略谈谈它的演变过程。
2. 根据你的了解，简述影响国际转移价格实施的内外部因素有哪些。
3. 你认为国际企业利用国际转移价格可以发挥哪些功能？
4. 什么是以市价为基础的定价方法？试分析以市价为基础的定价方法的优点与局限性。
5. 什么是以成本为基础的定价方法？试分析以成本为基础的定价方法的优点与局限性。
6. 请分析哪些因素会影响国际转移价格制定方法的选择。

二、练习题

德国某跨国公司下设一个销售利润中心和一个购买利润中心。销售利润中心的产品单位成本为 300 欧元/件，一个时期内的间接费用为 210 000 欧元，产量为 6 000 件。产品有 2 000 件用于外销，4 000 件用于内销，市价为 400 欧元/件。购买利润中心对购进的 4 000 件产品进行加工，追加成本为 200 欧元/件，其间接费用为 250 000 欧元。购买利润中心加工后的产品售价为 600 欧元/件。

要求：

（1）以成本为基础制定内部转移价格，编制销售利润中心、购买利润中心以及企业整体的合并收益计算表。

（2）以市价为基础制定内部转移价格，编制销售利润中心、购买利润中心以及企业整体的合并收益计算表。

（3）采用双重定价法制定内部转移价格，编制销售利润中心、购买利润中心以及企业整体的合并收益计算表；并做简要说明。

三、案例分析题

曾有一则报道，改革开放以来，我国引进外资工作取得了举世瞩目的成绩，截至 1994 年 9 月底，中国批准的外商投资企业已达 21.9 万家，外商实际投入达 845 亿美元，但在中国"三资"企业健康发展的同时，也出现了令人担忧的问题，利润到哪儿去了？据有关部门不完全统计，我国"三资"企业 1992 年亏损额达 70 亿元人民币，是 1990 年的两倍。1990—1992 年累计亏损达 162 亿元人民币，而 1993—1994 年，亏损面仍然在扩大，有些企业的亏损额超过了注册资本，已资不抵债。国家税务总局根据企业所得税清缴汇总资料统计，1992 年外商投资企业亏损面为 54.07%，1994 年为 63.28%，1995 年高达 70.29%，有些省份甚至高达 80%～90%。然而，这些企业不但不破产，反而还连年扩大经营规模。广东某合资企业成立以后，每年均报亏损，三年内累计亏损 92 万元人民币，同时三年内累计增资 300 万美元。

根据你所学的知识分析：

（1）这则报道反映出什么问题？

（2）你认为这些外资企业转移利润的主要手段是什么？具体可能有怎样的操作？

（3）运用你所学的知识提出上述问题应对措施的建议。

◇ **在线答题**

二维码 8-3
第八章
自测题

第九章 国际税收

学习目标

1. **知识目标**：了解国际税收的含义、产生和发展的过程、研究范围、基本原则；掌握国际重复征税的产生原因和减免方法；熟悉国际纳税筹划的主要方式。
2. **能力目标**：了解国际税收协定的内容以及国际税收协定在协调国际税收过程中的作用。
3. **情感目标**：通过学习，了解国家有关方针政策，培养学生在跨国经济行为中具备遵纪守法、诚实守信的道德品质。

本章导读

国际税收是国际经济交流发展的产物。随着经济全球化的日益加强，国际经贸往来日益增多，纳税人收入的国际化问题日益突出，如何妥善解决国与国之间财权利益关系的矛盾，对跨国经济贸易具有重要意义。本章将对跨国公司的国际税收问题进行全面的阐述。

导入案例

莱希德公司滥用税收协定避税

美国国内税法规定，对汇出境外的股息、利息等所得须征收20%的预提税；法国税法则规定对汇出境外的股息、利息等所得征收30%的预提税。为协调美、法两国税收利益，两国签订税收协定，规定发生在两国之间的同类所得只征收5%的预提税。今有德国莱希德公司贷款给美国克林娜公司，每年克林娜公司须向莱希德支付200万美元的利息。为减轻预提税负，莱希德公司在法国租用一个邮箱，冒充法国居民，使利息的预提税税率由20%降为5%。

这是利用邮箱方式滥用税收协定避税的一种方式,按莱希德公司在两国的正常身份,200万美元利息应预提税40万美元;冒充法国居民后,仅负担预提税10万美元。这个案例反映了企业对税收协定的滥用。因此有必要对国际税收管理进行深入研究。

思考:你觉得企业应如何正确面对国际税收问题?

■ 资料来源:乐税网,参见 https://www.leshui365.com/c49969/share/wz1002998.html。

知识活页

拓展阅读:《我国国际税收合作广度和深度不断拓展》

第一节 国际税收概述

纳税是企业一项重要的财务支出,与企业的盈利直接相关。因此,企业纳税管理是财务管理中的一项重要内容。在当今全球化浪潮的影响下,伴随着商品、资本、人员、劳务等经济要素的国际化,税收关系也不再局限于一国境内。国际税收管理就成为跨国公司、国际贸易公司和国际资本流动应研究的重要课题。

一、国际税收的含义、特点和对象

(一)国际税收的含义

国际税收是指两个或两个以上的主权国家基于各自的课税主权,在对跨国纳税人分别进行课税时形成的征纳关系中所发生的国家之间对税收的分配关系。

（二）国际税收的特点

（1）国际税收不能脱离国家税收而单独存在，也不能脱离跨国纳税人这个关键因素。国际税收没有自己的独立于国家税收的征收者和缴纳者，只能依附于国家税收，且其所依附于国家税收的缴纳者必须是跨国纳税人。离开了跨国纳税人，国际税收也就无从发生。

（2）国际税收表现为各个国家与跨国纳税人之间的税收征纳关系，或者说是各国涉外税收征纳关系。没有有关国家对其管辖范围内的纳税人课税，就不会产生国际税收活动，也就不会产生国家之间的税收分配关系。国际税收涉及的纳税人是跨国纳税人。纳税人的活动跨越国界，同时向两个或两个以上的国家纳税的行为，才使相关国家间产生税收分配关系。

（3）国际税收还表现为国家之间的税收分配关系。国际税收引起的国家之间的税收关系，表现为国家之间的财权利益关系。"你征"还是"我征"或互相给予税收优惠，这不可能由一国政府单独解决，必须要有国际协调和合作。除此之外，国际税收不仅表现为经济意义上单一的税收征收管理，更重要的是体现在政治层面上的对国际政治的影响。具体来说，一国税收政策变动的影响常常会超出国界的范围，引起另一国采取相应行动，从而引起国家之间的税收分配关系发生变化，并有可能对其他国家造成有害的外部影响。

（三）国际税收的对象

国际税收的对象也就是国际税收涉及的纳税人，是指负有跨国纳税义务的自然人和法人。国际税收涉及的负有纳税义务的自然人，一般包括从事国际活动的所有个人，按照其法律范围，可以分为个人居民和个人非居民。个人居民是指按照一国法律，由于居所、居住时间、注册登记地或管理机构所在地，或其他类似标准，在该国负有全面纳税义务的人。个人非居民指不符合该国居民身份，但在该国负有有限纳税义务的人。所谓法人，一般指依照有关国家法律成立的、有必要的财产和组织机构、独立享有民事权利和承担民事义务的社会组织、公司、社团等。国际税收涉及的负有纳税义务的法人，一般包括从事跨国经营活动的所有公司和企业。

二、国际税收的产生和发展

税收分配关系源于社会物质生活条件。国际税收的形成，是国际税收分配关系发生的必然结果。因此，了解有关国际税收产生和发展的历史背景，有助于我们更好地理解国际税收的含义及特征。

（一）国际税收的产生

国际税收是随着经济全球化趋势的形成而产生和发展起来的。其形成是基于以下两个客观条件。

第一，国际经济交往的发展与纳税人收入的国际化是国际税收形成的经济前提。国际税收既是一个经济范畴，又是一个历史范畴，它不是从来就有的，而是历史发展到一定阶段的产物。在古代奴隶制社会和中世纪封建社会时期，各国的经济结构是以农业生产的自然经济占主导地位，社会生产交换基本上是在一国境内进行的。尽管国家之间也时有商品贸易现象发生，但这一时期的国家之间的商品贸易对各国的经济并不具有重要的影响。在这种基本封闭的社会经济条件下，国家征税的主要对象只限于纳税人在本国境内的农产品、手工业品、某些特定的财产或发生在本国境内的商品流转额。因此，基于这样的客观经济条件下的征纳关系，实质上是作为征税主体的国家和其管辖下的纳税人之间的经济利益分配关系，被严格地局限在一个国家的地域范围之内，并没有涉及其他国家的经济利益。这个时期的税收不会引起国际税收的分配关系，不具有国际税收的含义。

随着社会生产力的发展，人类社会由封建社会发展到资本主义社会。资本主义社会的经济是商品经济，是为交换而生产，对市场的依赖性极大。随着资本主义生产的发展，商品流通范围从国内市场扩展到国外市场，对商品的课税遂取代了在自然经济条件下对农业收获物等的课税。商品课税按照一般的惯例，只能由商品交易行为发生的所在国进行课征，其他国家无权征税，因此，也就不会发生跨国重叠征税的问题。国家对进出国境的商品货物征收关税，是出于维护各自在国际市场上的地位，彼此订立了许多双边或多边的贸易关税条约和协定。这一时期的关税虽然已经包含着某些涉外因素，如征税对象可能是外国货物或纳税人可能是外国人，但性质上仍属于一种纯粹在一国境内发生的税收分配关系。各国只能在各自的国境内征收关税，国家的税收管辖权并没有越出国境，从而也不会引起跨国重叠征税的问题。所以，商品课税和关税一般不会引起国家之间的财权利益矛盾，当时各国所关注的关税等流转税的国际关系问题，还不是我们所说的国际税收分配关系。

19世纪70年代以后，自由资本主义向垄断资本主义逐步过渡，至19世纪末20世纪初，世界历史进入垄断资本主义时代。资本输出是垄断资本主义的特征，垄断资本家为了争夺市场，在继续输出商品的同时，越来越多地把生产资本输出国外，在国外开办或收买企业，进行生产或从事其他经营活动，以便避开各国的关税壁垒和其他贸易壁垒，占领国际市场，继续保持着获取超额利润的有利地位。资本输出使得生产经营跨出了国界，出现了企业跨国投资经营，国际融资，以及科技、资金和人员的国际移动等跨国经济活动。

跨国经济活动必然带来纳税人收入的国际化。投资者通过跨国投资经营获得了丰厚的投资经营利润；金融家通过国际贷款在投入国获得巨额利息；大批受雇的外籍职员、技术人员和劳工将在东道国获得工资、津贴和劳务报酬等汇回本国。跨国纳税人在国内和国外同时拥有收入会面临着对多个国家纳税的问题，而有关国家由于某些概念不同，产生了对跨国纳税人的重叠征税问题，进而导致有关国家之间税收权益的分配关系问题。

从以上分析可以看出,国际税收是国际经济交流发展的产物,纳税人收入的国际化是国际税收形成的经济前提。

第二,所得税的普遍实施、对跨国所得重叠征税是国际税收形成的直接动因。税收一般分为三大类,即对所得的课税、对商品的课税和对财产的课税。一个主权国家采取何种税收体系,不是凭主观想象所能决定的,而是受一定社会经济条件制约的。从历史上考虑,人类税收制度的发展经历了一个曲折的过程,国际税收的形成与之密切相关。

在古代奴隶制社会和中世纪封建社会时期,社会生产力的发展比较迟缓,各国的经济基本上是自给自足性质的封闭式经济,税收只能采取土地税、人头税等简单的直接税形式,以满足国家对财政收入的需要。这种古老的直接税的征税形式特点,使它不可能形成跨国的纳税人和跨国的征税对象,从而也就不可能发生由此而引起的国际税收分配关系。

随着人类社会从封建社会进入资本主义社会,商品生产迅速发展,商品交换日益扩大,并出现国家之间的商品流通,以商品流转额为征税对象的间接税,便代替了以农业生产者的收获物为征税对象的直接税。许多国家开征了货物税、销售税、关税等,形成了主要以商品流转额为征税对象的税收体系。对商品流转额的课税一般在商品交易发生之时,在交易的发生地点课征。纳税义务的发生地点明确,不易引起交易双方所在国之间的财权利益矛盾。因此,对商品流转额征收的间接税体系,虽然已经介入了国际领域,但还不是国际税收的内容。

18世纪末,英国首创所得税。到20世纪初,纳税人收入的国际化现象日益普遍,所得税已在世界上大多数国家得到推行,并在一些主要资本主义国家代替间接税而成为主要的税类。当一个主权国家依据其所制定的所得税法对纳税人的跨国所得进行征税时,这种所得税法就具有国际性。因此,所得税在国际税收关系中有着许多独特的内容:首先,所得的来源国际化,使其征税权较难确定;其次,所得税的计税依据是应纳税所得额,计算跨国应纳税所得额所需的收入和费用数额往往要由不同国家分担;再次,由于各国实行不同的税收管辖权,对同一跨国纳税人的同一跨国所得往往会发生重复课税;最后,所得税的征收管理复杂,存在各种手段的偷税、逃税和避税,单靠一国的国内税法无法实现有效控管,同时各国的所得税制度差异甚大,国际协调有一定的难度。

由于所得税具有上述国际化的特点,必然带来国与国之间的财权利益关系矛盾,这才促使国际税收的最终形成。

（二）国际税收的发展

国际税收形成于19世纪末20世纪初,距今还不到200年的历史。纵观国际税收的发展,大致可划分为三个阶段。

1. 第一阶段:国际税收的萌芽阶段

1843年,比利时和法国签订了全世界第一个双边税收协定,在此之前国际税收还处于萌芽阶段。在萌芽阶段,所得税已经创立,一些纳税人的经营活动越出国境,国际税收问题也随之出现。但当时纳税人所得的国际化尚未形成一种普遍现象,有关国家之间的财权利益矛盾还是个别的、偶然的,尚未达到十分尖锐的程度。国际税收问题还没有引起世界各国政府的广泛关注。因此,在这个阶段,对国际税收的分配以及国际税收问题的处理,只是从一国国内法的角度单方面规范来实现的。

2. 第二阶段:税收协定的非规范化阶段

随着国际经济交流的不断发展,纳税人所得国际化的广泛出现,从一国国内法的角度,单方面对国家之间的双重征税做出暂时的权宜处理,已经不能适应形势发展的需要。1843年,比利时和法国签订了互换税收情报的双边税收协定,标志着国际税收进入了税收协定的非规范化阶段。有关国家针对这一时期出现的双重征税问题,经过双边或多边谈判,共同签订书面协议,以协调相互之间在处理跨国纳税人征税事务和国家之间的财权利益关系。这种通过签订国际税收协定的办法固然能解决国际税收中的一些问题,并能较好地处理国家之间的财权利益关系,但该时期内所签订的国际税收协定都是根据各自的情况所签订的,在某些概念、定义的理解上,以及协定的内容、格式上都不尽相同,因此还很不规范。

3. 第三阶段:税收协定的规范化阶段

在国际税收的实践中,有关国家不断总结经验,税收协定由单项向综合、由双边向多边发展,逐步实现规范化。真正具有普遍意义并为大多数国家所接受的、规范化的国际税收协定出现于20世纪60年代。从此国际税收活动进入了规范化阶段。20世纪60年代初到70年代末,经过很多专家、学者的努力,世界上产生了两种国际税收协定的范本,即OECD制定的《关于对所得和财产避免双重征税的协定范本》(简称《OECD范本》)和联合国专家小组制定的《关于发达国家与发展中国家间避免双重征税的协定范本》(简称《联合国范本》)。这两个范本提供了国际税收活动共同的规范和准则,基本起到了国际税收公约的作用。各有关国家在处理相互间税收问题时有了可参照的标准和依据。这两个范本的公布标志着国际税收活动在深度和广度及规范化、标准化方面的飞跃,使国际税收的发展向前大大地推进了一步,也标志着国际税收的发展进入了较成熟的阶段。它们作为国际上处理国际税收关系经验的总结,虽然对世界各国并没有任何法律约束力,但对于协调国际税收关系起着重要的指导作用。

综上所述,从国际税收的产生和发展过程来看,国际税收是随着纳税人所得国际化和世界各国普遍采用所得课税以后才逐步形成起来的。

三、国际税收的研究范围

国际税收的研究范围,即涉及国家之间税收分配关系的基本表现方面,主要包括税收管辖权问题和协调征收问题。

税收管辖权是国际税收中的首要的、根本性问题,对税收管辖权的研究是研究国际税收其他问题的基础和起点。各国确立和行使税收管辖权属于国家的内政,但这并不意味着可以无限制地行使税收管辖权。国际社会公认的国家管辖权可依照两个基本原则来确认:一是依照属地原则确立的税收管辖权(又称为有限原则,以本国税境为限),称为地域税收管辖权或收入来源地税收管辖权。其基本含义是国家有权对来源于本国的收入课税,不论这种收入为谁所有。二是依照属人原则确立的税收管辖权(又称为无限原则或世界原则,对本国公民或居民的所有收入有征税权),即一国政府可对本国公民或居民按照本国法律和习惯做法实行管辖。依据上述两条原则,在税收领域产生了以下三种类型的管辖权。

第一,地域税收管辖权。地域税收管辖权(tax jurisdiction over the area)是按照属地原则确立的一种税收管辖权,国家仅对产生于或位于本国境内的课税对象行使课税权。因此,地域税收管辖权又称为从源课税。

第二,公民税收管辖权。公民税收管辖权(tax jurisdiction over citizens)是按照属人原则确立的一种税收管辖权,国家对具有本国国籍或被认定具有本国国籍的公民(包括自然人和法人)产生于或位于世界范围内的课税对象行使课税权。

第三,居民税收管辖权。居民税收管辖权(tax jurisdiction over residents)也是按照属人原则确立的一种税收管辖权,其课税的依据是纳税人具有本国居民身份,国家对于取得本国居民地位或被认定为本国居民的自然人和法人产生于或位于世界范围内的全部课税对象行使课税权。

国际税收首先要研究如何协调有关国家之间行使税收管辖权,避免国际双重征税的发生和扩大。

在协调征收问题方面,要研究有关国家对跨国纳税人的管理方法及跨国征税对象在各自国家的计算、分配和税款征收;有关国家之间交换税收情报的内容和方法,以及防止跨国纳税人进行国际避税的有效政策措施;国际税收协定的适用范围、基本用语、主要内容以及签订原则与程序。

从国际税收政策在全球经济所起的作用来看,国际税收的功能主要包括三个方面:一是收入功能,即保障主权国家的税收收入;二是效率功能,国际税制应该具有财政中性;三是协调功能,包括协调国家之间的税收分配关系和国际税务的管理。目前,各国征收的税种,基本可划分为直接税和间接税两大类,直接税包括所得税、资本利得税、财产税等,间接税包括增值税、消费税、关税等流转税类。

四、国际税收的基本原则

（一）国家税收主权原则

所谓国家税收主权原则，是指在国际税收中一国在决定其实行怎样的涉外税收制度以及如何实行这一制度等方面有完全的自主权，任何人、任何国家和国际组织都应尊重他国的税收主权。

国家税收主权原则的一个重要表现是涉外税收的立法。一个国家可以自主地制定本国的涉外税法，包括税收管辖的确定，税基与税率的确定，以及避免双重征税、防止避税与逃税的措施的确定等。任何一个国家不能要求他国必须实行某种涉外税收法律制度。在国际税法领域，不存在对国家税收管辖权产生限制的法律，也不存在对国家税收主权其他方面产生影响的法律，国际税法被理解为特定国家税法的国际方面。国际税法都是国家立法的产物，而不是来自主权国家的习惯，也不是来自国际组织的立法。国际税收协定虽然对缔约国有约束力，但如不经国内立法，则不对纳税人产生任何效力。

国家税收主权的存在，导致了各国在税收立法方面各行其是，使各国税收法律制度之间存在诸多重大差异。例如，在税收管辖权方面，有的国家只实行来源地税收管辖权，有的国家同时实行来源地税收管辖权和居民税收管辖权，还有的国家同时实行三种税收管辖权，即来源地税收管辖权、居民税收管辖权和公民税收管辖权。又如，在解决国际双重征税方面，有的国家对外国来源所得实行免税制，而有的国家只对来源国根据来源地税收管辖权而收取的税额进行抵免；在实行抵免制的国家，有的实行饶让抵免，有的则不实行饶让抵免；等等。而且即使在产生双重征税的情况下，一国是否要采取措施对其进行消除，也完全取决于本国的法律规定。税收协定也不要求一国必须采取措施以消除双重征税。总之，各国究竟实行怎样的税收法律制度，对什么人进行征税、征什么税，以及实行怎样的税率等，国际上并不存在具有约束力的统一法律规范或标准，完全由各国根据本国经济发展的需要而定。

国际税收协定也是各国根据本国税法在互惠基础上达成的，因此，它们在诸多重要内容上都存在一定差异，比如常设机构的范围、居民的定义、预提税率的高低等。这些差异都充分地体现了国家税收主权原则。

在国际税法的执法与守法方面，也充分体现了国家税收主权原则。一国在执行本国税法方面，不受他人或他国的干涉，也不受任何国际组织的干涉。纳税人既要遵守居住国的税收法律制度，服从居住国的居民税收管辖，又要遵守来源国的税收法律制度，服从来源国的来源地税收管辖。一国税收管辖权的行使不受他国税收管辖权的影响。

此外，在国际税收争议的解决方面，国家税收主权原则也得到了充分体现。比如，一国所做出的税收裁决，并不能在另一国得到必然执行。再比如，在涉及关联企业转移定价的相应调整时，协定一般只是规定"如有必要，缔约国双方主管部门应相互协商"，但并不要求该协商一定要达成一个解决双重征税的协议。在相互协商程序中,协定一般也只是规定应"设法相互协商解决"等,而没有强制要求。在国际贸易和国际投资等领域,一般都有一个专门解决有关争议的机构,如世界贸易组织(WTO)的争端解决机构(DSB)和华盛顿公约的解决投资争端国际中心(ICSID)等。这些机构所做出的决定,对有关国家一般都具有一定的约束力。但在国际税收领域,就不存在任何类似的组织或机构。如果两国之间产生了税务纠纷,这两个国家只能通过相互协商的途径进行解决,即使协商不成也别无他途。总之,在国际税收争议中,就是存在双重征税,一国也不能被要求放弃其征税权。

国家税收主权原则是国际经济法经济主权原则在国际税法领域里的具体运用。但它与国际经济法其他法律部门的主权原则又有所不同。在世界经济一体化的今天,任何国家在其他国际经济活动方面的主权都或多或少地受到某些限制,或者在国际经济合作的过程中,都普遍做了或多或少的让步。比如,在国际贸易领域,各国所采取的关税和非关税措施,对外国产品的待遇等,都受到了WTO的严格约束。在国际投资或国际金融领域也都有类似的情形。但在国际税法领域,这种情形却鲜有存在。国民待遇和最惠国待遇是当今国际经济领域,尤其是国际贸易领域里的两个基本原则。而这两种待遇从一定意义上说都是对国家经济主权的某种削弱,或者说是国家在国际经济合作中对经济主权权力的一种让与。但在国际税法领域,无论是国民待遇还是最惠国待遇都不构成一项原则。税收协定中"无差别"条款的否定表达方式,也不能成为国民待遇作为一项原则存在的依据,而且有些国家对"无差别"条款有提出保留。

(二)国际税收分配公平原则

国际税收分配公平是指主权国家在其税收管辖权相互独立的基础上平等地参与国际税收利益的分配,使有关国家从国际交易的所得中获得合理的税收份额。这样的一种理念,也就是国际税收分配公平原则。国家间的税收分配关系是国际税法的重要调整对象之一。各国的涉外税收立法及所签税收协定的一个重要目的就在于确保公平的税收分配。1995年,OECD在《多国企业与税务当局转让定价指南》中宣称,成员国均把各国获得适当的税基作为国际税收的基本目标之一。没有公平的税收分配便没有税收的国际合作。

国际税收分配公平原则是国际经济法中公平互利原则在国际税法领域里的具体运用与体现。联合国《各国经济权利和义务宪章》中指出,所有国家在法律上一律平等,并作为国际社会的平等成员,有权充分地和切实有效地参加解决世界性的经济、财政金融以及货币等重要问题的国际决策过程,并且公平地分享由此而来的各种效益。将上述"公平地分享由此而来的各种效益"运用到国际税法领域,必然要求国际税收利益分配的公平。

实现国际税收分配的公平关键在于合理地确定各国之间税收管辖权的划分。在一项跨国所得中,一般至少要涉及两个国家,即所得来源国和所得纳税人居住国。这两国可分别根据来源地税收管辖权和居民税收管辖权对同一跨国所得进行征税。为了避免双重征税的发生,就必须对税收管辖权进行划分。但如何进行划分,则涉及两国税收利益的分配问题。税收管辖权的划分是确定国家之间税收分配关系的基础。强调来源地税收管辖权对所得来源国或资本输入国较为有利,而强调居民税收管辖权则对居住国或资本输出国较为有利。当两个或两个以上国家之间的资本相互输出和输入能保持平衡时,那么无论实行怎样的税收管辖权,都可以实现税收的分配公平;但当两个或两个以上国家之间的资本相互输出与输入并不能保持平衡时,就要对来源地税收管辖权和居民税收管辖权进行合理的划分,才能实现税收分配的公平。

一般来说,发达国家与发达国家之间的资本输出和输入基本上是平衡的,但发展中国家与发达国家则不然,前者处于资本净输入地位,而后者处于资本净输出地位。因此,由发达国家组成的 OECD 所颁布的税收协定范本在强调居民税收管辖权时,联合国颁布了另一范本,用以指导发展中国家与发达国家间税收协定的签订。因为《OECD 范本》若适用于发展中国家与发达国家之间,必然会造成发展中国家的税收利益较少,而发达国家的税收利益较大,从而造成一种不公平。《联合国范本》虽然也对来源地税收管辖权进行一定的限制,但与《OECD 范本》相比,来源地税收管辖权明显扩大,而居民税收管辖权则相应缩小,从而有利于实现居住国与来源国间真正的税收分配公平。比如,在建筑安装工程构成常设机构的时间限定上,《OECD 范本》规定为 12 个月以上,而《联合国范本》为 6 个月以上,在特殊情况下还可以缩短为 3 个月;另如,《OECD 范本》把"交付"货物的设施排除在常设机构之外,而《联合国范本》则规定,经常交付货物或商品的固定营业地点也可构成常设机构;此外,《联合国范本》还规定,在另一国从事保险业务的雇员也可构成常设机构,等等。总之,《联合国范本》对两种税收管辖权等做了与《OECD 范本》不同的规定与协调,从根本上反映了国际税收分配公平这一原则。

在国际税收协定中,预提税率的规定也反映了税收分配公平原则。目前几乎所有的税收协定都有对消极投资所得的预提税率进行限制的条款。《OECD 范本》将预提税率限制在 15% 以内,《联合国范本》虽然没有规定具体的预提税率,但也主张对预提税率进行限制。对预提税率进行限制,其目的就是要使居住国也能分享到一定的税收利益,而不致于使消极投资所得的税收利益被来源国独占,从而使来源国和居住国有一个合理的税收分配。

此外,关联企业转移定价的公平交易原则也在一定程度上反映了国际税收分配公平的原则。关联企业之间通过转移价格进行交易,其目的固然是以减少关联企业集团总税负为目的,但其客观上减少了有关国家的税基,损害其税收利益,并扰乱了国家之间的税收分配关系。当关联企业之间进行转移定价时,有关国家便可根据公平成交价格标准对关联交易进行定价,使该国从关联交易中得到应该得到的合理的税收份额。

(三)国际税收中性原则

所谓国际税收中性原则,是指国际税收体制不应对跨国纳税人跨国经济活动的区位选择以及企业的组织形式等产生影响。一个中性的国际税收体制应既不鼓励也不阻碍纳税人是在国内进行投资还是向国外进行投资,是在国内工作还是到国外工作,或者是消费外国产品还是消费本国产品。

税收中性是国内税法的一项基本原则。它要求政府的税收活动不影响企业的经营决策,包括企业的组织形式、税基的分配、债务的比例以及价格的制定等。即使企业的决策不具有经济合理性,也不应通过税收施加影响。在通常情况下,是否具有中性往往成为衡量国内税法是否为良法的一个标准。在国际税法领域内,税收中性仍具有同样的重要地位。一个好的国际税法不应对资本、劳动和货物等在国家之间的流动产生影响,从而有助于实现资源在世界范围内合理利用。事实上,目前各国签订税收协定,进行国际税收合作的一个重要目标也就是要促进货物、劳动和资本在国家之间的流动。

国际税收中性原则可以从来源国和居住国两个角度进行衡量。从来源国的角度看,就是资本输入中性(capital import neutrality),而从居住国的角度看,就是资本输出中性(capital export neutrality)。资本输出中性要求税法既不鼓励也不阻碍资本的输出,使得在国内的投资者和在海外的投资者的相同税前所得适用相同的税率;资本输入中性要求位于同一国家内的本国投资者和外国投资者在相同税前所得情况下适用相同的税率。税收协定中的资本无差别,实质上就是资本输入中性。

但资本输出中性与资本输入中性在内容上却存在着一定的对立或矛盾,比如前者要求居住国对其居民的全球所得进行征税,并对外国来源所得的外国税收实行抵免,而后者则要求居住国对所有的外国来源所得实行免税。因此,资本输出中性与资本输入中性在理论上本身存在着矛盾,而且难以统一。一国若强调资本输出中性,就可能偏离资本输入中性;反过来,一国若强调资本输入中性,则又可能偏离资本输出中性。因而,一个国家究竟应实行怎样的税收政策才能既坚持资本输出中性又符合资本输入中性,目前尚没有一个适当的答案。这也就为一个国家选择符合其自身利益要求的税收政策提供了充分的理由。所以国际税收中性原则往往难以得到严格的执行,偏离国际税收中性的做法可谓比比皆是。

在实践中,一个国家在制定税法时,资本输出中性往往并不是首要标准,而资本输入中性也常常被一些国家为了吸引外资而采取的税收优惠措施所扭曲。一般地,发达国家的税法比发展中国家的税法更趋向于中性。发展中国家由于资金缺乏,其所制定的税收政策往往总是鼓励外资的输入而限制资本的输出。

尽管资本输出中性和资本输入中性本身所存在的内在矛盾,使得在国际税收实践中偏离税收中性的做法较为常见,但坚持税收中性的做法更为普遍,国际税收中性作为一个基本理念或一项原则仍然存在。避免双重征税和防止避税与逃税这一国际税法的重要目标,总体上就体现了国际税收中性原则。一旦允许双重征税或避税与逃税,企业投资区位选择的决策必然会受其影响。另外,常设机构原则的确定,其中也包含了避免因投资区位和企业组织形式等的不同而承担不同的税负,因而也是税收中性原则的体现。

(四)跨国纳税人税负公平原则

所谓跨国纳税人税负公平原则,是指跨国纳税人所承担的税负与其所得的负担能力相适应的原则。其有横向公平与纵向公平之分。横向公平是指经济情况相同的纳税人承担相同的税负,而纵向公平是指经济情况不同的纳税人应承担与其经济情况相适应的不同的税负。在各国所实行的个人所得税中,累进税率就被认为体现了税负公平的原则,其不仅使得相同的所得承担相同的税负,不同的所得承担不同的税负,而且使得所得越高,税率越高。一般地,一项国际税法只有符合税负公平原则,才能使跨国纳税人自觉纳税,从而使国际税法有效实施。

在现行国际税收制度中,有很多内容都反映了跨国纳税人税负公平原则。比如,避免双重征税和防止避税与逃税就反映了跨国纳税人税负公平的原则。其实,避免双重征税和防止避税与逃税在一定意义上说就是税负公平原则的一个直接要求。因为双重征税或由避税或逃税引起的征税不足都会造成一种税负不公。双重征税使双重纳税人自己处于不利的不公平地位,而避税或逃税使守法足额交税的纳税人处于不利的不公平地位。因此国际税法中涉及避免双重征税和防止避税与逃税的众多制度与规范都反映了跨国纳税人税负公平的原则。

税负公平是国内税法的一项基本原则,但是国际税法领域里的税负公平要比国内税法的税负公平复杂得多。公平是相对而言的。在国内税法中,纳税人的税负公平是以国内纳税人为参照对象的。若参照对象单一,则税负公平较易得到实施。而在国际税法领域,情形则有所不同。因为一个跨国纳税人通常既受到来源国的优先税收管辖,又受到居住国的最终管辖,其有可能分别在来源国和居住国两次纳税。这样一来,纳税人税负公平就会有两个标准,即来源国的标准和居住国的标准。因此,当以上两个标准不同时,纳税人只能在其中一个国家实现税负公平,而不能同时在两个国家实现税负公平。比如,当居住国对纳税人在来源国的所得实行免税时,纳税人在来源国境内的税负是公平的,但与居住国的纳税人相比就不一定公平,因为在居住国的税率高于来源国的税率时,与该纳税人所得相同的居住国纳税人所负担的税收则要相对较高;当居住国对纳税人的来源国所得不予免税,而其税率高于来源国的税率时,纳税人根据税法在居住国补缴相应税款,这时该纳税人与居住国的纳税人相比实现了税负公平,但与来源国的纳税人相比又不公平了。因此,当一个国家制定涉外税法时,究竟是只把居民纳税人纳入公平的考虑范畴之内,还是把非居民也纳入考虑范畴之内,是两种不同的公平标准。

事实上,一个国家很难对在本国境内的非居民制定一个公平标准。而对一个纳税人的税负是否公平进行衡量,则需要对所有有关国家的税法进行综合评估,而不能仅从一国的税法进行判断。

国际税法的上述四项基本原则互相联系,又相互区别。其中国家税收主权原则与国际税收分配公平原则的联系较为紧密,而国际税收中性原则与跨国纳税人税负公平原则的关系较为密切。国家税收主权原则是国际税收分配公平原则的基础,而后者是前者的必然要求;在国际税收中性原则和跨国纳税人税负公平原则的关系中,前者强调税法对纳税人经济活动区位选择及其他决策不产生影响,后者着眼于纳税人与纳税人之间的地位公平。但是,我们应当注意国际税法的每一制度或原则往往都同时反映了上述四项原则。比如,关于关联企业之间交易的公平定价制度,就同时反映了国家税收主权原则、国际税收分配公平原则,也反映了国际税收中性原则和国际纳税人税负公平原则。

五、国际税收体系的目标

国际税收体系的目标主要包括:对于具有相同收入和支付能力的纳税人所得(不论该所得的来源)课征同等的税负,尽量确保公平;通过财税措施加强国内竞争并促进经济发展;确保本国在跨境交易中分取合理的税收收入;保证资本输出与资本输入中性原则的实现。

◇ 知识活页

二维码 9-2

拓展阅读:2020 年世界税收十件大事

第二节 跨国公司国际税收管理

国际税收管理是指跨国公司利用国与国之间的税收分配和税收协调关系进行统一的纳税筹划的一种管理活动,其目标是纳税额的最小化。国际税收管理的主要内容包括国际重复征税的减免和国际纳税筹划。

一、国际重复征税的减免

国际重复征税会加重跨国纳税人的税收负担,使得跨国纳税人的负税高于在一国内所应承担的份额。这不仅有违跨国纳税人税负公平原则,也会减少从事国际经济活动的企业或个人的税后收益,不利于国家之间的正常经济交往。因此,减轻或消除国际重复征税是各国政府所致力解决的主要课题,也是国际税收权益分配关系的核心问题。

(一) 国际重复征税产生的原因

重复征税就是对同一人(包括自然人和法人)或同一物品(税源和征税对象)进行两次或

两次以上的征税，它包括税制性重复征税、法律性重复征税和经济性重复征税。

国际重复征税的定义有广义和狭义之分。狭义的国际重复征税，是指两个或两个以上国家对同一跨国纳税人的同一征税对象进行分别课税形成的重叠征税；广义的重复征税是指对公司利润和股东股息重复征税和有关国家所得税计税方法的不同引起的国际重复征税。国际重复征税一般属于法律性重复征税。

一般认为，国际重复征税产生的前提条件包括两个方面：一是跨国纳税人和跨国征税对象的出现；二是各国所得税制的普遍实施。国际重复征税问题产生的主要原因，是有关国家对同一跨国纳税人的同一课税对象或税源行使的税收管辖权重叠，这种税收管辖权的重叠主要有以下几种形式。

（1）地域税收管辖权与居民税收管辖权的重叠。世界各国行使税收管辖权所采用的原则不同，既可以对跨国纳税人发生在本国境内的所得按照属地原则行使地域税收管辖权，也可以对本国居民跨国纳税人来源于国内和国外的全部所得按照属人原则行使居民税收管辖权，这就不可避免地造成有关国家对同一跨国纳税人的同一笔跨国所得在地域税收管辖权和居民税收管辖权上的重叠，从而产生国际重复征税问题。

（2）居民税收管辖权之间的重叠。国际重复征税问题的产生，不仅与各国行使的税收管辖权有紧密联系，而且还与各国判定居民身份的标准有关。如果一国政府对于同一跨国纳税人的征税一致实行居民税收管辖权，则一般不会产生国际重复征税问题。但当有关国家对居民身份的判定不能达成共识时，将会产生居民税收管辖权之间的重叠，从而出现重复征税现象。也就是说，当纳税人的居民身份归属何国的问题不能得到彻底解决时，问题就出现了。

（3）地域税收管辖权之间的重叠。国际重复征税问题的产生，还与收入来源地的确认有关。如果各国政府对于跨国所得征税都行使地域税收管辖权，一般就不会产生征税权的交叉和冲突。但有些国家对收入来源地的确认标准不同，就会出现对同一笔收入同时行使地域税收管辖权的问题。

（二）国际重复征税的减免方式

法律上，国际重复征税的减免是指居住国（国籍国）政府在承认非居住国（非国籍国）政府地域税收管辖权优先或独占的前提下，对本国居民纳税人在来源国缴纳的税款，在向本国缴纳的税款中作全部或部分减除，以减轻或消除对同一所得或财产价值的国际重复征税。国际重复征税的减免有单边方式和双边或多边方式。

（1）单边方式。单边方式是指实行居民税收管辖权的国家，为鼓励本国居民对外投资和从事其他国际经济活动，在本国税法中单方面做出一些规定来减轻或消除对本国纳税人来源于国外所得的国际重复征税。在这种方式中，各国税法通常采用的做法有免税法、扣除法和抵免法。

（2）双边或多边方式。双边或多边方式是指两个或两个以上国家通过双边或多边谈判，签订避免国际重复征税的税收协定。这些协定都是根据缔约国各方国内税法的要求，参照《联合国范本》和《OECD范本》的规定,制定各方都能接受的、确定各自税收管辖权范围内的约束性规范,同时协定各自采用的减免国际重复征税的方法。

（三）国际重复征税减免的范围

减免的纳税主体必须是在本国负有纳税义务的居民。能享受减免待遇的,只能是那些被一国行使了居民税收管辖权的跨国纳税人,一国非居民不能在本国享受此项待遇。

减免对象必须是向有关外国支付缴纳的税,而不是费。各国征收的税收种类很多,有些名义上是税,但实际上是费。税是国家向纳税人强制、无偿征收的,而费是国家有关部门因提供某种权益或服务向收益人收取的代价或报酬。跨国纳税人在收入来源国从事经济活动,不但要向该国缴纳税款,还要缴纳一些费用,如注册费、执照费、检验费等。这些费用,均不予抵免。

减免的税种是所得税或一般财产税及相关税种。跨国纳税人除缴纳所得税、一般财产税之外,还要缴纳土地使用税、增值税、消费税等,这些商品课税和个别财产课税的税种并不涉及国家之间的财权利益关系,因此不予减免。

减免对象必须是实际已缴纳的境外所得或境外财产。本国纳税人申请享受减除国际重复征税待遇时必须申报有关外国所得或财产总额以及已纳税情况,同时提交已在有关外国政府缴税的纳税证明及其他有关资料。

（四）国际重复征税减免的主要方法

1. 免税法

免税法又称豁免法,是指行使居民税收管辖权的国家,对本国居民来源于国外的所得与财产,免予征税。

按免税范围大小划分,免税可以分为全部免税和部分免税两种。全部免税是指一国政府对本国居民在国外取得的并已由外国政府征税的全部所得或财产,免予征税。部分免税是指一国政府对本国居民的国外所得或财产免税,只限于一般收入项目,如营业所得、个人劳务所得等;而对特定收入项目,如股息、利息和特许权使用费等,则不给予免税。

在居住国对所得税实行累进税率的情况下,由于采用的税率不同,免税法可以分为全额免税法和累进免税法两种。

全额免税法（method of full exemption）是指居住国（国籍国）放弃居民（公民）税收管辖权,在对居民（公民）来源于国内的所得课税时,完全不考虑其在国外的所得,仅按国内所得额确定适用税率征税的方法。全额免税法的计算公式为:

$$居住国应征所得税额 = 国内所得 \times 本国适用税率$$

累进免税法（method of progression exemption）是指居住国（国籍国）政府在对本国居民

(公民)行使居民(公民)税收管辖权时,对居民(公民)来源于国外的所得不予征税,但在对居民(公民)来源于国内的所得征税时,其适用的税率是将其国内外的所得汇总起来,以此总所得为依据来确定的方法。也就是说,采用累进免税法时,对总公司在国外分公司的所得放弃行使居民税收管辖权,只对其国内所得征税,但要将免于征税的国外所得与国内所得汇总考虑,以确定其国内所得适用的税率。累进免税法的计算公式为:

居住国应征所得税额＝国内外总所得×适用税率×(国内所得/国内外总所得)

由于全额免税法是对本国居民的国外所得完全放弃征税权,累进免税法是对本国居民的国外所得有保留地放弃征税权,因此,一国政府采用累进免税法计算征收的所得税额多于按全额免税法计算征收的所得税额。因此,采用免税法的国家,大多采用累进免税法。

2. 扣除法

扣除法(method of tax deduction)是指行使居民税收管辖的国家,对本国居民已纳的外国所得税额,允许作为扣除项目,从应税所得中扣除,就扣除后的余额征所得税。扣除法的计算公式为:

居住国应征所得税额＝(国内外总所得－外国已纳所得税额)×居住国税率

实践表明,扣除法不能完全减除国际重复征税,而只是起到一定程度的缓解作用。

3. 抵免法

抵免法(tax credit)是指行使居民税收管辖权的国家,对其国内外的全部所得征税时,允许纳税人将其在国外已缴纳的所得税额从应向本国缴纳的税额中抵扣。

抵免法有利于实现资本输出中性。同时,它既承认地域税收管辖权的优先地位,同时又坚持了居民税收管辖权,兼顾了纳税人居住国和收入来源国两方的合法权益。

抵免法的缺点在于当居住国和来源国两国税率高低不同时,按两国的较高税率征税,无异于提高税率,可能会抑制跨国纳税人对低税率国的投资。同时,它虽然承认来源国地域税收管辖权的优先地位,但这种优先地位是受限制的。

抵免法最初采用的是直接抵免法,它始于1918年美国的《税收法案》。后来又出现了间接抵免法。

直接抵免法(method of direct credit)是指居住国政府允许本国居民在来源国缴纳的所得税,在向本国缴纳的所得税中给予扣除。其计算公式为:

居住国应征所得税额＝国内外总所得×居住国税率－允许抵免的已缴来源国税额

根据对"允许抵免的已缴来源国税额"计算方法的不同,可以把直接抵免法分为全额抵免和限额抵免两类。

全额抵免(full credit)是指居住国政府对跨国纳税人征税时,允许纳税人将其在收入来源国缴纳的所得税,在向本国缴纳的税款中,全部给予抵免。

限额抵免(ordinary credit)又称普通抵免,是指居住国政府对跨国纳税人在国外直接缴纳的所得税款给予抵免时,不能超过最高抵免限额(limitation on credit),这个最高的抵免限额是国外所得额按本国税率计算的应纳税额。

间接抵免法(method of indirect credit)是在直接抵免法的基础上发展起来的。随着跨国公司组织形式的发展,出现了在国外具有法人地位的独立的子公司,其在国外缴纳的税收不能像分公司那样,由母公司直接缴纳,而只能是部分缴纳。由于各跨国公司的母公司对子公司的控股比例不相同,子公司的税后净收益作为股利形式分配给母公司的比例也不一样,所以间接抵免的原则是:母公司向居住国政府申报应税所得额时,不能把外国子公司的所得全部并入计算,只能合并计算母公司从国外子公司取得股息所还原出来的那一部分所得。与此相适应,子公司缴纳的所得税不能在母公司所在国全额抵免,所能抵免的只能是子公司上交股息应负担的那一部分。

4. 税收饶让

税收饶让(tax sparing credit)是指居住国政府对其居民在国外得到减免税优惠的那一部分所得税,视同已经缴纳,同样给予税收抵免待遇,不再按居住国税法规定的税率予以补征。

在采取抵免法时,如果来源国的税率低,居住国的税率高,在居住国还要缴纳两者之差额。实际上,来源国给予纳税人的优惠,又被居住国政府收回去了。所以,资本输入国政府,为了使其优惠政策发挥实际的效益,经常与居住国政府签订定双重征税协定,要求对方实行税收饶让抵免,即对于优惠部分,给予抵免。

税收饶让多发生在发展中国家与发达国家之间,通常是发达国家不仅对于跨国纳税人已向发展中国家缴纳的所得税款给予抵免,而且对发展中国家为鼓励外国投资而制定的税收优惠或鼓励措施所减免的税款给予抵免。

二、国际纳税筹划

(一) 国际纳税筹划的含义和原因

1. 国际纳税筹划的含义

纳税筹划是指纳税人利用税法上的不完善或税法规定的优惠政策,在税收法规和有关税收协定条款许可的范围内做出财务安排,达到减少纳税义务的目的。

国际纳税筹划是指跨国纳税人利用多个国家的税法和国际税收协定的差别、特例等减少其总纳税义务的行为。其中,差别是指各国的税法和税收协定对税种、税制等要素规定的差别;特例是指各国税法和国家间税收协定中针对特殊情况所做的规定。

国际纳税筹划是跨国纳税人在不违法的前提下,使税收负担最小化的行为。

2. 国际纳税筹划的原因

跨国纳税人追求利益最大化是国际纳税筹划的主观原因,而各国税收制度存在着差别以及由此带来的各国间税负轻重的差别则给跨国纳税人纳税筹划创造了客观条件,如各国税收管辖权存在差别、各国的税基和税率存在差异。这些结构性差异为跨国纳税人避重就轻创造了前提条件。此外,各国为避免重复征税而采取了一些办法,如抵免法或免税法,也为国际纳税筹划提供了空间。

(二) 国际纳税筹划的主要方式

国际纳税筹划的主要方式有以下三种。

1. 纳税主体的转移

纳税主体的转移是指跨国纳税人在各国税收管辖权之间的迁移、改变其居民身份,以及避免成为居民的做法,从而避免一个国家对其的税收管辖。纳税主体的转移有如下几种实现方式。

一是跨国自然人国籍变更。在一个高税收的国家,跨国自然人想转移或规避高税国的公民身份,从而摆脱公民税收管辖权的制约,可以放弃其原来的国籍,获取低税国家的国籍。但这种方法受到诸多因素的制约,如移民法繁杂的手续等,存在困难较多。

二是跨国自然人住所的转移。居住在高税国的跨国纳税人,为了避免在高税国的无限纳税义务,可以将其住所迁往低税国或无税国,这又被称为"税收流亡"(tax exile)。这种方式既包括住所的永久真正迁移,也包括住所的短期迁移。如跨国纳税人可以移居国外一两年再迁回原住所。

三是跨国法人国籍转移。由于跨国法人的"国籍"是由在该国依法注册而获得,一个跨国法人为了减轻税负而转移其"国籍",只要撤销其在该国的登记注册,改在其他国家登记注册,就可消除公民税收管辖权下的无限纳税义务。

四是跨国法人居所的转移。同自然人一样,跨国法人居所的转移也分真正转移和虚假转移。居所的真正转移是指一个跨国法人的管理机构或实际有效管理中心,真正从高税居住国迁往某一低税国,但这种方法实施起来会遇到困难,如固定资产的重新购置、巨额的搬迁费用、停工损失等。跨国法人可以通过精心安排,设法消除构成控制和管理机构存在的因素,来避免居所的存在。比如,改变公司重要股东的国籍、改变董事会和股东大会召开地点等,将其安排在低税国家。跨国法人还可以采用管理机构虚假转移的做法,即通过变更登记而将总部机构改为分支机构,从而达到减轻税负的目的。

2. 纳税主体的非转移

纳税主体的非转移是指纳税人并不离开原居住国或改变其居民身份,而是通过其他人在他国为自己建立一个相应的机构或媒介,通过使其所得或财产与本人分离,来避免居住国的税收管辖。跨国纳税人主体的非转移避税,主要采用在避税地建立信托的方式。作为持有一定财产或资本的国际投资者,如果用这部分财产或资本在一般国家从事经营并取得收入,应该向这些国家缴纳一般财产税。为了减少或避免这部分税收,国际投资者可以通过在无税或低税的避税地建立一个个人持股信托公司,将其财产交给该信托公司管理,凡属于经营这部分财产取得的收入,都归属于信托公司账上。由于信托公司属于个人持股公司,信托公司的收入就是其个人收入,只不过借信托公司之名转移到避税地来,从而可以减轻或避免原来应承担的纳税义务。不仅如此,如果避税地规定对消极投资不纳税,国际投资者还可将这部分收入用于再投资,获得一笔低税或免税的股息、利息等收入。

3. 纳税客体的转移

纳税客体的转移又称为物的流动,是指跨国纳税人将其在一个国家税收管辖权下的纳税客体转移出该国,在各国之间流动,使之成为另一个国家税收管辖权下的纳税客体,或没有成为任何国家的纳税客体,以减轻或规避纳税人总纳税义务的国际纳税筹划方式。纳税客体一般指跨国纳税人的各类所得、财产以及资金、商品、劳务、费用等相关要素。与纳税主体的转移比较,这种方式更具有隐蔽性,难以发现,因而成为一种有效的国际纳税筹划手段。常用的方式有如下几种。

一是避免成为常设机构(permanent establishment)。在明确对非居民的营业利润是否课税的问题上,一般采用常设机构原则,即若非居民在非居住国设有常设机构,就对其所得征税,否则不征税。因此,避免了常设机构也就避免了非居住国的纳税义务。一方面,纳税人可以建立一些不在常设机构标准之列的机构,如仓库、辅助性营业场所等,然后将货物、资金、劳务转移到该机构,从而规避非居住国的地域税收管辖权;另一方面,纳税人可以利用各国对常设机构设定的时间标准的规定,避免成为常设机构的标准。如建筑工地或工程连续为期6个月以上才构成常设机构,这样跨国纳税人可以缩短工期,避免使建筑工地成为常设机构,从而减轻纳税义务。

二是利用常设机构。跨国纳税人可以利用常设机构转移财产及各种费用(包括劳务费用和管理费用)、利息、亏损等。跨国公司利用不同国家对财产的不同评估方法,在常设机构之间进行财产转移,减轻总体税负。同时,跨国公司的异地常设机构和其总部间经常互相提供服务,对于这类服务产生的劳务费是否该收税,不同国家标准不同。跨国公司通过增加低税国常设机构的劳务活动,将有效地减轻税负。此外,较常用的手段还包括利用与常设机构所在国之间的汇率变化转移应税所得等。

4. 纳税客体的非转移

纳税客体的非转移有如下两种实现方式。

一是利用纳税延期规定。纳税延期是指实行居民税收管辖权的国家,对本国居民建立在国外的子公司所取得的利润等收入,在没有以股息等形式汇回母公司之前,对本国母公司不就其外国子公司的利润征税。跨国纳税人利用各国有关延期的纳税的规定,通过在低税国或避税地组建一个实体来进行所得和财产的积累。对于高税国的纳税人而言,延迟缴纳税款,就等于获得一笔无息贷款,可以增加公司集团的流动资金。

二是建立分公司或子公司。建立分公司和子公司对于跨国公司的税负有不同的影响。子公司是一个独立的法人实体,独立承担法律责任。它的收益作为股息分配给母公司时,应缴纳预提款;它的亏损不能计入母公司的账上,冲减母公司的收益。而分公司不是一个独立的法人实体,它的盈亏要并入总公司。常见的做法是,在境外经营初期采取分公司的形式,以便用分公司营业初期的亏损冲减总公司的应纳税所得额;当分公司盈利后,再将其转变为子公司,从而享受延期纳税的好处。

5. 利用税收优惠政策

一般经济特区和经济技术开发区都有提供各种优惠政策,其低税收是吸引企业的重要手段之一。这些地区和其他地区的税收差距为纳税人减轻税负提供了机会,纳税人可以在经济特区或经济技术开发区内设立经营机构或中转销售公司,享受各种税收优惠,将更多的利润留在这些地区。

第三节　国际税收协定

一、国际税收协定的概念

国际税收协定是指两个或两个以上的主权国家,为协调相互之间的一系列税收分配关系,通过谈判而签订的一种书面税收协定。这种协定一般须经缔约国立法机构批准,并通过外交途径交换批准文件后方能生效。在协定的有效期内,缔约各方必须对协定中的一切条款承担义务;有效期满后,缔约国任何一方经由外交途径发生终止通知,该协定即行失效。

二、国际税收协定的作用

第一,国际税收协定是和平解决国家间财权矛盾的重要手段。国际税收协定体现了国家间平等协商、互利互惠、解决矛盾的愿望。当主权国家之间产生利益冲突时,一方不能采取单边行动损害另外一方的权益,而必须以国际法为基础,通过谈判协商,制定相应的规范和程序来处理问题。即便有些问题无法可依,仍然必须通过相互平等的协商来解决。

第二,避免对跨国纳税人重复征税,防止和打击国际避税和逃税。各国税收管辖权范围与确认标准的不同,税基、税率的不统一,使得国际重复征税现象比较普遍,阻碍了经济活动的正常发展。因此,通过国家间缔结协定,能有效保证跨国纳税人的合法利益,达到减除重复征税的目的。同时,跨国纳税人可以利用国家间的制度空隙进行逃税和避税活动。因此,只有国家间充分合作,各国在情报搜集、法律协作等方面予以配合,才能有效打击逃税和避税现象。

第三,促进本国经济政策的贯彻,加强国际经济交流与合作。避免重复征税、防止逃税和避税,既可以使资金正常流入国内,保障国内经济建设的顺利进行,又可以防止利润的非正常外流,减少本国的税收收入。而公平有效的法律环境又缓解了国家间的矛盾,促进了国际经济交往。近年来,不但发达国家之间而且发展中国家之间都积极签订税收协定,加速外向型经济发展。截至 2018 年,我国已与 110 个国家和地区签订了双边税收协定,这些协定的签署和执行促进了经济的健康发展。

三、国际税收协定的分类

国际税收协定可按照税收协定涉及的主体多少和涉及内容范围的大小来进行划分。

1. 双边税收协定和多边税收协定

按照税收协定涉及的主体多少,国际税收协定可以分为双边税收协定(bilateral tax convention)和多边税收协定(multilateral tax convention)。

凡是两个国家或地区参加签订的相互间的协定,称为双边税收协定。双边税收协定的特点在于:其生效和终止取决于双方共同的意志,且双方权利对等;协定的约束力也局限于两个国家或地区内部,对他国无效。凡是两个以上国家或地区参加签订的相互间的协定,称为多边税收协定。多边税收协定在避免和消除国际重复征税、协调国家间财权利益分配等方面有很多优越性。但其涉及面太广,谈判和缔约都很困难。因此,多边税收协定并不多见。瑞典、丹麦、芬兰、冰岛和挪威王国于 1972 年签订的《北欧公约》是比较早的多边税收协定。

2. 综合税收协定和单项税收协定

按照税收涉及内容范围的大小,国际税收协定可以分为综合税收协定和单项税收协定。

综合税收协定又称一般税收协定,是指缔约国各方所签订的广泛涉及处理相互间各种税收关系的协定。这里协定的主要任务是在认同缔约国各方都拥有征税权的基础上,合理地限制所得来源地和财产所在地国家实施税收管辖权的范围。这类协定的缔约一般都以《OECD范本》和《联合国范本》为基础。

单项税收协定又称专项税收协定,是指两个或两个以上的国家签订的处理相互之间某一特定税收关系或特定税种问题的协定。单项税收协定的范围广、种类多,但其功能较单一,大部分单项税收协定是国际空运、海运、陆运收入的税收互免协定。例如,1981年3月10日中英两国签订的避免对航空运输企业重复征税的协定就属于此类。

四、国际税收协定的基本内容

目前,各国间缔结的税收协定基本以《OECD范本》和《联合国范本》为基础。这两个范本将协定内容分为七章:协定范围、定义、对所得的征税、对财产的征税、避免双重征税的方法、特别规定、最后规定。其基本内容可以概括为如下四个方面。

(一)协定的适用范围和基本用语定义

 #### 1. 协定的适用范围

(1)纳税人的范围。协定中纳税人的范围一般为,缔约国一方的居民或同时为缔约国各方居民的人(包括自然人),以及依据缔约国税法规定除自然人之外的法人和没有法人地位的所有直接税纳税实体。在税收实践中,各国采用的居民身份判定标准不同,会出现某一自然人或法人成为双方或多方居民的现象。对双重居民身份的确认,是国际税收协定的重要内容。其基本解决原则是"划双为单",即通过适当方法使双重居民转换为单方居民。方法之一是将其认定为某一方的居民;方法之二是根据居民个人与相关国家的连接因素循序推导出其管辖国归属。

(2)税种的范围。税种的范围是指协定规定的适用税种。税收协定应该分别列出缔约国各方的税种名称,缔约国各方对于列入协定的本国税种的征税应遵循协定中有关限制性条款的规定,并对列入协定的缔约国另一方的税种承担协定里规定的义务。对于未列入协定的税种,缔约国各方对协定的有关规定不承担义务。

由于缔约方的税制和税种会不断变化,因此,协定中有专门条款进行规定,协定也适用于缔约国在协定签订后增加或替代与所列税种的相同或实质相似的税种,并规定缔约国的主管当局应将各自税法所做的实质变动通知对方缔约国。

2. 协定的基本用语定义

(1)一般用语是指在协定中反复出现,需要加以明确解释的用语。如"人"这一用语包括个人、公司和其他团体。"公司"包括法人团体,也包括视为法人团体的实体,即本身不具有法人地位,但所在缔约国的税法规定视为法人的其他纳税单位。"国际运输"这一用语是指在缔约国一方设有实际管理机构的企业,用船舶或飞机进行的跨国运输,不包括以船舶或飞机仅在缔约国另一方各地之间的营运。

(2)特定用语是指在协定中具有特定含义和作用的用语。如"居民"的含义是按照该国法律,由于住所、居所、管理场所或其他类似性质的标准,负有纳税义务的人。"常设机构"的含义是一个企业进行全部或部分营业活动的固定场所,包括管理场所、分支机构、办事处、油井、建筑工地等。

(3)专项用语是指一些只涉及专门条文的用语。如"股息"是指从股份、"享受"股份或"享受"权利、矿业股份、发起人股份或非债权关系中分享利润的其他权利取得的所得,以及按照分配利润的公司是其居民的国家法律,视同股份所得同样征税的其他公司权利取得的所得。

(二)协定的征税对象

国际税收协定缔结的初衷是解决重复征税问题,但该问题的解决必须以税收管辖权的合理划分为基础,必须明确缔约国的税收管辖权如何确立和行使,行使的范围有多大,哪些所得由单方征税,哪些所得由双方征税。税收管辖权的划分通常是按照征税对象的不同类别依次进行划分,主要包括如下四个项目。

(1)营业所得。营业所得包括一般企业所得、联属企业的营业所得、国际运输企业的营业所得。

(2)投资所得。投资所得包括股息、利息和特许权使用费。

(3)劳务所得。《OECD范本》和《联合国范本》所涉及的劳务所得一般包括独立个人劳务所得、非独立个人劳务所得、学生收入、董事费、退休金、为政府服务的报酬、艺术家和运动员所得及其他所得等。

(4)财产所得。财产所得一般包括不动产所得和财产收益两个部分。不动产所得包括直接使用和出租不动产所得;财产收益一般指转让不动产和动产取得的收益。

(三)某些特别规定

(1)无差别待遇。《OECD范本》和《联合国范本》提出的无差别待遇的含义是根据平等互利的原则,在缔约国的国内税收上,一方应该保障另一方国民享受到与本国国民相同的待遇,包括国籍无差别、常设机构无差别、支付无差别、资本无差别等。

(2)情报交换。对于情报交换,两个范本规定了两个方面的具体内容。一是交换实施税收协定所需要的情报,如跨国纳税人的经营方式、收入、费用等;二是交换与税收协定有关的各税种的国内法律的情报,如税制、税率、税基等。

(3)相互协商程序。两个范本认为,相互协商程序主要是指当纳税人认为缔约国任何一方对其课税活动不符合税收协定的规定时,缔约国双方主管当局应根据该纳税人提出的申诉进行适当的协商处理,并规定这种协商的内容和程序。

(4)税收饶让。许多协定都包含了税收饶让条款。这些条款的目的一般是发展中国家政府为了吸引外国投资而实行的税收优惠。

本章小结

国际税收是指两个或两个以上的主权国家基于各自的课税主权,在对跨国纳税人分别进行课税时形成的征纳关系中所发生的国家之间对税收的分配关系。国际税收的基本原则包括国家税收主权原则、国际税收分配公平原则、国际税收中性原则、跨国纳税人税负公平原则。

国际税收管理是指跨国公司利用国与国之间的税收分配和税收协调关系进行统一的纳税筹划的一种管理活动,其目标是纳税额的最小化。国际税收管理的主要内容包括国际重复征税的减免和国际纳税筹划。

国际税收协定是指两个或两个以上的主权国家,为协调相互之间的一系列税收分配关系,通过谈判而签订的一种书面税收协议或条约。其作用表现为:国际税收协定是和平解决国家间财权矛盾的重要手段;避免对跨国纳税人重复征税,防止和打击国际避税和逃税;促进本国经济政策的贯彻,加强国际经济交流与合作。

思考与练习

一、简答题

1. 国际税收和国家税收、外国税收的区别和联系是什么?
2. 什么是国际重复征税?国际重复征税产生的原因是什么?

二、案例分析题

美国伊思雅跨国公司在避税地百慕大设立了一个伊美子公司。伊思雅公司向英国出售一批货物,销售收入2 000万美元,销售成本800万美元,美国所得税税率30%。伊思雅公司将此笔交易获得的收入转到百慕大公司的账上。因百慕大没有所得税,此项收入无须纳税。

按照正常交易原则,伊思雅公司在美国应纳公司所得税为:

(2 000万美元－800万美元)×30%＝360万美元

而伊思雅公司通过"虚设避税地营业",并未将此笔交易表现在本公司美国账面上。

资料来源:乐税网,参见 https://www.leshui365.com/c49969/share/wz1002998.html。

分析:该公司是如何达到避税目的的?如此避税是否合法?

◇ **在线答题**

二维码 9-3
第九章
自测题

第十章 国际企业财务治理与国际并购

◇ **学习目标**

1. 知识目标:理解财务治理的基本内容;了解国际并购和国际控制权市场的理论和现状。
2. 能力目标:拓展知识面,了解国际财务管理的一些前沿理论。
3. 情感目标:通过学习,能够认识中国企业的成长之路,明白即使目前还存在不成熟、不完善的地方,但是通过不断的努力,未来一定会引领潮流。

◇ **本章导读**

财务治理是企业财务决策高效运行的基础,本章介绍了国际企业财务治理的基本内容,分别探讨了国际企业母公司的财务治理和母子公司之间的财务治理。其中母子公司之间的财务治理是国际企业财务治理的重点和关键环节,也最为复杂和最具有挑战性,其中的核心问题是集权与分权的问题。国际企业需要根据自身的实际情况与环境特点慎重地选择。

随着一些企业经济实力逐步增强以及规模的日益膨胀,它们不再满足于通过国际贸易的方式占据世界市场,而跨国构建新的企业速度太慢,因此,很多企业把注意力放在了跨国并购上。19世纪末20世纪初,以美国为代表的发达国家就开始了大规模的企业并购活动,第二次世界大战后更是风靡世界,并购的理论研究也不断跟进。随着并购活动的日益增多,对控制权市场的关注也与日俱增。控制权市场是一种典型的公司治理机制,世界各国差异巨大的公司治理机制产生了截然不同的公司控制权市场。本章将对国际并购和公司控制权市场展开论述。

◇ **导入案例**

吉利控股集团在2010年3月28日签署股权收购协议时宣布,同意以18亿美元的价格收购沃尔沃轿车公司,其中2亿美元以票据方式支付,其余以现金方式支付。未来吉利将继续招兵买马,在中国成立沃尔沃研发中心,并将吸纳来自瑞典沃尔沃本土研发中心的技术人才。沃尔沃中国总部将与瑞典沃尔沃总部并行,并将根据中国市场研发真正适合中国消费者的沃尔沃轿车产品,力争实现沃尔沃轿车的盈利目标。此外,沃尔沃还可能在中国成立沃尔沃商学院,为沃尔沃的未来运营不断培养高端人才。此前,吉利完成了对原福特供应商澳大利亚自动变速器公司 DSI 的收购,并分别与沃尔沃的长期供应商美国江森自控以及法国佛吉亚公司建立长期合作关系,目的是最大限度地还原沃尔沃的供应链,以维持沃尔沃品牌产品的竞争性。吉利并购沃尔沃成功后,有可能出现企业文化差异和品牌融合不力等问题,吉利需要长时间的磨合来传承沃尔沃的品牌精神,向世界证明中国企业具备管理世界级汽车品牌的能力。吉利对沃尔沃的并购举世瞩目,成败尚未可知,风险与机遇并存,吉利为什么要并购久陷亏损泥沼的沃尔沃?并购之后将面临哪些问题?这种跨国并购要注意什么?

■ 资料来源:新浪网"'蛇吞象'吉利18亿美元买下沃尔沃"。(有改动)

第一节　国际企业财务治理

一、财务治理的主体、客体和目标

财务治理是一组联系各相关利益主体的正式和非正式关系的制度安排和结构关系网络,其根本目的在于试图通过这种制度安排,达到相关利益主体之间权力、责任和利益的相互制衡,实现效率和公平的合理统一。这里的权力主要指财权。

我们主要从以下几个方面来了解财务治理。

(一)财务治理的主体

财务治理的主体是指参与财务治理的个人或组织,而要参与财务治理,就必须拥有一定的财权(表现为财务治理权)。因此,财务治理的主体可简单定义为:拥有相应财权并参与财务治理的自然人与法人。

在业主制企业,企业主独资并亲自参与经营,企业主拥有所有财权并无须分配,因而,财务治理问题并不重要,也无财务治理主体可言。随后,业主们发现,将企业交予精于生产经营活动的专门人才会更有效率,而要这些人才积极有效地工作,就必须授予他们一定的权力(一般为财务决策权与财务执行权)。这时,业主们在拥有财权的同时又配置财权,从而成为财务治理主体。另外,企业经理限于复杂的工作内容、有限的知识水平等因素,又必须将自己享有的一部分财权分配给财务经理或项目经理。这样,企业经理也因为其拥有财权并参与配置财权,便成为财务治理主体。随着企业层层委托-代理,企业就出现了相应的财务治理主体。这里有一点要说明,某些财务治理主体拥有的财权并不是与生俱来的,而是由上层主体授予的。因此,财务治理主体既是配置财权的主体,同时也可以是财权配置对象。正如企业委托-代理链条中一些主体既是委托者又是代理者一样。

可能参与财务治理的行为主体包括以下几类。

(1) 股东会。股东会是公司最高权力机构,对公司重大财务战略具有决定权,主要表现在:决定公司经营方针和投资计划(流向、流量等);审议批准公司的年度财务预算方案、决算方案;审议批准公司的利润分配方案和弥补亏损方案;对公司增加或减少注册资本做出决议;对发行公司债券以及公司合并、分立或解散清算等公司重大决策做出决议;享有公司剩余收益分配和配股方案的决策权;等等。

(2) 董事会。董事会是由股东大会选举出来的由全体董事所组成的常设的公司最高决策机构和领导机构。董事会作为公司的最高决策机构,享有广泛的权力,在财务上表现为:对公司的经营方针和投资方案享有决定权;对公司的年度财务预算方案和决算方案、公司的利润分配方案和弥补亏损方案、公司增减注册资本以及发行公司债券的方案具有制定权;享有公司合并、分立、解散方案的拟定权;等等。

(3) 经理层。公司董事会与经理层的关系是委托与代理关系,除了全面掌管公司的生产经营管理活动外,经理层还担负着三种财务职能:一是经由董事会授权进行日常财务决策。二是为董事会制定财务战略决策拟定方案,如拟定公司内部管理机构设置方案、基本管理制度和财务管理体制方案,任免公司副经理和财务负责人等。三是负责实施董事会制定的财务战略方案,具体组织实施时一般采用职能专门化的授权实施体制,即日常的财务活动主要由职能化的财务管理部门来负责实施。

(4) 公司财务经理人员。财务经理人员受聘于董事会,在董事会授权范围内,财务经理人员有权对公司日常财务经营进行管理,他人不能随意干涉,同时董事会对财务经理人员的经营绩效进行监督和评判。

(5) 监事会。为了保证董事和经理正当和诚信地履行职责,公司治理结构中还专设了监事会,其主要职责是监督董事和财务经理人员的活动,如检查公司的财务,对董事和财务经理人员执行公司职务时违反法律、法规和公司章程的行为进行监督等。

由此可见,股东会、董事会、经理层、公司财务经理人员和监事会之间的分层财务决策机制构成了公司财务治理结构的主要内容,各司其职,互相制衡。其中,财务战略决策权掌握在股东会和董事会,日常财务决策权和财务执行权掌握在经理人员(含财务经理)手中,而财务监督权在公司内部则是分散配置的。

(二) 财务治理的客体

财务治理主要是对财务关系的处理，而处理财务关系的核心是对财权的合理配置，显然，财权贯穿了对财务关系处理的始终。所以，应该将财权（具体为财务治理权）作为财务治理的客体。

公司治理的实质就是一种权力配置和利益分配问题，在公司中谁掌握了财权，谁就在很大程度上占了主动、占了上风，所以争取财权历来是公司各层员工竞争的核心。财权具体包括财务决策权、财务执行权和财务监督权，"三权"之间相互配合、相互补充、相互制衡。

(三) 财务治理的目标

财务治理是通过对财务关系的处理来达到各利益主体权力、责任、利益关系的合理划分（核心是财权的最优配置），从而实现财务目标的权力方面——相关者利益最大化。

财务治理的最终目标是使相关者的利益得到保证，而财权配置的"动态均衡"和"激励约束机制"的形成正是这一目标实现的基础。财权配置中的"动态均衡"，是指财权在所有者、经营者和管理者不同层级的配置既相对独立，又相互影响。而"激励约束机制"的形成则要保持公司财务治理效率，必须在治理中施行一系列相关的措施，以促使财务治理主体（两类不同利益主体）有积极治理及参与的动机。

二、财务治理结构

财务治理结构是以财权为基本纽带，以融资结构为基础，在以股东为中心的共同治理理念的指导下，通过财权的合理配置，形成有效的财务激励与约束机制，实现相关者利益最大化和企业决策科学化的一整套制度安排。

从根本上来说财务治理结构是为了规范董事会、高级经理人员和财务经理的行为，使企业的财务活动更理性化，更符合股东的利益。董事会是全体股东的代表，由股东大会选举产生；高级经理人员和财务经理由董事会任命，其义务就是为了股东的利益而勤奋地工作。但是现代企业理论研究得出：企业是一组契约的结合体，在信息不对称的情况下，契约是不完全的，监督是有成本的。股东、董事、经理各自拥有不同的信息，从道理上讲经理人做出的经营决策理应达到股东权益最大化。

但在现实的市场条件下，经理人的决策行为是受其自身利益影响的，二者追求的目标经常又不一致。这就导致了经理人可能会利用其信息的相对优势逃避监督，偏离股东"权益最大化"的目标，转而追求其自身人力资本的增值和个人利益的最大化，由此产生"道德风险"和"逆向选择"问题。因此经济学家认为，克服和防止代理人道德风险和"机会主义"的关键在于委托人必须设计有效的激励和约束机制来减少由所有权与控制权分离所引起的委托人与代理人之间的利益冲突。

三、国际企业财务治理的基本层次

国际企业在全球范围内配置资源并从事经营活动，实现全球发展战略，因而其规模庞大，组织复杂，类型多样。但是从其组织结构来看，一般分为核心层、紧密层、半紧密层和松散层四个层次。国际企业的各层次结构中贯穿着复杂的委托-代理关系。具体来说，母公司的股东作为终极出资者，对母公司具有控股权。母公司通过投资于国外子公司，并对其控股，同时授权其子公司享有所投资本的经营权。子公司也会发生对外投资，甚至控股性投资，从而出现出资者系列和经营者系列。这种系列具有无限延伸的可能性。在这两个系列中，各层次的关系都表现为一般意义上的出资者与经营者的关系，即出资者提供资本，经营者将资本转化为资产，并按照出资者的要求经营资产，谋求国际企业价值最大化的全球经营战略。但是他们在系列中所处的层次不同，分享财权的配置关系就不一样，相应的责任也不同。按所分享的财权性质，出资者系列与经营者系列抽象出三类性质的财权配置，从而形成国际企业财务治理的基本层次。它们分别是国际企业母公司的财务治理、母子公司之间的财务治理以及经营性子公司的财务治理。由于经营性子公司同单纯的国内公司在财务治理方面往往无太多差别，并且可以参照母公司的财务治理框架来构建与运行，因此，我们重点讨论母公司的财务治理与母子公司之间的财务治理。

四、国际企业母公司的财务治理

母公司在国际企业的财务治理中处于核心地位，母公司的出资者与经营者之间有效配置财权，并建立相应的责任机制，是建立完善财务决策机制的关键，也是国际企业财务治理的首要环节。

国际企业母公司的财务治理是指母公司的利益主体以及行为主体的财权及相应责任的安排，这些主体主要包括母公司的出资者与经营者。因此，国际企业母公司的财务治理解决的是母公司的出资者与经营者的财权与责任配置以及母公司内部的决策机制问题。母公司是国际企业全球经营战略的制定者与促进者，无论是出资者还是经营者，既不能仅仅站在自身利益的立场行事，也不能仅仅站在母公司的立场行事，而必须服从全球发展战略，并充分考虑国际企业各利益主体的合法利益，同时必须形成有效的财务决策机制，不能进行无效甚至失误的决策。这正是母公司财务治理所要解决的问题。

（一）母公司出资者的财权与责任配置

为保证母公司资本保值增值目标的实现，出资者应拥有两个方面的财权：一是出资者投入资本的投资活动，二是激励并约束经营者的财务决策。具体而言，出资者应当拥有的财权及相应的责任有：①确定经营者的职业水准或设立标准，规定其机构设置和组成人员的素质结构；②规定经营者的基本投资方向，以及变更投资方向的申报程序；③向经营者提出投资收益水平的要求，并与其协商最终确定；④规定经营者的投资程序，以及每一环节所应完成的基本工作；⑤规定经营者对投出资本进行重组的基本要求和程序；⑥规定经营者的报酬与奖励办法；⑦通过各种方式（如通过会计师事务所审计）对经营者的资本经营行为进行评价，并建立相应的办法。

（二）母公司经营者的财权与责任配置

母公司经营者一方面作为经营者，负责母公司的一切经营事务，同时，又代表出资者负有对子公司管理的责任与权力。母公司资本保值增值目标的实现，在很大程度上取决于经营者的工作。经营者的财权应保证两个方面的工作：一是外部关系的协调，即协调母公司与股东、债权人、有关国家政府及当地居民、子公司及业务关联公司、中介机构等错综复杂的关系，目的在于树立良好的财务形象；二是内部协调，即协调母公司内部各部门单位的工作、业务关系，目的在于减少内部摩擦，使各项工作有序和谐地推进，提高运行效率。

具体而言，母公司经营者应当拥有的财权及责任有：①制订具体的全球经营计划；②提出对外投资项目的可行性报告；③确定各投资项目的管理方式；④建立有效的财务组织，包括机构设置、各项制度、规章和考核奖惩等；⑤明确管理方针、财务政策；⑥加强资金管理；⑦批准国际企业的费用预算，并监督执行预算；⑧聘任或解聘财务经理；⑨对子公司财务状况的监督、评价等。

五、母子公司之间的财务治理

母子公司之间的财务治理是国际企业财务治理的重点和关键环节，也是最为复杂和最具有挑战性的，其中的核心问题是集权与分权的问题。国际企业的组织特征决定了分权的必然性，而其规模效益、风险防范又要求集权。现实中，完全集权或分权的国际企业是不存在的，它们只是集权与分权的程度不同。

在集权与分权的治理模式上，没有固定的标准，但是以下因素会影响集权或分权的程度。

（一）国际企业的成长阶段

国际企业在向国外扩展初期，因总部缺乏足够的资金来源和财务专家，往往较多地将财务决策权下放给子公司经理，实行分权制模式。随着国外经营的增长，国际企业发展到中型规模，母公司机构的经理人员了解到国内与国际的区别，认识到总部加强财务管理已日显重要。这时，国际企业也有了较强的经济实力和较多的财务专家，因此会逐步集权。当国际企业发展成为大型国际企业后，总部的管理当局面临两难境地：一方面，国外经营的规模和重要性需要管理当局加紧控制海外财务决策；另一方面，由于子公司业绩增长，财务选择权不断增多，这使得管理当局已无力对每项财务和交易都单独做出决策。在这种情况下，国际企业较多实行集权与分权相结合。

（二）股权结构

在一般情况下，国际企业财务决策权的集中度与其对海外子公司的控制度呈正相关。如果海外子公司大多是独资经营，那么，国际企业在财务决策权的集中与分散的选择上就有很大的回旋余地，而由于集权更有利于国际企业的全盘财务调度，故通常选择相对集中的财务治理模式理。相反，如果国际企业的海外子公司大多是合资经营，限于合伙人的利益与要求，其财务决策权会相对分散。

（三）产品技术要求

产品技术要求高的国际企业，总部大多把主要精力集中在技术开发而不是财务管理上，以便通过不断的技术创新和新产品推出来加强垄断优势，并通过技术来控制海外子公司，因而倾向于分权制。相反，产品技术要求低的国际企业，产品和工艺已成熟，公司的竞争优势主要不是来自技术，而在于全盘调度资金以降低成本，需要重视财务管理，因而倾向于财权集中。

（四）管理文化

国际企业财务决策权的集中与分散在一定程度上受公司传统管理文化的影响。欧洲的国际企业因其母公司与子公司之间传统的"母子关系"，财务管理集中度较高。据调查，大约有85%的欧洲国际企业是由母公司统一管理和协调海内外财务活动的。而美国国际企业股权结构分散，在管理上强调子公司的积极性，大多不直接对海内外财务活动实行集中管理，而是通过间接指导和干预的方法来影响海外子公司的财务管理。

（五）竞争状况

随着国际竞争的加剧，对当地目标市场和东道国经营环境的变化做出迅速反应已成为国际企业成功的关键之一。这要求子公司有更多的经营自主权，包括更多的财务决策权。同时，随着生产经营国际化的发展，集中财务管理决策的利益也很明显。因此，国际企业一般在资金调度、转移定价、授权费、管理费和涉及公司整体利益的财务决策方面趋于集中，而在其他财务决策权方面趋于分散化。

◇ **知识活页**

拓展阅读：伯克希尔股东大会介绍

二维码 10-1

第二节　国际并购与国际控制权市场

一、国际并购（international M&A）

美国著名经济学家、诺贝尔经济学奖获得者乔治·斯蒂格勒（1985）说过："没有一个美国大公司不是通过某种程度、某种方式的并购而成长起来的，几乎没有一家大公司是主要靠内部扩张成长起来的。"而在生产一体化、金融一体化和贸易一体化的今天，企业之间的并购早已跨出国界，在世界范围内进行着更大规模的重组，这就是国际并购。

国际并购也称跨国并购，是指企业跨越国界所进行的企业并购行为，包括国际收购和兼并两个方面。在现实中，实质意义上的跨国兼并并不多见，大部分国际并购行为均属于国际收购。

当今世界，国际并购浪潮席卷全球，国际并购不过是企业之间兼并和收购在国际范围内的延伸，但它导致了各国经济在全球范围内的重组以及产业在全球范围内的集中，反映了经济全球化过程中产业和企业产权的进一步整合。

（一）国际并购的动因

第一，经济全球化和 WTO 框架下开放性市场竞争。经济全球化的迅速发展，使各国经济对国际贸易和国际投资的依存度不断上升，逐渐使 WTO 框架下国际市场的相互开放程度也大大加深。统一的世界市场的逐渐形成使企业走出国门、参与国际竞争有了舞台。在这种背景下，一方面，国内企业面临着更为广阔的市场容量，使其更有必要和可能展开更大规模的生产和销售；另一方面，国内企业面临着全球范围的激烈竞争，原有的市场份额及垄断格局不可避免地受到挑战。

第二，贸易政策的变化。随着企业产品出口的增加，可能在国外遭受越来越多贸易保护政策的限制，如反倾销、附加关税和非关税壁垒等。而避免进口国对出口企业反倾销，尤其是出于贸易保护考虑而实行的反倾销等政策而带来的损失，较好的规避方法就是国际并购。通过国际并购，组织当地生产，可有效规避上述各种对出口的限制。

第三，寻求规模经济。规模经济有利于生产集中从而降低单位成本，并增强企业控制市场的能力，而国际并购是规模经济形成的重要途径。国际并购促成大规模销售网络的建立、市场购销的集中、资金的筹措和统一管理，从而可以更有效地在全球范围内配置和利用资源。

第四，迅速实现多样化经营。实施国际并购能加快企业多样化经营进程，更好地发挥自身优势，同时分散经营风险。最初的跨国公司都是某一方面的专业生产企业，随着生产规模的扩大和经营项目的增加，单一的产业结构已不适应跨国公司大规模、现代化大生产的要求。许多企业竭力寻求发展多元化、多门类的产业经济，以雄厚的产业实力支撑公司发展，逐鹿国际国内市场。

第五，寻求协同效应。协同效应包括经营协同效应、财务协同效应和管理协同效应。而规模经济、范围经济、纵向一体化和较好的技术是这些协同效应产生的根源。国际并购把不同企业的经济活动整合在一起，减少重复活动，降低经营成本，在资源利用上取得协同效应。

（二）国际并购的风险

虽然国际并购可以实现如上诸多效应，但其风险也是不可小视的。

1. 财务风险

从财务方面讲，首先，跨国并购由于涉及异国交易，外汇市场变化所带来的汇率风险不可避免。其次，跨国并购需要巨额资金，即使是财力雄厚的大企业，若全靠本身的自有资本来顺利实现对目标公司的兼并收购，也是一项比较困难的工作，这又无疑加大了筹资风险。再次，被并购企业的价值到底如何，即对目标公司的资产评估由于存在信息不对称也会带来风险。由于目标公司远在异国，并购方对目标公司的企业情况很难准确了解，存在很大的信息不对称问题。市场信息难搜集,可靠性也较差,因此,对并购后该公司在当地的销售潜力和远期利润的估计也存在较大困难。

 2. 文化整合风险

并购不是目的,并购后由于协同效应而带来的经济收益的增长才是根本目标,而这两者之间需要跨越文化差异这一鸿沟。并购后企业战略框架的制定、业务的整合,以及企业内外部的沟通都关系到企业并购成功与否。一项全球范围内的并购研究报告指出,在并购的不同阶段失败的概率也大不相同:在并购前和并购中分别为30%和17%,而在并购后的整合阶段失败的可能性高达53%。由此可见,很多并购交易最后并没有真正创造价值,其原因就在于并购后整合的失败。而跨国并购,面临的不只是企业层面的文化差异及冲突,还包括国家之间文化的差异及冲突。

 3. 国家风险

国际并购属于国际直接投资的一部分,因此必然面临着东道国政治格局变化、战争、没收监管等国家风险。关于国家风险的论述详见第六章。

(三)当前国际并购市场的新特点

当前全球性金融危机给世界经济发展带来不利影响,企业经营遇到新困难,国际并购市场呈现出一些新特点。

首先,卖方市场转向买方市场。以往国际并购市场基本上由卖方主导,目前逐渐转为买方市场。现在要拍卖的企业增多,相对而言买者减少,因此价格必然下滑。买方有了选择并购对象的余地,而且价格便宜。因此,总体而言,当前国际并购市场买方掌握主动权,很有机会猎到有价值的对象。

其次,拍卖对象价值下降。金融危机使全球股市大缩水,导致企业资产、上市股值全面跳水,缩水20%~30%是普遍现象,严重者贬值50%以上,因此上市拍卖或转让股份的企业价格跌落,并推动整个并购市场上被拍卖对象的总体价值下降,这为买方购进"廉价货"创造了条件。

最后,中国将成为国际并购市场的买家。过去美国、日本、欧洲等发达国家和地区曾是国际并购市场上的大买家,现在中国将成为这个市场上的新兴买家。中国经济受金融危机冲击比西方国家要小,而且外汇储备充足,且中国政府鼓励企业"走出去",目前的国际并购市场现状为中国企业"走出去"提供了一些有利条件。这些内外因素使中国企业在国际并购市场上开始活跃起来,国外的石油、天然气等能源项目,矿产资源项目,农业项目等成为中国企业在国外实施并购的重点对象。

二、国际控制权市场

公司控制权是指通过占有公司较大比例的股份依法享有对公司决策经营、日常管理以及财务决策等的权利。公司控制权市场是指不同的利益主体通过各种手段获得具有控制权地位的股权或委托表决权,以获得对公司控制而相互竞争的市场。

公司控制权结构与公司治理制度息息相关,差异巨大的公司治理制度产生了截然不同的公司控制权市场。

(一)公司控制权市场概念的界定

最早对公司控制权市场进行研究的是 Manne 于 1965 年发表的《兼并和公司控制权市场》一文,他提出,"公司控制权市场的一个基本前提是公司的管理效率和其股票价格有着高度的正相关性",认为"除了证券市场,我们没有任何衡量管理效率的客观标准"。遵循 Manne 的思路,Jensen 和 Ruback(1983)将公司控制权市场定义如下:"我们将公司控制权市场(通常也被称作收购市场)看成一个由各个不同管理团队在其中相互争夺公司资源管理权的市场。"因而控制权市场其实是为争夺控制权而采取的各种机制或方式的集合。这些机制有的是通过证券市场发挥作用,有的则直接在公司内部产生效力。而其中最有代表性的是美国的公司控制权市场。

(二)美国的公司控制权市场情况

美国 1980 年以前的公司治理机制非常薄弱,上市公司不注重股东利益。在这一时期,并购主要集中在服务业以及自然资源领域,并购的交易规模之大到了空前的程度,10 亿美元以上的交易日益增多。由于并购的规模巨大,因此当时的并购以杠杆收购为主要形式,在收购过程中,一般都有银团及投资银行提供强大的资金支持,而且"垃圾债券"这种新的金融工具也大显身手,据统计,有 50% 以上的垃圾债券与并购接管有关。这个时期的并购浪潮的另一个特点是大量的收购行为表现为恶意收购,一般是在一批金融专家分析目标公司现金流量之后,确定公司市场价值与内在价值之间的差异,然后迅速组织银团负债融资,收购公司并取得控股权,再雇用该行业管理专家,以最佳的市场趋向和利润平衡点肢解公司,重组公司结构,给予管理者股权,然后监督经营,获利之后将公司售出。

20 世纪 90 年代之后,美国的公司控制权市场发生了显著变化。证券市场上的杠杆收购和敌意收购急剧下降,取而代之的是内部控制权市场的完善。据统计,1996 年美国企业兼并案达 3 087 宗,兼并总资产达 6 500 多亿美元,这一时期的并购与 20 世纪 80 年代的主要区别在于恶意收购向战略收购转变。参与兼并浪潮的企业主要着眼于战略利益,以占有更大市场份额,提高公司效率和夺取核心产业价值控制权等为主要动机。这些企业在集中精力搞好主业的同时,合并行业相关或能与之形成互补优势的企业,并将与企业发展不相适应的部门剥离掉。与此同时,美国政府还制定了一系列政策来规范公司控制权市场和公司的治理结构。其中美国于20世纪90年代施行的公司信息披露制度最值得关注。

三、中国的公司控制权市场的现状

与国外相对发达的公司控制权市场相比较,中国的公司控制权市场呈现出以下特点。

(一)市场的分割与低流通性

中国股票市场产生之初对国有企业上市采取了特殊的企业股权制度安排,使得中国上市公司的股权结构总体上以非流通股为主,并呈现出复杂的股权结构,即使是可流通的股票,其市场之间也是彼此分割的。公司股权结构中,国有股比重过高,非流通的国有股、法人股越积越大,导致资产流通性差。市场的分割和国有股的低流通性,使得非控股股东较难取得公司控制权,机构投资者即使将流通股全部买断,也无法成为上市公司的最大股东,从而无法获得公司控制权以实现战略目的,这加大了公司控制权市场运作的难度和成本,难以对资源进行重新配置。上市公司股权分置改革后,上市公司股票全流通成为可能,加大了公司控制权市场的作用力度。但由于地方政府对政府控股权的偏好和安排,国有企业股权集中现象还会相对较多,影响着股票的流通性。

(二)股权集中度过高

上市公司股权结构的非适度性还表现在股权高度集中。股权集中度用第一大股东占全部股份的比例来代表;第一大股东拥有50%以上股权的,视为股权高度集中;第一大股东拥有20%以下股权的,视为股权高度分散;第一大股东拥有20%~50%股权的,视为股权相对集中或相对分散。2003年,中国上市公司前5位大股东的股权集中度为59.2%,而同年美国和日本的上市公司前5位大股东的股权集中度分别为25.4%、33.1%。股权的高度集中使国有企业股权主要集中在少数机构手中。即使通过协议和拍卖的形式实现公司控制权的转移,垄断的存在也使交易艰难而低效。由于不担心公司控制权旁落,中小股东监督约束软化。

(三)法律规定阻碍了公司控制权的转移

在中国,近几年上市公司并购活动上升,但真正具备敌意接管特点的却不多。究其原因,除了历史因素,以及中国独具特色的股权结构外,还有有关法规的严格规定使得敌意收购"难得一见"。比如,《中华人民共和国公司法》规定,公司合并应由公司股东会做出决定、股份公司合并必须经国务院授权的部门或省级人民政府批准等。《股票发行与交易管理暂行条例》和《公开发行股票公司信息披露实施细则》对个人收购上市公司和公司收购的速度进行了限制：禁止取得控股权的部分要约，限制强制要约的价格和付款方式；规定较长的要约期间；规定要约预受的无条件撤回权；规定严厉的"收购失败"制度。

（四）收购重组不规范

中国证券市场上为数不多的"三无"概念股和部分国有上市公司通过国有股和法人股的有偿转让和拍卖，可以发生公司控制权的转移。但是，由于信息披露的不规范和相关法律制度的不完善，中国证券市场中，上市公司的收购和兼并活动中的关联交易较多，"三无"板块和国有上市公司频频上演假重组。收购者和控股大股东联手操纵市场，通过虚假信息披露，在股价波动中借机牟取暴利。据实证分析，中国上市公司控制权溢价（大股东侵害度）远高于英美国家，也高于亚洲的日本、新加坡等国家。

（五）公司接管主要以协议方式为主

公司接管主要通过收购控股权进行。中国上市公司的股权结构方面的特点，决定了在集中交易市场（交易所或合法的交易中心）发生的接管活动比例较小，而通过协议方式在集中交易市场外收购国有股、法人股股份是接管活动的主体。协议转让价格通常通过协议商定，一般以净资产为基础，适当考虑资产状况和盈价能力。通常绩优公司和有配股资格公司的转让价格对净资产的溢价比率要高一些。在中国，协议转让价格往往比市场转让价格低，降低了收购成本。但现阶段，中国公司协议转让更多地表现为关联交易，对企业领导人的惩诫作用不一定大，公司控制权市场的功能并未充分发挥。

由此可见，中国的公司控制权市场还不够完善，还有一段路要走。

◇ 本章小结

财务治理是一组联系各相关利益主体的正式和非正式关系的制度安排和结构关系网络，其根本目的在于试图通过这种制度安排，达到相关利益主体之间的权力、责任和利益的相互制衡，实现效率和公平的合理统一。这里的权力主要指财权。主要从财务治理的主体、财务治理的客体和财务治理的目标这几个角度来了解财务治理。

财务治理结构是以财权为基本纽带，以融资结构为基础，在以股东为中心的共同治理理念的指导下，通过财权的合理配置，形成有效的财务激励与约束机制，实现相关者利益最大化和企业决策科学化的一整套制度安排。

国际企业的各层次结构中贯穿着复杂的委托-代理关系。具体来说，母公司的股东作为终极出资者，对母公司具有控股权。母公司通过投资于国外子公司，并对其控股，同时授权其子公司享有所投资本的经营权。子公司也会发生对外投资，甚至控股性投资,从而出现出资者系列和经营者系列。这种系列具有无限延伸的可能性。

母公司在国际企业的财务治理中处于核心地位,母公司出资者与经营者之间有效配置财权,并建立相应的责任机制,是建立完善财务决策机制的关键,也是国际企业财务治理的首要环节。母子公司间财务治理是国际企业财务治理的重点和关键环节,也是最为复杂和最具有挑战性的,其中的核心问题是集权与分权的问题。

国际并购也称跨国并购,是指企业跨越国界所进行的企业并购行为,包括国际收购和兼并两个方面。在现实中,实质意义上的跨国兼并并不多见,大部分国际并购行为均属于国际收购。国际并购的风险包括财务风险、文化整合风险和国家风险。

公司控制权是指通过占有公司较大比例的股份依法享有对公司决策经营、日常管理以及财务决策等的权利。公司控制权市场是指不同的利益主体通过各种手段获得具有控制权地位的股权或委托表决权,以获得对公司控制而相互竞争的市场。公司控制权结构与公司治理制度息息相关,差异巨大的公司治理制度产生了截然不同的公司控制权市场。

◇ 思考与练习

1. 如何理解财务治理?
2. 什么是财务治理结构?
3. 国际财务治理的基本层次应该怎样划分?
4. 母公司财务治理应该抓住哪些方面?
5. 影响国际企业财务治理集权或分权程度的主要因素有哪些?
6. 国际并购的动因是什么?
7. 国际并购面临哪些风险?
8. 中国的公司控制权市场具有哪些问题?

◇ 在线答题

二维码 10-2
第十章
自测题

第十一章 国际财务报告分析

◇ **学习目标**

1. **知识目标**：了解国际财务报告分析存在的障碍；理解国际财务报告分析的过程；理解国际财务报告准则(IFRS)的含义和构架。
2. **能力目标**：能对国际财务报告进行理解和分析。
3. **情感目标**：培养学生在不同国际环境下对财务报告的人文理解，符合当地习惯。

◇ **本章导读**

国际财务报告，顾名思义研究的是国际环境下的财务报告问题。全面了解国际财务报告这一内容有助于推动各国之间的经济合作、跨国公司之间的贸易往来以及资本的国际流动等。本章将对国际财务报告分析内容进行全面的阐述。

◇ **导入案例**

聚焦2021年国际财务报告准则变化，助力企业提前制订应对计划

自2020年3月，国际会计准则理事会(IASB)发布：对《国际财务报告准则第16号——租赁》关于新冠肺炎疫情相关租金减让的修订(2020年5月和2021年3月)；对《国际财务报告准则第9号——金融工具》《国际会计准则第39号——金融工具：确认和计量》《国际财务报告准则第7号——金融工具：披露》《国际财务报告准则第4号——保险合同》《国际财务报告准则第16号——租赁》关于利率基准改革的修订；对《国际财务报告准则第17号——保险合同》《国际财务报告准则第4号——保险合同》的修订；对《国际财务报告准则第3号——企业合并》《国际会计准则第16号——不动产、厂房和设备》及《国际会计准则第37号——准备、或有负债和或有资产》的小范围修订；对《国际会计准则第1号——财务报告列报》《国际财务报告准则实务说明第2号》《国际会计准则第8号——会计政策、会计估计变更和差错》的修订。

普华永道所编制的《2021年国际财务报告准则的变化》(以下简称报告)将介绍以上修订和此前发布的于2021年1月1日或之后生效的准则及修订。此报告可供国际财务报告准则下的财务报表编制者、使用者和审计师使用,其中包含一份按照生效日期分类的各项准则、修订、解释公告的速查表,并标明是否允许提前采用。此报告概述了准则变动的影响(对于某些主体的影响可能较为重大),将帮助公司理解是否会受此影响,开始考虑如何应对。报告通过着重提醒需要引入新程序和系统或更多指引的领域,以帮助主体提高制订计划的效率。

思考:请问你觉得国际环境下的财务报告会有哪些发展变化?国际财务报告分析的重点又将包括哪些?

■ 资料来源:《普华永道 IFRS 洞察》,https://www.sgpjbg.com/baogao/36760.html。

◇ 知识活页

二维码 11-1

拓展阅读:致同发布2021版《国际财务报告准则变更纵览》

第一节 国际财务报告分析概述

当前,随着世界经济进入全球化阶段,作为经济全球化集中体现的国际资本流动达到了空前的规模,而这种状况又与经济全球化相互推进。随着经济全球化浪潮的兴起,跨国公司也进入新的发展时期。跨国公司既对经济全球化起到了推进作用,也借助经济全球化浪潮使自己更快地走向世界。与此同时,跨国公司的发展也不可避免地融入了新时代的特点,投资环境好和劳动力成本低的国家和地区成为跨国公司开展经营的首选。因此,跨国公司的全球兼并收购活动日益频繁。

随着资本投资国际化的发展,对非本国财务报告的理解与使用的需求日益增加,财务报告作为竞争分析、信贷决策和企业谈判的基础比以往显得更为重要。这引起了跨国公司内部管理的迫切需求,进而引起了跨国公司对国际财务报告分析和评价的进一步需求。因此,对跨国公司而言,国际会计报告分析的重要性日益突出。但是,对不同国家的财务报告进行分析面临着众多障碍和挑战,国家之间在会计实务、信息披露质量、法律和监管体系、企业风险的类型和程度以及其他很多方面存在着巨大的差异。这些差异的存在意味着在一个地方是有效的分析工具在另外一个不同的环境中可能就会无效。分析人员在搜集可信的信息时通常面临着巨大的挑战,因此要进行国际财务报告分析,首先应对这些问题进行探讨和分析。

一、当前国际财务报告分析遇到的主要障碍

(一)各国会计标准存在差异

编制国际财务报告应依据何种会计标准,无疑是一个有决定意义的重大问题。恰当处理国际财务报告信息所应具备的首要素质就是要精通各国编制财务报告的会计语言。众所周知,财务报告是以一般公认会计原则为基础加上会计人员的专业判断编制而成的。原始数据经过会计处理后,往往与事实有些差异,分析时如无法把握事实真相,可能会得到错误的分析结果。

国际上有许多权威性会计专业组织,如国际会计准则委员会,多年来一直在致力于协调各国会计标准,但事实上,至今还没有一个为世界各国公认的会计标准。目前,各国跨国公司和国际资本市场一般都各自寻求适合自己需要的财务报告的编法和要求。

(二)语言、计量货币和计量属性存在差异

目前,英语已被在国际交往中的大多数国家使用,尽管所应用的语言是相同的,但专用名词的含义仍然存在着较大的差别,这将会对信息的理解产生不同程度的困难。

另外,由于各国使用不同的货币作为记账本位币,因此分析和处理不同国家的财务报告时也要求做一些必要的调整。对大多数投资者和其他财务报告的使用者来说,不管怎样,一次只能用一种货币来处理财务信息,这便出现了货币换算差异的处理问题。因为即使是有经验的投资者和财务分析专家,如果迫使他们在同一时间使用不同货币的报表,也将是非常困难的。

(三)会计信息披露质量上存在障碍

会计信息披露质量一般取决于信息的可信性、充分性和及时性,而当前此"三性"仍不同程度地形成了国际财务报告分析中的困难。例如,就信息的可信性而言,许多发展中国家没

有可靠的系统去搜集信息,并且在一些情况下,对所搜集的信息进行有意的修订,使其显示出一种比其实际绩效更好的结果。在许多落后的国家,信息的不可信性是普遍存在的。当外国投资者和跨国公司将其势力扩展到发展中国家时,在投资前,会要求当地提供反映工资、价格及其他重要方面的真实信息。而如果一个国家没有可靠的统计数据做保障,那么在国际资本市场上会失去很多机会甚至为此而付出高昂的代价。因此,如何提供可信的会计信息是我们面临的一个重要挑战。

可喜的是,目前国际财务分析与评价的障碍在减少。对分析人员而言,总体趋势是好的。资本市场的全球化,信息技术的高速发展,各国政府、证券交易所以及公司投资者和交易活动竞争的加剧,都激励公司自愿改善外部财务报告实务。

二、针对上述问题应采取的对策

(一)会计准则的国际化

从目前的情况来看,国际会计准则理事会(IASB)的国际财务报告准则(IFRS)与美国财务会计准则委员会(FASB)的一般公认会计准则(GAAP)是世界范围内应用较为广泛的两套会计准则,许多国家的证券交易所接受外国上市公司按这两套会计准则编制的财务报告。应当看到,在制定国际会计准则的问题上,尽管IASB和FASB的较量还未结束,但双方在许多问题上已达成共识。2002年10月29日,FASB和IASB共同签署了《谅解备忘录》,提出世界资本市场将运用一整套企业界共同遵循、投资界充分信任的全球会计准则,这表明FASB与IASB的合作有了突破性的进展,开始正式将GAAP与IFRS的趋同作为双方的义务,朝着全球会计准则趋同的目标合作。

◇ 知识活页

二维码11-2

拓展阅读:FASB与IASB:趋同与博弈

(二)克服应用语言和计量模式差异

为克服语言方面的障碍,使不同国家的人们能更方便快速地理解报表内容,目前可获得的计算机软件能够帮助人们区别"英国英语"和"美国英语"的不同,而当专有名词在不同的国家有不同定义时,对分析者来说是一个巨大的挑战。所以,从长远来看,只有当各国专有名词本身在定义上没有多大差别时,财务分析专家和各种投资者才可以较快地去适应这种差异。

就计量模式而言,这里着重谈谈公允价值这一计量属性的应用。事实上,对公允价值计量的必要性,中外会计学者早有研究。人们对公允价值计量的信念主要来自它能提高会计信息的相关性。从理论上讲,虽然目前人们已经认识到对于某些会计要素的计量,公允价值优于历史成本,但历史成本提供的信息是否因公允价值的出现而失去了相关性,还没有权威性的研究结论,因此从目前来看,公允价值在会计实践中的运用非常广泛。

(三)重视提高会计信息披露质量

目前,信息的可信性问题正在逐渐缩小。因为世界上的大部分国家和地区的企业在披露会计信息时,越来越多地考虑外部咨询者和国际机构的意见,信息披露工作的专业性越来越强。信息揭示的充分性也正在提高,全球的资本市场正迫使那些想要筹集资金的公司在进行报表揭示时要能满足各种需求者的需要,这些需求者包括证券市场管理者和财务分析专家等,这迫使企业披露信息做到充分、全面。随着信息搜集和加工技术手段的不断提高,信息及时性方面存在的问题也在逐步得到解决。

第二节 国际财务报告分析过程

随着全球化的不断发展和国际会计信息披露的持续改进,跨国公司财务分析与国内公司的财务分析之间的界限逐渐变得模糊。例如,随着欧元的生效,在欧洲进行的分散投资组合战略是以行业为出发点的,而非国家因素。投资组合的管理者不再是根据国家通货走势的强弱来选择股票,而是在不考虑公司的原始所在国的前提下选择行业中最好的公司。因此,进行国际财务报告分析显得尤为重要。

我们用配普、伯纳德和黑利介绍并发展的企业分析与评价框架来进行国际财务报告分析。这个分析框架的四个阶段是:①企业战略分析;②会计分析;③财务分析;④前景分析。每个阶段的相对重要性取决于分析的目的。这一分析框架可以用于包括证券分析、信贷分析和兼并收购分析在内的各种决策环境。

一、国际财务报告分析的四个阶段

（一）企业战略分析

企业战略分析是国际财务报告分析的第一步，它为分析者提供公司、竞争者以及经济环境的量化信息，以确保数据分析建立在更为切实的基础上。

首先，确定企业所处的行业经济特征，力图了解其竞争战略。与国内财务报告分析一样，国外财务报告一般可从行业的成本结构、成长期、产品的经济周期性和替代性、行业的盈利性，对其他行业的依赖程度以及有关法律和政策对该行业的影响程度等方面，来分析公司的行业经济特征；可从公司的经营规模、发展阶段、产品单一或多元化经营策略、服务特征、产品情况和市场份额以及在采购生产销售等环节上的风险因素，来判断公司所采取的竞争战略；可从公司组织形式、文化特点、管理层素质、风险控制能力和经营管理作风等方面进行综合分析，来考察其自身的经营管理水平。

由于不同国家的商业和法律以及公司目标的差异，其利润动因和商业风险也有很大差别。企业战略分析通过明确公司关键的利润驱动因素和商业风险，帮助分析人员做出符合实际的预测。呈现在使用者面前的财务报告是各种背景的反映，包括文化传统、民主状况、法律体系等。开展企业战略分析必须深层次地对公司的年报和其他报告进行分析，与公司的员工、分析人员和其他财务专业人员进行交流，以便了解企业在国际上的发展背景和环境。

投资者在许多国家获取行业和公司的信息也比较困难。国家之间在公司信息的可获得性和质量方面存在着很大的差异。投资者经常抱怨缺乏国外公司的数据信息，其可获得性和质量都低得令人吃惊。但近年来，许多在国外市场上市和筹资的大公司已经自觉地将其信息的披露转向全球认可的会计准则，如国际会计准则。

其次，了解企业所在国的会计环境。企业会计报表与其财务特性之间关系的确定，离不开对企业所在国会计环境的分析。同样的会计报表放在不同国家的企业中，所体现的经济意义和财务特性很可能完全不同。这方面的代表性研究是 1982 年乔伊所做的关于日本与美国公司财务比率的比较，其研究成果刊登在 1982 年第 3 期的《纽约大学商业杂志》。研究发现：日本企业的负债比率比美国企业普遍高很多，这表明在美国长期偿债能力较差的企业，在日本却可能比较正常。这是因为日本企业资金的主要来源是银行贷款，而且大商业银行与企业的关系极为密切，银行对拖延偿还的贷款并不采取严厉的追索措施，而通常的做法是延长偿还期限，或是以新贷款替代旧贷款，甚至可能指派高级主管人员就任陷入困境企业的董事长或董事，以便在经营管理上提供必要的财务支持。在日本，长期负债可以任意推迟偿还期限，从性质上看，更近似于股东权益，因此，按美国的观点认为是危险的负债比率，在日本却可能安然无事。

由于在国际环境中使用传统的研究方法通常很难进行充分的企业战略分析,因此,近年来,特别是在许多新兴的市场经济国家中,通过亲自旅行访问来了解当地企业所处的环境以及行业与公司的实际运作情况是企业战略分析的一个重要手段。互联网也为获取那些很难或不可能取得的信息提供了便捷的途径。公司信息也可以通过那些比较大的会计公司、银行、经纪公司公开出版的刊物来获得。需要指出的是,如果没有进行充分的企业战略分析,伴随而来的将是巨大的风险。例如,在东南亚金融危机中,一些评论家认为其发生的一个重要的原因,就是外国投资者急切地投资于那些没有提供完整且可靠信息的公司,或者投资于那些他们知之甚少或没有严格执行财务报告准则的市场。

(二)会计分析

分析人员需要了解公司采用的会计政策,并对公司会计灵活性的质量和程度加以评价。要得到可靠的结论,分析人员必须将报告的会计数据加以调整,以消除他们认为由会计方法的不恰当使用所引起的扭曲。从而评估确定分析对象的会计数据在多大程度上反映了该公司的经济现实水平。

可以采用以下步骤来对一家公司的会计质量进行评价:

(1) 明确关键的会计政策;

(2) 评价会计灵活性;

(3) 评价会计战略;

(4) 评价披露质量;

(5) 辨明潜在的风险警报(例如,非正常的大额资产注销,产生巨额利润的不明交易,或者公司报告的利润与经营活动产生的现金流量之间差额的日益扩大);

(6) 会计失真的调整。

分析人员在进行国际会计分析时面临着两个特殊的问题。首先,国家之间在会计计量质量、披露质量、审计质量等方面存在着巨大的差异。引起这些差异的因素包括国家间要求的与公认的会计实务、监管与执行,以及管理者在财务报告中所采用的会计政策的选择的自由程度等。由于不同国家的背景差异,财务报告的重点也各有侧重。以德国的会计实务为例,德国的财务会计与税务报告密切相关,保护债权人的利益是财务报告的第二个目标。其结果是财务报告的编制更关注债权人而非投资者。财务报告编制的保守直接导致了会计数据不能反映经济现实。德国的管理人员在使用准备金和采用会计政策方面有很大的自由选择权。即使一些改进的具体程序已经颁布,但财务报告所要求的监管和执行还远远不能达到英、美等国家投资者的期望。其次,分析人员应注意到,在许多国家,特别是新兴市场经济国家中,公司的股权集中,管理人员缺乏全面且可靠地披露信息的强烈动机。一些国家的会计政策可能与国际会计准则(或其他被广泛认可的准则)类似或一致,但管理人员在如何采用那些会计政策方面有很大的自由选择权。因此,获取分析所需的信息在各国有不同程度的困难。

（三）财务分析

财务分析的目的是评价一家企业当前和过去的业绩，并判断企业的业绩是否能够得以维持。财务比率分析和现金流量分析是财务分析中使用的重要工具。财务比率分析包括将本企业与同一行业中的其他企业进行比较，将企业不同年度的财务比率进行比较，以及将企业的财务比率与一些独立的基准进行比较。这些分析可以使我们深入了解重要的财务报表项目，帮助分析人员对企业管理人员的经营管理、投资管理、股利政策等方面的有效性进行评价。现金流量分析主要是对现金流量表的分析，分析人员通过现金流量分析，可以了解很多关于企业经营业绩与管理方面的问题。例如，公司的经营活动是否产生净现金流入；随着时间的推移，现金流量的组成部分如何发展变化；管理层关于筹资、股利和投资等方面的决策引起的现金流量结果；等等。

 1. 比率分析

在国内财务报告分析中，人们比较熟悉的是财务比率和相关指标的计算。但是在国际财务报告分析中，目前还没有形成一套公认的、权威的反映国际财务报告偿债和盈利能力的财务比率分析体系。

1987年，英国会计教授吉布森在《财务分析家杂志》上发表了国际财务报告分析中反映企业偿债能力和盈利能力的财务指标调查报告。调查表明，按重要性程度排名，反映偿债能力的前十个重要比率分别是固定负债保障倍数、利息保障倍数、负债/权益、财务杠杆程度、长期负债/总资产、负债/总资产、总权益/总资产、流通股/总投资、现金流量/长期负债到期额、债务/净营运资本。反映盈利能力的前十个重要比率分别是税后权益报酬率、每股利润、税后净利、税前权益报酬率、税前利润、税后资产报酬率、税后总投资报酬率、税前总投资报酬率、财务杠杆、息税前资产报酬率。1981年，美国一份涉及财务比率的研究报告认为，最重要的十大财务比率中反映偿债能力的是流动比率、负债/所有者权益；反映盈利能力的是每股利润、税后权益报酬率、税后边际净利、税前边际净利、税后投资总额报酬率、税后资产报酬率；其他比率有股利盈利比率和价格/盈利。

从英、美两国的调查研究对比可以发现：人们对反映跨国公司偿债能力和盈利能力指标的认识有共同之处，但也存在相当大的分歧（如流动比率在英国的重要性就远不如在美国）。财务比率计算没有公认、权威、固定的指标和模式，只有将它们与被分析企业所在国的经济环境，被分析企业所处的行业特征、企业战略，甚至与经营管理等联系起来才有意义。因此，国际会计报告分析应当是将某一企业的财务比率放在产业经济、企业战略等背景环境下进行与行业平均财务比率的对比。

在国际背景下分析财务比率必须关注两件事情。第一，不同国家会计原则的差异对不同国家的财务报告所产生影响的程度和性质不同。大量的证据表明，会计和非会计因素导致不同国家之间在盈利能力、财务杠杆和其他财务报告比率方面存在重大的差异。例如，英国和美国公司净利润的均值要远大于德国和日本。净利润的差别可以通过会计原则的不同而得到部分的解释,因为日本和德国的财务报告要比英美两国的财务报告谨慎得多。非会计因素同样对报告的净利润产生影响。例如,法国、德国和日本考虑维护债权人的利益从而导致财务报告中反映的净利润要比英国和美国的低,因为在这些国家管理者来自报告持续增长的净利润的压力要比英国和美国的管理者低。在美国和英国,财务杠杆的平均值要比德国和日本的低,这在一定程度上是因为德国和日本的保守会计导致报告的所有者权益要比英美两国低。德国、日本和法国较高的财务杠杆也源于资本结构中较高的负债,反映了这些国家较多地依赖于银行融资。

美国证券交易委员会(SEC)进行的一项研究证明,在美国证券市场上市的非美国公司中,按照美国GAAP列报的净收益和股东权益与按照非美国会计原则的列报结果有很大差别。

不同国家会计原则的差异会导致财务报告数据的很大差异。为了保证来自不同国家企业的会计信息具有可比性,需要对这些由于会计原则不同所导致的差异进行调整,即按照其他国家会计准则或国际会计准则重新编制财务报告,以便使财务报告更加可比。

2. 现金流量分析

如前所述,现金流量分析可帮助分析人员了解一家公司的现金流量情况和管理水平。国际会计准则以及越来越多国家的会计准则要求公司提供详细的现金流量表。与盈利指标相比,与现金流量相关的指标更少地受会计原则差异的影响,所以它们在国际财务分析中显得更为有用。

但并不是所有国家的会计准则都要求企业提供现金流量表。在不提供现金流量表的情况下,通过调整权责发生制盈余来计算经营活动的现金流量和其他现金流量指标通常比较困难。许多公司根本不披露调整所需的信息。例如,德国的资产负债表通常包含巨额的准备数字,反映许多不同类型的应计项目,而很少提供详细的资料可以使财务报表的使用者用来评价经营活动、投资活动和筹资活动的现金流量。

3. 应对国家间会计原则差异的策略

对财务报告的使用者而言,处理国家间会计原则的差异有以下几种方法可以使用。

(1) 表下注释。一些国家允许外国公司按原在国的会计准则编制财务报告,但同时必须在报表注释中注明两国会计准则的差别及其对报表数据的影响。英国、法国、比利时、日本等国都对外国公司做出了这类规定。

(2) 翻译和折算。翻译是指跨国公司将财务报告的语言部分翻译成各主要读者所在国的语言。荷兰、德国、瑞典和瑞士等国对财务报告的翻译较为普遍。这些国家的许多公司都以六种语言发布定期的财务报告。相比之下,美国和法国的民族主义倾向较为强烈,一般不愿对财务报告做翻译和折算。

折算比翻译又进了一步,除了语言翻译外,还把货币金额折算为以报告读者所在国的货币为计价单位的金额。翻译和折算无疑为外国读者理解和运用财务报告提供了方便，但翻译和折算也存在着局限性。因为据以编制财务报告的会计准则并没有加以转换，而读者却往往以为会计准则也已随着财务报告被"翻译"过了。这种误解很容易造成读者判断上的失误。为克服这些局限性，在翻译和折算后的财务报告中可比照表下注释法，对会计准则等差别做一些必要的披露。

（3）增加专用信息。例如，以瑞典为本土的跨国公司曾在寄给非瑞典读者的财务报告中，都附加一份《理解瑞典财务报表入门》的资料性小册子，在1981年的版本中，就载有重新表述瑞典的财务报告以反映美国的GAAP的指南。这一做法的长处在于它有助于读者理解和比较两国会计准则的异同，从而避免望文生义所带来的误解。其局限性则在于，它对没有能力自行调整会计准则差异数额的读者并没有多少帮助，受惠的只是熟悉报告编制技术的内行。

（4）重新表述。重新表述比以上各种方法都更为彻底，它是指跨国公司按照报告读者所在国或证券上市国的会计准则或国际会计准则对报告的各项数字进行重新表述。有时重新表述只限于部分重要指标，如收益额、普通股每股收益额等。

例如，布朗（Brown）、索贝尔（Soybel）和斯蒂科尼（Stickney）采用了一种重新表述的方法来提高国家间财务业绩的可比性。他们在相似的报告基础上重新表述美国和日本公司的经营业绩。不是把美国的数据按日本的财务报告基准转化或者把日本的数据按美国的财务报告基准转化，而是在必要的时候将美国和日本的财务数据按照统一的会计原则进行调整。

斯佩戴尔（Speidell）和巴维什（Bavishi）分析了来自12个国家的100多家公司，他们使用电子表格模板对折旧、非权益性准备、商誉、企业合并、投资计价、资产重估、存货调整、公司内部交易、外币折算、非常项目和递延税款进行了调整以使会计处理标准化。斯佩戴尔和巴维什讨论了在报告重新表述中可以使用的几种不同的方法。例如，当对两家公司进行比较时，可以将财务报告项目调整为同样的基础。另一种方法是假设公司的经营结构与同一行业中的其他跨国公司一致，从而使用那些公司的平均折旧费用。斯佩戴尔和巴维什报告了所分析的许多国家的公司在净利润、营业利润和账面价值等方面所做的非常重要的重新表述调整。

（5）增加辅助财务报表。辅助财务报表是相对基本财务报表而言的，这里所说的基本财务报表是指按公司原在国的公认准则以该国的文字和货币编制的财务报表。辅助财务报表则是专门为其他国家的财务报告读者所编制，它一般具有这些特征：一是遵从某一外国的财务报告准则或国际会计准则；二是全部报表金额折算为某一外国货币额；三是报表的语言部分翻译为某一外国文字。

采用基本财务报表和辅助财务报表的优点首先是信息数量的增加和质量的提高，这种报告形式对外国读者更具有相关性。但采用这种报告形式将使编制成本增加以及报告对外发布时间延迟。

相对简单的重新表述可能更为有效。其中一种方法是集中几项最重大的财务报表差异，针对这些项目获取足够的信息来进行可靠的调整。例如，布朗、索贝尔和斯蒂科尼对日本和美国的公认会计原则的差异进行了总结，但他们的重新表述法仅仅集中在四个方面的会计原则差异上：①存货成本假设；②旧方法；③董事的红利和外部审计；④递延税款和特定税项准备。

然而，即使是简单的重新表述法也需要投入大量的工作。因此，很多分析人员越来越依赖于专业的已经重新表述为统一会计基准的财务报表数据。

（四）前景分析

前景分析主要包括预测和估价两个步骤。

在预测中，分析人员通过明确的预测来表达他们对公司发展前景的评价。配普、伯纳德和黑利指出，预测并非一项单独的活动，而是对企业战略分析、会计分析和财务分析的结果进行总结的一种方式。例如，公司是否通过经营战略和会计战略而使得未来的销售量和利润发生大幅度的变化；公司最近是否采用了新的会计政策，以减少下一年的利润为代价，来增强当前期间的利润；公司的财务比率是否为了在当年满足特定需要而刻意修饰过，如果是，该种趋势是否持续到未来期间。

在估价步骤中，分析人员将量化的预测转化为对公司价值的估计。这是进行决策的最直接依据。在大多数公司的决策中，都会含蓄地或明确地使用估价。例如，估价是权益分析人员投资建议的基础。在分析一项可能的兼并时，潜在的收购者将对目标企业的价值进行估计。在国际财务报告分析的估价中，涉及的因素比较多，汇率波动、会计差异、企业经营业务和习惯的不同以及许多其他因素都会对国际预测和估价产生很大的影响，所使用的估价方法也更加复杂。国际估价专家给那些进行国际前景分析的人们发出警告："在你们本国所学到的规则在海外将会不适用。"

国家间会计原则的差异是引起市盈率等比率在各国之间有所不同的原因之一。例如，日本的市盈率通常比美国的市盈率要高，即使在对会计差异进行了调整之后，日本的市盈率仍要高于美国的水平。弗兰奇（French）和波特巴（Poterba）考察了日本和美国的市盈率的差异以及日本在20世纪80年代末期市盈率的快速增长。他们对日本的数据进行了几项会计调整，发现他们的调整会减少但不会消除日本和美国的市盈率差异。弗兰奇和波特巴得出的结论是，会计差异仅仅解释了对美国和日本市盈率的长期差异的一半而已。由此可见，人们几乎不可能完全了解不同国家和同一国家在不同时期市盈率之间的差异。市盈率分析的复杂性表明，在国际背景下其他估价方法也将是复杂的。

二、国际财务报告分析中需要注意的其他问题

（一）报表格式的差异

1. 资产负债表格式差异

不同国家之间资产负债表的格式是不同的。例如，美国大多数公司编制资产负债表时，

采用资产列在左方而权益和负债列在右方的格式;英国的报表格式通常刚好相反。又例如,美国公司的资产负债表按照流动性强弱顺序,把变现能力最强的资产项目列在最先,即先流动资产,后非流动资产。排列负债时按照到期日递增顺序,即先流动负债,后长期负债。而欧洲国家的企业往往相反:在资产方,先非流动资产,后流动资产;在权益和负债方,先股东权益,后长期负债,再后为流动负债。应该说,前者是重视企业短期偿债能力的反映,后者则是重视企业长期财务实力的反映。在很多国家,流动性最强的资产和到期日最短的负债列示在资产负债表的底部。

此外,欧洲各国还流行一种称为"营运资本式"的资产负债表,即在表的上端,先列示企业流动资产减去流动负债后的营运资本,而后加上长期投资、固定资产、无形资产等非流动资产,再减去长期负债,最终得出企业的业主权益。这种表式也说明欧洲国家的大型企业对流动资金运用情况的关注。

同样,分类的差别在国际范围内广泛存在。例如,在美国,累计折旧作为一个备抵账户报告;在德国,折旧资产通常以按照扣除折旧后的净值来报告,而将长期资产账户在当前期间的全部变动直接反映在资产负债表中。在绝大多数国家,流动负债与非流动负债的界限是1年,而在德国这个界限通常是4年。

2. 损益表的格式差异

损益表的格式,有多步法与一步法之分,许多企业往往不是采用教科书中表述的典型的多步法,而是采用对收入和费用项目都有细分的一步法。损益表的重大国际差异,表现在欧洲国家按总费用法编制的损益表,与国际流行的反映销售业绩的损益表相比,不仅要反映销售业绩,而且要反映生产业绩,即还应包括只完成部分生产过程或已完成全部生产过程但尚未出售的在产品和产成品及企业自制自用的产品的增减变动,同时在费用部分应扣除期间内发生的所有费用,即"总费用"。

3. 财务状况变动表或现金流量表

以营运资本为基础的财务状况变动表(statement of changes in financial position)或以现金(和现金等价物)为基础的现金流量表都是反映资金变动情况的报表,它们成为国际流行的第三基本报表。

在美国,公认会计原则在20世纪70年代初把财务状况变动表列为对外通用财务报表,并要求其内容能展示企业筹资和投资活动的全貌,这就使财务状况变动表成为美国企业在资产负债表和损益表之外必须编制的第三种基本财务报表。英国则要求年经营收入在2 500英镑以上的企业编制财务状况变动表。其他欧盟国家以及瑞士、日本等很少提出这种要求,但一些大、中型企业则自愿提供财务状况变动表或现金流量表。1987年,美国发布的第95号财务会计准则要求以现金流量表取代原先要求编制的财务状况变动表。相应地，IASC① 也在1992年发布新的国际会计准则，要求以现金流量表取代财务状况变动表。可以说，在国际范围内，现金流量表已基本上奠定了它作为对外通用财务报表中的第三报表的地位。我国也于1998年1月1日起执行《企业会计准则——现金流量表》，以取代财务状况变动表。

财务报表格式差异尽管使人感到麻烦，但很少是关键性的。因为全球范围内的财务报表的基本格式非常相似。因此，大多数报表格式差异可以很容易地加以协调。

（二）报表项目分类和术语差异

1. 报表项目分类的国际差异

不同国家对报表项目的分类略有不同。例如，美国、加拿大等国的会计惯例将库存股份（treasury stock）列为股东权益的减项，而意大利、葡萄牙等国的会计惯例则把它列为资产项目。又例如，不少国家的企业并不遵循将递延费用中在资产负债表日期后1年内摊销的部分从非流动资产转为流动资产，以及将长期负债中在1年内到期的部分转为流动负债的规定；企业合并中形成的商誉一般列为应摊销无形资产，但法国、荷兰等多数欧洲国家也允许从合并股东权益中立即注销商誉，而且这还是占优势的会计惯例，英国在1990年以前也是如此，西班牙等国家则不允许把商誉确认为无形资产，而只能立即从合并股东权益中注销；等等。虽然国际协调化的发展阻止了这些分歧的扩大，但不同的会计惯例还是存在的。在欧洲国家，20世纪80—90年代普遍出现了因跨国上市要求必须调整按本国准则编制的财务报表的情况。

2. 报表项目在使用术语上的语言差异

由于语言的不同，各国会计界在财务报告中所采用的术语往往是不同的。即使是某种共同的语言（如英语），会计术语的歧义依然存在，甚至足以引起误解。会计术语差异也可能造成沟通的困难。例如，美国的读者将"stock"这一术语与公司的所有权证明联系起来；而对英国的读者而言，则更多地将这一术语与一家企业的未出售存货联系在一起。其他英美两国之间的术语差异的例子包括，"turnover"在英国表示销售收入，而美国则使用"sales revenue"来表示销售收入，英国表示应收应付款项目"debtors and creditors"，而在美国则用"accounts receivable and payable"。

此外，英美两国有时虽然对同一概念采用同样的术语，但由于会计准则的要求不同，在具体内容上却可能有重要的差别。如"前期调整"一词，美国是指前期财务报表差错的更正

---

① IASC，即国际会计准则委员会，于2001年初重组改为国际会计准则理事会（IASB）。

以及主购企业在购并前的亏损所带来的纳税抵减额的实现,英国则是指前期财务报表差错的更正以及会计政策的变更所产生的影响。

显然,忽视各国财务报告术语的差别完全有可能在使用财务报告提供的信息时导致误解,并做出错误的判断。

(三) 信息披露要求的差异

不同国家的会计人员和审计人员追求财务报告"公允"而不是正确或合法的程度有着极大的差异。公允性一般与两个方面相联系:一是作为资金提供者的外部股东占绝大多数;二是财务报告不受法律或税收制度的干预。

为保证会计信息的前后连贯性,尽量向投资人和潜在的投资人提供尽可能多的信息,有些国家要求企业编制比较报表。例如,美国就明确规定,上市公司必须编制比较报表。根据美国出版的《会计趋势与技术》(*Accounting Trends and Techniques*,1992)对600家公司的调查,全部公司都向公众提供比较报表;资产负债表至少列出2年数据,利润表至少列出3年数据,对一些重要的数据有的公司甚至列出5~10年的数据。中国的《企业会计准则第30号——财务报表列报》规定:"当期财务报表的列报,至少应当提供所有列报项目上一个可比会计期间的比较数据。"

会计信息披露所使用的语言通常是本国语言,但相当多国家企业的年度报告会采用两种或两种以上的语言同时披露。乔伊和缪勒(1992)的一项对欧洲大陆国家的42家公司的调查显示,在年度报告中,用两国语言的有25家,用三国语言的有9家,用四国语言的有6家,用五国语言的和六国语言的各1家。在42家公司中,年度报告所选择的语言,英语42家,法语12家,德语6家,西班牙语4家,意大利语2家,葡萄牙语和瑞典语各1家。

第三节 国际财务报告准则

近年来,越来越多的国家认识到,建立全球统一的高质量的会计准则,对跨国公司发展和国际资本流动至关重要。当前国际货币市场、资本市场迫切要求世界各国的企业报送的财务报告具有可比性,在各国会计准则的差异继续存在的情况下,要求企业必须按国际会计准则重编财务报告,而不仅是重新表述或增加辅助报表,但需要处理的是各国会计准则与国际会计准则间的差异问题。因此,关键还是要实现国际会计准则与国家会计准则的趋同。

一、国际财务报告准则含义

国际财务报告准则(international financial reporting standards,IFRS),是指由国际会计准则理事会(IASB)制定的《财务报表编制与列报框架》(以下简称《框架》)及其他准则、解释公告。许多现行 IFRS 体系中的准则以其旧称"国际会计准则(international accounting standards,IAS)"而广为人知。IAS 由国际会计准则委员会(IASC)于 1973 年至 2001 年间颁布,国际会计准则委员会主要是由日本、法国、德国与美国等国家的会计团体发起,而中国亦在 1998 年加入。2001 年 4 月,新成立的 IASB 决定保留并继续修订此前颁布的 IAS,以后新制定颁布的准则统称为 IFRS。

国际财务报告准则是一系列以原则性为基础的准则,只规定了宽泛的规则而没有约束到具体的业务处理。到 2002 年为止,大量的国际会计准则提供了多种可选的处理方法,国际会计准则理事会的改进方案是尽量找到并减少同一业务的可选处理方案。

自 2001 年国际会计准则委员会(IASC)改组为国际会计准则理事会(IASB)后,IASB 所制定的国际财务报告准则迅速成为各国会计准则争相与之趋同的目标。FASB 与 IASB 于 2002 年 10 月签订了著名的"诺沃克协议",也开始了双方准则趋同的步伐,并为制定一套高质量的全球会计准则而努力。欧盟、加拿大、澳大利亚、新西兰、日本、新加坡、中国香港等均采取了与国际财务报告准则趋同的战略,在 2005 年先后采用了国际财务报告准则或与之等同的准则。2006 年 2 月,我国发布了以国际会计准则为蓝本的新会计审计体系,标志着我国会计和审计准则已与国际准则实现了基本趋同。

二、国际财务报告准则架构

国际财务报告准则是一系列"原则导向型"的准则,仅规定了宽泛的规则和实务处理的指引,包括《国际财务报告准则》(2001 年以后发布)、《国际会计准则》(2001 年以前发布)、《国际财务报告解释委员会解释公告》(2001 年以后发布)、《常设解释委员会解释公告》(2001 年以后发布)。

此外,还有一份《财务报表编制与列报框架》,阐述了依照 IFRS 编制财务报表的一些原则。

本章小结

当前国际财务报告分析遇到的主要障碍包括:各国会计标准存在差异;语言、计量货币和计量属性存在差异;会计信息披露质量上存在障碍。

国际财务报告分析的四个阶段：①企业战略分析；②会计分析；③财务分析；③前景分析。

在国际财务报告分析中需要注意的其他问题包括：报表格式的差异；报表项目分类和术语差异；信息披露要求的差异等。

国际财务报告准则（IFRS）是指由国际会计准则理事会（IASB）制定的《财务报表编制与列报框架》及其他准则、解释公告。

◇ 思考与练习

一、简答题

1. 国际财务报告的主要国际差异有哪些？
2. 使用财务报告进行企业分析的四个阶段是什么？

二、思考题

1. 你认为如何解决当前国际财务报告分析所遇到的主要障碍？
2. 投资者处理会计原则差异能采用哪些不同的方法？你更喜欢哪一种？

三、案例分析题

美国证券交易委员会（SEC）日前放弃了要求在美国上市的非美国公司须遵照美国标准公布业绩的规定。SEC上周宣布，今后在美国证券交易所上市的公司不必只采用美国通用会计准则（GAAP），国际会计标准（IAS）一样可以接受。据悉，SEC以4票对0票通过了该项决定。

据《纽约时报》报道，SEC的此项变革解决了美国会计准则和国际会计标准两套通行的现状，同时也为国际会计标准在全球通用扫清了障碍。

SEC称，凡是会计年度结束于2007年11月15日（含）之后的公司，均适用该新规定，也即表明，对于那些本财年截止在2007年的外国公司来说，如果其会计报表符合国际会计准则理事会（IASB）制定的标准，就不需要按照GAPP重新编制财务报表。

不过，SEC主席克里斯多夫•考克斯宣布，美国公司仍须遵循美国财务会计准则委员会制定的会计准则GAAP。不过，《华尔街日报》报道称，SEC的举措也为美国公司提供了另一种可能，即它们日后或许可以从国际准则和美国准则中选择其一，但SEC并未正式提议允许这种做法，目前该问题仍处在研究阶段。

虽然SEC委员承认，统一国际会计准则面临种种反对意见，还可能遇到包括培训、审计人员和投资者在内的巨大障碍，但还是以4票对0票通过了该项决定。考克斯称这一步意义重大，并表示SEC对国际准则的接受表明美国公认会计准则正与国际标准不断融合。

长期以来，由于GAAP的规定更为严格，不少在美上市的外国公司不得不准备两本会计账簿。分析人士指出，这一调整将使美国证券市场对外国公司更具吸引力。

而2002年安然事件之后,美国加强了公司内部监管,为此出台的"奥-萨法案"更使企业会计成本激增,迫使不少企业转而选择欧洲证券市场。究竟是放宽标准吸引外国公司前来上市,还是提高标准以保护投资人利益,引发美国国内各界的激烈争论。

SEC的决定也引起一些国会议员和投资者的不满。美国国会参议院银行委员会主席克里斯托弗·多德,联合美国政府其他官员向SEC致信说,取消对外国公司必须遵循GAAP的规定是"不成熟和过于草率的"。反对者还指出,在一个市场实行两套会计标准,将使投资者难以评估和比较公司业绩。

一些SEC委员也表示,现在就向国际标准完全靠拢为时过早。SEC委员安奈特·纳扎雷斯指出,如果范围太广的话,投资者不但会对财务报告的可靠性丧失信心,财务报告也会失去美国公认会计准则所提供的连贯性。

此外,《华尔街日报》报道中提到,SEC还提议修改共同基金公司的募股说明书。如果该议案被采纳的话,那么基金公司将必须用简单的英语撰写一份关于基金投资目标、成本以及风险的概要,并在文件开头简要说明基金的十大投资项目。

资料来源:美国证交会:《赴美上市公司不必采用通用会计准则》,https://finance.caixin.com/2007-11-18/100072620.html。

讨论:

为何美国SEC要做出以上决定?对国际财务报告的发展有何影响?对中国准备海外上市的企业有什么参考价值呢?

◇ **在线答题**

二维码11-3
第十一章
自测题

参 考 文 献

[1] 尤恩,雷斯尼克. 国际财务管理(原书第8版)[M]. 赵银德,刘瑞文,赵叶灵,译. 北京:机械工业出版社,2018.

[2] 谢志华. 国际财务管理[M]. 北京:高等教育出版社,2008.

[3] 吴丛生,郭振游,田利辉. 国际财务管理理论与中国实务[M]. 北京:北京大学出版社,2006.

[4] 刘胜军,徐怡红. 国际财务管理[M]. 北京:科学出版社,2007.

[5] 毛付根,林涛. 跨国公司财务管理[M]. 大连:东北财经大学出版社,2008.

[6] 胡奕明. 跨国公司财务案例[M]. 北京:中国财政经济出版社,2008.

[7] 穆萨. 汇率预测:技术与应用[M]. 刘君,等译. 北京:经济管理出版社. 2004.

[8] 夏乐书,李琳. 国际财务管理[M]. 5版. 大连:东北财经大学出版社,2020.

[9] 夏皮罗,沙林. 跨国公司财务管理基础[M]. 6版. 蒋屏,译. 北京:中国人民大学出版社,2010.

[10] 莫菲特,斯通希尔,艾特曼. 跨国金融原理[M]. 3版. 路蒙佳,译. 北京:中国人民大学出版社,2011.

[11] 崔孟修. 现代西方汇率决定理论研究[M]. 北京:中国金融出版社,2002.

[12] 王美涵,王方明. 跨国公司财务[M]. 上海:上海财经大学出版社,2004.

[13] 崔学刚. 国际财务管理[M]. 北京:机械工业出版社,2009.

[14] 王化成. 国际财务管理[M]. 北京:中国审计出版社,1998.

[15] 刘星,王关义. 国际财务管理[M]. 北京:高等教育出版社,2000.

[16] 张明明,陈玉菁. 国际财务管理[M]. 北京:高等教育出版社,2008.

[17] 崔荫. 国际融资实务[M]. 北京:中国金融出版社,2006.

[18] 慕刘伟. 国际投融资理论与实务[M]. 成都:西南财经大学出版社,2004.

[19] 王建英,支晓强,袁淳. 国际财务管理学[M]. 2版. 北京:中国人民大学出版社,2007.

[20] 刘胜军,陈旭. 国际财务管理[M]. 2版. 北京:科学出版社,2007.

[21] 谭力文,吴先明. 国际企业管理[M]. 武汉:武汉大学出版社,2008.

[22] 潘渭河. 国际财务管理[M]. 上海:上海财经大学出版社,2005.

[23] 陈玉菁,薛跃. 国际财务管理[M]. 上海:立信会计出版社,2007.

[24] 汪祥耀,骆铭民.中国新会计准则与国际财务报告准则比较[M].上海:立信会计出版社,2006.

[25] 汪祥耀.与国际财务报告准则趋同:路径选择与政策建议[M].上海:立信会计出版社,2006.

[26] 王松年,方慧.国际会计前沿[M].上海:上海财经大学出版社,2010.

[27] 居绍元,邵晨.国际企业财务管理[M].厦门:厦门大学出版社,1991.

[28] 宛新丽.国际税收[M].北京:首都经济贸易大学出版社,2010.

[29] 葛惟熹.国际税收学[M].北京:中国财政经济出版社,1994.

[30] 廖益新.国际税法学[M].北京:北京大学出版社,2001.

[31] 杜莉.国际税收学[M].上海:上海三联书店,2001.

[32] 黄济生,殷德生.国际税收理论与实务[M].上海:华东师范大学出版社,2001.

[33] 马杜拉.国际财务管理[M].11版.张俊瑞,郭慧婷,王鹏,译.北京:北京大学出版社,2014.

[34] 吕江林,王磊.西方汇率决定理论的发展脉络评述[J].江西社会科学,2009(7):86-89.

[35] 朱青.国际税收[M].9版.北京:人民大学出版社,2018.

[36] 裴仁斯.国际财务报告准则:阐释与应用[M].3版.王熙逸,译.上海:上海财经大学出版社,2019.

[37] 沈洁.国际财务报告准则实务指引[M].北京:中国财政经济出版社,2015.

与本书配套的二维码资源使用说明

本书部分课程及与纸质教材配套数字资源以二维码链接的形式呈现。利用手机微信扫码成功后提示微信登录,授权后进入注册页面,填写注册信息。按照提示输入手机号码,点击获取手机验证码,稍等片刻就会收到 4 位数的验证码短信,在提示位置输入验证码成功,再设置密码,选择相应专业,点击"立即注册",注册成功(若手机已经注册,则在"注册"页面底部选择"已有账号?立即登录",进入"账号绑定"页面,直接输入手机号和密码登录。)接着提示输入学习码,须刮开教材封面防伪涂层,输入 13 位学习码(正版图书拥有的一次性使用学习码),输入正确后提示绑定成功,即可查看二维码数字资源。手机第一次登录查看资源成功以后,再次使用二维码资源时,在微信端扫码即可登录进入查看。